透过地理看历史

HISTORY IN A WAY OF GEOGRAPHY

大航海时代
AGE OF WIND

李不白 著

人民日报出版社
北京

图书在版编目（CIP）数据

透过地理看历史：大航海时代/李不白著. —北京：人民日报出版社，2022.6（2024.7重印）

ISBN 978-7-5115-7353-7

Ⅰ.①透… Ⅱ.①李… Ⅲ.①世界史－中世纪史－通俗读物 Ⅳ.①K13-49

中国版本图书馆CIP数据核字（2022）第085158号

审图号：GS（2021）4750号

书　　　名：	透过地理看历史：大航海时代
	TOUGUO DILI KAN LISHI : DAHANGHAI SHIDAI
作　　　者：	李不白
出 版 人：	刘华新
选题策划：	鹿柴文化
特约编辑：	战崇坤
责任编辑：	张炜煜　贾若莹
封面设计：	宋　涛
出版发行：	人民日报出版社
社　　　址：	北京金台西路2号
邮政编码：	100733
发行热线：	（010）65369527　65369846　65369509　65369512
邮购热线：	（010）65369530　65363527
编辑热线：	（010）65369514
网　　　址：	www.peopledailypress.com
经　　　销：	新华书店
印　　　刷：	北京永诚印刷有限公司
法律顾问：	北京科宇律师事务所 010-83622312
开　　　本：	710mm×1000mm　1/16
字　　　数：	400千字
印　　　张：	28
版次印次：	2022年6月第1版　2024年7月第7次印刷
书　　　号：	ISBN 978-7-5115-7353-7
定　　　价：	128.00元

前言

如何了解世界历史，对中国人来说是一件颇为麻烦的事。一是世界之大，涵盖的范围之广，远超我们的想象；二是世界各国的历史，并不像中国历史那样以朝代更迭为主线，虽分分合合，但文明一脉相承，其他早期的文明，或湮没在历史的尘埃里，或被另一种次生文明替代。

但如果我们把世界粗略地划分为几个大的地理版块，如欧亚大陆及北非、撒哈拉以南的非洲、美洲、澳大利亚，就会发现世界历史的舞台主要在欧亚大陆及北非，特别是欧亚大陆（北非可以看作欧洲的附属单元），其他文明的历史发展落后太多，有文字可考的历史更短。

如果以大航海时代为时间节点，我们更会发现，此前有记录的世界历史其实是欧亚大陆的历史，其他地方基本处于蒙昧状态。欧亚大陆因为有贯穿东西的丝绸之路，更有天然存在的欧亚大草原，还有从印度洋到中国南海的航线，各个文明之间不断交流碰撞，在几千年的历史中彼此促进、迅猛向前。而撒哈拉以南的非洲，因为有大沙漠的阻隔，文明的发展相对滞缓，欧洲的航海者到来时，他们刚刚步入铁器时代，而且越往南，因为离欧亚文明中心越远，其发展越落后。与此同时，美洲因为孤悬海外，与欧亚大陆没有交流，导致文明发展极其缓慢，欧洲人能迅速征服那里，正是因为这种文明代差太大。至于澳大利亚，欧洲人当时称之为"被文明遗忘的角落"，他们甚至一度没把这里的土著当成人类。这种文明发展的差异，欧洲人一开始把它归因于文化和人种，但个人认为，造成这种巨大差异的根本原因，正是地理。

直到大航海时代出现，世界开始连成一体，彼此脱不开干系。

即使我们用今天的眼光看，影响世界历史进程和政治格局的依然是源自欧亚大陆的文明。这些文明如何产生，又如何散布到世界各地，大航海是个关键的时期。

所以，以大航海时代为时间节点，世界历史可以分为两部分：在此之前，世界历史主要是欧亚大陆的历史；在此之后，才是全世界的历史。而在这个时间节点上，世界各个地理板块如何产生联系是我们关注的重点，搞清楚了这段时间发生的重大历史事件，也就搞清了此前和此后重大历史事件的渊源和因果关系。

本书试图以航海探险者的视角，为读者一步步揭开世界地理的神秘面纱，并尝试梳理各地历史发展与地理的关系。从地理的角度解读历史，许多错综复杂的事物会变得相对简单明了。

本书所涵盖的内容有限，但如果能成为中国读者打开世界历史的一扇窗，将不胜荣幸！

李不白

2022 年 5 月 20 日

序言

地理、地貌是人类历史和文明演进的舞台，同时又在规范着、制约着人类文明的发展与走向。人们对周遭地理乃至远方的探索，形成了地理知识，这一知识体系反过来帮助人类利用自然地理进行交通，同时创造工具，跨越地理障碍，实现与远方的交流，最终上天入地，开发地球资源，以供文明的升级。

地理是客观存在的，但地理知识长期以来却是一种看不见的权力。在中国，古代统治者以"图籍"把地理和人口（户籍）、经济（物产）结合，作为"俯察万方"、君临天下的核心技术。"舆地"之学因之成为中国传统学术的重要组成部分。

在西方，对地理知识的研究在古希腊就已然肇始，但早期西方学者对地理知识的态度较为纯粹，只是出于对自然、哲学根本问题的探索。随着大航海时代到来，地理知识开始用于侵入其他文明繁盛之地，在此过程中，近代测绘学和制图学兴起，愈加精密的制图技术使得地理知识形成的权力更加牢不可破。当每一个新发现的区域被缩放到地图上，垄断地理知识的西方人便自然地拥有了对这片土地的话语权。

如今，随着技术、知识的民主化，西方因垄断地理知识架构的权力体系瓦解了。除了涉及机密的高精度地图测绘之外，地理知识成为大多数人的"自然权利"，我们几乎可以凭一部手机走遍世界。在这个"无所隐藏"的时代，会有人愿意捧着一本地理书慢慢品味吗？或许《透过地理看历史》系列畅销书的作者李不白能给我们答案，这次他带来了这套书的世界史部分。

为何要透过地理看历史？著名历史学家邓广铭先生提出过研究历史的"四把钥匙"：职官制度、历史地理、年代学和目录学。虽然该理论主要针对中国史学，但"历史地理"仍是中外史家必备的治史"密钥"。最能体现历史地理对治史的重要性的莫过于战争，而任何一场战争都离不开指挥者对地形地貌的利用。如果对战时的地理环境没有足够的认识，历史作品就无法复原战争原貌、理解其背后的历史内涵，更无法让读者身临其境。尽管市场上已引进一些西方人撰写的世界历史地理作品，但由中国人撰写的此类作品少之又少。《透过地理看历史：大航海时代》可以算是其中最专业也最具水准的作品。西方人撰写世界历史地理的优势在于对史料的熟稔，但缺点是目标读者的知识结构、文化背景及阅读习惯完全不同于中国读者。

由此，李不白先生按照中国读者的习惯，将15到17世纪的世界史放置在精准的地理空间之中，以历史顺序为纲，在大的历史阶段下按照地理区块进行阐释，巧妙地把纵向的历史脉络与横向的地理知识融合在一起，为不熟悉世界历史的读者搭建了一个牢固的时空架构。本书以我们熟知的丝绸之路开篇，貌似与大航海时代无关，但实际上正是丝绸之路的中断拉开了欧洲由海洋寻找通往东方航路的历史序幕。后面的章节则基本按照时间顺序，介绍了亨利王子探索大西洋，哥伦布发现新大陆，阿尔布开克进入印度洋以及西班牙人对美洲的开发，英国的崛起与北美殖民，最后收笔于西方人从海上进入东亚。每一个里程碑事件都会引出一片地理区域的地形图和相关介绍。

此外，与其他历史读物普遍用示意地图不同，《透过地理看历史：大航海时代》使用了能够显示地貌的地形图作为叙事的核心，让读者能感受到地貌起伏以及水文等地理环境对人们生活的影响。如《丝绸之路西域段》地图，将天山南北沿线的沙漠、盆地、河谷、草原、绿洲囊括在内，能让读者更加直观地感受到古代丝绸之路的漫长艰辛，同时又可以据此想象沿途风景的变换。

除了精美地图之外，作者充分考虑到地理与气候如硬币两面的关系，在许多地方都结合气候环境解读该地区地理特点。如通过介绍非洲气候带的知识，指出非洲由于地势高，加上雨旱两季的影响，所以大部分地区年平均温度在25~28℃，比想象中的要凉爽许多，大大修正了多数读者的刻板印象，使得知识通俗有趣。

但本书又不仅仅是一部通俗读物，在历史叙事的同时，作者仍不忘给读者以当代问题的启示。如在青藏高原章节，作者对藏南的阿克赛钦以及拉达克地区争议问题的形成过程做了解释，并肯定了上述地区为中国固有领土的事实。这种通过历史对当代国际问题的解读，不仅专业，而且对于现代读者鉴古知今是有帮助的。

这部书的出版，不仅为普通历史爱好者提供了精美的文化盛宴，而且为专业人士提供了制作精良的参考地图，给当代人提供了一个看待历史的新视角和新体验。

首都师范大学历史学院研究员　闫志
2022年2月10日

目录

Contents

第一章　丝绸之路 …………………………… 001

第二章　为什么是欧洲 ……………………… 011

第三章　寻找通往东方的道路 ……………… 022

第四章　亨利王子 …………………………… 029

第五章　穿过佛得角的世界 ………………… 037

第六章　撒哈拉以南的非洲 ………………… 045

第七章　黄金海岸 …………………………… 053

第八章　哥伦布 ……………………………… 062

第九章　新大陆 ……………………………… 069

第十章　信风 ………………………………… 076

第十一章　回到西班牙 ……………………… 085

第十二章　达·伽马 ………………………… 096

第十三章　印度 ……………………………… 105

第十四章　青藏高原 ………………………… 112

第十五章　印度航线 ………………………… 127

第十六章　阿美利加洲 ……………………… 133

第十七章　发现巴西 ………………………… 140

第十八章　征服印度洋 ……………………… 148

第十九章　马六甲 …… 156

第二十章　西北航道 …… 165

第二十一章　发现太平洋 …… 174

第二十二章　麦哲伦 …… 182

第二十三章　环球航行 …… 192

第二十四章　印加帝国 …… 205

第二十五章　加拿大 …… 212

第二十六章　东北航道 …… 219

第二十七章　加勒比海盗 …… 225

第二十八章　屯门海战 …… 231

第二十九章　日本 …… 239

第三十章　澳门 …… 247

第三十一章　墨卡托投影 …… 254

第三十二章　海盗德雷克 …… 263

第三十三章　英国的崛起 …… 272

第三十四章　海上马车夫 …… 277

第三十五章　哈得孙和西北航道 …… 285

第三十六章　新法兰西 …… 295

第三十七章	澳大利亚	305
第三十八章	台湾	315
第三十九章	海盗郑芝龙	323
第四十章	金门海战	329
第四十一章	英雄郑成功	335
第四十二章	收复台湾	344
第四十三章	英国三战荷兰	355
第四十四章	基辅罗斯	363
第四十五章	莫斯科公国	373
第四十六章	俄罗斯帝国	382
第四十七章	西伯利亚	390
第四十八章	通古斯人	400
第四十九章	黑龙江和库页岛	410
第五十章	尼布楚条约	420
后记		432

-150°
-120°
-90°
-60°
-30°
0°
北冰洋
伊丽莎白女王群岛
格陵兰(丹)
格陵兰海
波弗特海
巴芬湾
巴芬岛
扬马延岛(挪)
挪威
北极圈
美国
冰岛
法罗群岛(丹)
加拿大
哈得孙湾
60°
北海
英国
爱尔兰
阿留申群岛
北美洲
法国
美国
大西洋
西班牙
葡萄牙
摩洛哥
百慕大(英)
30°
北回归线
墨西哥湾
西撒哈拉
波
夏威夷群岛(美)
墨西哥
古巴
加勒比海
毛里塔尼亚
马里
利
莱恩群岛
太平洋
委内瑞拉
哥伦比亚
法属圭亚那
尼
0°
科隆群岛
(加拉帕戈斯群岛)
(厄)
西
马克萨斯群岛(法)
巴西
南美洲
阿森松岛(英)
库克群岛
秘鲁
亚
土阿莫土群岛(法)
玻利维亚
圣赫勒拿岛(英)
南回归线
巴拉圭
复活节岛(智)
智
大西洋
-30°
阿根廷
乌拉圭
利
①瑞士
②圣马力诺
③斯洛文尼亚
④克罗地亚
⑤波斯尼亚和黑塞哥维那
⑥黑山
⑦阿尔巴尼亚
⑧北马其顿
⑨摩尔多瓦
⑩斯洛伐克
⑪黎巴嫩
⑫以色列 巴勒斯坦
⑬塔吉克斯坦
⑭克什米尔
⑮不丹
⑯厄立特里亚
⑰布基纳法索
⑱波多黎各(美)
⑲维尔京群岛(美)
⑳安圭拉(英)
㉑蒙特塞拉特(英)
㉒圣基茨和尼维斯
㉓圣文森特和格林纳丁斯
㉔格林纳达
马尔维纳斯群岛(阿根、英争议)
(英称福克兰群岛)
-60°
南极圈
别林斯高晋海
罗斯海
威德尔海

世界政区

世界气候

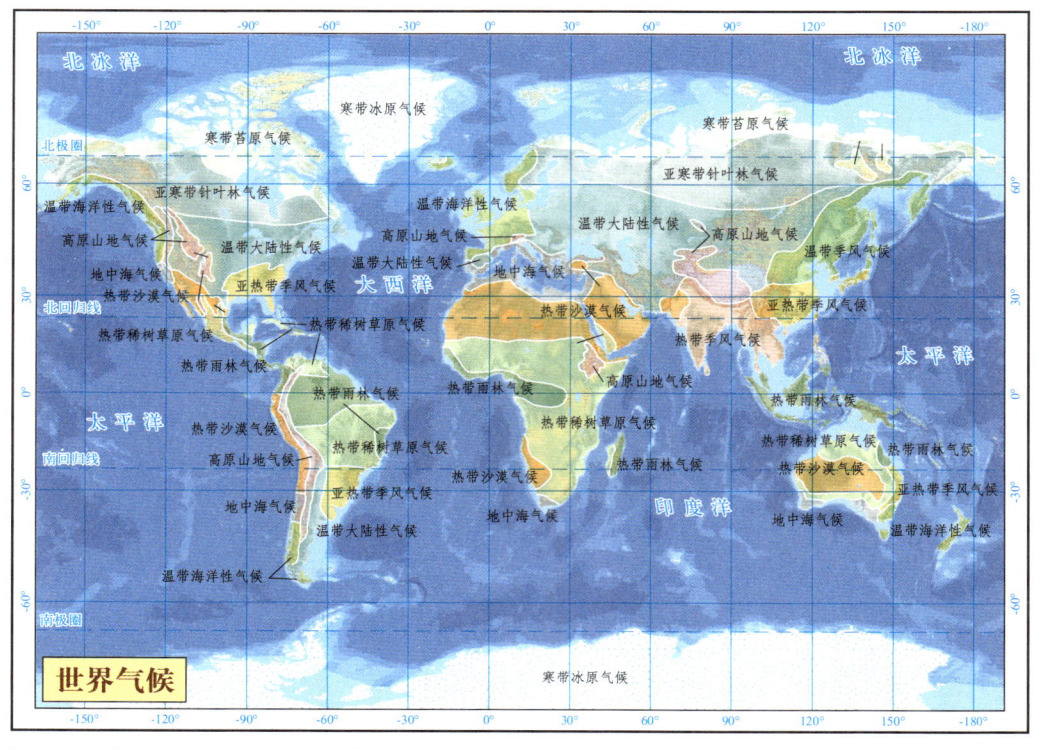

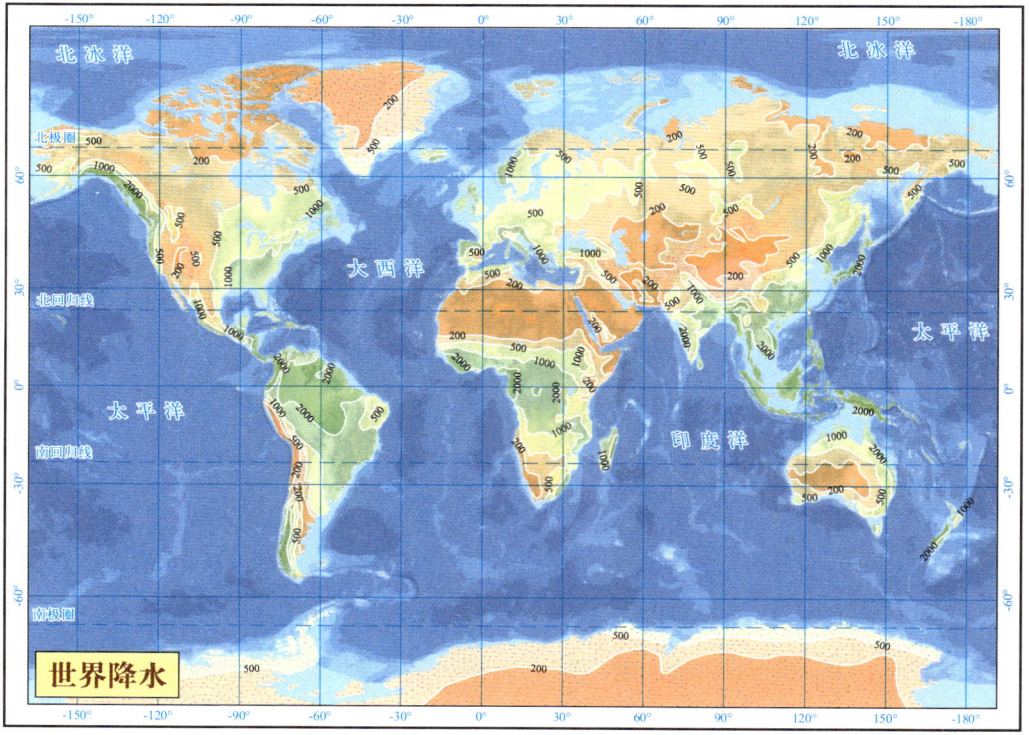

世界降水

第一章 丝绸之路

在开启大航海时代之前,我们先来了解一下丝绸之路。可以说,正是因为丝绸之路的中断,才导致欧洲人开辟了新航路。

丝绸之路的起点是长安。从长安往西,沿陇山东麓而上,北出萧关之后,到达一个小盆地,即今固原所在地。从这里沿清水河而上,可以到达黄河,西渡黄河之后,就是河西走廊。从河西走廊出来后,有两个选择,一个是出阳关走塔里木盆地南线,一个是出玉门关走塔里木盆地北线。南线因为途中要穿越瓦罕走廊,是一条极其艰险的道路,并不常用,所以不加多说,单说北线。

从北线前往中亚,其实也有两个选择。

一是沿天山南麓,翻过帕米尔高原(古称"葱岭"),到达费尔干纳盆地。我们所了解的张骞出使大月氏和汉武帝征讨大宛,所走的正是这条路。但对于普通的商队而言,这并不是一条理想的道路。帕米尔高原山体高大,平均海拔4500米以上,主要山峰海拔均在6000米以上,要翻越帕米尔高原就要面临生死考验,而且一到冬天,大雪封山,道路更是不通。商人固然求财,但没必要拿命去换;所以一定会选择一条更好的道路——即便不是康庄大道,但能四季通行,路上有水源,跑一趟买卖也不至于送命,那就是理想之路了。

天山山脉把西域分成南北两个部分(今天称之为南疆和北疆),如果我们留意一下西域南北两部分的差异,就会发现,除了东部与河西走廊相连外,天山南部几乎是个完全封闭的单元,而天山北部往西却有很多出口通往哈萨克丘陵和巴尔喀什

丝绸之路西域段

哈萨克丘陵

斋桑泊

塔尔巴哈台山

塔城

额敏

巴尔喀什湖

阿拉湖

裕民

托里

玛依力山

克拉玛

阿拉套山

温泉　博尔塔拉

博乐　艾比湖

赛里木湖

精河　乌苏

独山

伊

霍尔果斯　霍城

伊犁　尼勒克

伊宁市

察布查尔

科努山

依连哈

伊犁河谷

伊犁河

巩留　新源

昭苏　特克斯

特克斯河

山脉

伊塞克湖

特克斯山

天山

赤谷

拜城

龟兹

库车　轮台

新和

塔里木盆

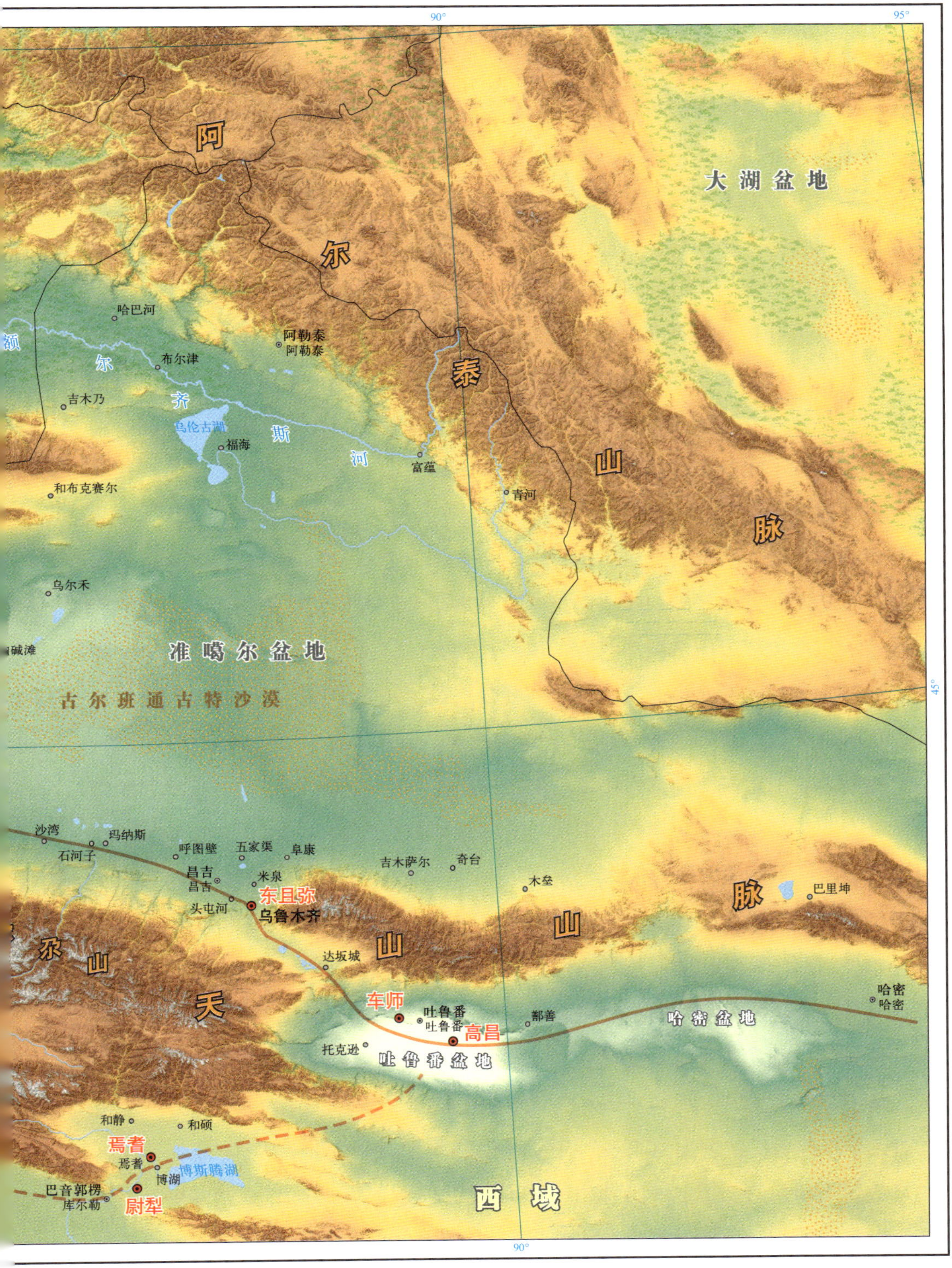
90°
95°
阿
尔
泰
山
脉
大湖盆地
哈巴河
阿勒泰
阿勒泰
布尔津
额
尔
齐
斯
河
吉木乃
乌伦古湖
福海
富蕴
青河
和布克赛尔
乌尔禾
碱滩
准噶尔盆地
古尔班通古特沙漠
45°
沙湾
玛纳斯
石河子
呼图壁
五家渠
阜康
昌吉
昌吉
米泉
吉木萨尔
奇台
木垒
巴里坤
东且弥
头屯河
乌鲁木齐
尔
山
天
山
山
脉
达坂城
车师
吐鲁番
吐鲁番
高昌
鄯善
哈密盆地
哈密
哈密
托克逊
吐鲁番盆地
和静
和硕
焉耆
焉耆
博湖
博斯腾湖
巴音郭楞
库尔勒
尉犁
西域
90°

湖。哈萨克丘陵是一片草原，巴尔喀什湖水域面积将近两万平方公里，二者所在区域与东部的阿尔泰山脉相连，有山有水有草场，是游牧民族的天堂。所以，汉人要前往中亚，如果不想翻越帕米尔高原的话，最好是走天山以北。

事实上汉人在出了玉门关之后，在天山南麓会遇到两个比较富庶的地方，一个是哈密（哈密瓜产地），一个是吐鲁番（盛产葡萄）。在干旱缺水的西域，盆地能蓄积附近山顶融化的雪水，即使这些水在地表停留的时间不长，很快渗入地下，如果善加利用（比如用坎儿井引水），也能造福一方。

天山山脉恰好在吐鲁番盆地的西北处断开了一个口子，这个口子又把西域南北两部分连接了起来。从吐鲁番沿着这条裂谷往西北方向前进，入口处是达坂城（始建于唐代，王洛宾《达坂城的姑娘》唱的正是这里），出口处是乌鲁木齐（汉时为东且弥国）。今天的达坂城属于乌鲁木齐的一个区，乌鲁木齐之所以能成为新疆的首府，正是因为它扼守着南北两疆的通道。

在准噶尔盆地的西部，有很多出口通往中亚，比如乌伦古湖、艾比湖这里，但越往北，意味着气候越严酷，艾比湖虽然比较靠南，但过了艾比湖之后，如果往北穿过阿拉套山和玛依力山之间的峡谷，往阿拉湖方向，就又绕远了；而且这个峡谷是个大风口，通行条件并不好。最好的路线是在过了乌鲁木齐之后，先沿着依连哈比尔尕山的北麓走，这里受惠于雪山融水的滋养，有不少绿洲城市可以提供补给，到达艾比湖之后，折向西南，沿婆罗科努山的山谷到达赛里木湖。在赛里木湖的西南角，又有一条狭小的山谷通向伊犁河谷，这里即是今天的霍尔果斯（霍城）所在地，是中国西部重要的口岸城市。

当然，这里所说的是丝绸之路的主要路线，在不同朝代会有所不同。比如：汉代一开始控制的是南疆，北疆还是小国林立，伊犁河谷和巴尔喀什湖以南广大的地区都在乌孙手上，所以那时的丝绸之路就需要翻越帕米尔高原了；到了唐代，中央政府在西域的统治范围更大，力度也加强，于是北疆的路线成为主要路线。另外，丝绸之路还有很多支线，就不一一列举了。

进入伊犁河谷，就进入中亚了。

从政区上讲，今天常说的中亚指的是中亚五斯坦（哈萨克斯坦、乌兹别克斯坦、吉尔吉斯斯坦、塔吉克斯坦、土库曼斯坦）；从地理上讲，就是西起里海、东到帕米尔高原、北至西伯利亚、南抵伊朗高原这部分。这里深处欧亚大陆的腹地，所以最大的特点就是气候干燥，以及由此造成的极具特色的历史和人文。北部，从哈萨克丘陵到乌拉尔山的南端，是草原；中部，以荒漠为主；但是在东部，靠着帕米尔高原和天山山脉（包括它们的支脉）上的雪山，在山脚下滋养出了一个又一个的绿洲。按理说，这里深处内陆，东有帕米尔高原，南有伊朗高原，北部和西部倒是没什么高山阻挡，但北冰洋和大西洋又实在离得太远，这里没有全部变成沙漠也是奇迹。原因在于，这里正好处于西风带（南北纬30°~60°之间），而欧洲的地形相对平坦，从大西洋过来的暖湿空气可以顺着西风一直吹到这里，在遇到帕米尔高原和天山山脉的时候，暖湿空气受地形影响抬升，形成降雨，所以我们看到，在帕米尔高原和天山的西边，有几个肥美的草场，如伊犁河谷和费尔干纳盆地；另一方面，北冰洋的空气又干又冷，并不能给这里带来降水，相反带来的是低温，造成这里的冬天非常冷。

所以，丝绸之路在中亚的路线就比较明确了，就是沿着天山和帕米尔高原的山

脚走，因为这里条件好，人烟稠密，有众多城市，商队到了这里，既方便歇脚，也方便贩卖货物。

鉴于中亚的自然条件难以耕种粮食，所以古代这里主要是游牧民族驰骋的天堂，而他们的重要据点无一例外地都会选择丝路沿线的城市，比如今天的阿拉木图、比什凯克、塔什干、撒马尔罕等，这些城市都是因丝路而兴起的。

过了中亚，就进入了伊朗高原。

伊朗高原由小亚细亚和高加索开始，一直向东延伸，除今伊朗外，还包括今阿富汗的绝大部分和巴基斯坦的大部分，海拔在900米～1500米，面积约250万平方公里，比青藏高原的面积还大。伊朗高原名义上是高原，实际是个山间盆地，四周由高山围绕，中间却相对平坦。在从中亚、南亚到西亚，甚至北非和南欧这一片广袤的土地上，伊朗高原是一个非常独特的地理单元，因为四周有高山阻隔，可以有效防止外来攻击，又因为占据高地，对周边的地区具有居高临下的优势。而伊朗高原又不是一个完全封闭的盆地，东南西北各有一个出口，可以很方便地冲出高原，

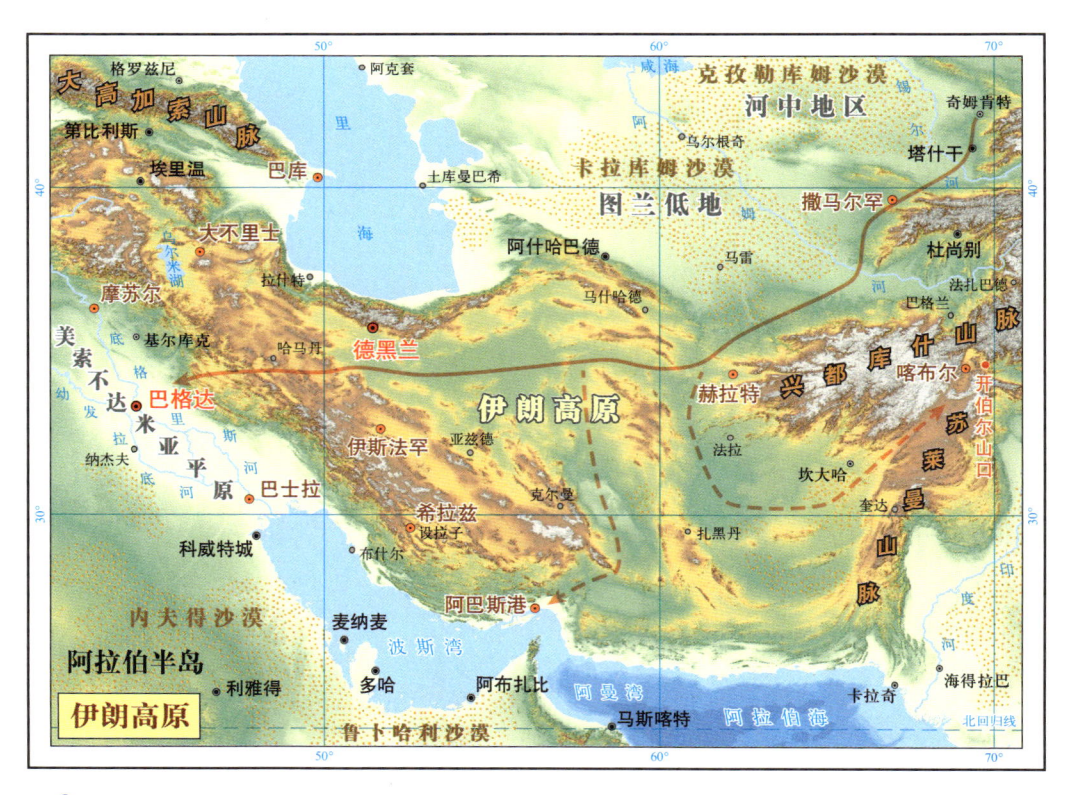

对周围的平原地区形成压倒性优势：东有开伯尔山口，可以直插印度河平原；北有马什哈德，可以进入中亚的图兰低地；南有阿巴斯港，可以进入波斯湾；西有哈马丹，可以进入两河流域。所以自古以来，这里成为帝国诞生的摇篮，如波斯帝国就在此崛起。

波斯是早期希腊人对这个地方的人的称呼，其实波斯人一直自称伊朗。伊朗（Iran）也可以翻译成雅利安。雅利安人原本是生活在乌拉尔山南部的一个古老游牧民族，后来迁到河中地区（阿姆河和锡尔河之间），在这里不断繁衍生息。公元前14世纪，雅利安人开始南下，其中一支通过开伯尔山口进入南亚次大陆，摧毁了古印度，统治了那里肤色黝黑的土著——达罗毗荼人，并建立种姓制度；另一支雅利安人进入伊朗高原，后来建立了波斯帝国，然后从高原西下，摧毁了巴比伦王国和古埃及。人类四大文明古国，有三个都亡在雅利安人手上。

伊朗高原和中亚类似，是草原、荒漠气候。这里因为四周都是山，阻挡了来自各个方向的水汽，降水量很小，所以并不适合农耕，倒是适合放牧。雅利安人能在这个地方发展壮大，正是因为这里和中亚的气候区别不大（纬度虽然比中亚低，但海拔比中亚高，所以气温相差不大），而且对周边有居高临下的地理优势。

来自中亚的商队从马什哈德山口进入伊朗高原后，有几条路线可以选择：一是经开伯尔山口去往印度，一是经阿巴斯港南下印度洋，还可以往西经小亚细亚半岛前往希腊，最主要的路线当然是经哈马丹到达西亚最富庶的地方——美索不达米亚平原。

美索不达米亚平原又称两河流域，由底格里斯河和幼发拉底河冲积而成，在今伊拉克境内。这里是古代四大文明的发源地之一——古巴比伦所在地，也是世界上文明发展最早的地区。古巴比伦之所以能成为人类最早的文明发祥地，一是因为这里产粮，二是它处于欧亚大陆的十字路口。如果把帕米尔高原以西的欧亚大陆以及北非比作中国的话，两河流域就相当于中国的中原地区，无论南来的北往的，还是往东的往西的，都要路过这里。因为底格里斯河和幼发拉底河的灌溉，这里最早发展出了农业，最早建立了国家。在巴比伦时代，这个地区富得流油。同时，因为这里地处平原，无险可守，四周贫瘠土地上的人无不觊觎这片肥美的土地，于是在漫长的历史当中，两河流域成为周边民族抢夺的焦点，不管是从伊朗高原下来的，还是从阿拉伯半岛北上的，或者是小亚细亚半岛过来的，甚至是从希腊、从埃及过来的，都把这里作为抢夺的第一目标。也正因如此，巴比伦文明最终被中断和毁灭，未能像中国一样延续至今。今天生活在这里的伊拉克人与古巴比伦人几乎没有任何关系。

和古巴比伦文明类似的还有古埃及。人类文明最早都是从农耕开始，但这两个地方的文明和中国不同。中国要发展农业，首先要解决水患的问题，也就是要治水，所以大禹成为我们的英雄。古巴比伦和古埃及不需要大禹这样的人，他们的农业是在沙漠地带发展起来的，沙漠本身种不了粮食，但古巴比伦有底格里斯河和幼发拉底河，埃及有尼罗河，河水定期泛滥，会在沿河两岸留下厚厚的一层淤泥，这些淤泥是很好的农耕土壤，而且这些土壤离河道近，在缺水的时候也方便灌溉。

其实古印度文明也和它们类似，印度最早的古国也是发源于印度河流域，印度河同样流经一片沙漠。沙漠地区不能存水，这种地方的河水泛滥只会留下肥沃的土壤，不会形成沼泽。而中国无论是在黄河流域还是长江流域，一旦河水泛滥，带来的只能是灾难。所以在中国，要想保证农业的收成，就必须和上下游的人同一条心，甚至是南北方同一条心，这也是客观促成中国成为一个统一国家的原因之一吧。

有人会认为，两河流域的沙化是后来人为造成的，其实并不是。早期人类的行为只会影响地表的植被，对大的气候不会产生明显的影响。两河流域与附近的伊朗高原、阿拉伯半岛一样，受副高压影响，都属于干旱地区，本来降水就少，只是上游因为受地中海气候的影响，降水量才大一点。地中海气候的特点是冬季多雨，所以对农业的影响不大。

商队到了两河流域，基本就到了终点。从这里溯两河而上，到地中海东岸的安条克，然后通过陆路到达君士坦丁堡和开罗，或者通过水路把货物运送到埃及的亚历山大港，或者希腊的雅典，或者威尼斯，或者罗马，或者热那亚……

这是陆上丝绸之路，从中国运来的奢侈品主要有丝绸、瓷器、茶叶等。还有一条海上丝绸之路：从中国的东南沿海，到东南亚，经马六甲，到印度，再到波斯湾，最终在两河流域汇合；或者在通过印度洋的时候，绕过阿拉伯半岛，过亚丁湾，进入红海，到达埃及，最后通过地中海的商船发往欧洲各个港口，只不过这时

苏伊士运河并没有开通，这条路对商人来说很不划算。这其中，从中国到东南亚的商船上装载的主要是丝绸、瓷器、茶叶等，但从东南亚到印度的商船上就装满了各种各样的香料，如豆蔻、丁香、胡椒、肉桂……没有这些香料，欧洲人一日三餐都难以下咽。

另外，在整个欧亚大陆上，自欧洲多瑙河下游起，经东欧平原、西西伯利亚平原、哈萨克丘陵、蒙古高原，直达中国东北的松辽平原，是一片呈带状连续的草原，东西绵延近110个经度，这就是地球上最宽广的草原——欧亚大草原，也是欧亚大陆上各个游牧民族主要的活动范围。总体来说，欧亚大草原的东部干燥，西部湿润，所以西部水草条件比东部好。为了寻找更好的生存条件，逐水草而居的游牧民族总是由东部向西部迁移。而气候更恶劣的东部草原上的游牧民族相对来说战斗力也更强，于是西部的游牧民族总是会感受到来自东方的压力，因而不断地西迁。这是客观规律，也是影响欧亚历史发展的大环境。匈奴人如此，蒙古人也如此。在欧亚大草原上，原本部族林立，各立山头，互相征伐不断，当蒙古人第一次把欧亚大草原统一起来的时候，丝绸之路变得畅通无比，欧亚之间的商贸也异常发达。但当蒙古人败落之后，草原又回到了过去互相征伐的状态，丝绸之路也不再畅通无阻，享受惯了东方奢侈品的欧洲人却不适应了，没有丝绸的衣服缺少光鲜，没有香料的饭菜难以下咽。欧洲人，特别是欧洲的贵族，他们的生活已经离不开东方的各种产品了。那个时候，欧洲人对东方人的生活满怀憧憬。

第二章 为什么是欧洲

大航海时代开启了人类历史的新篇章，使原本独立的各个文明连成一体，同时也引发了欧洲人的科技革命。但在大航海时代开始时，欧洲人在航海技术方面并不领先，中国人、阿拉伯人的航海技术都比欧洲人强，但为什么偏偏是欧洲人打开了新世界的大门？在回答这个问题之前，不妨先来了解一下欧洲的历史。

之前提到过人类四大文明古国——古巴比伦、古埃及、古印度和中国，这都是原生文明，其他的文明都是次生文明，或多或少地受到过原生文明的影响。欧洲最早的文明——古希腊文明，正是受到古巴比伦和古埃及的双重影响。

希腊半岛位于巴尔干半岛南部，这里山峰林立，几乎看不到平地，所以在早期产生不了农业文明。而巴尔干半岛的北部巴尔干山脉（也称老山山脉）几乎将整个巴尔干半岛与欧洲腹地隔绝，所以生活在半岛上的人们一直很苦闷。我们在希腊神话故事里，经常看到某某王子去放羊，就是因为这里不产粮，生活条件很艰苦。

不产粮的原因除了没有大平原外，还有一个重要的原因是气候。巴尔干半岛地处地中海北岸，深受地中海气候影响。地中海气候的特点是：夏季炎热干燥，冬季温和多雨，是13种气候类型中唯一一种雨热不同期的气候类型。我们知道中国的东部处于季风区，季风气候最大的好处是雨热同期。所谓雨热同期，就是雨水和热量同时到来。农作物的生长离不开两样东西——水和热，所以雨热同期能保证农作物的健康生长。中国正是由此发展出了延续几千年的农耕文明。而地中海气候对农作物的生长很不友好：夏天光照强的时候，农作物需要大量水分，偏偏老天不下雨；

希腊的地理环境

冬天倒是有水,但光照又不行,阳光太弱不利于植物光合作用。

因此,希腊不产粮,但有两个特产——葡萄和橄榄。这两样东西都耐旱,山地也可以种植。葡萄可以酿酒,或晒成葡萄干,橄榄树的果子可以榨油,而且葡萄酒和橄榄油都很好保存,是很好的商品。

但希腊人不能拿葡萄酒和橄榄油当饭吃,他们还是需要粮食。好在离得不远的埃及沿尼罗河两岸就是产粮区;如果再远一点,还可以到达两河流域,和那里的苏美尔人交换粮食。幸运的是,每到夏季的时候,地中海风平浪静,不需要很高超的航海技术就可以穿过。于是希腊人和埃及人、苏美尔人有了交流。

有了交流,就有了文明的传播。古埃及和古巴比伦的文明最早传到克里特岛,然后通过爱琴海上星罗棋布的小岛,一步步传到了伯罗奔尼撒半岛和希腊半岛,于是希腊人有了自己的文明。

很显然,希腊人不能照着埃及人和苏美尔人那样学习农耕技术,因为这里层峦叠嶂,没有大平原,受地中海气候的影响,也种不出粮食来;也不能学游牧民族那样去抢，那样风险太大，而且朝不保夕。基于世世代代出海经商为生的传统，希腊人发展出一套自己的商业文明，或者说海洋商业文明。今天全世界都拿橄榄代表和平，可能源头正在这里。当年希腊人如果没有橄榄，也只能学游牧民族那样出去抢了。不偷不抢，靠贸易换粮食，这就是和平。为什么不用酒？因为酒不是普通百姓能消费得起的东西，远没有橄榄油那样家喻户晓。

商业文明的命根子是契约精神。这个不难理解，比如说，希腊人拿着葡萄酒到埃及去换粮食，一年两年都如此，时间一长，大家熟了，兑换的比例也基本固定，如果有一天希腊人突然挖空心思想以次充好，或者坐地起价，那么对不起，上当的埃及人下回就不做你的生意了。因为粮食是必需品，葡萄酒是奢侈品，没有葡萄酒喝的埃及人照样生活，无非就是日子寡淡了点，但没有粮食吃的希腊人会饿死。所以，诚实守信是商业文明的根本。

另外，生意人不需要像农民那样一年忙到头，葡萄和橄榄树平常基本不需要打理，所以希腊人的空闲时间比较多。有了空闲，希腊人开始思考，于是某一天，他们仰望星空，灵感突发，发明了哲学。其中以苏格拉底（Socrates）、柏拉图（Plato）、亚里士多德（Aristotle）为代表，人称古希腊三贤。

特别是亚里士多德，他是古希腊文化的集大成者，研究领域涉及伦理学、形而上学、心理学、经济学、神学、政治学、修辞学、自然科学、教育学、诗歌、风俗，以及雅典法律——总之，没有他不会的。

这时正是中国的春秋战国时代，中国的先贤们也在思考。所不同的是，中国的哲学家们在思考人和人之间的关系。没办法，农耕文明的人口密度大，不处理好人和人之间的关系，会出乱子。

而希腊正好相反，商业文明人口少，地形复杂，交通不方便，平常也见不着几个人，所以他们不需要思考人和人之间的关系，他们更多地思考个人的问题：我是谁？我从哪里来？要到哪里去？然后进一步上升到对世界的思考：宇宙的本质是什么？事物的本质是什么？运动的本质是什么？

希腊人发明了几何学，用数学来解释世间的万事万物，一切科学的种子在这里产生。但希腊人显然太超前，这些种子还不能落地生根，人类还处在占领土地、抢夺粮食的时代。而希腊又受限于地理环境，都是城邦小国，也未能将这些科学的种子传播到四方。也就是说,这个时代依然是农耕文明唱主角。

与希腊半岛隔海相望的意大利半岛却完全不同。意大利半岛北部的波河平原,面积达4.6万平方公里,超过了关中的渭河平原(3.6万平方公里),足以孕育出一个农业帝国。波河平原的北部是欧洲著名的阿尔卑斯山脉,也是欧洲海拔最高的山脉,山顶终年积雪。前面说过,这里受地中海气候影响,夏天炎热少雨,但波河平原并不缺水,原因就是有阿尔卑斯山的雪山融水源源不断流向这里,为农业发展提供先决条件。平原的南部是一条长达1400公里的山脉——亚平宁山脉,一直延伸到半岛的最南端,甚至包括西西里岛。按地理位置,亚平宁山脉又可划分为三段:北亚平宁山、中亚平宁山、南亚平宁山。亚平宁山脉几乎贯穿整个意大利半岛,所以意大利半岛又称为亚平宁半岛。在亚平宁山脉的两边,靠近地中海的沿海地带,有一些比较小的冲积平原,这些地方受希腊文明的影响,早期也建立了一些城邦国家,如亚平宁山脉南边中部的罗马。

罗马人要前往埃及和两河流域做生意远不如希腊人方便,他们有耕地,可以自

己种粮食。和全世界一样，农耕文明的人口增长很快，随着人口的增长，罗马人的耕地不够了，于是向外扩张。罗马人先是占领了亚平宁山脉西部的一些平原，然后翻过亚平宁山，占领了亚平宁山北部的平原，最后占领了波河平原。这时的罗马，已经不是一个城邦，而是地中海沿岸的大国。

罗马扩张到波河平原后，前方有高大的阿尔卑斯山脉阻挡，于是调转方向，把目光放在了地中海的几个岛上：西西里岛、撒丁岛和科西嘉岛。可惜的是，这3个岛已经有了主人，那就是迦太基。

当时的地中海被两大势力控制：东部是希腊人，西部是迦太基人。

希腊人在鼎盛时期，不仅控制了小亚细亚西部沿海地区，还把势力扩张到意大利半岛的南部和西西里岛的东部，他们称这里为大希腊。

而迦太基是腓尼基人在北非西部（今突尼斯）建立的国家。腓尼基人原本生活在地中海东岸（今黎巴嫩和叙利亚沿海一带），后受到亚述、巴比伦等国的挤压，一部分迁移到北非，向生活在那里的柏柏尔人借了一块地，建立了迦太基国。

腓尼基人是出色的商人，擅长航海，地中海每一个港口都有他们的身影。据说，腓尼基人的商船经常出没于波涛汹涌的大西洋，向北到过不列颠，向南到过好望角。在频繁的商贸活动中，腓尼基人经常需要书写、记账，于是他们参考埃及人的象形文字和苏美尔人的楔形文字，创造了简单而又方便书写的22个腓尼基字母。这22个字母传到希腊，希腊人稍加改造，就成了希腊字母。后来，希腊字母传到罗马，罗马人又稍加改造，就是罗马字母，也叫拉丁字母。可以说，腓尼基字母才是欧洲文字之母。

腓尼基人和希腊人一样，都是商业文明，都把目光放在海上，双方为了争夺海上霸权经常发生冲突，谁也没有留意到身后的罗马从一个部落发展成了一个大国。

后来，辉煌一时的希腊，在逐渐衰落后被北方的马其顿人征服。马其顿出了一个亚历山大国王，在短短的13年时间里，不仅统一了希腊，还征服了西亚，收服了埃及，扫灭了波斯帝国，一直打到印度河。可惜的是，亚历山大只活了33岁，他死后，帝国瞬时土崩瓦解。而希腊的辉煌却一去不返。

所以，此时罗马人在地中海唯一的对手就是迦太基。

公元前3世纪至前2世纪，罗马与迦太基进行了三次战争，史称布匿战争，最终迦太基被灭国，迦太基城化为一片灰烬。而原本留在地中海东岸的腓尼基人后来逐步被希腊人、罗马人同化。从此，腓尼基人消失在历史的长河中。

至此，罗马人控制了整个地中海西部沿岸的陆地，以及海中的岛屿。

随后，罗马人进入巴尔干半岛，逐步消灭半岛上众多的邦国，于是，希腊也被并入罗马的版图。

征服了希腊的罗马人继承了很多希腊人的文化，包括雕塑、建筑等艺术，唯独对科学不感兴趣。人家还忙着打仗呢，哪有闲工夫研究这些！

在随后约100年的时间里，罗马人逐步占领西班牙、高卢、小亚细亚、地中海东岸、埃及，把地中海变成了内湖，成为一个横跨亚、欧、非的超级大帝国。

罗马帝国在扩张的道路上一发不可收，但始终没有解决一个问题，那就是如何统治一个面积如此之广的帝国。在同时期的东方，秦朝实行郡县制，用武力实现了统一，但很不稳定，仅二世而亡；到了汉朝，武帝独尊儒术，从思想上解决了人们对大一统的认可，又创立察举制，选拔专业的官员来管理国家，从而实现中央集权。但罗马帝国没有解决这些问题，帝国内部各种势力错综复杂，各处征服的土地也有相当的自主权，帝国随时有土崩瓦解的危险。

罗马一开始是王国，后来变成共和国，最终成为一个帝国。之所以会有这种变化，是因为罗马深受希腊文化的影响，后来又发觉希腊人那一套行不通。

希腊并不是一个国家，而是一个地域文化符号，这里城邦林立，其中以雅典和斯巴达为代表。雅典实行的是民主政治；斯巴达实际是王权政治。其他的小邦多依附于这两个城邦。也就是说，在雅典，是没有国王的；在斯巴达，虽然有国王，但权力极为有限。比如电影《斯巴达300勇士》里，国王要带兵抵御波斯人，议会不同意，国王只好带了300名亲兵，还告诉议会这不算军队。如果细究起来，斯巴达的政体和雅典在本质上并没有不同，所以这里只说雅典的民主政治，它也是现代民主政治的鼻祖。

雅典的民主政治是三权分立：立法、司法、行政。公民大会是雅典最高权力机关，掌握立法权；五百人议事会是最高行政机关，掌握行政权；民众法庭是最高司法机关，掌握司法权。这种政治制度的设计出现在两千六百多年前，我们不禁对古希腊人的智慧感到由衷敬佩。只是，和现代民主政治中的代议制不同，雅典实行的是直接民主，这就比较麻烦。比如雅典的公民大会，凡是雅典的公民都有权参加。虽然一来雅典是个城邦，人不多，二来并不是所有人都有公民权（妇孺、奴隶没有），三来不是所有公民都经常参会，但即使是这样，公民大会最少也有几千人参加，而经常开会的五百人议事会也有四五百人参加。可以想象一下，在公元前6世纪，没有麦克风，没有便宜的纸和笔传递文件，几千几百人凑在一起开会会是个什么结果！

罗马的政体可以说是雅典和斯巴达的结合体。当罗马还是个小城邦的时候，是有国王的，这一时期称为罗马的王政时代。公元前510年，罗马人驱逐了国王卢修斯·塔克文·苏佩布（Lucius Tarquinius Superbus），结束了罗马王政时代，建立了共和国。罗马共和国由元老院、执政官和部族会议三权分立：掌握国家实权的元老院由贵族组成；执政官由百人队会议从贵族中选举产生，行使最高行政权力；部族大会由男性平民和男性贵族构成——所以罗马共和国没有绝对的统治者。公元前27年，屋大维（Augustus）击败了安东尼（Mark Antony）和雷必达（Marcus Aemilius Lepidus），集军政大权于一身，罗马从此进入帝国时期。但即使是屋大维，也只是比以前的执政官的权力大了一些，和中国的皇帝仍相差万里，中国的皇帝是家天下，天下一切都是他的，所有权力集于一身，任何人都不能挑战这个权威。在罗马帝国时期，这些执政官的权力只是比元老院的权力大一点，并不是一切都自己说了算，元老院和部族会议也不是摆设，而且执政官职位不能世袭。其实不管是王政时代、共和时代还是帝国时代，罗马的政体有一个内核没有变，那就是师承希腊人的三权分立，三个时代可以说是三种权力在博弈中此消彼长的结果。不管怎么样，在罗马人的心中，有一个观念是不变的，那就是权力需要制衡。

权力被制衡的好处是公民相对自由，自由让希腊人创造了影响后世几千年的古典文明，也让罗马文化影响了后续欧洲的各个民族、国家。

和中国的文化相反，欧洲人的传统意识里并没有大一统的概念，自由和民主是他们与生俱来的追求，这个渊源正在于古希腊和古罗马文化的影响。

因为各地都有一定的自治权，罗马帝国又没有实现中国那样的中央集权，所以要统治这么大一片土地的难度相当大。395年，狄奥多西一世（Theodosius I）死后，将罗马帝国分给两个儿子，从此罗马帝国正式分裂为东、西罗马帝国，巴尔干半岛及以东为东罗马帝国，首都在君士坦丁堡（今伊斯坦布尔）；意大利半岛及以西为西罗马帝国，首都仍在罗马。君士坦丁堡是在希腊古城拜占庭的基础上建立起来的，所以东罗马帝国又被后人称为拜占庭帝国。

从公元前509年到公元前27年，罗马共和国存在了将近五百年。从公元前27年到395年分裂，罗马帝国存续了四百多年。此时，历史留给罗马帝国的时间不多了。这个时候正是中国的南北朝时期，中国人常讲，分久必合，合久必分，但欧洲的历史并不是这样，它们一旦分了，基本不会再合。

我们在看中国历史的时候，常常有一个疑惑：作为汉朝最大的敌人，匈奴人最后去了哪里？

汉朝人并没有将匈奴斩草除根，他们最后还有很大的势力，只是按中国史书的记载，他们西去之后就不知所踪了。

其实只要看一看地图就会发现，匈奴是游牧民族，逐水草而居，他们的去向只有一个，就是沿着欧亚大草原一路往西，先到中亚，再到欧洲，最远能到今匈牙利

一带。

欧洲早期的文明集中在沿地中海一带，从巴尔干半岛到意大利半岛，再到伊比利亚半岛，这些最终都成为罗马帝国的领地。在阿尔卑斯山脉以北，是广袤的平原，分为西欧平原、波德平原和东欧平原。其中，在西欧平原（今法国一带）居住着高卢人，波德平原（今波兰和德国一带）居住着日耳曼人，在东欧平原（今俄罗斯西部和乌克兰一带）居住着斯拉夫人。高卢人属于凯尔特人的一支，凯尔特、日耳曼、斯拉夫被当时的罗马帝国称为三大蛮族。欧洲的平原虽然多，但纬度偏高，阿尔卑斯在北纬46°左右，这个纬度和我国哈尔滨的位置相当。虽然欧洲有北大西洋暖流的影响，同纬度的里昂不会像哈尔滨那么冷，但欧洲三大平原绝大部分在阿尔卑斯山脉以北，且北大西洋暖流影响的主要是西欧和北欧；所以在早期，农耕技术还不发达的时候，欧洲平原发展不出农耕文明，只能是游牧民族的天堂。

匈奴人的到来，引起了欧洲草原上的连锁反应。当匈奴人渡过伏尔加河，进入黑海北岸东部，击败那里的东哥特人（日耳曼人的一支）时，其他的日耳曼人（西哥特人、汪达尔人、勃艮第人、盎格鲁人、撒克逊人和法兰克人等）为了躲避匈奴人的进攻，像潮水一样涌入罗马帝国境内。西罗马帝国在这些"蛮族"的入侵下，最终于476年灭亡。

日耳曼人没希腊人那么多文化，也不识字，还像以前那样烧杀抢掠，欧洲人（这里指日耳曼人统治的西欧部分）过着地狱般的日子，从此进入黑暗的中世纪。

后来日耳曼人发现，抢劫不如收税，于是想仿效罗马人建立国家。但日耳曼人又没这个能力，他们大多数人是文盲，知识掌握在教会手里。于是日耳曼人向教会请教，欧洲大地上一时涌现出众多的日耳曼国家。这其中以法兰克人建立的法兰克王国（481~843年）为代表，鼎盛时期占据了欧洲西部大片的土地。法兰克王国后来一分为三——西法兰克、中法兰克和东法兰克，这三个法兰克王国分别奠定了法国、意大利和德国的雏形。

在罗马帝国衰落时期，执政者为了加强控制，曾将基督教定为国教，但教权一直控制在政府权力之下。这次日耳曼人像学生一样向教会请教怎么建国，教会从生活、法律、宗教方面对日耳曼实施全方位改造，并给各个日耳曼国王办加冕仪式，无形之中把教权凌驾于王权之上。

国王们后来也醒悟了，不想受教会的控制，有的就起来反抗。教会毕竟是从罗马时代混过来的老江湖，立即号召其他国王来讨伐。这样一来，那些反抗的国王也只有老老实实听话的份了，于是罗马教皇成了权力至高无上的人。

但别忘了，东罗马帝国还在呢，从法理上来说，他们才是罗马帝国的继承者，现在蛮族居然要当罗马人的统治者，这当然不行。这就像南宋时期，南宋认为自己是正统，而金人占领了华北，认为他们才是中原的皇帝一样，于是两边的矛盾就产生了。东罗马帝国虽然凭借着独特的地理位置在蛮族的入侵下幸存下来，但根本无力收复故土。所以，他们最后和日耳曼人达成了协议，不会西征，专心对付另外两个敌人——北边的斯拉夫人和东边的波斯人。

更大的矛盾是在宗教方面，君士坦丁堡也有一个教皇，现在罗马城又冒出一个教皇来，同一个基督教怎么能有两个教皇？为了表示正统，君士坦丁堡的教会自称东正教（东方正统基督教）。东正教后来被俄罗斯继承，所以俄罗斯一直不被欧洲人认可，除了政治原因外，宗教也是一个原因。

但日耳曼人毕竟是蛮族出身，一直过着游牧部族的生活，完全照搬罗马那一套有些难度，于是他们采用了封建制。

封建制的最高统治者当然是教皇，教皇把土地分封给国王，国王向教皇宣誓效忠。当然，教皇的分封主要是仪式上的，教皇并不真正掌握世俗权力，但有了这个仪式，教皇可以在各个国王之间纵横捭阖，以达到对世俗权力的控制，更重要的是达到在思想文化方面的控制，以保证教会的利益。封建制主要体现在国王和他的臣属之间。

在王国之内，贵族主要分为国王、领主、骑士三个等级。首先，国王把土地分封给领主，领主向国王宣誓效忠，包括向国王进贡和应国王征召作战；其次，领主又把土地分封给骑士，同样，骑士向领主宣誓效忠，除了向领主进贡外，还要在领主需要作战时应召；最后，骑士拿到土地，租给农民耕种和居住，向他们收税并提供保护。

这其中领主有大有小，也就是有爵位高低之分。国王也可以称为大领主，就是王爵。中国人在近代翻译西方的爵位时，发现当时影响最大的英国历史上的爵位恰好大致分为五等，于是就借用了中国历史上的公、侯、伯、子、男来翻译。其实欧洲人的爵位是层层分封的，和中国完全不同，比如公爵可以封别人为侯爵，侯爵可以封别人为伯爵，而中国的公、侯、伯、子、男都是由周天子分封的，互相之间没有从属关系。

和中国封建制具有本质不同的是，欧洲的领主和臣属之间是契约关系，而不是人身依附关系。在中国的周朝，"普天之下，莫非王土，率土之滨，莫非王臣"。名义上，天下的每一寸土地都是周王的，每一个人都是周王的臣民，诸侯只不过是替天子管理某一片土地。而欧洲不是，欧洲人说："国王的国王不是我的国王。"最关键的是，欧洲的国王和封建领主之间也是一种契约关系，国王做不到一言九鼎，各大领主组成一个议会，参与国家的治理，左右着国王的一举一动。一句话，欧洲的统治者的权力是有限的，这种权力的制衡正是来自古希腊和古罗马的传统。

按照西方人的观点，罗马帝国时期属于奴隶制，中世纪属于封建制。中世纪长达1000年，被欧洲人称为"黑暗的中世纪"，这是因为相比于古希腊和古罗马，中世纪的发展几乎完全停滞，最根本原因还是教会垄断了一切思想和文化。思想和文化是一切科学技术的源泉，在教会的掌控下，欧洲像一潭死水一样，生活极其落后。要打破这种局面，只有解放思想、发展文化这一条路。

第三章　寻找通往东方的道路

在这1000年的时间里，欧洲人不停地和教会斗争，但总归失败的多。一直到14世纪，还是东罗马人给他们送来了希望。

东罗马夹在欧洲和中东之间，一直面对着来自东方的巨大压力。波斯帝国衰落后，7世纪初，一支来自半岛的阿拉伯人兴起，依靠着伊斯兰教的力量，他们席卷整个中东，建立了一个横跨亚、非、欧三洲的阿拉伯帝国。伊斯兰教和基督教一样，同样发源于古老的犹太教，但这两支宗教从一开始就势同水火。

耶稣（Jesus）原本是犹太人，出生于地中海东岸的伯利恒（耶路撒冷南），当时这个地方属于罗马帝国。罗马的公民有很多参政的权利，但这仅限于罗马城及附近的一些人，那些被征服地区的人不但没有公民权，反而是被罗马政府掠夺的对象。为了反抗罗马政府的残暴统治，耶稣在原始犹太教的基础上创立基督教。基督教不仅为犹太人打开了一扇天窗，也给广大被征服地区的人民带来了希望，于是迅速传播开来。罗马政府一开始是打击，结果越打击教众越多，最后无奈接受，把基督教纳入政府控制之下。

穆罕默德（Muhammad）出生于阿拉伯半岛红海东岸的麦加城，是阿拉伯人。阿拉伯人和犹太人同源，都属于闪米特人的一支。阿拉伯半岛的生存条件比地中海沿岸差多了，这里绝大部分地方都被沙漠掩盖，部族林立。穆罕默德出生时，半岛上有原始宗教、犹太教、基督教，教派林立，部族之间经常为了各自利益自相残杀，于是穆罕默德决心创立一个阿拉伯人自己的宗教，这就是伊斯兰教。正是伊斯兰教，迅速将半岛上的阿拉伯人统一起来，产生极大的战斗力。

用一句话概括，基督教原本就是为了争取权利而生的，到了后来更是权力无边，而伊斯兰教从一开始就是政教合一，所以这两个宗教的矛盾很大程度上是利益之争。

另一方面，正是因为利益，所以这两个宗教总是希望自己的教众越多越好。西方人始终不明白为什么中国人不信教，其实中国人同样不明白为什么西方人非要入教。你看我们的道教，受老子哲学思想的影响，多数时候都是抱着出世的心态，修行也是钻进深山老林里，与世无争。面对俗世，从来都是一派高冷的样子，一副"你爱入不入，老子还没工夫搭理你"的架势。基督教和伊斯兰教不同，一听说你没入教，立马一副怜悯的姿态：天啊，这是上帝的弃民啊，赶快入教救赎自己吧！中国的道教人士，盛世上山修行，乱世下山救人——这是统治者最喜欢的状态，也是老百姓最喜欢的状态，出家人就应该像个出家人的样子嘛！但基督教和伊斯兰教不一样，他们从一开始就要参与政治、争取权力，最终演变成利益之争，也就不奇怪了。

再补充一点，近代以来，西方人用枪炮打开了中国的大门，与枪炮同时进来的还有传教士，他们千方百计想把基督教传给中国，最终也没有成功普及。这是因为基督教并不比儒家文化先进。

孔子比耶稣早生五百多年，耶稣诞生的时候，儒学经过五百多年的发展，早已成熟，而且这时离汉武帝独尊儒术也已过去一百多年，所以要想让基督教替代儒家文明是绝无可能。举个例子，基督教是一神教，只能拜上帝，跪拜其他任何人都是违规，包括祖宗，这在中国人看来无论如何是不能接受的。中国人对待宗教一向宽容，你可以今天去庙里烧香，明天去道观里磕头，也不会有人说什么。但在西方不行，如果是在中世纪，这是异端行为，要杀头的。

伊斯兰教能迅速团结那么多人，是因为他们更讲平等，穆罕默德称自己只是个先知，是凡人，不是神，耶稣也一样。这让把耶稣奉为神灵的基督教难以接受，于是矛盾开始激发。当阿拉伯人北上攻占耶路撒冷的时候，罗马教廷为夺回圣城，发动了十字军东征（十字架是基督教的象征，因为每个出征的人胸前和臂上都佩戴"十"字标记，故称"十字军"），所到之处，尸横遍野。九次十字军东征杀戮无数，为两个宗教结下了血海深仇。在第四次东征的时候，十字军甚至洗劫了盟友东罗马帝国，这让本已羸弱的东罗马帝国雪上加霜。

当阿拉伯人在中东开始衰落的时候，一支突厥人填补了权力的真空。突厥人发源于阿尔泰山，被唐朝击败后西迁。其中一支以塞尔柱部落为首的突厥人进入了伊朗高原和两河流域。作为统治的条件，塞尔柱人接受了伊斯兰教，建立了塞尔柱帝国。

塞尔柱人把重心放在中东，于是一个叫花剌子模的国家在中亚兴起。花剌子模不断西进，最终占领伊朗高原，突厥人被挤压到小亚细亚半岛上。14世纪，蒙古人西征，横扫一切，但很快就衰落了。又一个叫奥斯曼的突厥部落兴起，统一了小亚细亚半岛上的各个突厥部落，建立了奥斯曼帝国。

奥斯曼帝国建立后，不断蚕食东罗马帝国的土地。在阿拉伯帝国最强大的时候，不仅包括阿拉伯半岛，从伊朗高原，到地中海东岸，再到地中海南岸的北非，甚至欧洲伊比利亚半岛的南部，也都是它的势力范围。虽然阿拉伯帝国最终崩溃，但这些地方经过穆斯林几百年的统治，已经被伊斯兰化了。而奥斯曼帝国也是一个伊斯兰国家，于是生活在东罗马帝国的人开始紧张了，大批的东罗马人带着古希腊和古罗马的艺术珍品和文学、历史、哲学等书籍，纷纷逃往西欧避难。一些东罗马的学者在意大利的佛罗伦萨办了一所叫"希腊学院"的学校，讲授希腊辉煌的历史和文化。

西欧人顿时眼前一亮，许多学者要求恢复古希腊和古罗马的文化和艺术。这种要求就像春风拂柳，慢慢吹遍整个西欧。文艺复兴运动由此兴起。1500年前希腊人播下的科学种子，终于要生根发芽了！

但光有种子不行，还需要传播种子的工具，好在这也不是问题。12世纪，阿拉伯人把中国人的造纸术传到了欧洲，让欧洲的教育普及有了可能。在此之前，欧洲人使用的是羊皮纸，价格极其昂贵，只有教会才用得起，欧洲上至达官贵人，下至黎民百姓，大多都是文盲。当中国的士人们在吟诵唐诗宋词的时候，欧洲的骑士们却目不识丁。

13世纪，阿拉伯人又把中国的印刷术传到了欧洲，《马可·波罗游记》出版，信息的传播变得比以往任何时候都迅捷而广泛。阿拉伯人无意之中做的两件事，仿佛是专为欧洲文艺复兴准备的。几乎是在同时，中国的指南针也被阿拉伯人传入欧洲，大航海时代可以说万事俱备，只欠东风了。

文艺复兴解放了欧洲人的思想，以达到"人尽其才，物尽其用"的功效。

文艺复兴不是一蹴而就的，从14世纪开始，一直到16世纪，前后持续约三百年，原因就是宗教势力的反扑。科学带有天生的客观性，和宗教具有与生俱来的矛盾。欧洲的知识分子抬出古希腊的科学，也是为了打破教会对一切事务的话语权。罗马教廷当然不会坐视，把一切不符合宗教利益的行为都视为异端邪说，有的人甚至因此而死，比如布鲁诺（Giordano Bruno）。

正因为文艺复兴，欧洲人打开了眼界，这才发现自己居然这么落后，而东方早已把他们远远地抛在身后，尤其是传说中的中国，按《马可·波罗游记》里的说法，那里就是遍地黄金，富得流油。得益于古希腊的文化基因，欧洲人天生具有海洋商业文明的嗅觉，商业文明的特点就是哪里有钱就往哪里跑，既然东方富有，那就去东方寻找财富。只是，由于强大的奥斯曼帝国横亘在中间，欧洲人既去不了印度，更去不了中国。

按传统的路线，欧洲人去往东方只有两条路：一条是陆路，走地中海东岸，过两河流域，越伊朗高原，再经过中亚，然后可以到达中国；另一条路，从埃及，过红海，入印度洋，走海路。

这时统治两河流域的是土库曼人建立的黑羊王朝。从广义上讲，土库曼也是突厥的一支，迁到这里的原因和奥斯曼一样，连信仰也一样，都是伊斯兰教。而这时统治伊朗高原到中亚地区的是帖木儿帝国，同样信仰伊斯兰教。帖木儿帝国是在伊儿汗国的废墟上建立起来的由蒙古人控制的帝国，帖木儿虽是蒙古人，但早已被伊斯兰化。所以选择陆路，对欧洲人来说无异于送死。

与此同时，从地中海东岸到北非，包括埃及，经过阿拉伯人几百年的统治，也都阿拉伯化了，或者说伊斯兰化了，在他们眼里，信仰基督教的欧洲人是异教徒，是要被消灭的对象。

15世纪初，奥斯曼越过爱琴海，攻占了巴尔干半岛的绝大部分地区，东罗马帝国被包裹，原本是欧洲人内海的地中海大部分已经成了穆斯林的天下。欧洲人虽然反对教会的权力，但并不会反对宗教本身。无论从信仰还是经济上，欧洲人都需要突围，而那些原先在地中海混得风生水起的海洋国家如威尼斯、热那亚、那不勒斯等，一时难以舍弃传统的利益，反而是位于伊比利亚半岛上的葡萄牙和西班牙，因为在地中海没有传统的利益，率先发起向大洋寻找新航路的运动。

伊比利亚半岛资源贫乏，不适合农业种植，如果没有贸易，这两个国家会贫弱不堪，更要紧的是，这里还是抵抗北非穆斯林入侵的前线，如果不寻找出路，作为基督徒的欧洲人运命堪忧。

最先吹起大航海时代号角的是葡萄牙人。相对于西班牙来说，葡萄牙国土更小、资源更少，更迫切需要到海外寻求财富。另一个原因，这时的西班牙还是一分为三：西部的卡斯蒂利亚王国、东部的阿拉贡王国、北部的纳瓦拉王国。而南部，还在穆斯林的手里。所以西班牙还在统一的路上纷争不断，无暇他顾。

与风平浪静的地中海不同，大西洋波涛汹涌，气候变化多端，一路上充满着凶险。所以在远洋探险之前，葡萄牙人须解决几个问题。

1415年8月下旬，葡萄牙国王若奥一世（John I of Portugal）亲率19000陆军、

1700海军和200艘战舰，攻克了北非摩尔人的重要据点休达。摩尔人是西班牙人和柏柏尔人的混血。休达对欧洲人来说极其重要，因为它直接控制着地中海连接大西洋的出入口——直布罗陀海峡。此时欧洲的传统大国还大多在地中海沿岸，休达在摩尔人手上，等于欧洲人被困死在地中海，现在葡萄牙人把这个枷锁打开，欧洲人的视线就不再局限于地中海了，而是转向大西洋。

直布罗陀海峡

在这次战斗中，若奥一世的儿子——21岁的王子亨利（Prince Henry the Navigator，也译作恩里克）也参加了。亨利王子无心政治，见多识广，20岁的时候就遍游欧洲，拜见过罗马教皇、卡斯蒂利亚的胡安二世（Juan II de Castilla）、神圣罗马帝国皇帝西吉斯蒙德（Sigismund, Holy Roman Emperor）、奥斯曼帝国皇帝苏丹穆拉德二世（Murad II）和拜占庭帝国皇帝君士坦丁十一世（Constantine XI Palaiologos），还参加了神圣罗马帝国军队在波希米亚镇压胡斯派的战争。

两年后，摩尔人反攻休达，亨利率兵救援。赶走摩尔人后，亨利王子在休达停留了3个月。他从当地人口中得知，有一条古老而繁忙的商路可以穿过撒哈拉大沙漠，经过二十天的行程就可以到达树林繁茂、土地肥沃的"绿色国家"（即今几内亚、冈比亚、塞内加尔、马里南部和尼日尔南部，因森林众多，故称），从那里可以获得非洲的胡椒、黄金和象牙。葡萄牙人对从陆路穿过沙漠没有经验，于是亨利王子有了一个大胆的想法，从海路到达"绿色国家"。这一主张得到国王若奥一世的赞同，若奥封他为骑士，随后又加封为维塞乌公爵以及科威尼亚领主。亨利王子对这些头衔毫无兴趣，他在靠近圣维森特角的一个叫萨格里什的小村子定居下来，并在这里创办了一所航海学院，培养本国水手，提高他们的航海技艺；设立观象台，网罗各国的地理学家、地图学家、数学家和天文学家共同研究，制订计划、方案；广泛收集地理、气象、信风、海流、造船、航海等种种文献资料，加以分析、整理，为己所用；建立了旅行图书馆，其中就有《马可·波罗游记》，还收集了很多地图，并且在此基础上绘制新的地图。随后，亨利王子在拉各斯修建了港口，作为航海的基地。

就这样，一个改变欧洲人命运的大航海时代在亨利王子的带领下正式开始。

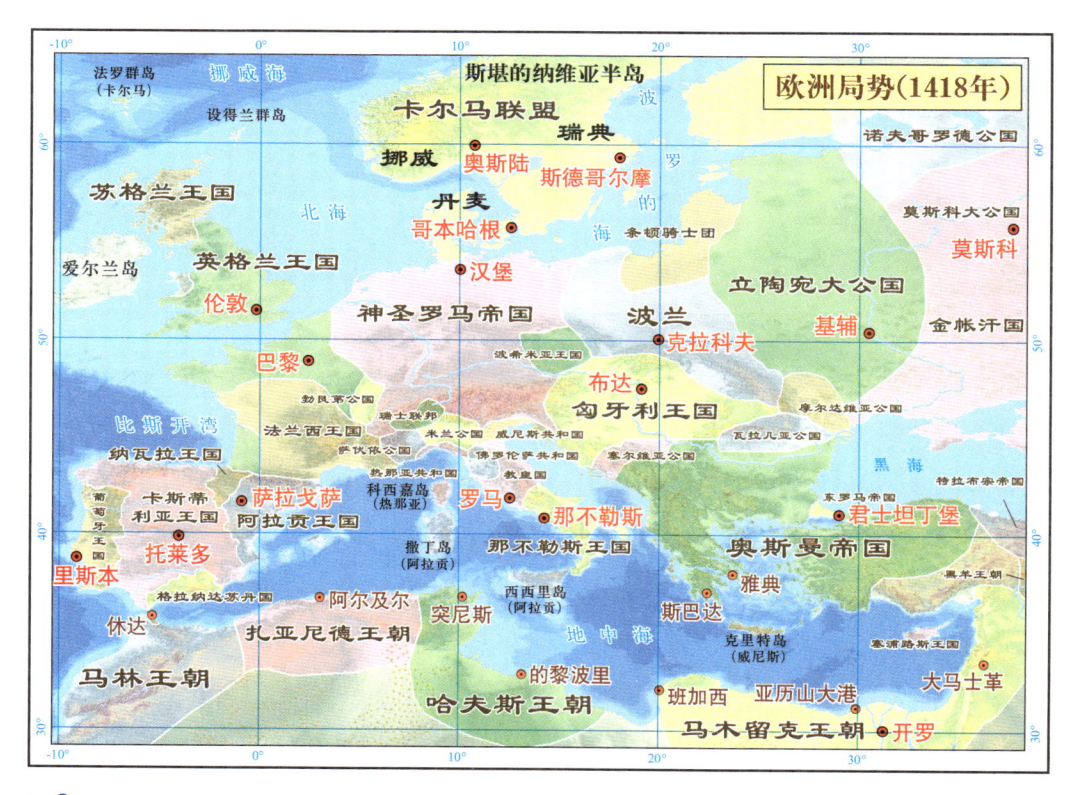

第四章 亨利王子

1418年，亨利派出了他的第一支探险队，向南寻找传说中的几内亚。在当时欧洲人的地图里，只有欧洲、西亚和北非，除此之外的世界一概不知。

按常理推测，探险队只要沿着非洲大陆往南航行，就可以绕到撒哈拉大沙漠的南部，可是这么重要的一次行动，这支探险队却只有一艘帆船，而且亨利也不在船上，这又是为什么呢？

不只是这一次，往后的探险行动中，亨利都没有亲自领队，而是在拉各斯坐镇指挥。因为远洋航行和在地中海中航行不一样，所需要的船只也不一样。地中海在夏季受副高压控制，处于无风带，冬季也只有单一的西风，因此，在地中海中航行的船，主要依靠奴隶划桨提供动力，风帆起辅助作用。而大西洋的风很大，风向也不确定，远洋航行不能随时补充粮食和淡水，不可能带那么多划桨的奴隶，况且人力远远不如风力持续和强劲。所以，在远洋出海前，亨利要做的第一件事就是改造船只的结构和风帆，让新船只以风力为主，其风帆要适应各个方向的风。这些事情需要花费大量时间去研究，并不停试错。亨利的主要精力在这方面，而且刚开始没有任何经验，不可能批量生产大量的远洋帆船。亨利的职责不只是一个船长，还管理着研究地理、气象、信风、海流、造船、航海各个方面的专家，这些工作远比带队出海重要。

从拉各斯出发，沿非洲西海岸往南，会路过摩尔人的地盘，这是葡萄牙人的死敌，所以探险队不敢靠海岸太近。探险队的首要目的是先到达加那利群岛，在那里可以获得补给。葡萄牙人知道，14年前，西班牙的卡斯蒂利亚王国就占领了那里。虽然葡萄牙人和西班牙人经常为领土争端打仗，可毕竟都是基督徒，远比到穆斯林的地盘安全。

没想到的是，就在驶往加那利群岛的途中，探险队遇上了风暴。他们顺着风暴向西漂移，却意外地发现了一群岛屿——马德拉群岛。

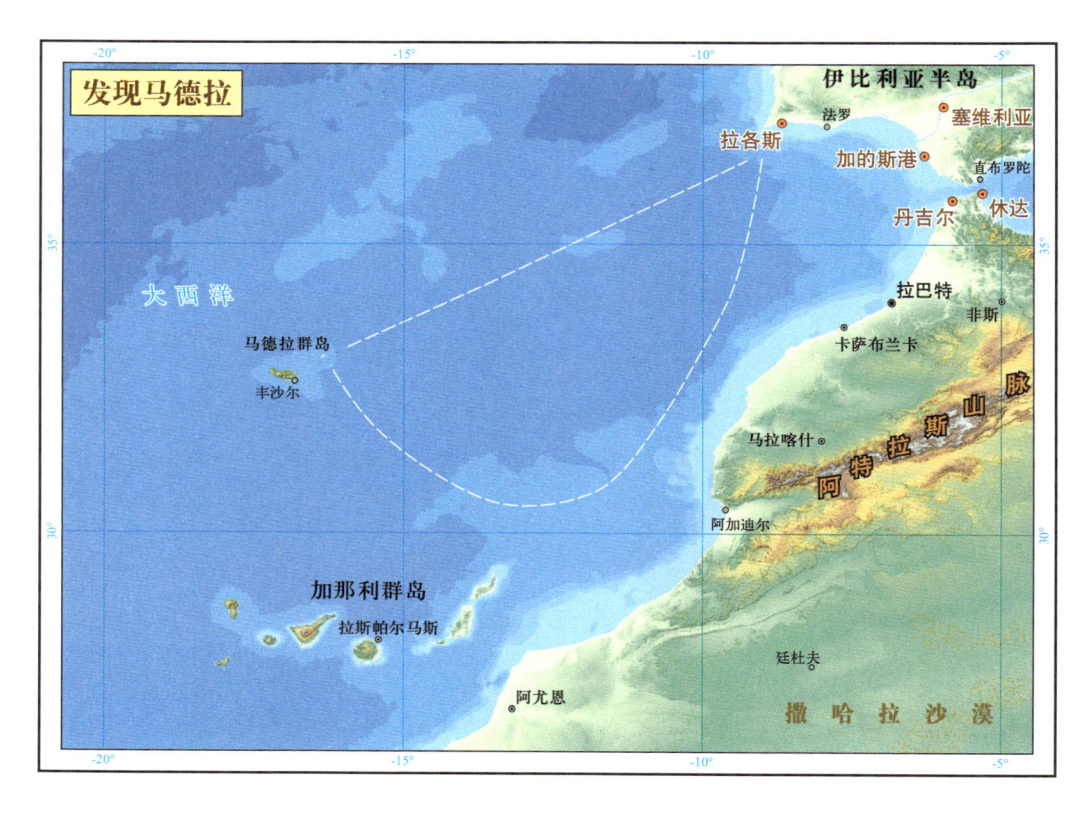

这是欧洲人的第一个远洋探险成果。与此同时，远在东方的郑和已经四下西洋，足迹已达非洲东岸。单从技术上说，这时的中国遥遥领先，只不过正像龟兔赛跑一样，在大航海这场竞赛中，我们最终成了那只自大的兔子。

亨利立即对外宣布马德拉群岛归葡萄牙所有，并开始向岛上殖民。在中国人眼里，"殖民"一词带着血腥和暴力，是一种极不人道的行为。但对于欧洲人来说，那是他们一贯的传统。总的来说，欧洲最早发展的三个半岛（巴尔干半岛、意大利半岛、伊比利亚半岛）土地贫瘠，养活不了那么多人，所以当他们发现一片肥沃的土地时，第一反应就是往那里殖民。早在古希腊时期，当希腊各个城邦实力强盛时，他们就曾往地中海沿岸殖民。此外，欧洲此时处于封建社会，和中国封建社会不同的是，他们有一个数量庞大的奴隶阶层，在欧洲贵族眼里，这些奴隶没有任何人身权利，奴隶的主要来源就是战争，那些被俘虏的人，包括被征服地区的人，在他们眼里是理所当然的奴隶。管仲说："仓廪实而知礼节，衣食足而知荣辱。"这句话对全世界通用，当时的欧洲还很穷，生存是第一要义，如果说要讲什么道德的话，也是基督教里倡导的那些。但这些道德实施的对象也仅限于同是一个上帝的基督徒，对异教徒，他们认为怎么残暴都不过分。

不过马德拉群岛上并没有土著。这个群岛由四组岛屿组成：马德拉岛、圣港岛、德塞塔群岛、布日乌岛。这四组岛屿都是火山岛，其中马德拉岛最大，德塞塔和布日乌太小，一直都是无人岛。葡萄牙人最早发现的是圣港岛，随后发现了马德拉岛。这里和地中海几乎在同一纬度，属于地中海气候，四季温差不大。只是，和地中海沿岸不同的是，几十万年前的火山在这里留下了厚厚的一层火山灰，火山灰是非常好的肥料，所以这里布满了森林。而且，受洋流的影响，这里的降水比地中海丰富。为了开发这里，葡萄牙人能想到的办法就是放火烧山，据说这把火从点燃的那一刻起，整整烧了七年。其实早在葡萄牙人之前，迦太基人和罗马人就到过这里，并把它命名为"木材岛"，而葡萄牙语中"马德拉"就是木材的意思，所以葡萄牙人应该早就从一些古地图上知道有这个岛，只是不知道准确的位置而已。

烧掉森林后，葡萄牙人开辟农场，种植甘蔗。甘蔗原产亚洲，十字军东征时被带到了欧洲，在塞浦路斯岛、克里特岛、西西里岛都有种植，只不过范围很小。甘蔗喜热、喜光，对土壤的肥力也有要求，地中海的土地贫瘠，并不适合它生长，而马德拉岛非常适合。

葡萄牙人在这里种甘蔗，成熟后把甘蔗熬成蔗糖，再卖到欧洲去。蔗糖对欧洲人来说是一种非常重要的经济作物，欧洲人对糖的喜爱与生俱来。看看欧洲人做甜点时往里面加糖的分量，简直令人咋舌。中国也有一些地方喜欢在做菜时加点糖，比如江浙一带，但量很小，和欧洲人比起来，简直是小儿科。

马德拉群岛后来成为重要的蔗糖产地，从这里生产的蔗糖源源不断地供应到欧洲市场，使这种原本只是贵族享用的奢侈品开始进入寻常百姓家。再后来，葡萄牙人又从国内引进葡萄种植，于是这里也开始盛产葡萄酒。当然，这是后话，开发无人岛屿是需要时间的，一开始，这些岛屿最大的作用是能给葡萄牙人的船队提供补给。在大海上航行，如果沿途找不到补给就会面临生存危险。

1420年5月，罗马教廷颁发了一系列文件，任命亨利王子为托马尔骑士团大统领，管理骑士团的财产，并将骑士团的收入用于航海和探险事业。

教会对航海事业这么热心，源于一个古老的传说。1170年，东罗马帝国皇帝曼努依尔（Manuel I Komnenos）在首都君士坦丁堡收到一封署名为"普莱斯特·约翰"的书信。在信中，这位约翰国王向欧洲人描述了一个富庶、强大，位于东方某个神秘地方的基督教国家。东罗马皇帝曼努依尔对这个约翰王国闻所未闻，但还是让人将书信抄录了若干份，派使者分别送予西欧各国君主及罗马教皇。可是，罗马教皇与各国君主以及王公贵族同样对这个国家一无所知。信中所提到的这个国家，面积广阔、物产丰富，最关键的是信仰基督教，这三点给他们留下了深刻的印象。从那时起，联络约翰王国反击穆斯林一直是欧洲人的梦想。从13世纪开始，到16世纪初，欧洲各国为寻找这个神秘的约翰王国花费了近三百年的时间，结果一无所获。一直到欧洲人自己强大了，不再需要盟友了，这个传说才消停下去。

对于约翰王国所在的位置，欧洲人一直含混不清，他们甚至一度把成吉思汗当作约翰国王。到了1340年，曾经到过中国的意大利人乔丹（Jordan of Severac）明确地把"约翰王国"定位在埃塞俄比亚。因此，亨利王子要找到传说中的约翰王国，还得沿着非洲大陆南下，绕到非洲的东边去。当时欧洲人的认知范围，也仅限于环地中海一圈，至于再往南会遇到什么，所有人心里都没底。

在远洋技术还很落后的15世纪初，在大洋里航行有两点成为关键所在。一是沿大陆边缘航行，这样如果船只发生事故可以马上靠岸修理；二是沿途需要稳定的补给点，这样就算船队往前什么也没找到，还可以原路返回休整。从马德拉群岛往南，就是加那利群岛，这个葡萄牙人是知道的。加那利群岛属于卡斯蒂利亚王国，这个葡萄牙人也知道。此时的葡萄牙王国和卡斯蒂利亚王国处于战争状态，为了获得稳定的补给点，葡萄牙人打算硬抢。

加那利群岛比马德拉群岛大多了，前者的面积是后者的将近十倍，由七大岛

屿组成：大加那利岛、特内里费岛、拉帕尔马岛、拉戈梅拉岛、耶罗岛、兰萨罗特岛、富埃特文图拉岛。

和马德拉群岛一样，加那利群岛也是火山岛，同样有肥沃的火山灰。不一样的是，这里离大陆近，岛上有原住民。15世纪初，一名法国探险家在卡斯蒂利亚国王的资助下占领了这里，于是这里就归了卡斯蒂利亚。这里离马德拉群岛约500公里，对远洋航队来说，是一个很好的中转站；离非洲大陆仅100公里，可以想见，岛上的居民正是来自非洲大陆，是欧洲人眼里的"野蛮人"（拉丁语柏柏尔人是野蛮人的意思）。卡斯蒂利亚王国占领这里后，开始往这里殖民，并把大量土著押送回国做奴隶，以至于岛上的土著最终灭绝。

中国人对加那利群岛应该不太陌生，中国台湾著名作家三毛曾在这里定居，后来她的爱人荷西（Jose Maria Quero Y Ruiz）在拉帕尔马岛潜水时丧生，三毛才离开这里。这里属于地中海气候，如果不考虑农业，地中海气候很适合度假，一年四季不冷也不热。

葡萄牙王子亨利几次向加那利群岛派兵，几次都是兵败而回。无奈之下，亨利只好放弃。同时，亨利派出船队向其他方向探索，希望找到一些别的岛屿作为据点。

1427年，往西方探索的葡萄牙船队发现了亚速尔群岛。亚速尔群岛主要由九个火山岛组成。这里居住着亚速尔人和柏柏尔人，葡萄牙人随后向该群岛殖民。不过，与西班牙人不同的是，葡萄牙人的殖民政策总体上比较温和，所以至今这里的主体人口还是亚速尔人和柏柏尔人。当然，这里有一个客观原因：葡萄牙国土狭小，没有那么多的人口充实殖民地，也是不得已而为之。葡萄牙人此时的目标还是到非洲南部，所以还没有意识到亚速尔群岛对去往美洲大陆的意义，他们往这里殖民的目的就是养牛、养羊，种植小麦，以补充国内的物资。

往南最大的障碍是加那利群岛正南方的博哈多尔角。约百年前，加泰罗尼亚（阿拉贡下属的一个公国）与葡萄牙的航海家曾经沿着非洲西海岸向南航行了900公里，一直到达博哈多尔角，就不敢再往前了，一船人偷偷地回到欧洲，借口遇到种种恐怖的土著，说海里的盐厚得连犁都犁不开。他们还扬言，凡是通过博哈多尔角的基督教徒都会变成黑人。

所以，博哈多尔角以南对于当时的欧洲人来说是一个全然未知的世界，也是一个恐怖的世界，那里暗礁密布、巨浪滔天，有神秘莫测的急流。阿拉伯人也恐惧地把这片海域称为"黑暗的绿色海洋"，在中世纪阿拉伯人的地图上，博哈多尔角稍南的海岸边，画着一只从水里伸出来的手，那是魔鬼撒旦的手。

对于探险家来说，环境的艰难相对好克服，心理上的恐惧却一时难以消解。尤其是这些出海的人都是虔诚的基督徒，谁也不愿意被魔鬼诅咒，成为上帝的弃民。

葡萄牙人的这些担心不是没有道理，博哈多尔角靠近北回归线。北回归线往南，就是热带地区，那里的确生活着黑人。欧洲人不是没有见过黑人，从罗马时代起，就有黑人被贩卖到欧洲做奴隶，所以在欧洲人的眼里，黑人天生低人一等，他们担心自己变成黑人。很多人以为，非洲大陆上遍布着黑色皮肤的人，实际上，应该把非洲大陆分为两部分来看，以撒哈拉沙漠为界：在撒哈拉沙漠的北边，西部是柏柏尔人，东部是阿拉伯人（古埃及人已不知所踪），他们都属于白种人，都同闪米特人关系密切，都信仰伊斯兰教；撒哈拉以南，就是常说的"黑非洲"，那才是

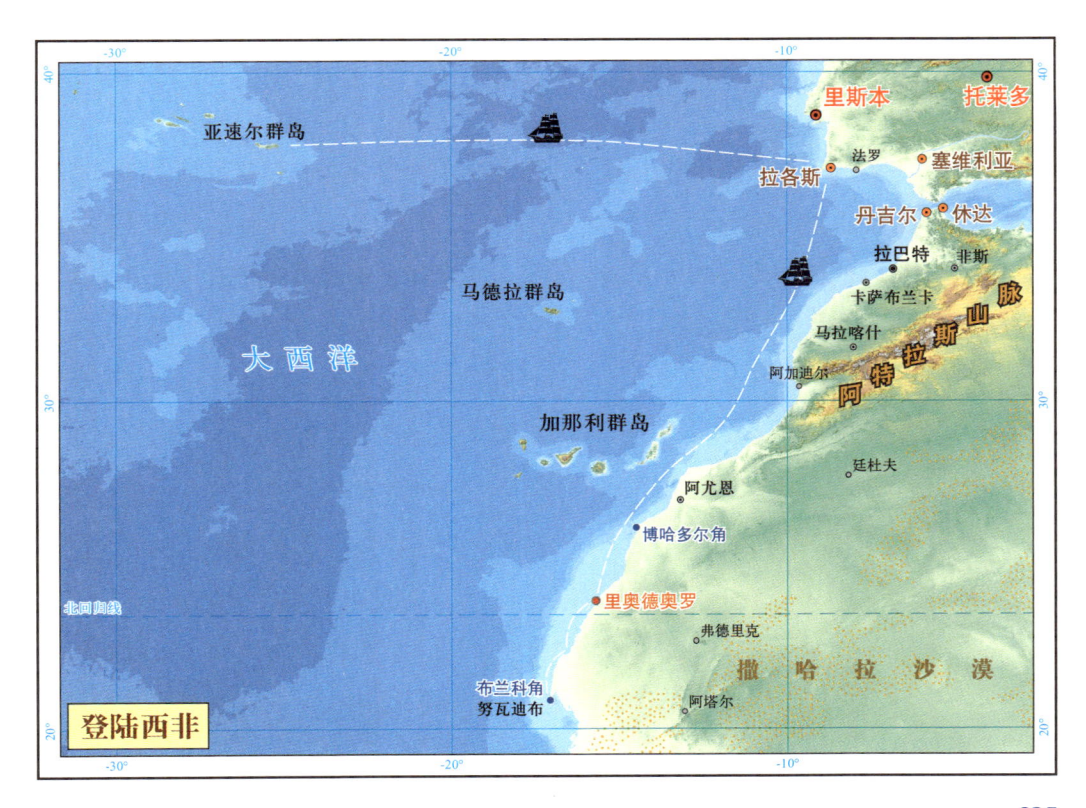

黑人居住的地区。撒哈拉沙漠很大，但并不是寸草不生，阿拉伯人的骆驼商队可以穿梭其间，商队可以给南非洲带去文明，也会把黑奴卖到欧洲。

虽然害怕，不过有一件事可以让葡萄牙人稍感欣慰，那就是如果他们真见到了黑人，就说明他们已经绕过了穆斯林控制的地带，也就相对安全了。

1434年，经过十几次的尝试后，亨利王子派遣的远征队终于越过了博哈多尔角。所有人的心都提到了嗓子眼，但随着船队往前行驶，船员并没有发现什么异样。但为保险起见，面对一无所知的前方，船队很快就返航了。

第二年，葡萄牙船队再次出海，这次他们探索到博哈多尔角以南185公里的加内特湾。在那里，他们发现人和骆驼的足迹，证明那里并不是荒无人烟。既然有人类在这里生活，说明这里并不会像传说中的那么恐怖。

1436年，葡萄牙的船队往南探索到北纬24°。这里已经贴近北回归线，船队没敢再往南，而是在这里选择了一个地点登陆（即里奥德奥罗）。在那里，他们发现了一支扛着木质标枪的黑人队伍，船员们立即回到船上，继续往南航行到布兰科角（今努瓦迪布角）。这是欧洲人第一次直接接触到原始的非洲黑人，而且是在黑非洲大陆上。同时，这也标志着葡萄牙人已经完全绕过扛新月旗的伊斯兰世界，不会再遇到宗教上的争端。

博哈多尔角过了，北回归线也过了，葡萄牙人再也没有了心理障碍，可以勇往直前，继续探索非洲大陆。

可在这时，葡萄牙人与摩尔人起了冲突，亨利王子急召船队回国，如火如荼的航海事业不得不中断。

第五章　穿过佛得角的世界

1437年，为争夺直布罗陀海峡的控制权，葡萄牙人与摩尔人在丹吉尔展开决战，结果葡军主力完败，费尔南多王子（Ferdinand the Holy Prince，亨利的弟弟）成了人质。经此一役，亨利王子不得不暂停远航计划，以节省费用。

一直到1441年，亨利王子才派两支船队南下，从里奥德奥罗登陆，在那里抓了十几名黑人。其中一支船队把这些黑人当作奴隶运回国，另一支船队继续南下，过布兰科角，发现了阿尔金湾（今努瓦迪布湾）后返航，并带回一些金砂和鸵鸟蛋。这次航行是历史上黑奴贸易的开始，此后阿尔金湾成为奴隶贸易的重要据点。运回欧洲的黑奴卖出了好价钱，亨利的远航行动不再受到人们的质疑，反而赢得赞扬声一片。在此之前，因为亨利长年派船队远航，花费巨大又无利可图（就算是占领了一些渺无人烟的荒岛，开发起来也需要大量的时间和金钱，短时期看不到回报），所以，国会对他的远航计划，经常有反对的声音。现在有了黑奴贸易，远航不仅不会赔本，还会大赚特赚。

当然，必须说明的是，黑奴贸易，如果仅从欧洲人的利益出发，是一本万利的生意，但对非洲人来说，却是深重的灾难。

至于奴隶的来源，葡萄牙人并不是每次都靠武力抓捕，毕竟动用武力是要冒风险的，弄不好自己也会死人，如果能用钱买到当然最好了。此时的黑非洲还处于早期文明阶段，部落林立，各个部落经常发生冲突，抓获的俘虏就是奴隶。对获胜的酋长来说，与其把这些俘虏处死，不如卖个好价钱。当然，欧洲人后来也学坏了，与其自己流血去抓，不如挑动黑人部落相斗，如此一来黑奴就会源源不断地产生。仅仅是头五年里，葡萄牙人就从非洲运回上千黑人。从此以后，奴隶贸易成为葡萄牙人远航的最大动力。

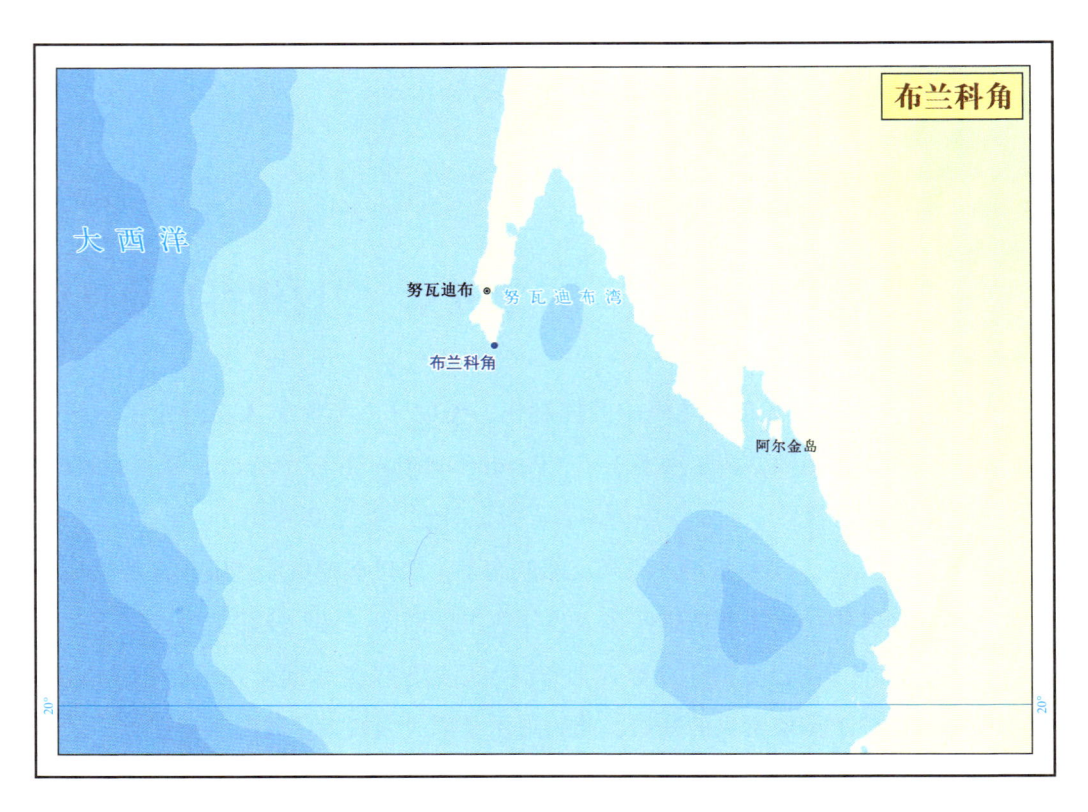

接下来对葡萄牙人来说就是顺风顺水了。

1445年，航海世家迪亚士家族中的迪尼斯·迪亚士（Dinis Dias）崭露头角，受亨利王子派遣出海，在北纬16°附近发现了塞内加尔河河口。然后，迪亚士继续往南，绕过了非洲大陆最西端的一个海角。迪亚士把它命名为佛得角，葡萄牙语的意思是绿色的角，因为这是葡萄牙人穿过撒哈拉沙漠沿海后看到的第一片绿色。

同年，另一支船队发现了冈比亚河河口，这里不仅有绿色，而且人口稠密。

1446年，葡萄牙王子亨利派遣特里斯塔奥（Nuno Tristão）出海西非，探险队向南推进到北纬12°一带，发现了比热戈斯群岛。这片海岛靠大陆很近，人口也稠密。特里斯塔奥禁不住诱惑，开始带着一帮人下船抓人。在捕捉黑奴的战斗中，特里斯塔奥被对方的毒箭射死。剩下的人吓坏了，跳上船就跑，两个月之内不间断地

非洲西海岸

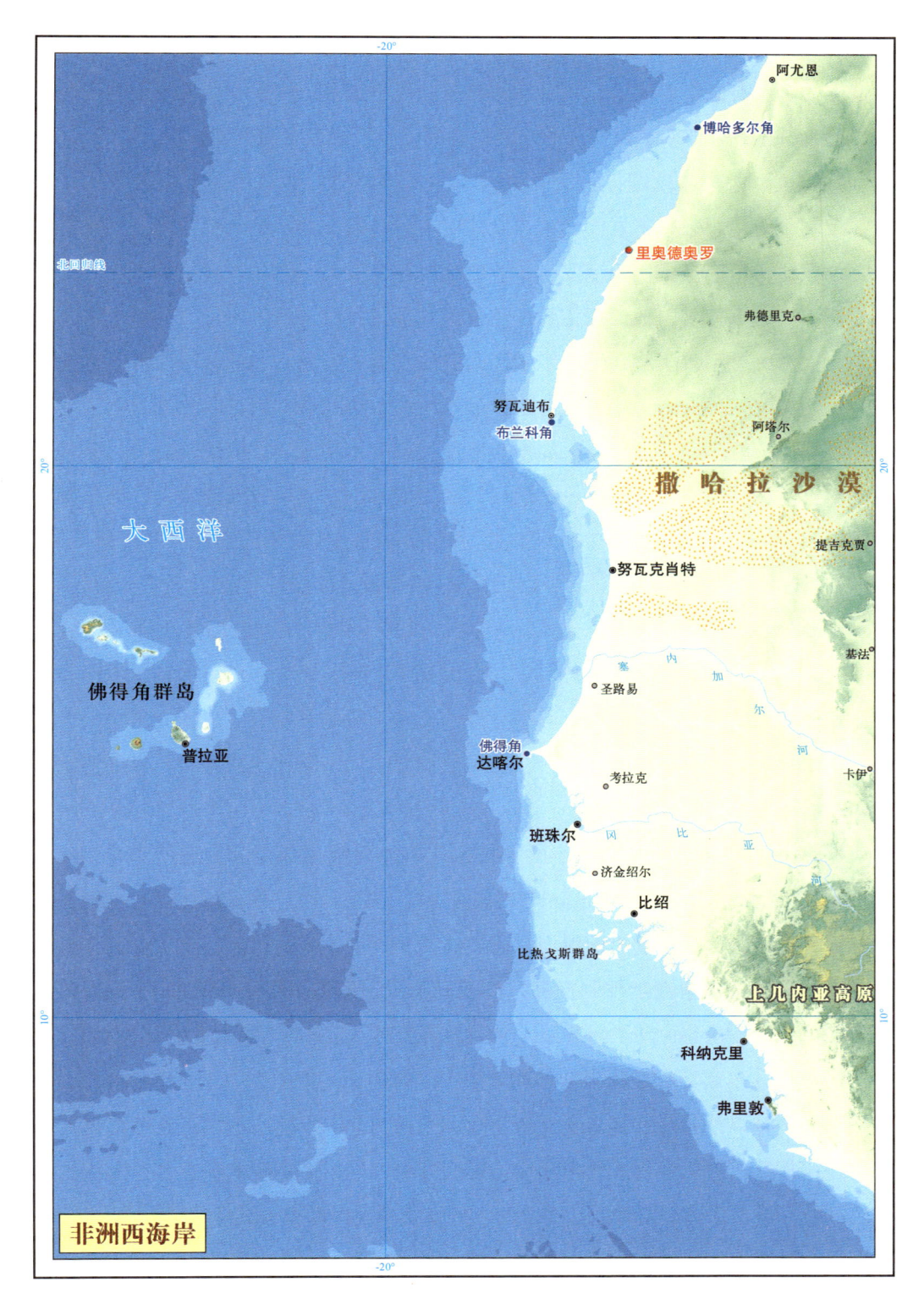

- 阿尤恩
- 博哈多尔角
- 北回归线
- 里奥德奥罗
- 弗德里克
- 努瓦迪布
- 布兰科角
- 阿塔尔
- 撒哈拉沙漠
- 提吉克贾
- 努瓦克肖特
- 基法
- 塞内加尔河
- 圣路易
- 大西洋
- 佛得角群岛
- 普拉亚
- 佛得角
- 达喀尔
- 考拉克
- 卡伊
- 班珠尔
- 冈比亚河
- 济金绍尔
- 比绍
- 比热戈斯群岛
- 上几内亚高原
- 科纳克里
- 弗里敦

039

航行了3500公里，一口气回到里斯本。特里斯塔奥是历史上第一个在殖民海盗活动中丧生的有名有姓的冒险家，其余部的返航过程也是有史以来欧洲人最远的一次不靠岸远航，这充分证明了葡萄牙的轻型帆船的优越性能在欧洲首屈一指。

其实这个时候，欧洲人在火力上并不占优势，他们使用的还是火绳枪。火绳枪在战场上使用起来很不方便，论连发速度不如弓箭，除非是两军对阵，大家站在固定位置时，用三排士兵轮流发射，才能达到连发效果。但在非洲丛林里，黑人土著显然不会这么打仗，他们更擅长在丛林里穿梭，打游击战。不过，总体上讲，欧洲人在火力上虽不占优势，但在组织能力、协作能力方面，非洲的原始部落远远不是对手。何况这种火力上不占优势也只是暂时的，约一百年后，欧洲人发明了燧发枪，在战场上就所向无敌了。火绳枪虽然连发速度不如弓箭，但穿透力强，而且普通人都可以训练使用。因此，枪出现后，最先倒霉的并不是非洲的土著，而是穿着铠甲的欧洲骑士。骑士原本是欧洲封建时代的支柱，随着枪的出现，骑士倒下了，欧洲的封建制也逐步瓦解，另一个靠大航海发财的阶层兴起，这就是资产阶级。

至此，中国的四大发明（造纸、印刷、火药、指南针）全部被欧洲人用到了大航海事业上，既改变了欧洲的历史，也改变了世界的历史。可惜的是，中国人发明这四样东西，大多是凭经验，并没有理论支持，所以发明完了也就完了，很少改进。而欧洲人因为有科学的支持，在使用的过程中，不断地迭代升级，最终把这四样东西的功效发挥到极致。

比热戈斯群岛事件是个小小的挫折，并不能阻挡葡萄牙人前进的脚步。1447年，亨利派遣费尔南德斯（António Fernandes）出海西非，向南推进到今几内亚的科那克里一带。这是亨利生前航海探索到达的最远的地方。此后，由于葡萄牙财政困难、与西班牙人争夺加那利群岛，以及原摄政王佩德罗王子（Pedro）与新任国王阿方索五世（Afonso V of Portugal）的冲突等原因，西非航海探索事业一度沉寂。

1448年，亨利下令在阿尔金岛建立据点，葡萄牙人用小麦、布匹和马换取非洲的奴隶和黄金，并兼营香料买卖。这是欧洲人在西非海岸建立的第一个殖民据点和居民点。从此，阿尔金的运作模式成为葡萄牙人开始沿海商贸的典范，这一模式后来也被荷、英、法等国纷纷效法，成为西方商贸殖民的基本模式之一。

从1418年到1452年，在三十多年的航海探索过程中，葡萄牙人的主要目的是寻找财富和打击穆斯林，而且这两方面都取得了不小成果，特别是在寻找财富方面。但接下来的一件事，让葡萄牙人改变了远航的方向。

1453年，奥斯曼帝国进攻东罗马帝国首都君士坦丁堡，历时53天，5月29日，城破，君士坦丁十一世战死，绵延近1500年的罗马帝国灭亡。随后，奥斯曼帝国把首都迁到这里，改了个伊斯兰化的名字——伊斯坦布尔。我们看欧洲的历史，会发现他们的城市很少改名。相反，中国的历史名城却经常改名。原因就在于中西文化的不同，同样是"城市"，欧洲重点在一个"市"字，先有商人在此交易定居，而后有政府入驻；而中国城市的重点在一个"城"字，是因政治和军事而设置的据点，而后才有百姓入住。所以，对欧洲人来说，城市是属于市民（也即古希腊时期的公民）的，要改城市名相当于要抹掉一代又一代人的记忆，而欧洲的市民是拥有相当的权力的，实行起来很难；中国要改城市名就简单了，只要政治或军事需要，一个命令下去就可以实行，完全不必考虑城里百姓的想法。今天很多中国人到欧洲旅游，会惊奇地发现那里有很多小镇还保持着中世纪的样子，几百年都没有什么变化，原因也在于此。

东罗马的灭亡对欧洲人的心理产生巨大的打击，穆斯林的威胁也空前严重起来，甚至超过了当年的阿拉伯人。与此同时，经地中海东部的商路彻底把控在穆斯林的手里，从东方运来的商品数量大减，价格也贵得吓人。面对这种情况，欧洲人急需寻找一条通往东方的新航路，一是打破穆斯林的封锁，二是寻找更便宜的货源。也就是从这时起，欧洲各国的航海探险有了明确的目标。好在有葡萄牙人打先锋，技术问题似乎容易解决，只是，远航探险耗资巨大，欧洲一个个弹丸小国穷得要死，很难拿出大量的资金支持远航事业。我们常说郑和下西洋，其当时的技术和实力远在欧洲人之上，只是七下西洋后就终止了，实在可惜。原因无他，就因为远航太烧钱了，以大明帝国的国力，也支撑不了多久，别说欧洲这些小国了。不过，欧洲人从古希腊时代继承过来的商业基因，这一次又发挥了作用。

1455年，威尼斯共和国人卡达莫斯托（Alvise Cadamosto）在葡萄牙王国开办了一个对非贸易股份公司，在争取到亨利亲王（阿方索五世即位后，亨利王子升级成为亨利亲王）的批准后，出海西非，航行至冈比亚河河口，俘获大批奴隶而回。

这个股份公司虽然与现代的股份公司还有差距，但是把公司化运作模式引入远航探险，可以极大地吸引民间资本参与。以往远航都是国家出钱，经常投入和回报不成正比，长此以往，国家也支撑不起。亨利能持续三十多年，靠的是他王子的身份，先是有父亲的支持，后有哥哥的支持，不然也难以为继。公司化运作可以解决资金的问题，也能吸引更多的人参与到远航探险事业当中。

卡达莫斯托还是第一个在葡萄牙效力的有成就的外籍探险家，他的举动开创了那个时代欧洲各国探险家到别国效力的先例，这一点很像中国的战国时代。同时，他还是第一个详细记载和描写远航探险考察的人，开启了后来的探险家写日记的先河。此外，他还首次用南十字星座来测定纬度，这对于逼近赤道的航海家帮助非常大。我们知道，水手们在大海上航行，四周茫茫一片，分不清东南西北，唯一的参照物就是星座，只要找到了星座，就能确定自己的方位。在北半球，水手们常用的就是北斗星或北极星，可一旦过了赤道进入南半球，就看不到北极星了，这时需要另一个星座来确定方位，南十字星座恰好起到了这样的作用。

第二年，卡达莫斯托再次出海，中途被风暴吹离了航道，在茫茫的大海之上，竟然发现了一片岛屿。因为这片岛屿正好与佛得角相对，于是被命名为佛得角群岛，按葡萄牙语的意思，就是绿岛。因为远离非洲大陆，岛上渺无人烟。佛得角群岛属于热带沙漠气候，岛上并没有多少资源，但因为特殊的地理位置，日后成为葡萄牙船队远航时重要的中转站。

在佛得角群岛一无所获之后，卡达莫斯托带着船队转而去考察冈比亚河，逆流而上百公里，找到了当地部族的聚居地，和他们做了交易。当然，是以物换物的方式。

1458年，亨利亲王参与了他一生中第四次对北非摩尔人的战斗，并占领了休达以西不远的阿尔卡塞。两年后，亨利亲王逝世，享年66岁。亨利亲王虽然一生从未登上一艘远洋船只，但他是欧洲大航海时代的开拓者和奠基人。正是在他的表率作用下，欧洲人才开始有意识、有组织地远洋航行，并不断总结经验、改进技术，最终让欧洲一个个弹丸小国成为海上强国。有意思的是，亨利去世约十年后，一位叫瓦斯科·达·伽马（Vasco da Gama）的人出生在葡萄牙锡尼什，他将来会改写葡萄牙人的航海史。正是在亨利亲王创造的这种环境下，葡萄牙的航海人才生生不息，后继有人。

随后，葡萄牙人用了两年的时间，完成了对佛得角群岛的探索，并往岛上殖民。由于殖民的人口很少，所以今天佛得角群岛上的居民以黑人为主，兼有少量和葡萄牙人的混血儿。

1463年，在绕过非洲西北最大的拐角后，葡萄牙人继续向东探索，抵达今利比里亚的蒙罗维亚一带。在这里，葡萄牙人发现了他们梦寐以求的胡椒，于是把这里命名为胡椒海岸。在中世纪的欧洲，胡椒比白银还贵重。

当葡萄牙人的船队继续前行的时候，接下来的发现让葡萄牙人惊叫连连。从胡椒海岸往东，葡萄牙人相继发现了象牙海岸、黄金海岸和奴隶海岸。这四个海岸让葡萄牙人一夜暴富。

先说胡椒。欧洲因为土地贫瘠，出产的东西很单一，无非是葡萄、橄榄、小麦等，像胡椒、肉桂、豆蔻、丁香等香料欧洲都不出产，而欧洲的贵族又十分沉迷于在食物烹饪中添加这些香料。自从穆斯林把控了地中海东岸和埃及后，这些东西变得十分昂贵，就连贵族也吃不起了。许多中国人不理解，觉得就算欧洲人再喜欢这些东西，也不至于达到如此癫狂的地步，那是因为中国本土并不缺香料，我们即使用不起热带地区出产的这些香料，也还有廉价的葱、姜、蒜，甚至还有花椒、八角，试问如果这些东西没有了，我们中国人是不是也会一日三餐食之无味？所以，找到了胡椒，对葡萄牙人来说相当于找到了黄金。

当时葡萄牙人只知道他们快接近赤道，并不知道已经到达了非洲的热带雨林地区。热带地区产胡椒这种香料并不奇怪，而且在热带雨林地区，会有成群的大象出没，象牙又是各种高档工艺品上好的原材料，古希腊和古罗马的工艺品技术都很发达，急缺这种高档原材料，所以象牙同样能卖个好价钱。

至于黄金就不用多说了，人类很早就认识到黄金的价值，非洲人虽然落后，也知道金子的价值。这些金子，欧洲人可以轻易地用看似璀璨夺目、实则廉价的玻璃制品换到。

奴隶贸易，是葡萄牙人进入黑非洲后最赚钱的生意。当时葡萄牙人并不知道，奴隶海岸（今波多诺伏一带）是当时非洲人口最稠密的地区，也是非洲相对发达的地方。欧洲人如果完全靠武力抓捕数量巨大的奴隶，会付出巨大的代价。欧洲人之所以能源源不断地获取奴隶，是因为非洲本地由来已久的奴隶贸易，欧洲人只不过把这个生意做大了而已。

第六章 撒哈拉以南的非洲

通常所说的非洲是指撒哈拉以南的非洲。而撒哈拉以北，我们把它归为地中海文明，因为受巴比伦、埃及、希腊和罗马的影响，北非的文明程度和欧洲几乎同步，并不存在代差。但在撒哈拉以南，因为这片世界最大沙漠的阻隔作用，文明程度却相差了几个层级。

人类文明的发展，永远离不开交流和竞争。哪怕是战争，在某种程度上也会促进文明的升级。欧亚大陆之所以成为人类文明的摇篮，正是因为几千年来，不管是欧洲、中亚、印度，还是中国，它们之间的交流就没有中断过，哪怕这种交流仅仅靠一条千难万阻、关山重重的丝绸之路。在本书的后续章节中，我们将看到美洲大陆的印第安人和澳大利亚的原住民，正是因为与世隔绝，没有文明进步的动力，才导致欧洲人在那里所向披靡。相比他们，撒哈拉以南的非洲还算好的，毕竟在人类社会的早期，穿越撒哈拉沙漠还是要比漂洋过海容易。

从人类的进化角度来说，如果要挑一个最适合原始人类居住的地方，毫无疑问是热带雨林，这里水果多，物种丰富，各种野兽出没，正好是狩猎的对象。但条件好了，人们就会失去前进的动力，文明也会停滞不前。我们可以看到，人类的文明古国都产生在温带。尽管温带的条件并不算好，要春耕秋收，要引水灌溉，要组织团队克服自然条件上的困难，不然难以生存，但这些都是努努力可以办到的，不像寒带地区，即使再努力收获也有限。正是在这样的计划、组织和思考中，文明诞生了。

因此，非洲的落后不是因为自然条件差，恰恰是因为自然条件太好。

非洲大陆的气候带以赤道为中心，往南北两个方向呈完美的对称：两端是地中海气候，南北回归线一带是热带沙漠气候，赤道附近是热带雨林气候，其他的地方，除了埃塞俄比亚高原是高原山地气候外，都是热带稀树草原气候（马达加斯加岛因为远离大陆，受信风和地形影响，所以气候与大陆不同）。早期的非洲人，大部分都生活在热带雨林和稀树草原。热带雨林不用说了，对早期的人类来说，非常适合生存。热带稀树草原也是一个物种的天堂，大家熟悉的电视纪录片《动物世界》绝大部分镜头就是在非洲的热带稀树草原上拍的。

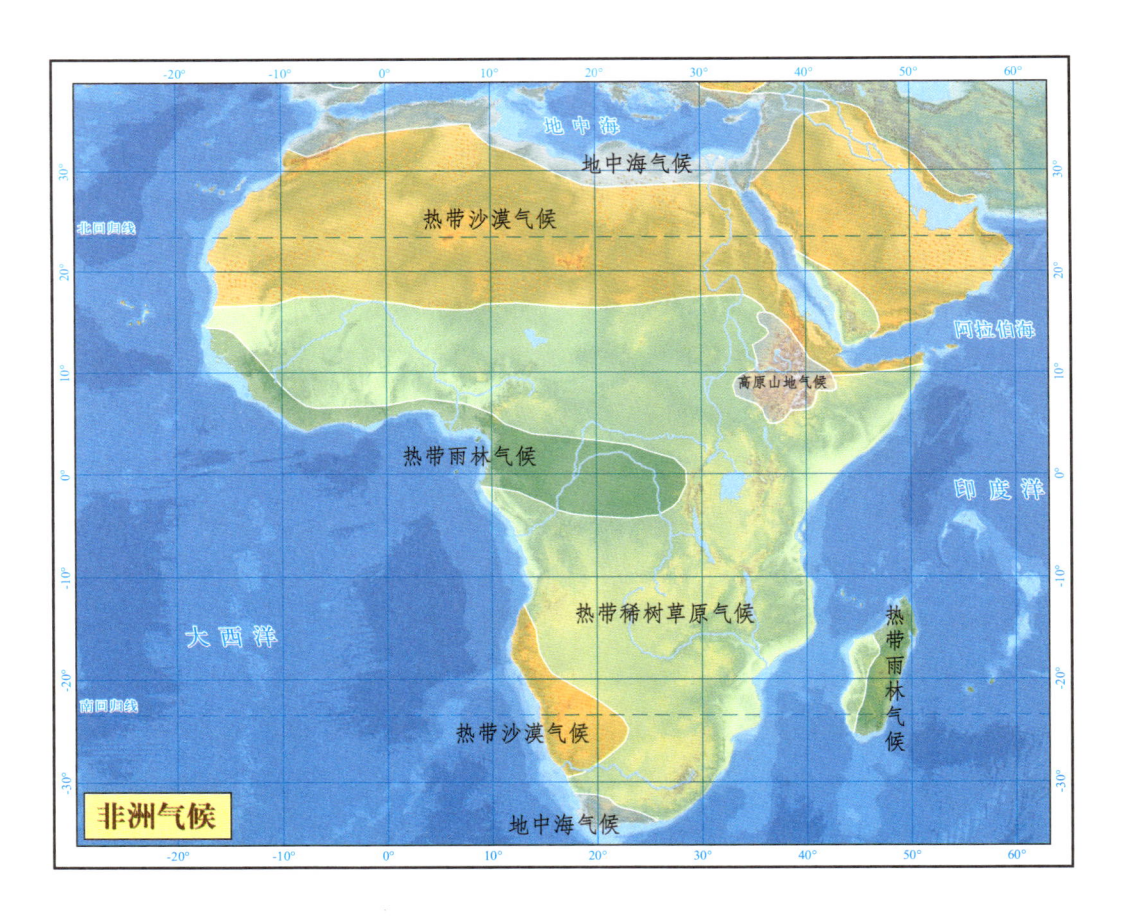

中国人比较熟悉的是温带草原，比如内蒙古的草原，即使是在雨量充沛的夏季，这里的草也不过刚没脚踝，而热带草原的草高在1米以上，并伴有稀稀落落的乔木，所以食草动物成群结队。作为生态链上的一环，食草动物多了，食肉动物自

然也就来了。各种动物一多，生活在这里的人就不愁吃喝了。在体育竞技场上，经常会听到这样一句话：西非黑人擅长短跑，东非黑人擅长长跑。这个说法不是没有道理——在热带雨林里，西非人狩猎靠的是爆发力，而东非人在草原上追逐野兽，需要长久的耐力。

追逐野兽毕竟要冒一定的风险，只有壮年男子才能干这种事，如果是老弱妇孺怎么办呢？草原不像雨林里有那么多水果，如果没吃的，他们吃什么？这个还真不用担心，草原上还有一种面包树，这种神奇的树结出的果子味道像面包一样，烤一烤就能吃。

因为离赤道近，非洲大陆上没有春夏秋冬，只有旱季和雨季。雨季来临时，万物苏醒；旱季到来时，草木衰枯。这实际是变相地取代了四季交替，不然非洲大陆上就全是森林了。

因为非洲的土著都是黑人，所以常常给我们一个误解，认为非洲很热。事实上非洲并没有我们想象得那么热，非洲的热带雨林全年平均气温为25～28℃，通常不会超过34℃；热带草原气候雨季的平均气温为20～30℃，旱季的平均气温为20～25℃。非洲真正热的地方是撒哈拉沙漠，那里昼夜温差大，白天能热死，晚上能冻死，因为沙漠并不是非洲人常居之地，就不说了。总体上讲，大部分非洲人居住的地区远比我们想象的要凉快。可能有人会奇怪，非洲不是靠近赤道吗，那里太阳辐射强，怎么会不热？这是因为非洲的地形，整个非洲大陆是一片高地，大多数地方海拔在500～1000米，按通常的说法，海拔每上升100米，气温会下降0.6℃，因而非洲的天气并不热。

所以说，在非洲这片神奇的土地上，人类哪里还有进化的动力！

非洲人的黑皮肤倒是和太阳辐射有关。越是靠近赤道的地方，太阳辐射越强，而越是高的地方，因为大气层的遮挡少，紫外线也强。非洲这两样都占了，紫外线的强度可想而知。紫外线会对人的皮肤造成伤害，甚至引发癌变，而黑皮肤可以有效阻挡紫外线，对皮下组织形成保护。在数万年的进化历史中，非洲只有黑色皮肤的人延续下来，而那些浅色皮肤的人被自然淘汰了。

其实在撒哈拉以南的非洲，并不是只有一种黑人。他们的肤色有深有浅，体型也有差异。总的来说，非洲黑人可以分为四种：苏丹尼格罗人、班图尼格罗人、俾格米尼格罗人和科伊桑尼格罗人。尼格罗是西班牙语"黑"的意思,所以我们就简称他们为:苏丹人、班图人、俾格米人和科伊桑人。

苏丹一词来源于阿拉伯语,原为"权力"的意思,后来把统治某一地区的领袖称为苏丹,也泛指这位苏丹统治的土地,即国家。所以,很多穆斯林的国家元首称为苏丹,这个国家也称为苏丹国。比如奥斯曼帝国,他们的统治者并不称皇帝,而是苏丹。在穆斯林的眼中,苏丹是个神圣的词语。

苏丹尼格罗人之所以有这个称谓,正是因为这里后来普遍伊斯兰化。苏丹人有三个起源,从西往东分别为尼日尔河、乍得湖和尼罗河,因此又可以把苏丹人分为

非洲种族分布

西苏丹人、中苏丹人和东苏丹人。

东苏丹人是肤色最黑的非洲人，体型细长，常见于篮球比赛中。东苏丹人的发祥地在尼罗河的中上游，也就是青尼罗河和白尼罗河交汇的河间地带，部分东苏丹人顺尼罗河而下，到达埃及，参与了古埃及文明的建设。因为尼罗河纵贯撒哈拉沙漠，所以埃及是与黑非洲联系最紧密的地区。在古埃及，既有白人，也有黑人，还有从亚洲过来的黄色人种，各种人种混杂产生混血。也许正是因为这种包容性，才产生了辉煌灿烂的古埃及文明。

相比东苏丹人，西苏丹人肤色稍浅一点，个子也没有东苏丹人那么高，但体格壮实，适合踢足球。中苏丹人介于二者之间，因为地处乍得湖一带，创造了黑非洲少有的农耕文化。注意，是农耕文化，不是农耕文明。所谓的农耕文化，是还处于刀耕火种阶段的原始农业，因为气候环境的原因，非洲注定产生不了农耕文明。在广袤的非洲草原上，乍得湖就像一颗珍珠一样闪耀，雨季时面积可达到两万多平方公里。

乍得湖是一个内陆湖，没有河流流出，按常理，它必然是个咸水湖，但令人奇怪的是，乍得湖是个淡水湖，而且含盐量比东非各大湖泊的含盐量都低。后来人们发现，在乍得湖的东北，有一片海拔更低的洼地，乍得湖虽然没有地表水外流，却有地下河通向这片洼地，等于是乍得湖把盐分都排到这片洼地，自己变成了淡水湖。

公元前5世纪，苏丹人就掌握了青铜器制造技术；1世纪，掌握了炼铁技术。只是这些技术的主要用途就是制造武器，用来打仗或狩猎。一直到7世纪后，受伊斯兰教的影响，苏丹人开始建立一些国家。

苏丹人主要分布在撒哈拉以南到几内亚湾之间的长方形地带，在赤道以南的非洲，广泛分布的是班图人。

班图人与苏丹人最大的区别是肤色，如果说苏丹人是纯黑的话，班图人就是浅黑，脑门儿也没有苏丹人那么大。

班图人最早居住在喀麦隆高原一带（今喀麦隆、尼日利亚两国交界处），是个农耕部落，后来受到苏丹人的挤压开始南迁。班图人迁徙的情况十分复杂，路线也漂泊不定，我们可以把他们大致分为东、南、西三路：

东路，由喀麦隆顺乌班吉河往东，或先行南下由中非往东，其中一部分人停留在东非高原的环维多利亚湖地区，并与当地部族融合；另一部分继续东迁到达了沿海，与在这里经商和定居的阿拉伯人（也包括部分波斯人和印度人）融合，形成了斯瓦希里人。

西路由喀麦隆开始南下，一些人在半路停留与当地人融合，一些人继续南下，一直到达纳米比亚北部。

南路的情况最复杂，覆盖的范围也最广，整个南部非洲的人口结构都受这一路影响。

班图人的迁徙前后持续两千多年，深刻地改变了非洲大陆的人口结构。

苏丹人和班图人占了黑非洲的绝大多数人口，另两种黑人（俾格米人和科伊桑人）的数量就少得多了。

俾格米人，又称尼格利罗人。俾格米的意思是身材矮小，这个部族的成年人身高在130～140厘米，八九岁生理机能就已经发育成熟，开始组建家庭生儿育女。他们仿佛是缩小版的黑人，平均寿命只有三四十岁。

俾格米人生活在赤道附近的热带雨林里，他们身形矮小应该是进化的结果。在热带雨林里，面对野兽的追击，身材高大反而会吃亏，身材矮小的人可以迅速钻过藤蔓缠绕的树杈。

俾格米人的肤色比班图人更浅一点，在班图人大量南迁后，俾格米人的生存空间受到挤压，人口数量越来越少。现如今，在如此广袤的非洲丛林里，俾格米人只有九十多万，他们独特的文化也濒临灭绝。

科伊桑人严格来说不算黑人，他们的肤色更像是黄种人，就连样貌也像黄种人。不过他们成人平均身高只有145～150厘米，头发卷曲，臀部大，又和黄种人有明显的区别。

与其说科伊桑人是一个种族，不如说他们是一个人种。因为科伊桑人是全世界最古老的民族，十几万年前就和其他人类分离了，而班图人和欧洲人是6万年前分离的，东亚人和欧洲人是4万年前分离的。非洲以外的各个民族和科伊桑人没有任何遗传关系。

科伊桑人原本广泛地分布在撒哈拉以南的非洲大陆，班图人扩散时，他们退居到了非洲南部。由于生存空间不断受到挤压，人口也越来越少，如今只有三十来万人。在班图人扩散的过程中，大部分科伊桑人被灭绝，或被混血，例如南非前总统曼德拉（Nelson Mandela），就有科伊桑人的血统。

在撒哈拉以南的非洲，还有两个特殊的部族，一个是库希特人，另一个是马达加斯加人。

库希特人是黑白混血，分布于非洲之角。非洲之角是指索马里半岛、埃塞俄比亚高原，以及其南部的沿海平原地带，是由埃塞俄比亚高原和非洲大裂谷（东支）隔离出来的一个三角地带，也称东北非洲。这里也是现今非洲最混乱的地区之一。

因为这里离阿拉伯半岛非常近，连接红海和亚丁湾的曼德海峡只有30公里，即使是在航海业不发达的人类早期，也可以靠一叶扁舟相通相连。所以早在三千多年前，这里就形成了一个黑白混血的族群——库希特人，取代了原本生活在这里的布须曼人。而布须曼人正是科伊桑人的一支。

班图人东迁到大湖地区（环绕维多利亚湖、坦噶尼喀湖和基伍湖等湖泊的周边地区和邻近地区）后，库希特人被迫北撤，一部分人留在原地被班图人同化。

其中位于埃塞俄比亚高原地区的库希特人早在公元前8世纪就建立了国家，4～5世纪基督教传入。欧洲人后来把传说中的约翰王国就定位在这里，葡萄牙人发现塞内加尔河后，甚至一度认为可以沿塞内加尔河一路向东达到尼罗河的上游，然后与埃塞俄比亚接头，后来才发现行不通，于是继续沿非洲大陆航行。

马达加斯加人是独立存在于马达加斯加岛上的族群。马达加斯加岛远离大陆，原本是个无人岛，早在公元前数个世纪，一批南亚人从印度尼西亚出发，漂洋过海来到了这里，成了岛上的主体民族。9世纪左右，阿拉伯人陆续迁入，并从非洲大陆运来大批班图人给他们种地，于是，岛上的主体居民成了黑黄混血。欧洲人来了之后，又有更多的班图人作为奴隶被运往这里，还有不少阿拉伯人、波斯人和印度人也来到这里定居，最终形成今天的马达加斯加人。可以说，马达加斯加人是个移民混血群体，但因各个时期移民的数量不同、定居的地区不同、混血的程度不同，又细分为很多部族。

在今天的马达加斯加，可以看到有的完全是黑人，有的一看就是亚洲人，但更多的是混血。

　　总之，因为黑非洲没有自己的文字，也就没有历史记录，在欧洲人到来之前，他们的历史含混不清。欧洲人的到来，虽然给非洲人带来了灾难，但从此他们的历史变得明晰起来。而且，欧洲人发现，非洲不是只有原始部落，也存在着具有高度组织性的国家。

第七章 黄金海岸

葡萄牙人到来时，在尼日尔河流域，存在着三个西苏丹人建立的国家：马里帝国、桑海帝国和贝宁帝国。另外，在乍得湖一带，还有一个中苏丹人建立的博诺帝国。不要被帝国两个字迷惑，其实它们都是苏丹国。论实力，它们和欧亚大陆上的

帝国没有可比性，称其为帝国也只是相对附近的部落酋长国而言。

对古代人而言，撒哈拉沙漠是个几乎不可逾越的障碍；但对阿拉伯人来说，几乎没有他们到达不了的地方。阿拉伯人能穿越沙漠，是因为他们驯化了一种特殊的动物——骆驼。与中国人熟悉的双峰骆驼不同，阿拉伯人驯化的是单峰驼，是热带沙漠的产物，而双峰驼是温带沙漠（比如中国的新疆）的产物。双峰驼比起单峰驼，打个比方，就好像手机多了一个备用电池，续航能力大大提高；单峰驼比起双峰驼，更轻便、速度快，可以用来装备骆驼骑兵。在沙漠地带，骆驼骑兵几乎没有对手，早期阿拉伯人能迅速席卷中东的沙漠地带，靠的就是骆驼骑兵。但骆驼的最大作用不是打仗，而是驮运货物，对阿拉伯商人来说，骆驼是他们最大的财富。

早在300年前后，在塞内加尔河至尼日尔河上游之间出现了一个黑人建立的古国——加纳王国。8世纪，加纳王国发展成加纳帝国。加纳帝国盛产黄金，因此也称黄金帝国。这时阿拉伯人也在半岛上兴起。阿拉伯商人带着盐、织物、杂货、贝壳（非洲海岸线平直，没有海滩，贝壳稀有，加纳用贝壳作货币），来交换加纳人的黄金、奴隶、象牙。看见没有，在非洲，一直有奴隶买卖，并不是欧洲人的发明，只不过欧洲人把奴隶买卖做到了极致。此外，奴隶在非洲原本只是一种身份，地位比普通人低，但也不是一点人身保障都没有，欧洲人到来后，奴隶才变得毫无人身权利，像牲口一样被卖到世界各地。这一点可以参照中国历史，清朝时那些达官贵人家里的仆人也是奴隶身份，虽然是买来的，但也是人；而那些被贩卖到南洋的华工，却遭受着非人的待遇。当然，下南洋的华工本身并不是奴隶身份，很多是被骗去的，但其遭受的境遇和黑奴没什么两样。

加纳帝国的黄金产自上几内亚高原，这里有很多金矿，而从北方穿越撒哈拉沙漠而来的阿拉伯商人又带了人体所必需的食盐（虽然这里靠海，但非洲人不会制盐），加纳帝国垄断了贸易线路，逐渐强大起来，远近闻名。在这条贸易线上，迅速兴起了几个城市，如瓦格拉、迭内、廷巴克图（又译作通布图）和加奥等。

11世纪，原本属于加纳帝国的马里部落崛起。马里人信奉伊斯兰教，凭借着伊斯兰教的强大组织能力，马里人迅速扩张。1240年，加纳帝国被马里帝国吞并。

桑海是先后臣服于加纳帝国和马里帝国的小国。11世纪，桑海人把首都迁到了加奥，控制了黄金贸易线，也逐渐皈依了伊斯兰教。15世纪后期，桑海人沿尼日尔河大力扩张，占领马里帝国中心城市廷巴克图，正式建立桑海帝国。葡萄牙人来的时候，桑海帝国正在不断蚕食马里帝国的土地。

由于乍得湖附近不出产什么稀缺的资源，所以直到14世纪中苏丹人才在这里建立了博诺帝国。同样，因受阿拉伯文化的影响，博诺帝国也信奉伊斯兰教。

另外还有一个位于尼日尔河入海口的贝宁帝国，也是14世纪建立起来的。从这里可以看出，西非的文明深受阿拉伯文化影响，越靠北，离阿拉伯商人的贸易通道越近，就发展得越早，反之则越落后。

无论是加纳帝国、马里帝国，还是桑海帝国、贝宁帝国，都是靠着尼日尔河发展起来的，河流是古代商贸最便捷的通道。在尼日尔河的南边，靠近几内亚湾的地方，是一片原始热带雨林。在雨林里，有许多的河流顺着高原流入大海。正是靠着这些河流，葡萄牙人把西非内陆的黄金、象牙，以及奴隶等源源不断地运到海边，再装上船运回欧洲，于是在海边形成了几个重要的贸易市场，分别是胡椒海岸、象牙海岸、黄金海岸和奴隶海岸。这几个贸易海岸为葡萄牙人带来了源源不断的财富。为防止欧洲其他国家染指，葡萄牙人对这些贸易口岸采取了保密措施。

当葡萄牙人沿着象牙海岸、黄金海岸和奴隶海岸航行时，以为就此向东可以到达印度洋。当他们到达喀麦隆火山时，却发现海岸线又向南拐了。看来，从赤道附近驶入印度洋是不可能了。

喀麦隆火山位于北纬4°，是一座活火山，山坡堆积着厚厚的火山灰，土壤肥沃，再加上地处热带雨林区，降水丰富，因此人口稠密。

随后，葡萄牙人又在喀麦隆火山附近的海面上发现了4个岛屿：比奥科岛、圣多美岛、普林西比岛和安诺本岛。

当然，本书所说的"发现"，是站在欧洲人的立场说的，并不代表这里没有居民，或者没有被其他的文明发现过。只是在大航海时期，欧洲人对每一个发现的地方都有详尽系统的描述，并把这些原本名不见经传的地方画在世界地图上，所以欧洲人的发现，才彻底改变了这些地方的历史。

发现圣多美岛的日期是1470年12月21日，这一天恰好是基督教的圣多美日，因此命名。圣多美岛和普林西比岛同属于火山岛，土地肥沃、降水丰富，非常适合农业种植。葡萄牙后来从非洲运来30000名黑奴在这里开垦种植园，种植甘蔗，熬

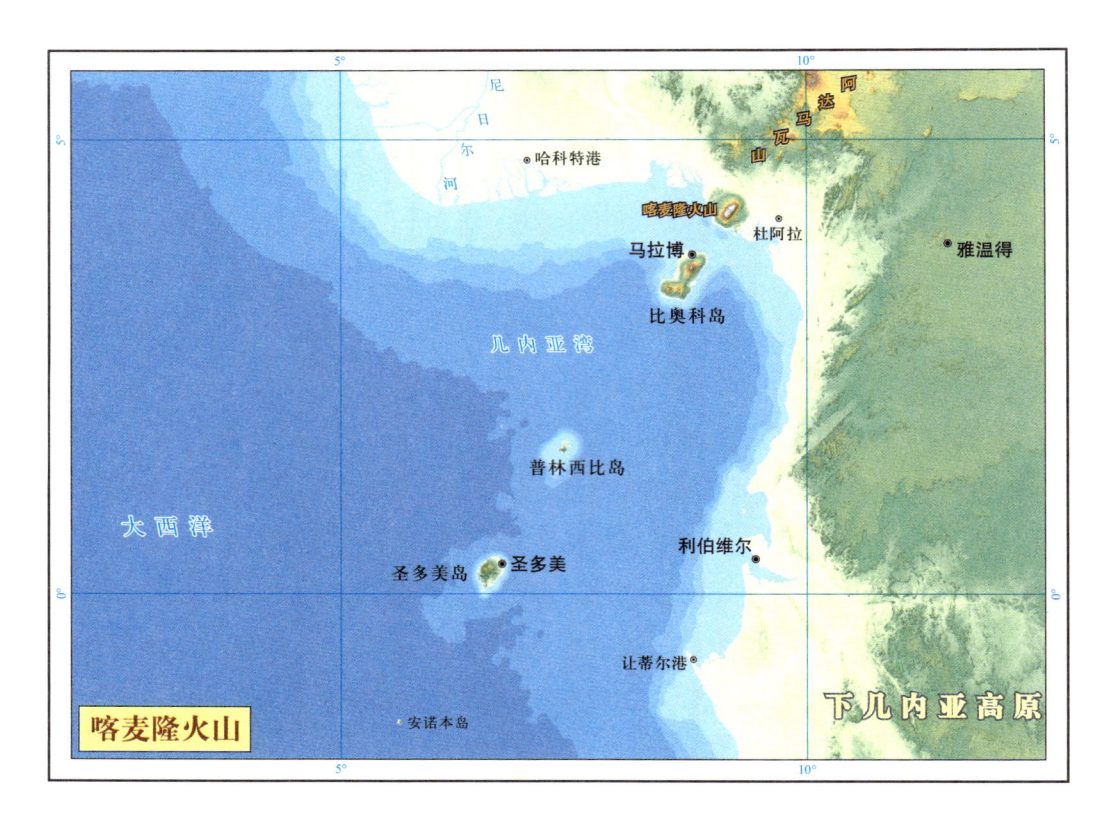

制砂糖，于是这里成为葡萄牙人又一个砂糖生产基地。

剩下的两个岛，比奥科岛离大陆近，岛上人口众多，葡萄牙人一时无法染指。安诺本岛太小，面积只有17平方公里，葡萄牙人也没太放在心上。

这四个岛屿都是火山岛，和喀麦隆火山一样，都是阿达马瓦山的延伸。只不过因为喀麦隆火山是西非沿海最高的山，所以比较出名。

过了圣多美岛，意味着葡萄牙人穿过了赤道。从古希腊时代开始，很多欧洲学者，包括亚里士多德，都认为赤道附近是生命的禁区，因为太阳的直射光线带来的炙热会焚毁一切动植物，葡萄牙人用事实否定了这一观点。

在随后十来年的日子里，葡萄牙人把经营重点放在了几内亚湾。

靠着从西非掠夺来的财富，葡萄牙国力日增。1471年，葡萄牙人与摩尔人开战，大获全胜，占领了阿尔吉拉和丹吉尔。从此，直布罗陀海峡周围地区完全控制在葡萄牙人手里，前往西非探险的线路变得无比通畅。只有一个地方例外，那就是加那利群岛，它就像一颗钉子一样，在葡萄牙人的航线上十分碍眼。

因为加那利群岛由七个大岛组成,卡斯蒂利亚人一时难以全部控制,所以葡萄牙人总想占据其中一个岛屿作为据点。卧榻之侧,岂容他人酣睡,卡斯蒂利亚人当然不想让葡萄牙人在自己的势力范围内插上一脚。为此,两国摩擦不断。

1479年,经教皇调解,葡萄牙王国与卡斯蒂利亚王国签订了《阿尔卡索瓦斯和约》。条约规定:加那利群岛归卡斯蒂利亚王国所有;卡斯蒂利亚王国不再对加那利群岛以南发现的和将发现的陆地提出要求;其他有待发现的世界以穿过加那利群岛的纬线(约北纬28.5°)为界分成南北两部分,北部由卡斯蒂利亚王国去发现,南部由葡萄牙王国去发现。

这个条约虽然让葡萄牙人从此对加那利群岛死了心,但也让葡萄牙人对自己在西非的发现成果放了心,不用担心卡斯蒂利亚人去抢自己辛辛苦苦获取的果实。

在签订条约的第二年,卡斯蒂利亚王国与阿拉贡王国合并,成立了西班牙王国。在初步完成内部统一后,西班牙终于腾出精力面向大海,葡萄牙人也将迎来一个强大的竞争对手。

不仅如此,1480年,英国也组织了一支探险队开始往爱尔兰岛以西远航。同年,莫斯科公国大败蒙古军队,从此脱离金帐汗国的控制。从海洋到陆地,欧洲人的活力全面激发。

1481年,葡萄牙国王若奥二世(John II of Portugal)即位,他是其叔祖父"航海家亨利"的坚定追随者和拥护者,一心打通到印度的航道,于是葡萄牙的航海事业又有了新的进展。若奥二世在位期间,前往非洲的葡萄牙船上不仅有冒险家,还有传教士、使节、商人,葡萄牙人开始从宗教、外交、经济全方位向非洲渗透。另外,若奥二世还组建了学术委员会,研究天文、地理等与航海有关的课题。

为了远洋航行的安全和便利,葡萄牙人在黄金海岸修建了一座城堡,名为圣乔治·达·米纳堡,意思是金矿上的城堡(荷兰统治时期变成了圣乔治·德·埃尔米纳堡,现在一般简称为埃尔米纳堡)。圣乔治是继阿尔金之后葡萄牙人在西非沿岸建立的第二个殖民点,从此以后,附近的黄金、奴隶和各种货物都可以先汇集到这里,船一来就可以交割拉走,不必像以前那样在岸边等待好几天,如此一来效率大大提高。

1482年6月,一支葡萄牙探险队从圣乔治南下,航行约2000公里后,发现了黑

非洲西南海岸

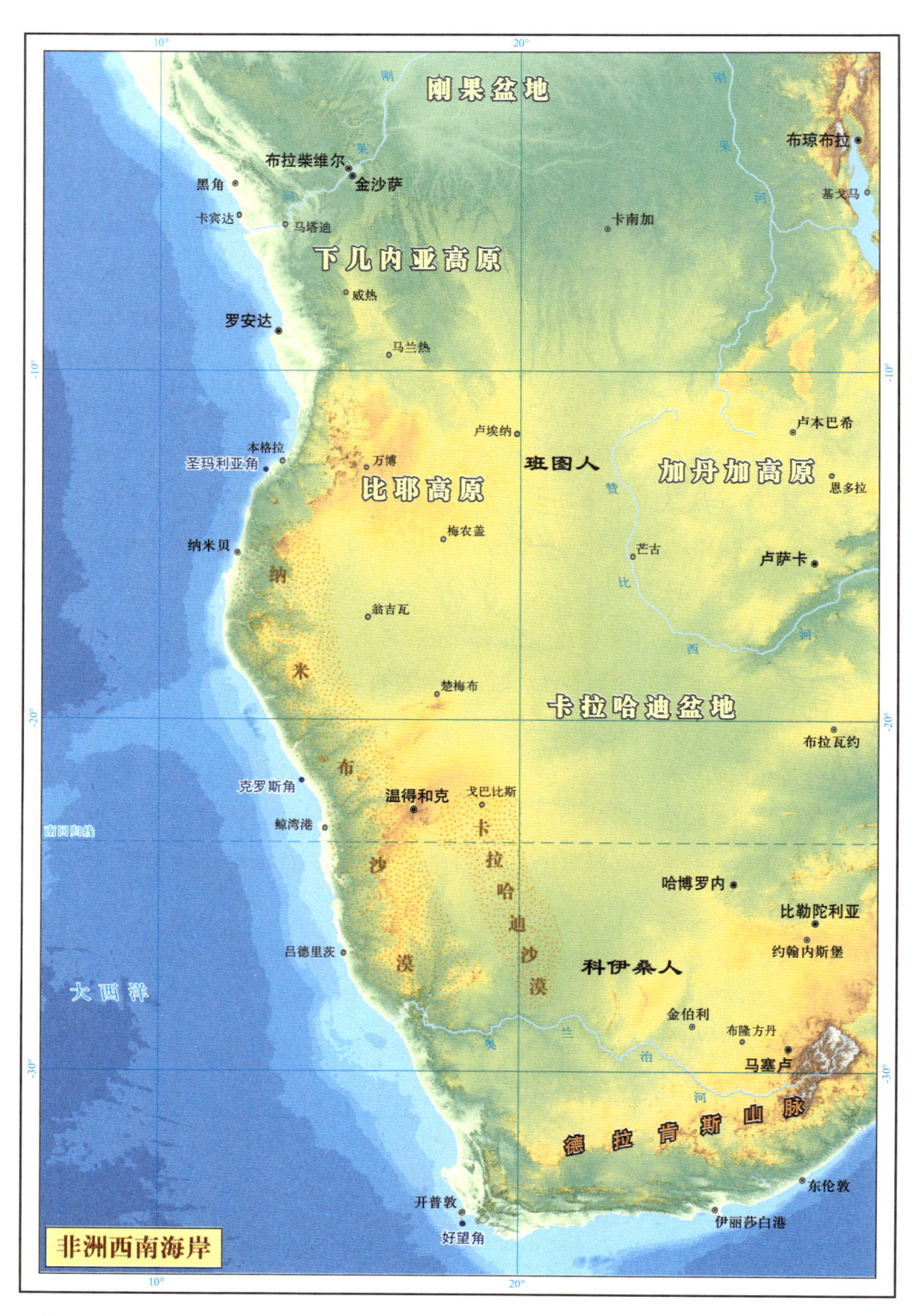

非洲第一大河——刚果河的河口。葡萄牙人上岸后，在这里立了一个石柱，以作纪念。这是西方探险家立的第一根纪念石柱，后来远航探险的人纷纷效仿。然后，探险队派了一只船溯河而上打探情况，主力则继续向南探索，直到在南纬13°左右的圣玛利亚角再立石柱，然后返航。从刚果河往上，正是班图人建立的刚果国，不过此时他们还只是一个部落制的国家。刚果国地处热带雨林区，这片雨林是全世界除亚马孙雨林之外最大的雨林。

再往南，葡萄牙人惊讶地发现沿海一带出现了沙漠，沿海沙漠最让航海者恐惧。如果说过撒哈拉西海岸时葡萄牙人心里还多少有点准备的话，眼前的沙漠着实让葡萄牙人心里发虚。因为他们不知道这片沙漠有多长，什么时候能结束。如果准备不足的话，可能全员都会在返航的途中饿死、渴死。

这片沙漠正是纳米布沙漠，从今天的纳米贝一直到奥兰治河，南北长2100公里，东西最宽处160公里，最窄处只有10公里。它位于南回归线附近，和撒哈拉沙漠在纬度上正好南北对称。

葡萄牙人担心自己又碰到了一个撒哈拉沙漠，不敢轻举妄动。经过精心准备，于1485年在圣玛利亚角以南不远处的黑山立起第三根纪念柱后，继续南行到南纬22°的克罗斯角（今纳米比亚境内）。此次南行穿过沙漠大约1000公里，仍看不到尽头，葡萄牙人感觉心里没底，立石柱后返航。途中路过刚果河的时候，遇到了3年前派去探查的人。这些人逆流而上160多公里，带回了刚果国的一个使节团，团长是一名刚果亲王。这些人在葡萄牙受洗入教，学会了葡萄牙语，后来创建了信仰基督教的刚果王国。

1487年8月，葡萄牙国王若奥二世派航海世家出身的巴托罗缪·迪亚士（Bartolomeu Dias）率船队出海探险。迪亚士从里斯本出发，先到达圣乔治，然后又到达了前人航行的最远点——南纬22°的克罗斯角，再穿过南回归线，在吕德里茨（今纳米比亚境内）立纪念石柱。

此时的迪亚士并不知道前方的沙漠还有多长，但已没有退路，因为他已经沿着沙漠走了将近1500公里，若退回去补给肯定不够，只有硬着头皮往前。

驶过奥兰治河口时，船队终于得到淡水的补给，沙漠也渐渐远去，眼前开始出现绿色的植物，一船人终于看到了希望。

没有想到的是，船队到达南纬33°的时候遇上了风暴。为了避免触礁，迪亚士把船往深海方向驶去，结果补给船掉队，不知所踪。等风浪稍微平静后，船队调头向东，走了半天也看不见陆地，迪亚士感觉不对，于是再转向北走，于1488年2月3日发现了从西向东的海岸线，这是非洲的最南端。

然后，迪亚士率船队继续东进至阿尔戈阿湾，从这里起，海岸线由东西向转为东北向。迪亚士判断，此时，他的船队已经绕过非洲的全部南海岸，正航行在印度洋上。

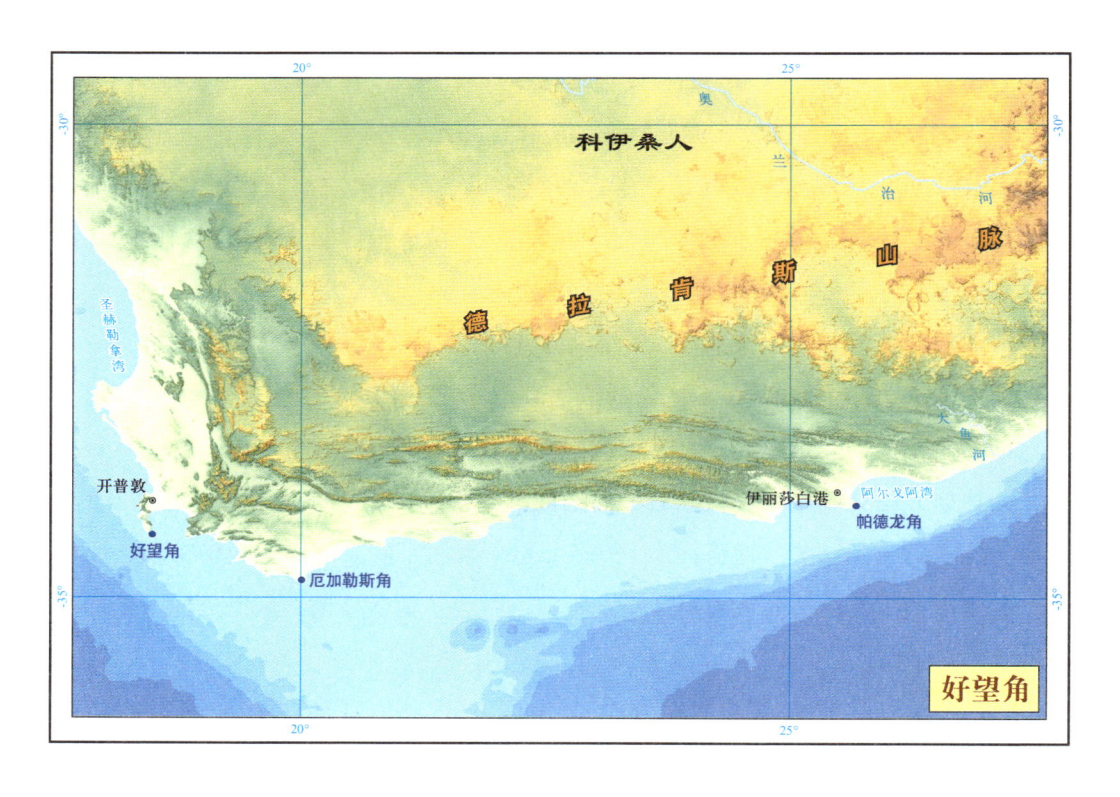

迪亚士在阿尔戈阿湾的帕德龙角竖立石柱后，又前进到大鱼河河口，然后返航。返航途中，迪亚士在发现了厄加勒斯角（这里是非洲大陆的最南端，当时迪亚士把它命名为圣布雷顿角）后，又在之前经受风暴的地方发现了一个海角，于是把它命名为风暴角，并立石柱纪念。此后，他们又意外地碰到了失散很久的补给船。1488年12月，迪亚士的船队回到了里斯本。

迪亚士的这次远航共历时16个月，单向航程上万公里，把航行最远纪录向南推进约13个纬度，绕行了整个非洲南部海岸，发现了长达2000公里、前人未知的海岸线，并带回这个地区比较准确的地图。

不久后，葡萄牙国王若奥二世觉得风暴角这个名字不吉利，于是改名为好望角。

第八章 哥伦布

当葡萄牙人在非洲的探险活动硕果累累的时候，有一个外邦人也想参与其中，这个人就是哥伦布（Christopher Columbus）。

哥伦布的全名是克里斯托弗·哥伦布，1452年出生于热那亚共和国（今意大利西北部）。哥伦布在葡萄牙待过很长时间，他的天文、地理、水文、气象知识，都是在葡萄牙学的。当时葡萄牙的首都里斯本是欧洲的航海中心。不仅是里斯本，哥伦布还在马德拉定居过一段时间，后来又航海到过很多地方，积累了丰富的航海经验。

1483年，哥伦布向葡萄牙国王若奥二世提出，可以向西横渡大西洋，开辟一条新的去往东方的航路，即他的"西印度事业"。哥伦布所说的"印度"，实际包含了印度、中南半岛、中国和日本等国家，泛指整个东方。

哥伦布不是第一个提出这种想法的人，第一个提出这个想法的是佛罗伦萨共和国的托斯卡内里（Paolo dal Pozzo Toscanelli）。佛罗伦萨和热那亚同在意大利半岛上，二者相邻，因此哥伦布和托斯卡内里算半个老乡。只不过，托斯卡内里是个天文学家和数学家，并没有打算自己去冒险，他把这个建议传递给葡萄牙当时的国王阿方索五世后，就不了了之。哥伦布本身没有受过高等教育，在得到托斯卡内里的启发后，就有了西行冒险的计划。

自从文艺复兴之后，地球是圆的这一观点基本是主流地理学家的共识。按照这个说法，印度和中国虽然远在东方，向西航行一样可以到达，而且更近（这是因为哥伦布算错了，实际并不近）。

关于地球的周长，古希腊的科学家早就有过正确的推算，后来的科学家反而越算越离谱，这其中包括阿拉伯人。到托斯卡内里时，他把亚洲的东西跨度算大了两倍，而哥伦布又把地球算小了四分之一。这样算下来，从葡萄牙往西到中国的东海岸只有12000公里，而日本离中国又有2000公里，于是哥伦布得出结论，葡萄牙到日本只有10000公里。在这10000公里的海路上，亚速尔群岛或加那利群岛，还有传说中的安的列斯岛、圣布雷顿岛都可以充当远航途中的中转站。

哥伦布算出的距离比实际少了一半。应该说，正是这一错误，造成了一次伟大的发现。否则，别说西班牙王室，就是哥伦布本人，也决不敢冒这个险。

葡萄牙国王若奥二世对哥伦布的计划兴趣不大，此时葡萄牙在非洲的探险已经推进到刚果，怎么可能冒这么大的风险去往西方？为此，葡萄牙政府在研究讨论后，于第二年（1484年）拒绝了哥伦布的建议。

事后，葡萄牙也派船队往西寻找传说中的安的列斯群岛，结果一去不返。而此时非洲的探险队也迟迟没有到达非洲的最南端。于是葡萄牙人又想找哥伦布谈谈，结果这时迪亚士发现了好望角并胜利返航，葡萄牙人最终放弃了与哥伦布的谈判。

无奈之下，哥伦布辗转来到西班牙。此时的西班牙刚刚完成内部的统一，开始腾出精力关注海洋上的事情。

和北方以日耳曼人为主体不同，伊比利亚半岛上的种族结构比较复杂。最早生活在这里的是一些土著，后来凯尔特人进入，占据主体。罗马帝国强大时，伊比利亚半岛罗马化，或者说拉丁化。罗马帝国崩溃时，部分日耳曼人融入，形成伊比利亚人。到8世纪初，阿拉伯人和柏柏尔人入侵，占据了半岛四分之三的土地，伊比利亚人被压制在半岛西北一角，从此以后，伊比利亚人开始了长达7个世纪的"收复失地运动"。随着伊比利亚人向南推进，11世纪初，卡斯蒂利亚王国和阿拉贡王国形成；12世纪中叶葡萄牙王国形成。14、15世纪，大大小小的王国逐步合并，半岛上的主要国家只剩下四个：葡萄牙王国、卡斯蒂利亚王国、阿拉贡王国，以及摩尔人建立的格拉纳达苏丹国。还有一个位于比利牛斯山脉以西靠海的纳瓦拉王国，这个国家比较特殊，被山脉一分为二，山脉以南的土地后来并入西班牙，山脉以北的土地后来并入法国。

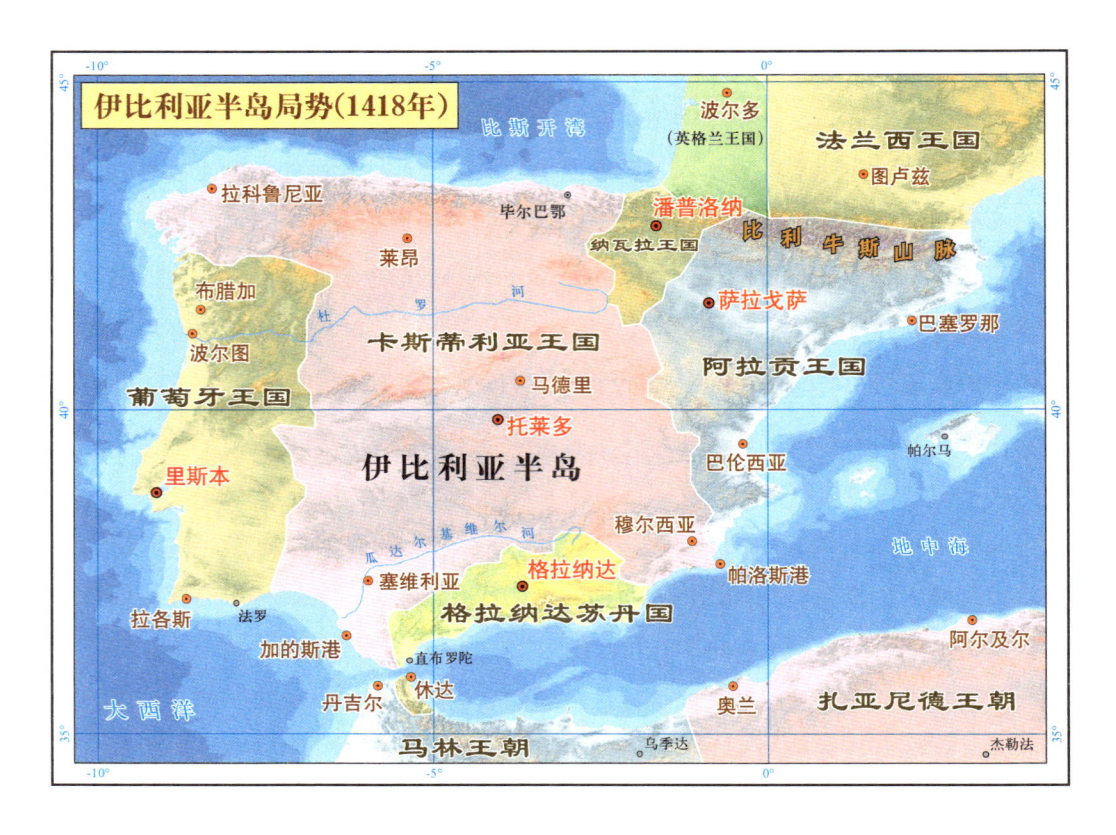

1469年，当葡萄牙人在非洲发现了黄金海岸的时候，卡斯蒂利亚王国的公主伊莎贝拉一世（Isabella I of Castile）和阿拉贡王国的王子费迪南二世（Ferdinand II of Aragon）联姻。正是这次联姻，决定了两国的命运。到了1474年，伊莎贝拉一世继位为卡斯蒂利亚的国王（或说是女王）；过了5年，即1479年，费迪南二世继位为阿拉贡的国王，于是两国开始合并，近代意义上的西班牙开始形成。不过这个时期的西班牙还相当于联邦，名义上是一国，实际上两口子各管一个国家，有相当的自主权。这时的伊莎贝拉一世既是国王，也是王后。一直到他们的外孙查理五世（Carlos I）执政时期，西班牙的两大部分才完全融合。

从这里也可以看出，欧洲的封建制和中国的分封制不同，女人通常也有继承权。中国有明确的宗法制，核心即嫡长子继承制，女儿是绝对没有继承权的。欧洲受宗教影响，是一夫一妻制，所以无所谓嫡庶，但通常也是长子有优先继承权；如果没有儿子，情况就变得复杂了，女儿是要出嫁的，继承的土地（爵位是和土地关联的）也会像嫁妆一样成为别人家的，为此常常引发两国的战争，比如英法的百年战争，源头就在这里。女儿有继承权就相当于外戚有了继承权，所以我们常常看到欧洲的某某的外甥或者外孙继承了某某爵位。

另外还有一点区别，通常情况下，中国的贵族是先有爵位，然后才受封一块土地，欧洲的贵族则先有自己的土地（自己打下来的或从祖宗那里继承下来的），然后向某某国王或领主效忠，才获得爵位——这同样会引发两国的战争，比如某个大领主和国王不和了，翻脸了（毁约），去效忠另一个国王，他拥有的土地自然也变成另一个国家的了。中国先秦时期不会发生这种事，如果某个卿大夫叛逃出国，他的爵位和土地自然收归国有，如果国君仁慈，可能会让他的儿孙继承他原来的爵位和土地，而他自己的爵位自然失效，只能到另一国再混个爵位，受封一些土地。说到底，欧洲的土地更像是贵族的私产，中国的土地始终都是国家的。

1486年，西班牙女王伊莎贝拉一世召见了哥伦布，在听取哥伦布的建议后，女王指定一个委员会专门来审议西航的可行性。

在漫长的等待当中，哥伦布感觉希望渺茫，于是在1488年又与葡萄牙国王若奥二世联系商谈（最终因迪亚士载誉归来而无果），1489年哥伦布又派他的兄弟先后去英国游说英格兰国王亨利七世（Henry VII of England），去法国游说法兰西国王查理八世（Charles VIII of France），但都没有结果。

经过4年的商讨，西班牙委员会最终于1490年否决了哥伦布的西航计划，主要理由是路途过于遥远，安然归来的可能性极小；即使能够回来，往返也需要3年。应该说，委员会的意见是有道理的，当时谁也不知道中间还有个美洲，否则哥伦布真的回不来。

1491年12月，哥伦布再次求见西班牙女王伊莎贝拉一世。此时的西班牙正在攻打摩尔人的大本营格拉纳达，伊莎贝拉一世正坐镇前线，于是女王在格拉纳达附近的圣塔菲军营里召见了哥伦布。委员会依然否决，但理由不再是太远，而是哥伦布的要价太高。于是哥伦布打算前往法国。这时，王室的财政顾问桑塔赫尔（Luis de Santangel）力劝女王，说哥伦布的要价再高，那也是探险成功之后才有的，远航本身的费用并没有那么多，他个人愿意出资。女王被说动，派人追回哥伦布，重新谈判。

正是在这次谈判过程中，前线传来一个好消息：1492年1月2日，西班牙军队攻克了格拉纳达城，并将摩尔人建立的格拉纳达苏丹国并入了西班牙王国的版图。从此，绵亘781年的"收复失地运动"以西班牙人的完胜而告终。这样一来，陆地上的危险解除，西班牙可以集中精力经营海上事业了。

经过3个月的谈判，西班牙王国与哥伦布最终达成了"伟大事业"的详细协议，史称《圣塔菲协定》。

协议共有7个主要文件，分别是：协议要项、委任授衔状、致外国君主的国书、护照和3份关于准备探险船队的命令。

协议规定，在探航成功以后：

一、授予哥伦布"唐"的贵族头衔，任命他为发现和取得的一切岛屿和大陆的海洋元帅，世袭罔替。

二、任命哥伦布为那些地区的副王和总督，而且对下属官员有推荐提名权。

三、哥伦布拥有在那些领地内获得的各种财富的1/10，而且免税。

四、哥伦布在他的新领地内拥有商务裁判权。

五、哥伦布有权对开往新领地去的一切船只投资、控股，以及分红1/8。

拉丁文本的护照很简单，如下：

兹派贵族克里斯托弗·哥伦布为了一定的原因和目的，率三艘配备齐全的卡拉维尔帆船远渡重洋前来印度地区。

国书的内容比较有意思，全文如下：

致最尊贵的君主，我们亲爱的朋友：＿＿＿＿＿＿＿

卡斯蒂利亚、阿拉贡、莱昂、西西里、格拉纳达等王国之国王费迪南及伊莎贝拉，向您致以诚挚的问候。

我们高兴地得知，您给予我们和我们民族高度评价，并非常希望了解我们各方面的信息。为此，我们决定委派我们优秀的船长克里斯托弗·哥伦布，带着国书前来拜访，您可以从他那里了解到我们的兴旺和繁荣。我们已授权他向您讲述有关我国的事物，您尽可以相信。如蒙贵国关照，将不胜感激。回复为盼。

1492年4月30日于格拉纳达

国王　王后

文书科洛马

此件签发三份

3份国书中，其中一份给中国的蒙古大汗，另外两份空白，准备到时候按需要填写。那时欧洲人受《马可·波罗游记》影响，以为统治中国的还是蒙古人，不知道明朝已经取代了元朝。

这份国书从表面上看，是典型的没话找话说。欧洲人游牧民族出身，一向崇拜强者，对弱者没有怜悯之心，这一点从后来的殖民活动中可以看出。西班牙人单独签署一份国书给中国，正是出于对中国的敬畏，特别是蒙古人入侵欧洲的时候，给他们留下了不可磨灭的印记。对非洲和美洲的那些部落，他们可没这么客气。

与葡萄牙一开始是想寻找约翰王国不同，西班牙一开始就把去往东方作为明确的目标。

用协议的形式把国家和冒险者的责、权、利明确下来，这在中国人看来不可思议。郑和下西洋只需要一道圣旨，根本没有讨价还价的余地，某种程度上说，这反而是一种荣耀。但欧洲人的理念与中国素来不同，欧洲的君主并没有至高无上的权力，不能像东方君主那样为所欲为，在欧洲，臣属可以向君主讨价还价，争取自己的利益。但即便如此，像《圣塔菲协定》这样详细、具体，并授予探险者、冒险家这么大的荣誉、职权和利益的协议，在欧洲历史上也是空前的。这极大地激发了冒险家的积极性，也正是这种尊重个人权利的传统，让欧洲在科技发展的道路上一骑绝尘。晚清洋务运动时中国精英常说的一句话："人尽其才，物尽其用。"欧洲这个时候已经做到了。也就是从这时起，在东西方争强的赛跑中，欧洲注定会占上风，大航海只是开端。

哥伦布首次远航共耗资约200万马拉维迪，约合二战前的1.4万美元。其中国库拨给一部分，哥伦布东拼西凑一部分，帕洛斯的大船主兼航海家平松兄弟（Pinzón brothers），还有之前提到过的财政顾问桑塔赫尔各借出了很大一部分，伊莎贝拉女王也变卖首饰投入一部分。

探险队共筹备了三条船：旗舰为圣玛丽亚号，该船后来失事，所以有关该船的情况都是后人的回忆、推测和研究的结果。该船载重约120吨，一说是三桅挂四角帆的帆船，单甲板、有船楼；另两艘为平塔号和尼尼雅号，载重均约60吨。

船帆上都有巨大的十字，昭示着传播基督教和十字军远征，主桅上都挂着伊莎贝拉女王的御旗。旗面四等分，由两种图案组成，绿底金色城堡代表卡斯蒂利亚，意即城堡，也是女王主治的自治邦；白底紫红色雄狮代表莱昂，意即狮子，指的是另一个自治邦莱昂（该王国原位于伊比利亚半岛的西北部，后被卡斯蒂利亚吞并，但保持一定的自治权）。

船上除了配备有各种火炮、长枪、弹药、箭矢等武器外，还备足了食品、淡水、酒、药品、灯具、燃料、帆缆索具等航行用具和物资。探险队还带上许多玻璃珠、小镜子、花帽子、铜铃、衬衫、饰针、针线、花布、小刀、眼镜、石球、铅球等百货用于交换。这些东西在欧洲不稀奇也不值钱，但在一些偏僻不开化的地方却能换来大价钱，至少在紧急关头能换来食物和淡水。总的来说，船队以商贸为主，配备武器只是自卫。

哥伦布为舰队司令，兼探险队总指挥，坐镇圣玛丽亚号。旗舰船长为胡安·德·拉·科萨（Juan de la Cosa），马丁·平松（Martín Alonso Pinzón）为平塔号船长，其弟维森特·平松（Vicente Yáñez Pinzón）为尼尼雅号船长。

探险队里有翻译、医生、地图绘制员等专业技术人员，其中包括懂希伯来语、阿拉伯语的德·托雷斯（Luis de Torres）。船队共有九十余人，除哥伦布外还有4个非西班牙籍人。另有3个从监狱里提出来的囚犯也被带在船上，以便派去干最危险的事。

就这样，哥伦布的首次西航开始了。

第九章 新大陆

1492年8月3日，西班牙探险队从帕洛斯港拔锚启航。和以往葡萄牙人的船队贴着大陆航行不同，哥伦布这是第一次远离大陆、深入大洋腹地，面临的挑战前所未有。为了尽量缩短航程，哥伦布先向西南，驶向加那利群岛，因为这里是西班牙

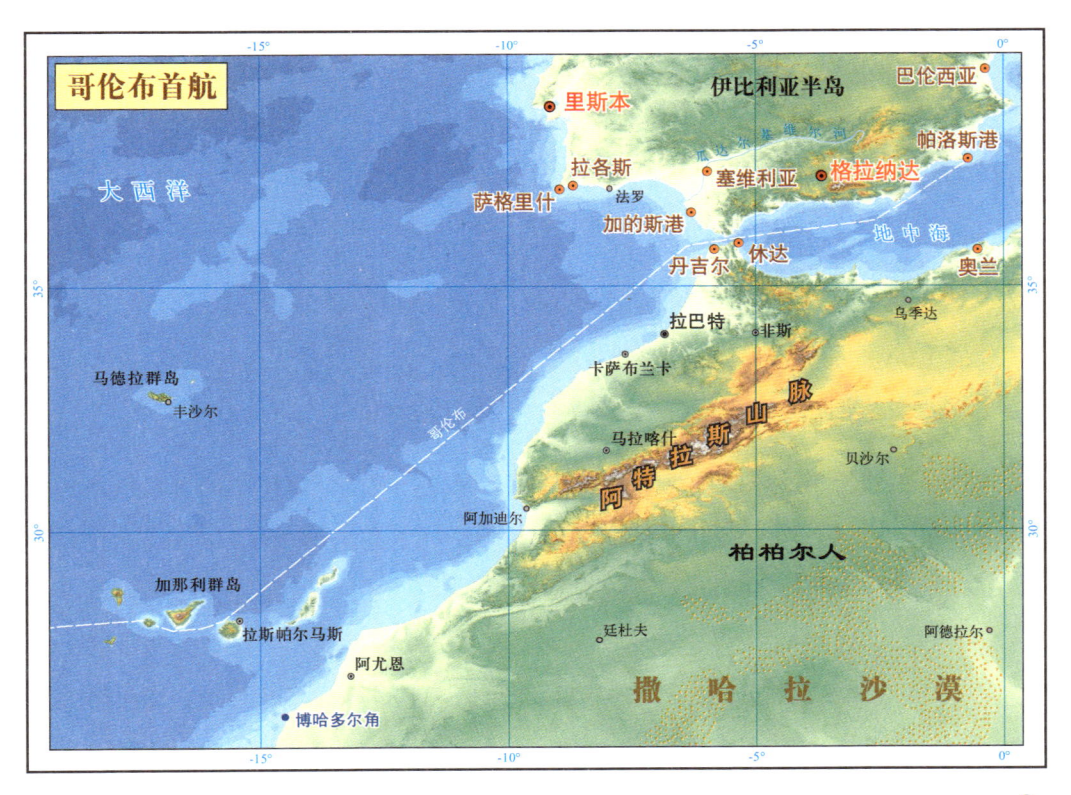

领土的最西端。驶向加那利群岛的另一个原因是，据哥伦布自己的测算，加那利群岛在北纬28°，与日本纬度相同，如果直接到中国航程过大，可以先到日本。但日本的实际纬度是北纬38°，哥伦布又一次算错了。由此可见，哥伦布是一个伟大的冒险家，却不是一个科学家。当然，以当时的技术，算错情有可原。

当时的技术能准确测量纬度，却不能测量经度。测量纬度的原理比较简单，依据古希腊人留下来的科学著作，如果已知日期，就可以算出当天太阳直射点的纬度，比如春分、秋分在赤道，冬至、夏至在南北回归线，那么在大海中航行的船只，只要在中午12点时分，测出当地太阳高度角（太阳光与地平线或海平线的夹角），然后用太阳高度角的余角（直角三角形的两个锐角互为余角）加上直射点的纬度，就是当地的纬度（见下图）。

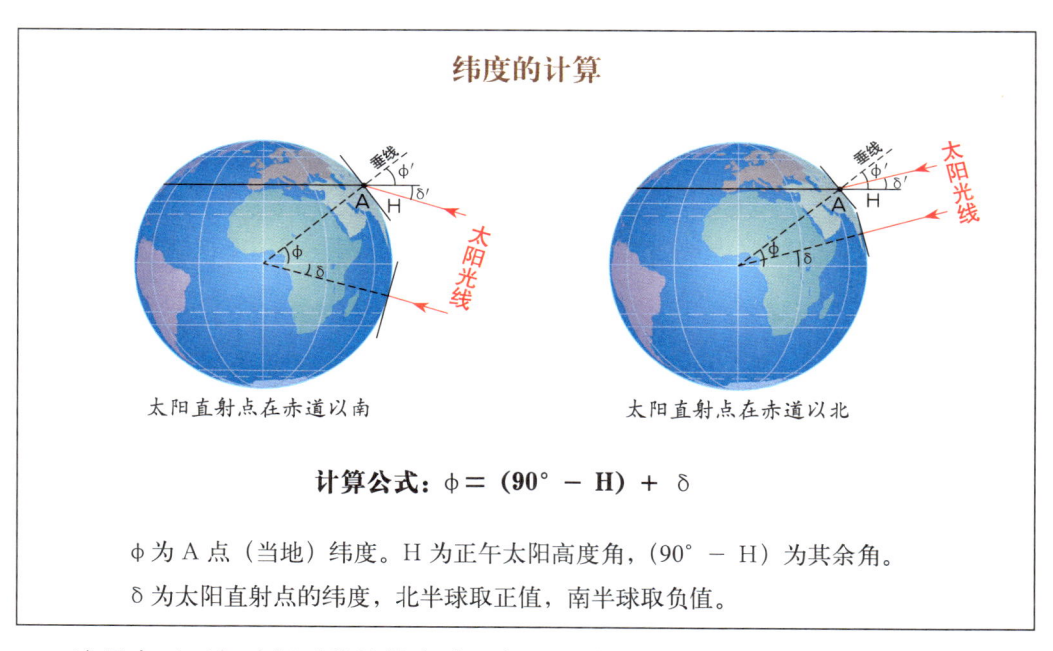

纬度的计算

太阳直射点在赤道以南　　　　　太阳直射点在赤道以北

计算公式： $\phi = (90° - H) + \delta$

ϕ 为 A 点（当地）纬度。H 为正午太阳高度角，$(90° - H)$ 为其余角。
δ 为太阳直射点的纬度，北半球取正值，南半球取负值。

这是白天天气晴好时的计算方式，如果是晚上，北半球可以利用北极星。利用北极星测纬度更简单，北极星的高度角（与地平面夹角）即是船只所在地的纬度。如果在南半球，看不到北极星，之前提到过，南十字星可以替代北极星的作用。

这两种方法的运用中，古希腊的几何学发挥了重要作用。当然，受限于船上的条件，即使是有准确的公式，纬度测量也很粗糙。这是因为船在晃动，测出的太阳高度角或北极星的高度角很不准确。这一状况直到18世纪发明了六分仪才解决。六分仪能很好地解决船体晃动造成误差过大的问题。当然，任何测量工具都是由人使用的，再精确的仪器也会有误差，所以不管是在过去还是现在，为了无限接近真实数据，任何测量都需要反复多次，最后进行平差计算，使误差最小。

经度的测量原理也很简单，地球绕地轴自转，一周为360°，一天24小时后又循环往复，那么每隔1小时就相差15°，或者每隔1°相差4分钟。假设以看日出时间为准，如果甲看到日出的时间比乙早1个小时，那么他们所处之地的经度就相差15°。其他的以此类推。但需要一个前提，那就是精确的时钟，以保证甲和乙使用的是同一个时间，这个问题也要到18世纪钟表匠约翰·哈里森（John Harrison）发明航海精密计时器才解决。

日出时间受地形和云层影响比较大，更准确的方法是利用太阳高度角，即使不知道当地时间，一天当中太阳最高时的角度也可以确定。当然，有了精确的时钟，就省事多了。

正是因为纬度相对来说比较好测量，所以哥伦布要先到达加那利群岛，然后从这里往西，在海上保持同纬度航行，这样才不会迷路。

航行开始时并不顺利，3天后，平塔号的船舵就坏了。船长马丁·平松怀疑是两个船员的故意破坏，因为他们对这次远涉重洋感到恐惧，其中一人还是原船主。于是圣玛丽亚号和尼尼雅号只好先到加那利群岛中的拉戈梅拉岛补给、休整，平塔号则去大加那利岛修理。

9月2日，离开帕洛斯港快1个月，平塔号才赶到拉戈梅拉岛汇合。9月6日，船队从拉戈梅拉岛起航，与旧大陆的最后一块陆地告别，向西驶入茫茫的大海。

9月9日，加那利群岛最西边的耶罗岛也消失在地平线，船队驶入了深海，四周全是水天相接，漫无边际。为了避免船员因远离大陆而恐慌，从这一天开始，哥伦布有意瞒报船速，少报已走过的航程。那时船上记录时间的工具是沙钟，也就是我们经常在饭店等着上菜时服务员放在桌上的那个东西，也叫沙漏。而记录船速用的单位是"节"。当时要计算船速很麻烦，于是水手们想出了一个办法，用一根长绳子，每隔一段距离打一个结，绳头绑个木漂。测量船速的时候，把木漂扔到海里，同时用沙钟计时，在固定的时间看木漂把绳子拉出多少节，就是船的速度，于是节成了航船特有的计速单位，一直沿用至今。后来人们也把一切和大海紧密相关的运动物体如海流、海风等的速度都用节来表述。现代标准的1节就是1海里/小时，合1.852公里/小时。而1海里就是经线上1'的距离。

哥伦布能瞒报，正是因为当时计速的条件简陋，测出的速度误差很大，但恰恰是哥伦布的瞒报数据，反而与实际数据更接近。

9月13日，有水手发现罗盘的磁针向西偏移。到17日，磁针已经向西偏了1°。水手们开始惶恐不安，以为罗盘失灵——罗盘一旦失灵，意味着船队失去了方向，生死难料。面对突发情况，哥伦布很镇定，说这是北极星移动所致，不是罗盘失灵。然后他命令船队向北走，发现罗盘又恢复正常，由此证实自己的猜测是正确的。其实，罗盘没有失灵，北极星也没有移动，磁偏角才是"幕后黑手"，哥伦布借此机会测出了磁偏角。

众所周知，磁偏角是因地理北极和磁北极不一致造成的，水手们不是第一次用罗盘，当然知道磁针并不会指向北极星，而是有一个夹角，但在欧洲海域航行时，磁针通常偏东，这次偏西。以我们现在的认知，这说明他们已经走了很远，磁北极由他们东方变成了西方。要解释这个原理，用常见的地图很难说明问题，常见的地图是以中低纬度为视角，在这种地图里，北极被无限压扁了。事实上地球是个球体，我们可以从任何视角来观察各种地理现象。要说明哥伦布遇到的问题，需要使用一种方位投影的地图，把北极放在坐标原点。

另外一个问题，磁北极的位置并不固定。比如1831年5月，英国极地探险家詹姆斯·克拉克·罗斯爵士(James Clark Ross)，世界上第一个确定磁北极的人，他当年测定的磁北极位置是在北纬70.1°、西经96.8°。而1980年科学家测得的地球磁北极位置是北纬78°12'、西经102°54'，1996年测得的磁北极位置是北纬79.0°、西经105.1°。

所以说，磁极的位置是飘忽不定的，而且移动的方向似乎也没有规律。

那么假设当年哥伦布横渡大西洋的时候磁北极在图中的A点，也就是东经130°这条经线上。在这种情况下，传统的欧洲航海者在使用罗盘测定方位时，磁北极在他们的东方，所以磁针的指向也偏东。当哥伦布沿着北纬28°向西横跨大西洋的时候，只要他穿过了西经50°这条经线，罗盘的指针就会偏西。因为西经50°和东经130°是一条直线，此时磁北极已经在航海者的西边了。途中哥伦布曾让船队向北，磁针又恢复正常，其实这时他又回到了西经50°以东（假设）。只有正好处在西经50°这条经线上时，磁针才会不偏不倚，但在实际操作中这几乎不可能。

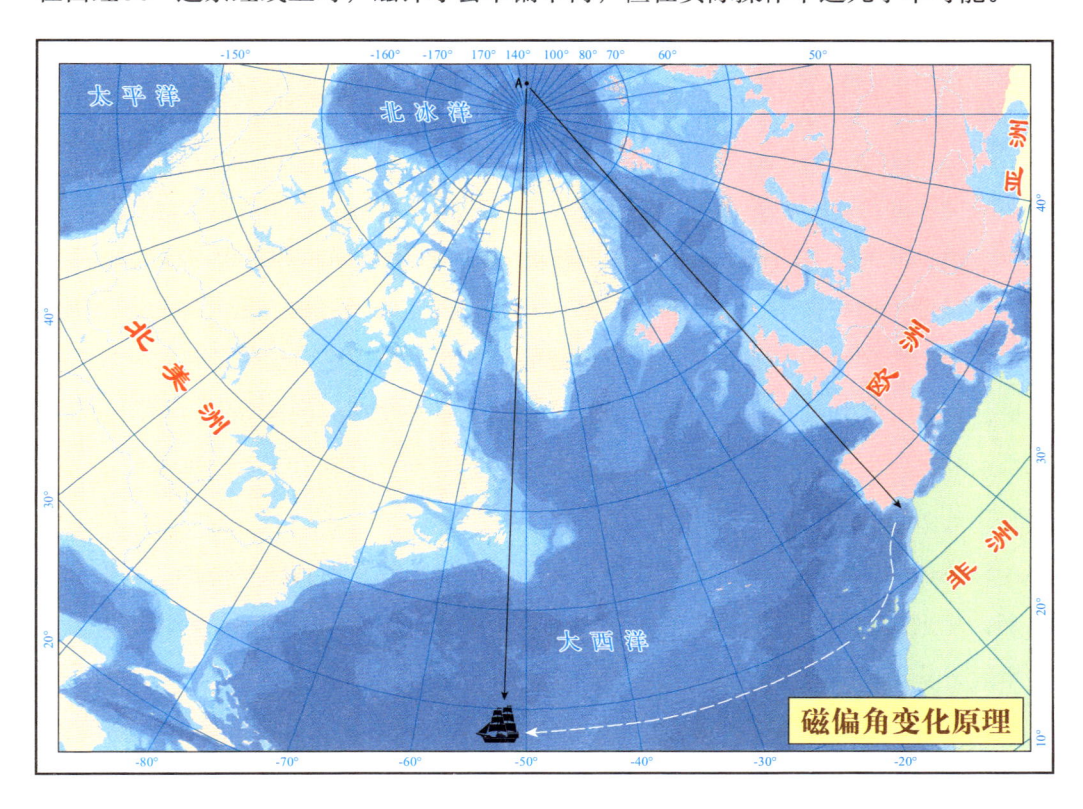

我们无从得知哥伦布年代磁北极的具体位置，但这件事至少说明哥伦布凭借丰富的航海知识，已经知道磁北极和地理北极存在错位关系。无论如何，磁偏角的变化说明哥伦布离开旧大陆已经很远了。

从9月14日起，探险队不断发现有海鸟从天空飞过，水手们以为离陆地不远了，但现实让他们一次次地失望。

9月16日，探险队发现海上漂着成束的绿草，像是刚从地里割下来的一样。船员们再次兴奋不已，以为接近了陆地，后来才发现，他们是进入了马尾藻海。马尾藻海，被后来的航海家们称为"海上坟地"。

马尾藻海有两个特点：一是无风，在风帆时代，没有风就不能航行，船只一旦进入，很难出来；二是海上布满马尾藻，马尾藻和我们常吃的海带差不多，只不过它不是长在海底的石头上，而是漂浮在海面，能把帆船死死地缠住。更恐怖的是，这片海域极其广大，约有3700公里长、1850公里宽，远远看去像一片大草原。它正好位于北大西洋暖流、加那利寒流和北赤道暖流之间，又处于无风带（北纬30°附近），因而这里的海水几乎没有流动，不仅水平方向没有流动，在纵向也没有流动。也就是说，深层海水和浅层海水之间没有交流，没有交流意味着没有营养物质的交换，所以这里的表层海水非常纯净，能见度达66.5米，个别海区可达72米，是世界上能见度最高的海。所谓水至清则无鱼，所以这里几乎没有鱼类生存。探险队到了这里，一旦被困住，捕捉不到可供食用的鱼类，最终会因淡水和食物用尽而死亡。

在马尾藻海的西边，是著名的百慕大三角，具体位置是由百慕大群岛、美国的迈阿密和波多黎各的圣胡安三点连线形成的一个西大西洋三角地带，每边长约2000公里。百慕大三角又称魔鬼三角海域，它实际上是马尾藻海的延伸，这个恐怖的名称来由和马尾藻海类似，无数船只在这里覆没。甚至一直到今天，远洋船只还会绕着它走。

当然，马尾藻海并不是密密麻麻地布满了海藻，还是有很多空隙的，只要经验老到，从里面走出来也不是没有可能。哥伦布就是一个经验老到的航海家，探险队很幸运，从马尾藻海的南部穿过去了。

9月20日，哥伦布下令测量海水的深度，绳子放下去300多米仍不见底。9月23日，船员开始出现怨言，哥伦布置之不理。于是怨言越来越多，有的船员企图叛乱，哥伦布努力说服，并宣称他一定要到达"西印度"，不达目的誓不罢休，但这并不能平息船员的恐惧和怨恨。10月6日，哥伦布在旗舰上召集船长、大副等要员开了个会。会上，哥伦布努力劝大家说，现在离西班牙已经很远，离"印度"越来越近，因此往前走比回去更安全。会议经过争论后最终决定，再向前航行5天，5天之内如果还看不见陆地就返航。

10月11日，5天的期限到了，仍不见陆地，但水手们陆续发现一些芦苇、藤茎，还有一棵小树，最主要的是一根被砍削过的木棍，以及一块被加工过的木板。很显然，这是人类留下的痕迹，船员们心底又升起希望。

晚上10点钟，哥伦布发现前方有亮光，忽明忽暗，确信陆地已近，便命瞭望手仔细查看。

1492年10月12日凌晨2时，平塔号的值班员确凿无疑地看见了陆地。上午，哥

发现新大陆

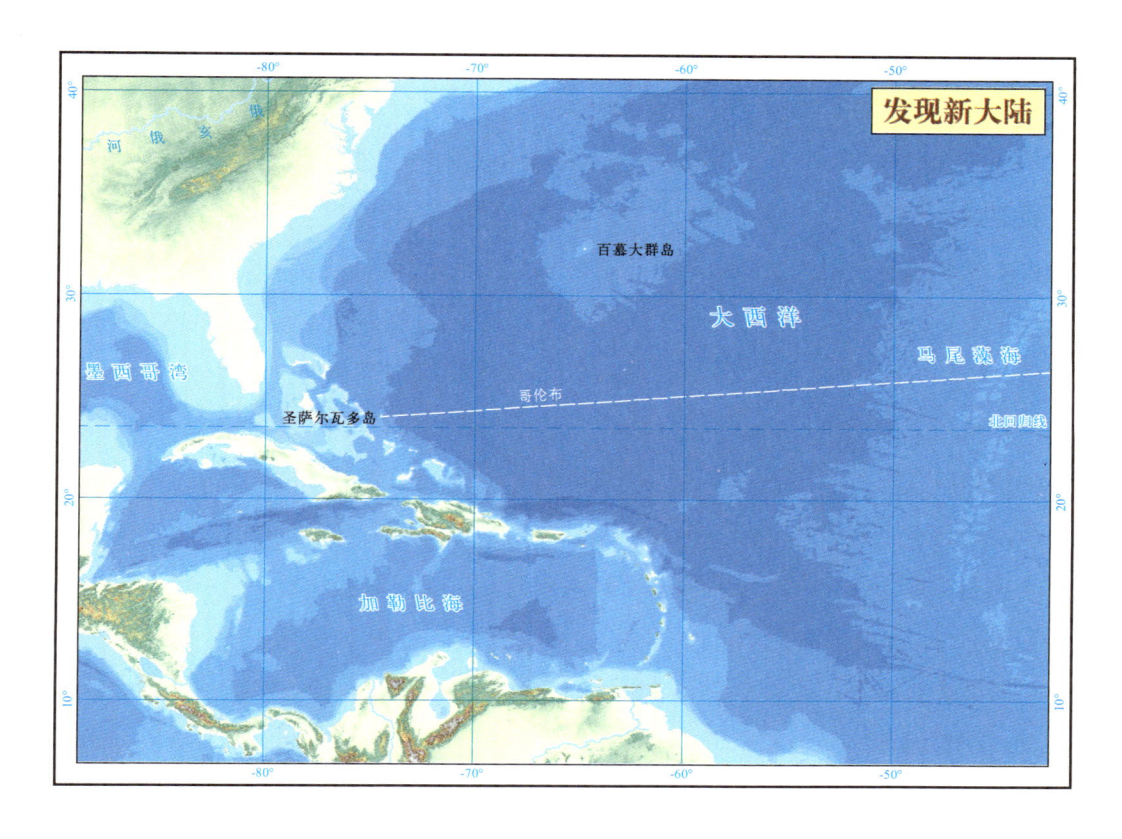

伦布一行经过三十多天不见陆地的航行后，终于抵达并登上了西半球的第一块陆地。这是一个珊瑚岛，当地人将这个岛称为瓜拉尼岛，哥伦布把它命名为圣萨尔瓦多（今巴哈马境内）。哥伦布以为他到了印度，于是把当地人称为印度人（Indian），为了区别，我们翻译为印第安人。

第十章 信风

圣萨尔瓦多岛是巴哈马群岛中一个很小的岛屿，长21公里，宽8公里，面积只有155平方公里。哥伦布上岸后，举行了占有仪式，宣布以国王和女王的名义占有该岛，并让随行人员做了公证和记录。

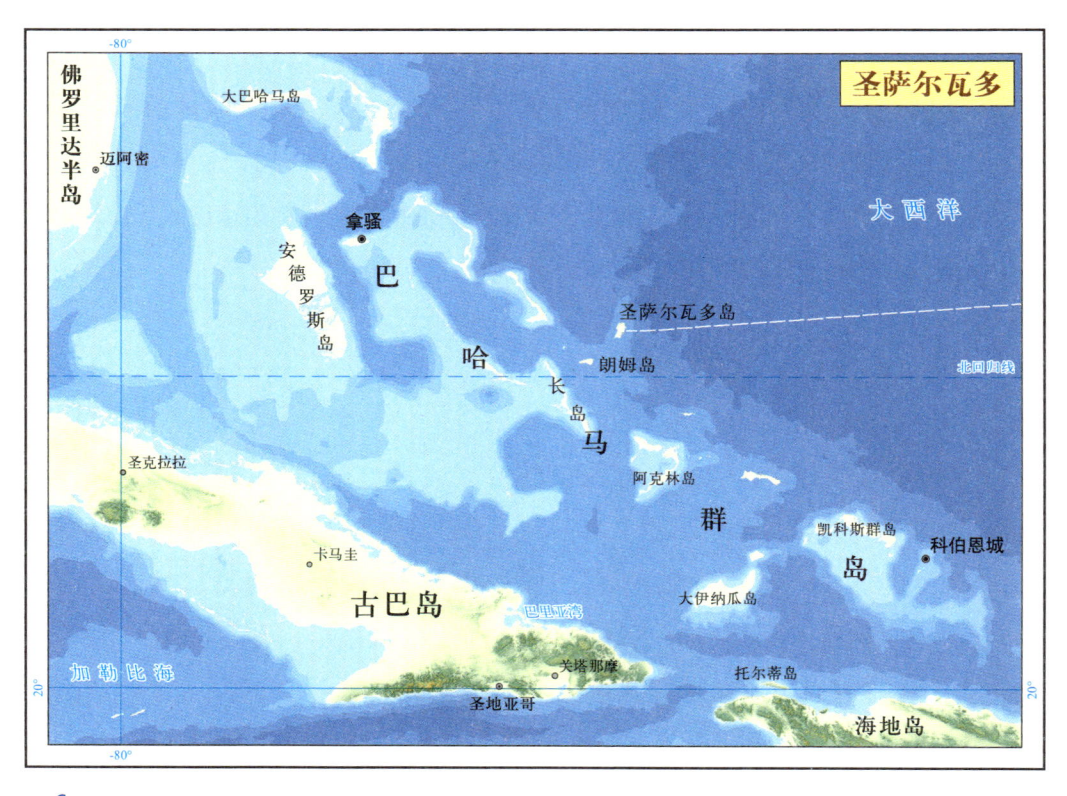

岛上的居民是印第安人中的泰诺人，泰诺人主要分布在加勒比海地区。当哥伦布到来时，他们的文明水平还处于原始社会后期的新石器时代，直白点说，这里比葡萄牙人到达的非洲还要落后。这也是哥伦布一行后来越来越张狂的原因，如果真是到了印度，文明程度相差不大，哥伦布肯定要先打听国王住在哪里，然后想办法递上国书，得到许可后，才可以开展贸易。

刚到"西印度"时，毕竟初来乍到，人生地不熟，所以一开始哥伦布一行人对当地土著还很客气，用玻璃球、小铃铛、帽子等跟泰诺人交换了棉线、鹦鹉、木质投枪等物品。通过近距离观察，哥伦布发现泰诺人无论男女老幼均一丝不挂，身上涂满颜料。他们没见过铁器，当西班牙人拿剑给他们看时，他们竟拿着剑刃把手割破了。哥伦布还发现，这些人身上经常有伤痕，说明他们经常和附近的部落产生冲突。这一切的一切，和马可·波罗所说的富饶文明的东方国度相差太远。因此哥伦布断定，这里地处亚洲的东部边缘，这个岛应该是日本群岛的外围岛屿。

在岛上考察、休整两天后，哥伦布一行人开始寻找黄金和宝石，以及他想象中的那个日本岛。对哥伦布来说，他的主要目的是来发财的，否则回去无法和投资者交代，包括西班牙女王在内。

哥伦布雇用了6名泰诺人作为向导和翻译。10月14日，哥伦布的船队发现了圣萨尔瓦多岛西南的朗姆岛，哥伦布用自己的旗舰名给它命名为圣玛利亚岛。此后，他们又先后发现了费迪南岛（今长岛）、伊莎贝拉岛（今克鲁克德岛）和哥伦布沙洲（今胡门托斯群岛）。在这些地方，哥伦布并没有发现黄金，却发现了美洲独有的农作物：玉米、土豆和甘薯。这三样东西对当时的哥伦布来说一文不值，只是作为他们到达过新大陆的证据，却在后来促使世界人口激增。

以中国为例，中国的南方特别是东南沿海地区，山地多，土壤贫瘠，不适合种植水稻和小麦，但可以种植玉米、土豆和甘薯。这三样东西有一个共同的特点，对土壤的要求很低，山坡地带的砂土都可以种植，产量却很高，可以养活大量的人口。哥伦布把这三样东西带回欧洲后，明朝末年传入中国，到了清朝初年，中国人口一下子达到前所未有的3亿，以至于乾隆皇帝误以为这是"康乾盛世"的功劳。在中国，这三种外来农作物还有很多别称，比如玉米也叫苞谷，因为它很像含苞待放的谷穗，只不过是放大版的；土豆的学名是马铃薯，因为它的形状酷似马脖子上系的铃铛，土豆是北方人的习惯叫法，南方人习惯称洋芋，因为它很像土生土长的芋头，但是是漂洋过海来的；甘薯的种类很多，叫法也五花八门，有叫红薯的，有叫白薯的（品种略有差异），有叫地瓜的，还有叫苕的。这三种农作物中，玉米是纯粮食作物，通常情况下，产量只比小麦高点，但比水稻低，而且口感差，所以只能作为主食的补充。土豆和甘薯同属薯类，相对于中国传统的薯类作物如山药、芋头，它们的产量大得吓人，口感也很好，所以迅速占领中国人的餐桌。其中尤以土豆的贡献最大，可以说是南北通吃，南方人很少吃玉米，北方人吃红薯也比较少，但土豆却不分南北，人人喜爱，它不仅可以当主食，也可以当蔬菜。

其实印第安人还培育了一种今天不太常见的农作物——木薯。木薯的块根有点像山药，呈棍状，但根、茎、叶都含有毒素，处理不好容易让人中毒，这是它难以广泛种植的原因之一，另一个原因是木薯适合生长在热带地区。最早的木薯是由生活在亚马孙热带雨林的印第安人培育出来的，而后传播到加勒比海的这些岛屿上，成为当地印第安人的主食。印第安人不仅拿木薯当主食，也从中提取毒素涂抹在弓箭和木枪上，用来打猎或对付敌人。木薯加工成粉之后能保存很长时间，后来欧洲的水手们经常把木薯粉带在船上作为口粮。木薯粉做出的食品很有弹性，今天我们常喝的珍珠奶茶，里面的珍珠就是木薯粉做的，还有水晶虾饺的饺子皮，通常也是用木薯粉做的。

农作物对哥伦布来说只是个无意中的发现，他要找的是黄金和香料。海员们从向导口中得知，西南方向有个大岛叫科尔巴岛（现译作古巴岛），哥伦布以为那就是日本主岛，于是驾船前往。

10月28日，船队抵达今古巴东北奥特连省的巴里亚港湾。在这里，哥伦布既没有发现金银珠宝，也没有发现富饶文明的中国、日本或是印度的迹象，但是却发现了像金子一样值钱的植物——烟草。按哥伦布日记的记载，他派了两个基督徒去朝见"大可汗"，结果这两人一路上看到一个十分奇怪的现象：很多村子里的人，有男有女，手里拿着一个木棍，一头冒着青烟，不时地吸一口，还从鼻孔里喷了出来……据说这东西能缓解疲劳，让人产生晕乎乎的感觉。很快，西班牙人学会了抽烟，并把烟草传遍了全世界。

哥伦布以为，古巴是中国最贫瘠的地方，中国以东应该就是富饶的日本群岛。

他从土著那里打听到，东方不远处有一个盛产黄金的巴比克岛（今大伊纳瓜岛），东南附近还有一个大岛，叫波希奥岛（今海地岛），于是他们沿古巴海岸东行。11月上旬，哥伦布绑架了十几名印第安人，这是他们远航以来干的第一起强盗勾当。11月20日，马丁·平松率领平塔号擅离编队，前往巴比克岛寻找黄金。12月6日，哥伦布船队停泊在今海地岛最西端的圣尼古拉港湾，哥伦布将它命名为伊斯帕尼奥拉岛（意为"西班牙岛"），并以为这里就是日本。

12月9日，哥伦布在海地西北的蚊子岬山坡上举行了占有仪式，在这里，他们找到了不少黄金。12月21日，哥伦布一行来到海地西北部的龟岛（今托尔蒂岛），当地酋长送给了哥伦布一些礼物，其中包括一个黄金面具，西班牙人很高兴。

12月25日，圣诞节，因为值班水手的疏忽，旗舰圣玛利亚号在海地角以东的海岸搁浅，抢救无效，旗舰彻底损毁。好在有印第安人的帮忙，船上的物资都转移出来了。这时哥伦布只剩下尼尼雅号一艘小船，装不下那么多人，于是决定把39名志愿者留在岛上继续寻找黄金，其余人随他返航。当天，探险队用圣玛利亚号残存的木料搭建营房据点，并命名为圣诞城。

哥伦布给留守人员留下了大部分粮食、所有百货和一些枪炮弹药。1493年1月2日，探险队与印第安人告别，还放了几炮以彰显实力。1月4日尼尼雅号离开圣诞城，向东航行寻找平塔号。1月6日，在海地岛北部的蒙特克里斯蒂（今多米尼加共和国境内），尼尼雅号与平塔号相遇，两船合为一队后往东到达萨马纳角，准备在这里休整后返回欧洲。

一天，大约五十来名印第安人挥舞着弓箭和绳子向西班牙人冲来。西班牙人拔剑迎击，刺伤了3个土著，其余的仓皇逃走。对西班牙人来说，岛上部落有的热情好客，有的野蛮无理。这和葡萄牙人在非洲遇到的情况不一样，在非洲，只要搞定当地的国王，一切问题都迎刃而解。但在美洲（哥伦布眼里的"西印度"），这里并没有一个统一的国王，部落众多且分散，不确定的因素也就更多，西班牙人很没有安全感。

1月16日，尼尼雅号和平塔号离开萨马纳湾，开始返航。哥伦布仍然采用等纬度航行法，先向北偏东航行。1月22日，船队越过了来时的航线纬度（北纬28°）。2月3日，船队在百慕大群岛以东约800公里、北纬30度的地方遇到了强劲的西风，便转向东行驶。

按理说，如果哥伦布按原路返回，对一路上会遇到的情况心里还有底，选择一条完全陌生的路无疑会增加新的风险。作为经验丰富的航海家，哥伦布当然知道这其中的不确定因素会带来什么风险。之所以这么做，是因为他有了一个伟大的发现，那就是信风。

哥伦布早年在马德拉群岛定居时，就注意到信风的存在，在后来走南闯北的日子里，他也注意观察，因此对信风的规律有所了解。作为旁观者，我们有必要对信风的原理有所了解。

首先要明确一点，风的产生是由于各地气压不同，而各地不同的气压又是因为大气环流所致。

先说大气环流。

在理想的状况下，地球的赤道热，两极冷，冷热不均必然引起热量的交换，以达到最终冷热均匀。就像往一盆热水里加入冷水一样，哪怕是加在一侧，不用搅拌，最后整盆水的温度也会一致，这是热量交换的结果。

假设没有别的因素影响，赤道附近的热空气会向两极流动，南北两极的冷空气会往赤道跑。这就是地球的热量交换，最终目的是让赤道不那么热，两极也不那么冷。

但这是理想状况，地球并不是静止不动的，它在自转，自转就会产生地转偏向力。地转偏向力说白了就是因为物体的惯性产生的，但地球不是一个平面，而是一个球体，这就造成地转偏向力在南北半球表现不同。总的来说，北半球往右偏，南半球往左偏。

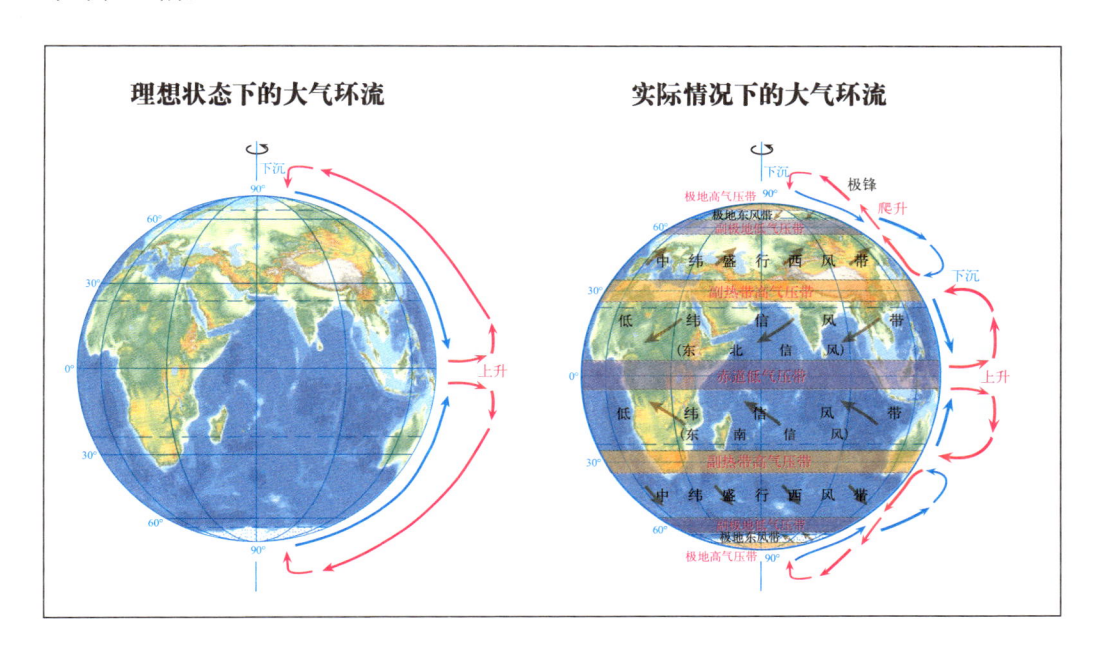

不管是从赤道来的热空气，还是从两极来的冷空气，都会受地转偏向力的影响。以北半球为例，当赤道上空的热空气往北极移动的时候，由于地转偏向力的影响，会越来越偏东，最终在到达北纬30°的时候，已经没有向北的动力，于是开始下沉，而且成了完全往东的气流；往东的气流下沉后，因为热量交换的需要，又开始向北移动。当它移动到北纬60°的时候，还是因为地转偏向力的作用，再次失去向北的动力，又因为是热空气，遇到来自北方冷空气的阻力后爬升到高空，然后又开始向北移动，直到北极失去动力再次下沉。

与此同时，北极的冷空气在向南移动的过程中，因为地转偏向力的作用，到达北纬60°的时候，失去南下的动力；同时又受北上暖空气在地面附近的挤压，被迫抬升爬向高空。到了高空后，因为热量交换的需要又继续南下。到达北纬30°附近后，受地转偏向力的影响，再次失去南下的动力而下沉。到达地面后，因热量交换

081

的需要继续南下，这次因为热空气在高空，冷空气就贴着地面一直到赤道。

所以我们看到，因为地转偏向力的影响，大气环流最后形成了3个圆圈才完成热力交换，这就是三圈环流——三圈环流最后在不同纬度形成不同的气压带和风带。

在赤道，因热空气的上升，形成低压；北纬30°附近，因热冷空气同时下沉，形成高压；北纬60°附近，热冷空气同时上升形成低压；在北极，热空气下沉形成高压。南半球同理，不再赘述。

在赤道、北纬30°、北纬60°和北极附近，因为只有空气的纵向移动，没有水平移动，所以这4个地带都是无风带。

在4个无风带之间，因为有空气的水平移动，形成了3个风带。其中赤道到北纬30°之间，是南下的冷空气，本来应该是北风，但因为地转偏向力的作用，造成北风往右偏，结果就变成了东北风。在北纬30°和60°之间，是北上的热空气，本来应该是南风，也是因为地转偏向力的作用，结果变成了西南风。同理，在北纬60°到北极之间形成东北风。

这3个风带常年刮风，一年四季风向都不会变化，很讲信用，所以称为信风。为了容易区分，习惯上把低纬度的盛行风称为东北信风，中纬度盛行的称为西风，极地的称为东风。

我们知道，热空气在上升的过程中，水汽因为遇冷会凝结而形成降雨，所以赤道一带多雨。同时，在相同体积的空气中，温度越高的空气能容纳的水汽越多，所以热带地区的雨水极其丰富，反映在地表就是热带雨林。从全球来看，亚马孙雨林、刚果雨林、东南亚雨林都是热带雨林，都是赤道低压造成的。

在北纬30°附近，不管冷空气还是热空气都是下沉的，导致越贴近地面气温越高，气温越高能容纳的水汽越多，所以空气中的水汽不仅不会凝结，反而饱和度变低，如果附近有点水汽还会被它吸进来。所以这一带不仅不下雨，还非常干燥，在它的影响下，地球出现了一系列的热带沙漠，如撒哈拉沙漠、印度大沙漠、美墨边境线上的沙漠，还有南半球的澳大利亚大沙漠和之前提到过的纳米布沙漠，它们成因相同，都是因为处于南北纬30°附近。前文提到的马尾藻海，其形成也离不开副高压的影响。

那为什么中国北纬30°的长江沿线没有受到副高压的影响形成沙漠，反而成了鱼米之乡？这里正好说一下，前述各处的成因都归于大气环流，大气环流的活动范围在海拔4000米以内，而中国的青藏高原平均海拔就是4000米，超出4000米的山脉比比皆是，所以大气环流到青藏高原就被挡住了，中国因此受信风的影响很小，主要是受季风的影响。所以说，青藏高原对中国来说太重要了，它不仅给中国的几条大河提供了水源，还改变了整个中国的气候。就连靠近青藏高原的印度也跟着沾了光：印度的西边因为受副高压的影响，在印度河的中下游形成了印度大沙漠，但东部和南部主要受季风影响，成为世界上最大的粮食产地之一。季风气候最大的好处是雨热同期，是最适合发展农业文明的气候。

顺便补充一点，中国的西北地区也有很多沙漠，大部分是温带沙漠，和副高压没有关系，主要是深处内陆、远离大海、干旱少雨造成的。

在北纬60°附近的副极地低压带，因为受上升气流的影响，这里也是一个多雨带。但这一带的雨和赤道没法比，一是这里气温低，空气中的水汽含量有限；二是上升的气流中有一股本身就是冷空气，含水量低。同时，因为这里纬度高，有时下来的不是雨，而是雪。比如莫斯科，受副极地低压的影响，夏天阴雨连绵，冬天大雪纷飞，如果有一个阳光灿烂的日子，就显得弥足珍贵。

在南北两极，常年盛行东风，气候恶劣，不适合人类生存。至于极点，那更是超出人类生存的极限。

与几个气压带相比，处于信风带的地方显得多姿多彩，各种气候五花八门。这里的气候除了受气压和大气环流的影响外，还受洋流、地形等因素的影响，在后续的章节里会逐步分析到。

当然，气压带和信风带的位置不是固定不变的，受太阳辐射的影响，夏季会略偏北一点，冬季偏南一点，移动幅度大约在5°左右。之前多次提到过地中海气候，现在解释起来就比较明晰了：地中海处于北纬30°～45°，正好位于副高压和西风带之间——夏天，气压带和风带北移，地中海主要受副热带高气压带控制，于是形成干旱少雨的气候；冬天，气压带和风带南移，地中海主要受西风带影响，西风把大西洋的水汽吹向内陆，于是形成阴冷多雨的气候。另外一个，地中海的西端，也就是直布罗陀海峡一带，北面的伊比利亚半岛本身就是高原地形，而南面的阿特拉斯山脉也是一道天然的屏障，大大削弱了西风对地中海海面的影响。于是在夏天，由于副高压地中海风平浪静；而冬天，虽然有西风，风力也并不大——这也是为什么传统的地中海航船都是以人力为主的原因。地中海一带正是受副高压和西风带轮流控制，才形成一种典型的气候类型。但地中海气候并不只是产生在地中海一个地方，只要具备了类似的地理条件，这种气候就会产生。比如迪亚士发现的好望角，这一带处于南纬35°左右，也是典型的地中海气候。欧洲人后来喜欢移民到这里，其中有个重要的原因就是这里的气候和地中海一样，不会有水土不服的不适感。

反过来看，大气环流如果真是处于理想状态，那对地球上的生命将是一场灾难：假如地球没有地转偏向力，那么从两极到赤道，都是常年盛行干冷的北风，只有赤道地区有降水。那时地球上会是一个什么状态？很简单，赤道附近一片沼泽，其他地方全是荒漠，生命能不能产生都是一个问题。地转偏向力，让大气的运动变得复杂，让地球上的生命多姿多彩。

哥伦布并不了解地球的自转、大气环流这些知识，但凭借着多年的观察，他对信风的运行规律还是心里有底的。接下来，就让我们看看哥伦布如何凭着多年的航海经验返回旧大陆吧。

第十一章 回到西班牙

哥伦布从加那利群岛往西航行的时候，沿北纬28°航行，正是利用了东北信风；返航的时候，沿北纬38°航行，正是利用了盛行西风。

1493年2月12日，哥伦布正往东航行的时候，遇到了暴风雨，持续了4天，风力达到了八级。在狂风暴雨中，13日晚，尼尼雅号和平塔号走散。哥伦布感到自己性命不保，便把发现"西印度"的事情写了下来，还抄写了一份副本，分别装在两

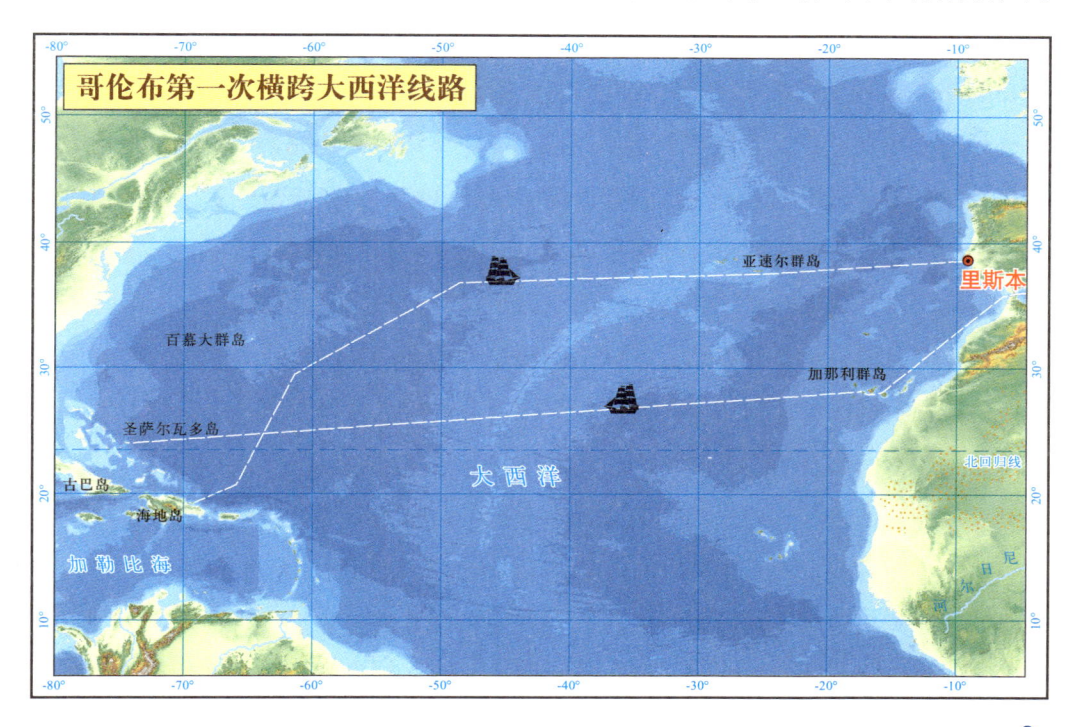

个漂流桶里，其中一个扔进了大海，另一个放在船上。他想，即使他死了，后人也该知道，从大西洋往西也可以到达"印度"。

2月15日，尼尼雅号的船员们发现了亚速尔群岛就在不远处，所有人都松了一口气，这意味着他们离旧大陆不远了。2月18日，尼尼雅号停靠在亚速尔群岛中的圣玛利亚岛休整。2月24日，尼尼雅号重新启航，没想到又遇上了暴风雨，这回持续了6天。无奈之下，他们只能就近驶向葡萄牙，于3月4日停靠在里斯本。

在里斯本，哥伦布先是拜见了已经功成名就的迪亚士，然后去拜见葡萄牙国王若奥二世。哥伦布对若奥二世说，他发现了"西印度"，那里黄金和香料遍地都是，言里言外又埋怨国王当初不信任他，以致丧失大好机会。若奥二世当然后悔不迭，相比于哥伦布发现"西印度"，迪亚士发现好望角的事根本不值一提。但后悔没有用，这一次显然让西班牙占了上风。不过若奥二世突然想起一件事来，根据1478年葡萄牙与卡斯蒂利亚签署的《阿尔卡索瓦斯和约》规定，加那利群岛以南归葡萄牙，以北归卡斯蒂利亚，而这次哥伦布发现的岛屿都在加那利群岛以南，理应归葡萄牙所有。

哥伦布一听傻了眼，匆匆别过。3月13日，尼尼雅号从里斯本启航，15日中午回到出发地帕洛斯。幸运的是，马丁·平松率领的平塔号经历九死一生后，也在3月15日下午回到了帕洛斯。至此，人类历史上空前的224天远航探险最终胜利结束。西班牙国王和女王正式承认了《圣塔菲协定》中许诺给哥伦布的一切权利和利益。

当然，哥伦布也把若奥二世的话带给了伊莎贝拉女王。葡萄牙认为西班牙侵犯了自己的利益，一面向西班牙提出抗议，一面向罗马教皇告状，还打算派遣海军去抢西印度。西班牙当然毫不相让，一面命海军舰队做好应战的准备，一面向教皇请求调解。当时的教皇是亚历山大六世（Pope Alexander VI），西班牙人，而且是靠着西班牙女王的支持才当选的。毫无疑问，这个忙教皇是要帮的。1493年5月4日，亚历山大六世发布教谕，以佛得角群岛以西100里格处的经线划分两国的势力范围。分界线以西属西班牙，以东属葡萄牙，这就是所谓的教皇子午线。葡萄牙对这条教皇子午线很不满意，想仍按1478年的《阿尔卡索瓦斯和约》的原则划分。但形势已经对葡萄牙很不利。1493年9月25日，哥伦布带着庞大的船队第二次前往"西印度"。第二天，教皇发布教谕，撤销1478年的《阿尔卡索瓦斯和约》。若奥二世一看，心知只能在教皇子午线上讨价还价了——保住现有的成果要紧。毕竟，从非洲绕过好望角也可以去印度。

1494年6月7日，在教皇的调解下，葡萄牙和西班牙签订协议，把分界线向西移至佛得角群岛以西370里格处。分界线以西归西班牙，分界线以东归葡萄牙——这就是修改后的教皇子午线。

所谓的里格，是在经纬线出现以前绘图时常用的方法。今天的绘图作业中也经常用到的方里网就是一种里格。具体来说，就是在图纸上画出方格，每个方格的边长代表实际中的1里，这样便于地图的拼接，也能最大程度上保证地图中各要素相对位置的正确性。今天的方里网通常以公里为单位，但在15世纪，里格的单位却并不固定，有罗马里、英里、海里等。后人普遍认为教皇子午线用的应该是罗马里（约5.92公里），但教皇子午线的具体位置仍有争议，原因就在于它不精确。一般认为，初期的教皇子午线在西经38°左右，而修改后的教皇子午线在西经46°左右。对当时的西葡两国来说，教皇子午线很好地保障了他们的既得利益。当时他们还不知道有个美洲大陆，也不知道这条线穿越了南美洲大陆，否则不会这么爽快签约。

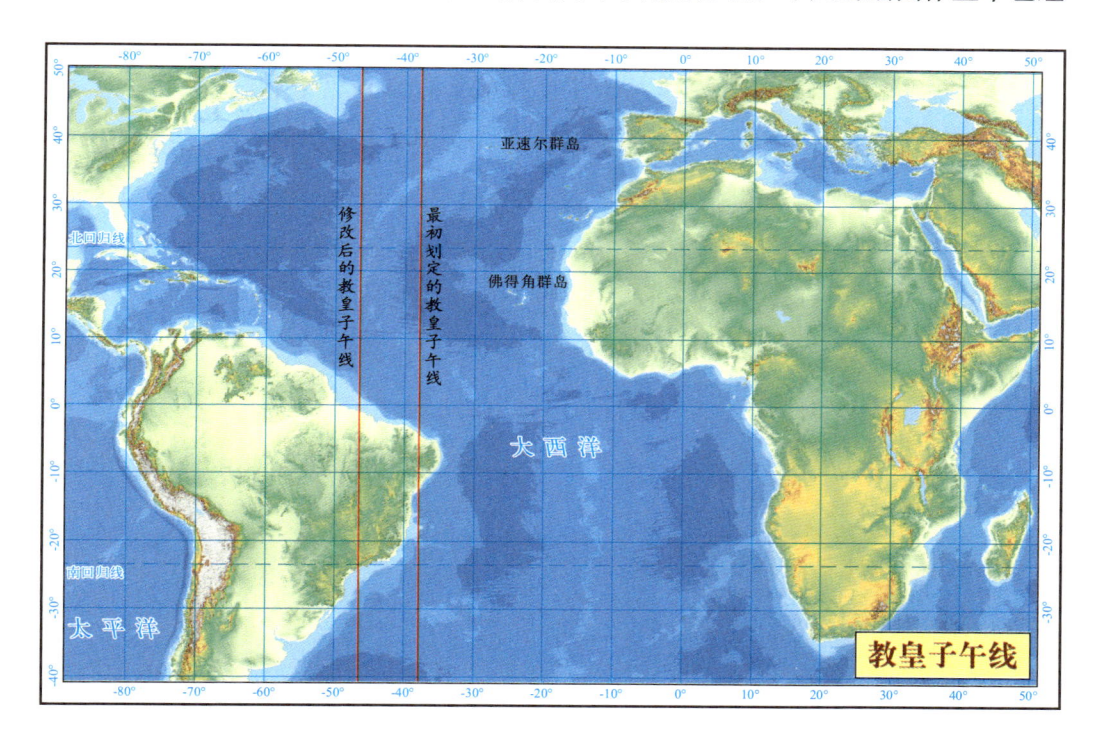

教皇子午线的划分让西葡两国避免了冲突，继续把目光投向远洋探索中。

第二次西航，哥伦布就风光多了。第一次西航时，很多人对哥伦布的说辞表示质疑，当哥伦布从西印度群岛带来黄金、当地特产，以及6个印第安人时，没有人再质疑他的话了，于是各种投资纷至沓来。这一次，哥伦布组织了17艘船、1500人——单就人数来说，是上一次的十多倍。对远洋航行来说，船队越大越安全，所谓势单力薄，在海上尤其明显。在这1500人中，除了船员，还有官员、教士、农夫、工匠，他们还携带了大量的口粮、种子、家畜，以及各种工具。很显然，和上回单纯的探寻新航路不同，这一次，西班牙人要在"西印度"殖民。

有了上次的经验，哥伦布这次去"西印度"就很顺利了。9月25日，船队从加的斯港出发。和上回一样，还是先到加那利群岛；和上回不一样的地方是，船队先往西南再向西航行，因为这样可以更好地利用东北信风。第一次西航的时候，哥伦布实际是贴着东北信风带的边缘走的，很容易闯入副高压无风带（进入马尾藻海就是个例子）。所以这次哥伦布到达加那利群岛后，先往南航行了10°，这样不但安全性提高，而且东北信风更强劲，只用了20天就到达了西印度群岛。通过第二次航行，哥伦布发现了一条从欧洲到"西印度"的最佳航线。这条航线既可以最大程度

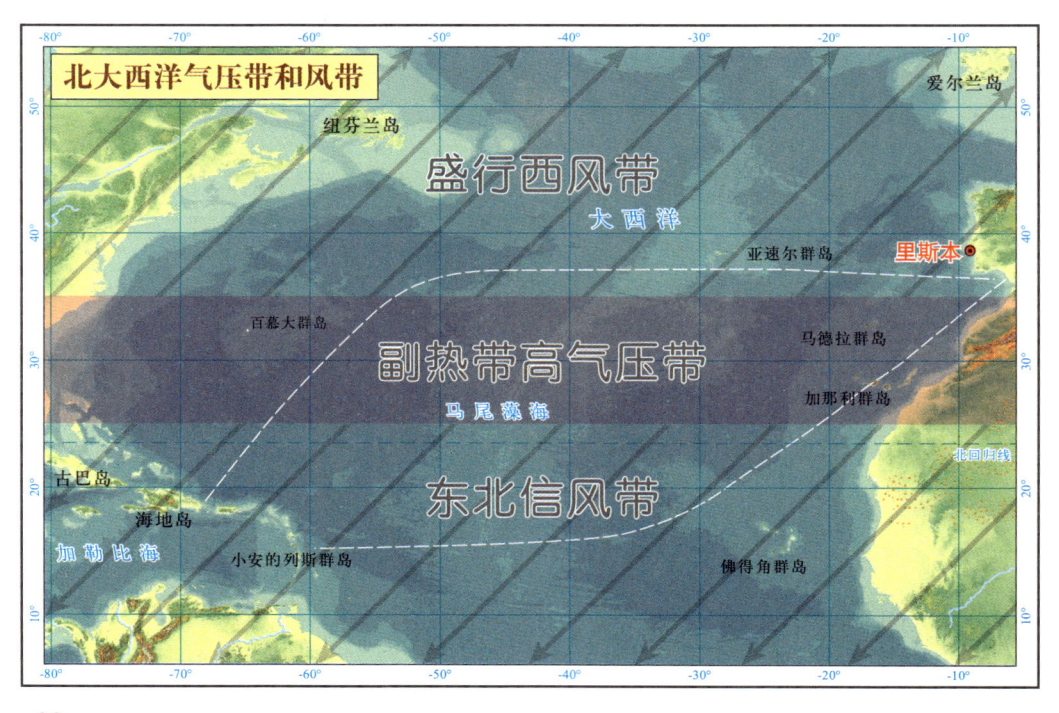

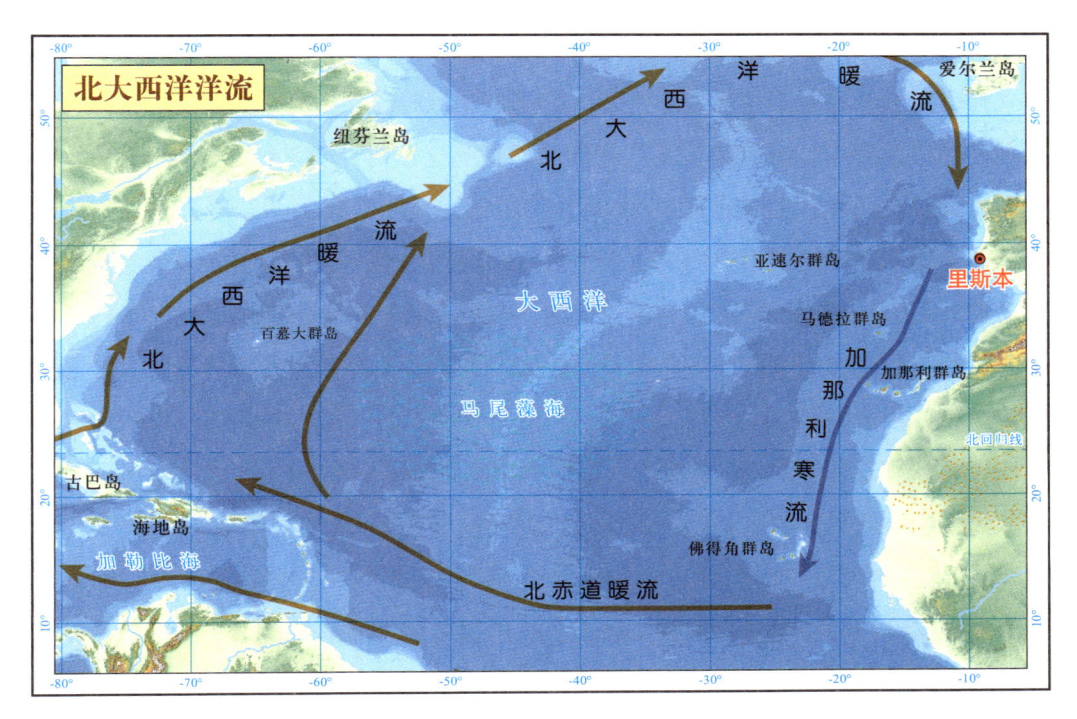

地利用东北信风，也避免了像第一次那样误入马尾藻海的风险。而返航则和第一次相当，亚速尔群岛同纬度地带就是盛行西风带。那么唯一的问题就是如何从西印度群岛穿过无风的副热带高气压带。

从西印度群岛到北纬38°附近，需要穿越千余公里的无风带，在以风帆为动力的年代，这是很要命的。而且从西印度群岛往北，是恐怖的马尾藻海和百慕大三角，任何一支船队要想穿过这里都需要极大的勇气。

好在天无绝人之路，在西印度群岛有一股强劲的洋流由南往北而去，这就是北大西洋暖流。北大西洋暖流来源于北赤道暖流，当北赤道暖流进入加勒比海后，加勒比海无法安放那么多海水，于是海水沿北美大陆往北流去，形成北大西洋暖流。北大西洋暖流很强大，不仅影响美洲和大西洋的气候，还改变了整个北欧的气候。

也许是运气好，哥伦布早在第一次西航时就发现了这股洋流，并顺流来到了百慕大群岛东北方向，然后就遇到了盛行西风。这条路线虽然没有风，但顺水，而且正好从马尾藻海和百慕大之间的空隙穿过，避免了危险。

至此，一条完美的从欧洲到西印度群岛，再从西印度群岛返航的路线被哥伦布探索出来了。

西印度群岛的叫法其实是个误会。哥伦布并不知道自己发现了新大陆，而是坚信自己到达了印度。又因为他是从欧洲往西找到这里的，所以称为"西印度"。按今天的习惯，可以把这一带统称为加勒比海地区。

加勒比海地区位于中美洲，按今天的行政区划来说，包括古巴、多米尼克、多米尼加共和国、海地、牙买加、巴巴多斯、安提瓜和巴布达、阿鲁巴、巴哈马、格林纳达、圣基茨和尼维斯、圣卢西亚、波多黎各、圣文森特和格林纳丁斯、特立尼达和多巴哥、英属维尔京群岛、开曼群岛、蒙特塞拉特、特克斯和凯科斯群岛，法属瓜德罗普、马提尼克，荷属安的列斯岛，以及美属维尔京群岛。

如果按地理来分的话就比较简单了，主要包括三个大群岛：巴哈马群岛、大安的列斯群岛和小安的列斯群岛。

其中巴哈马群岛包括安德罗斯岛、圣萨尔瓦多岛等岛屿，是哥伦布最早发现的群岛。这里与北美大陆的佛罗里达半岛只隔着一条海峡，可惜哥伦布阴差阳错往南去了。否则的话，美洲大陆就会以哥伦布的名字命名了。

大安的列斯群岛囊括了这一带所有的大岛，包括古巴岛、牙买加岛、海地岛、波多黎各岛等，是加勒比海地区的核心所在。

小安的列斯群岛在东部，正好把加勒比海和大西洋隔开。这一带分布着众多的小岛，是后来殖民者抢夺的焦点。早期的殖民者如西班牙，把目光都放在大安的列斯群岛这些人口众多的大岛上，对小安的列斯群岛这些小岛看不上眼。后来英法两国到来的时候，只能抢占这些小岛。

大安的列斯群岛、小安的列斯群岛，再加上中美洲的尤卡坦半岛及中南美洲的大陆，共同围成了加勒比海，而古巴岛和尤卡坦半岛又把加勒比海和墨西哥湾隔开了。

哥伦布这一次沿北纬15°航行，所以最先到达的是小安的列斯群岛。在这里，哥伦布先后发现多米尼加岛、瓜德罗普岛、维尔京群岛、波多黎各岛等大小岛屿，并将当地人命名为"加勒比人"，意思是"英勇善战的人"——加勒比海的名字也是因此而来。

哥伦布在这些小岛上只是了解了一下加勒比人的情况，主要的目的地还是海地岛，那里还有 39 名留守的同胞。11 月 27 日，船队抵达圣诞城所在的海湾，让他们惊讶的是，圣诞城被夷为平地，39 名留守人员也无一幸存。哥伦布根据留下来的日记才知道，原来是这些留守的西班牙人到处强奸女人和搜刮黄金，引起了当地印第安人的反击。

于是，哥伦布决定在海地岛的北岸中部另建一座城。为了纪念慧眼识珠的伊莎贝拉女王，他把这座城命名为伊莎贝拉城。这次哥伦布带来的人虽然多，但这些人大多抱着淘金的目的而来，对于体力劳动十分抗拒，又因为食品短缺，再加上当地黄热病、疟疾流行，于是纷纷要求回国。哥伦布最终决定留下 5 艘船和 500 人，其他的人和船回国。1494 年 2 月 2 日，1000 人在托雷斯的率领下分乘 12 艘船从海地出发，返回西班牙。

余下的 500 人也并没有安心待在岛上。此前，西班牙人在海地岛的产金之地设置了一个圣托马斯要塞。当那 1000 人走的时候，圣托马斯要塞的指挥官也待不下去了，拉着几个人抢了条船偷偷回国。结果留下来的水手和士兵因为无人管束，到处抢劫强奸，激起了印第安人的反抗。印第安人打死了几十名西班牙人，包围了圣托马斯要塞。由此开始，西班牙人征服海地的战争爆发了。面对西班牙人的火枪火炮，手无寸铁的印第安人毫无还手之力，无数的人在战争中死去，或沦为西班牙人的奴隶。西班牙人刚到时，海地岛上有土著居民 25 万以上，到 1508 年只剩下 6 万人，到 1548 年仅存 500 人，到 16 世纪中叶基本灭绝。所以我们今天看到的海地人都是黑人，那是西班牙人后来从非洲贩卖过去的黑人的后裔。

在海地，哥伦布发现当地的小孩喜欢玩一种球，这种球很有弹性。他还发现，印第安人把一种白色浓稠的液体涂在布上后，布就有了防水效果。后来他得知，这两种稀罕事物来源于同一个东西——橡胶。橡胶对后世工业的重要性不言而喻，在殖民时代，它也是很多种植园广泛种植的经济作物。客观来说，哥伦布给美洲的印第安人带来了灾难，另一个角度，他从美洲带来的很多东西彻底改变了旧大陆人的生活。

和葡萄牙不同的是，西班牙喜欢把一个人的才能发挥到极致，而葡萄牙却总是临阵换将，一旦成名，从此闲置。所以我们看到葡萄牙在前往非洲探险的时候，总是临阵换将，而西班牙仅哥伦布一个人的成就就远远超过他们的总和。当然，这里

加勒比海地区

密西西比平原 · 密西西比河 · 蒙哥马利 · 奥斯汀 · 莫比尔 · 杰克逊维尔 · 休斯敦 · 新奥尔良 · 佛罗里达半岛 · 坦帕 · 迈阿密 · 墨西哥湾 · 哈瓦那 · 坦皮科 · 比那尔德里奥 · 古巴岛 · 圣克 · 大 · 青年岛 · 安 · 梅里达 · 尤卡坦半岛 · 韦拉克鲁斯 · 坎佩切 · 开曼群岛 · 普埃布拉 · 乔治敦 · 墨西哥高原 · 瓦哈卡 · 贝尔莫潘 · 巴伊亚群岛 · 巴里奥斯港 · 危地马拉 · 特古西加尔巴 · 圣萨尔瓦多 · 马那瓜 · 布卢菲尔兹 · 圣何塞 · 科隆 · 戴维 · 巴 · 太平洋

大西洋

哈密尔顿 ·百慕大群岛

北回归线

拿骚
哈
圣萨尔瓦多岛
马
群
岛
科伯恩城
卡马圭
关塔那摩
圣诞城 伊莎贝拉城
圣地亚哥
列
海地岛
圣安斯贝 太子港
金斯敦 斯 圣多明戈
买加岛 群 圣多明各 圣胡安
岛 波多黎各岛 巴斯特尔 圣约翰
小 蒙特塞拉特
安 巴斯特尔 瓜德罗普
加勒比海 的 罗索 多米尼克
列 法兰西堡 马提尼克
斯 卡斯特里
群 金斯敦 布里奇敦
岛 圣乔治
阿鲁巴 威廉斯塔德
科罗
巴兰基亚 圣玛尔塔 加拉加斯
卡塔赫纳 马拉开波 库马纳
巴基西梅托 西班牙港
巴伦西亚
达连湾 辛塞莱霍 玻利瓦尔城
布卡拉曼卡 奥里诺科平原 圭亚那高原

还有另外一个原因，哥伦布是外籍人，相当于客卿，在西班牙没有根基，不存在功高盖主的情况；而葡萄牙的那些将领，本身就是葡萄牙的传统贵族，王室对他们有戒心也是正常的。

4月24日，哥伦布率3艘帆船离开伊莎贝拉城去考察古巴。他们考察了整个古巴岛的西南海岸，先后发现牙买加岛和派恩斯岛（今古巴青年岛）。

5月份的时候，哥伦布的兄弟巴托罗缪（Bartholomew Columbus）率3艘补给船抵达新大陆，顺便就留在了海地。9月底，哥伦布感到身体不适，回到伊莎贝拉城养病。

11月，托雷斯送来4艘船的补给。回去的时候，正赶上西班牙人刚抓了1500名印第安人，托雷斯只挑了500人运回国内当奴隶拍卖。剩下的人，一部分给西班牙人当奴隶，其余的大部分被释放。

印第安人的身体远不如非洲黑人强壮，艰苦的劳动加上恶劣的环境让很多印第安人不堪折磨而死。此外，印第安人处于石器时期，在他们的概念里并没有奴隶这个词，所以会反抗。非洲人不同，非洲的奴隶制已经存在了几个世纪，在黑人眼里，只要被定义为奴隶，被迫劳动是天经地义的，没有反抗的必要。

第二次西航，西班牙人并没有像预期的那样获得大量的黄金，就连抓获的奴隶也不堪大用，所以西班牙女王对哥伦布的这次远航并不满意，于是允许其他西班牙人自行到"西印度"移民、采金、考察，只要把收入的三分之二上缴国库就行。这等于是把以前许诺给哥伦布的垄断权给废了。而且很快，女王诏令哥伦布回国，因为钱花得太多了，入不敷出，这场投资看来打了水漂。

1496年3月，哥伦布动身回国。行前，哥伦布让弟弟巴托罗缪代理他统治"西印度"。这一年，巴托罗缪在海地岛南岸修建了圣多明戈城，圣多明戈很快成为西班牙在海地的殖民统治中心，现为多米尼加的首都。

1496年6月中旬，哥伦布回到西班牙的加的斯港。

早在一年多前（1494年冬），法兰西国出兵意大利半岛，与西班牙争夺那不勒斯城，于是持续65年的意大利战争爆发。西班牙军队中有不少人曾跟随哥伦布去过美洲，其中有一些人在那里染上了一种怪病，他们把这个怪病传给了那不勒斯风月场中的女子。第二年，法兰西军队攻陷那不勒斯，这些风尘女子又把这个怪病传给了法军。到了秋天，法兰西军队因多数士兵染病，无法医治，只好撤退。

此后三年，这个怪病迅速传遍欧洲，并开始向亚洲和非洲蔓延。后来人们知道，这个怪病就是梅毒。之所以说是怪病，是因为所有的感染者，几乎全是通过同一种方式传染的，那就是性接触。

第十二章 达·伽马

在哥伦布探索和经营西印度群岛的时候,我们再把视线放回到葡萄牙身上。

葡萄牙国王若奥二世晚年身体虚弱,患有浮肿病。在他患病期间,葡萄牙的航海事业一度停滞。从1488年迪亚士从好望角返回里斯本开始,有将近十年的时间,葡萄牙人在远洋探索上毫无建树。

1495年底,当哥伦布准备从西印度群岛回国时,葡萄牙国王若奥二世病逝,新国王曼努埃尔一世(Manuel I of Portugal)继位。曼努埃尔一世继位后,立即把开辟新航路的事提上日程。

哥伦布给葡萄牙人的刺激很大,本来葡萄牙是第一个冲出欧洲前往远洋探险的国家,而且葡萄牙人也知道,绕过好望角后,船队已经在印度洋上,离印度也就不远了,谁知让西班牙人抢了先,在欧洲大出风头。所以这一次,葡萄牙人的目标是,尽快往东开辟一条到达印度的新航线。按葡萄牙临阵换将的传统,这次换达·伽马挂帅。

1497年7月8日,葡萄牙著名航海家瓦斯科·达·伽马奉国王曼努埃尔一世之命,从里斯本启航,前往东印度。

达·伽马的船队共有4艘船,旗舰的载重也才120吨,和哥伦布首航"西印度"的旗舰相当。

船队先在迪亚士的陪同下到达圣乔治,然后迪亚士留在当地,因为他要担任圣乔治的总督,这次是来赴任的。在迪亚士的建议下,同时也是受哥伦布远航的启发，葡萄牙的船队这次不再贴着海岸线前行，而是有目的地在大西洋上走直线，这样能节省很多时间。

按迪亚士的建议，达·伽马从里斯本出发，直接到达非洲最西端的佛得角，从佛得角到达圣乔治后，就直接往好望角出发。11月上旬，船队到达好望角以北的圣赫勒拿湾，靠岸登陆，与那里的科伊桑人发生冲突，达·伽马中箭受伤。然后，船队绕过好望角进入印度洋，在好望角东部的摩塞尔湾停泊，与当地科伊桑人进行了货物交换，还好这次没发生大的意外。11月25日，达·伽马在摩塞尔湾竖立纪念石柱，象征着对这一带的占领。但这个时候发生了点小意外，补给船在航行过程中受损。由于补给船上的物资已经消耗殆尽，再加上有船员患病，按照通常的做法，为了不给潜在的敌人利用，葡萄牙人把船员转移出来后，就把补给船烧了。

在15世纪的远洋航行中，水手们最怕的就是两种情况，一是补给断了，二是患坏血病。补给断了不用说，人是铁饭是钢，没有食物和淡水就会死人，这个问题在船队出发前如果计划得好还可以避免，但坏血病让每一个船员闻之色变。今天我们知道，坏血病是因为缺乏维生素C造成的。在大航海时代，船员们的日常饮食就是面包、肉干、腌豆、腌鱼之类的东西，没有新鲜蔬菜，也就无法摄取维生素C，所以时间一长，就很容易得坏血病。在达·伽马时期，人们还不知道坏血病的原理，得了坏血病几乎就是死路一条，其恐怖之处可想而知。在后来的航海实践中，有些得病的水手上岸后，吃了些橘子或柠檬后病情有所好转，于是航海家们以为水果对治疗坏血病有效，号召水手们多吃水果。但水果不好保存，在船上几天就坏。

说到坏血病，很多人都会疑惑，为什么郑和下西洋却没有船员得这种病？有一种说法是因为郑和的船只很大，可以在上面种菜，所以没有发生这种情况。这种说法不靠谱，郑和的船再大，相应地船员也就多，船上能腾出来种菜的地方极小，能种出的菜还不够全体船员吃一顿；况且蔬菜的生长需要时间，不可能源源不断地供船员们食用。根本原因是郑和所经之地全是文明发达的地方，有成熟的港口，补给蔬菜很容易。而欧洲探险者们前往的地方全是蛮荒之地，土著大都还处在茹毛饮血的阶段，根本不知道蔬菜为何物，就算有钱也买不到。

所以，在补给断绝、不幸染上疾病后，船员们的情绪就很不稳定。不久之后，达·伽马的船上就发生了以囚犯为首的叛乱。叛乱者企图夺船回国，但被达·伽马给迅速镇压下去了。接着，船队继续往东，越过了大鱼河口。大鱼河口是上次迪亚士到达的最远点。从这里开始，达·伽马的航程就没有了地图指引。当然，这并不是说达·伽马对前方的事物一无所知。为了获取目的地的相关信息，也为了给船队寻找合适的补给站，葡萄牙王国在派遣船队往非洲大陆南部探险的同时，也派遣了情报人员从陆地偷偷前往印度和东非。这些人获取相关信息后，把情报传回国内，国王再派人把情报传给前方的船队。因此，达·伽马的手上虽然没地图指引，但并非两眼一抹黑。

12月25日，达·伽马的船队到达了非洲的东南角，今纳塔尔地区海岸一带，然后沿海岸继续向前探索。

1498年1月，船队到达札沃拉河，在这里他们与当地土著用以物易物的方式进行了交换。因为这一带产铜，于是他们把这条河命名为铜河。随后，1月25日，他们发现了一条很大的河，这就是奎利曼河（今赞比西河），于是在这里休整，和土著做易物交换。在这次交换中，他们从这些班图人手中得到了一些亚洲产的东西，于是达·伽马认为他们离印度不远了。

在奎利曼河河口立完石柱后，达·伽马率领船队继续沿非洲大陆北上。3月2日，他们来到了南纬15°的莫桑比克港。

从地图上看会发现达·伽马漏掉了一个重要的港口城市——索法拉。这不是达·伽马的失误，而是葡萄牙情报人员的失误。葡萄牙的情报人员的确在事前到达过索法拉，但情报里并没有给出索法拉的精确位置，而索法拉恰好位于一个海湾处，以至于达·伽马一不留神就错过了，直接到了奎利曼河河口，然后又去了莫桑比克。直到1501年，葡萄牙的第二支远征队前往印度时，才发现索法拉的存在。

到了莫桑比克，达·伽马惊奇地发现，这里出现了穆斯林！

其实不只是莫桑比克，整个东非沿岸都有穆斯林的身影。

自从7世纪阿拉伯人兴起后，伊斯兰势力迅速向世界各地蔓延。伊斯兰势力扩张主要靠贸易。相比战争，贸易的扩展范围更大，影响更深。在陆地上，穆斯林的贸易主要靠骆驼，在海上，则是靠阿拉伯三角帆船。

如果把当时的帆船分个类的话，主要有4种：欧洲帆船、阿拉伯帆船、印度帆

非洲东海岸

船和中国帆船。其中印度和阿拉伯人共享着印度洋，受阿拉伯影响很大，几乎难以单独归类，所以实际上只有3种。

欧洲早期的帆船都是横帆。所谓横帆，就是在桅杆上固定一根或几根横木，在这些横木上挂上长方形或梯形的船帆，所以横帆也称四角帆。

由于挂横帆的横木是固定的，所以这种帆只能顺风时用，逆风时需要把帆降下来，换人力划。所以这种船又称桨帆船。桨帆船是地中海中普遍使用的帆船，因为地中海夏季无风，冬季也只有西风，没有人力几乎寸步难行。

而阿拉伯人的三角帆却不一样。三角帆的角度是可以调的，也就是可以逆风航行（实际是走"之"字线）。这种船速度快，转向灵活，阿拉伯人凭此纵横印度洋。后来欧洲人就把阿拉伯的三角帆引入自己的船上，与横帆结合，这样既能顺风快跑，又能顶风逆行，彻底摆脱了对人力的依赖，远洋探险才成为可能。当然，远洋探险船中少不了中国人发明的舵——没有舵，以风力为主的帆船很难控制方向。

中国的帆是硬帆，和阿拉伯及欧洲的软帆不同。硬帆的操控性很好，逆风航行也不是问题，但由于硬帆本身的特质，不可能做得像三角帆那么大，所以速度上受限制。相比欧洲和阿拉伯船只，中国帆船很早就使用了隔水舱，优点是不容易沉船，缺点是船舱较小，装载不了那么多的货物。

10世纪的时候，阿拉伯人凭借着三角帆船已经把足迹深入到了东非沿岸，并在马坦杜河口建立了穆斯林贸易城，这就是基卢瓦。基卢瓦建有华丽的宫殿和雄伟的清真寺，以及坚固的城墙，吸引了更多的穆斯林前来贸易。14世纪，基卢瓦逐步控制了沿海的索法拉、莫桑比克、蒙巴萨、马林迪、摩加迪沙等众多的港口贸易城市，成为一个穆斯林城邦联盟。

达·伽马一行到达莫桑比克后，雇请了两名阿拉伯籍的引水员。引水员就是水上的向导，现在也叫引航员。但很快，他们基督徒的身份暴露，引来当地穆斯林的敌视。

莫桑比克显然不是久留之地。3月29日，达·伽马一行上船后，朝莫桑比克放了几炮，然后扬帆北上。4月7日，到达南纬4°的蒙巴萨。这里也是郑和七下西洋到达过的最远的地方，当时中国人把这里翻译为"慢八撒"。

在蒙巴萨，达·伽马一行依然遭到穆斯林的敌视和攻击，两名引水员也趁机逃走了。在蒙巴萨的附近，有一座非常有名的山——乞力马扎罗山。乞力马扎罗山山体并不大，却是非洲海拔最高的山，这是因为它坐落在东非高原上的缘故。乞力马扎罗山既是火山，也是雪山。火山的山体都不大，这好理解。但乞力马扎罗山靠近赤道，山顶却终年积雪，让人不得不称奇，尤其对非洲人来说，雪是极其罕见的。产生这种现象的原因是海拔，乞力马扎罗山的中央火山海拔5895米，我们按海拔每升高100米气温下降0.6℃计算，山顶相对于海平面气温会低35℃，基本处于冰点以下，有雪很正常。乞力马扎罗山有名，真正的原因倒不是因为它奇特的自然现象，而是因为海明威（Ernest Hemingway）的一篇小说，名字就叫《乞力马扎罗山的雪》。

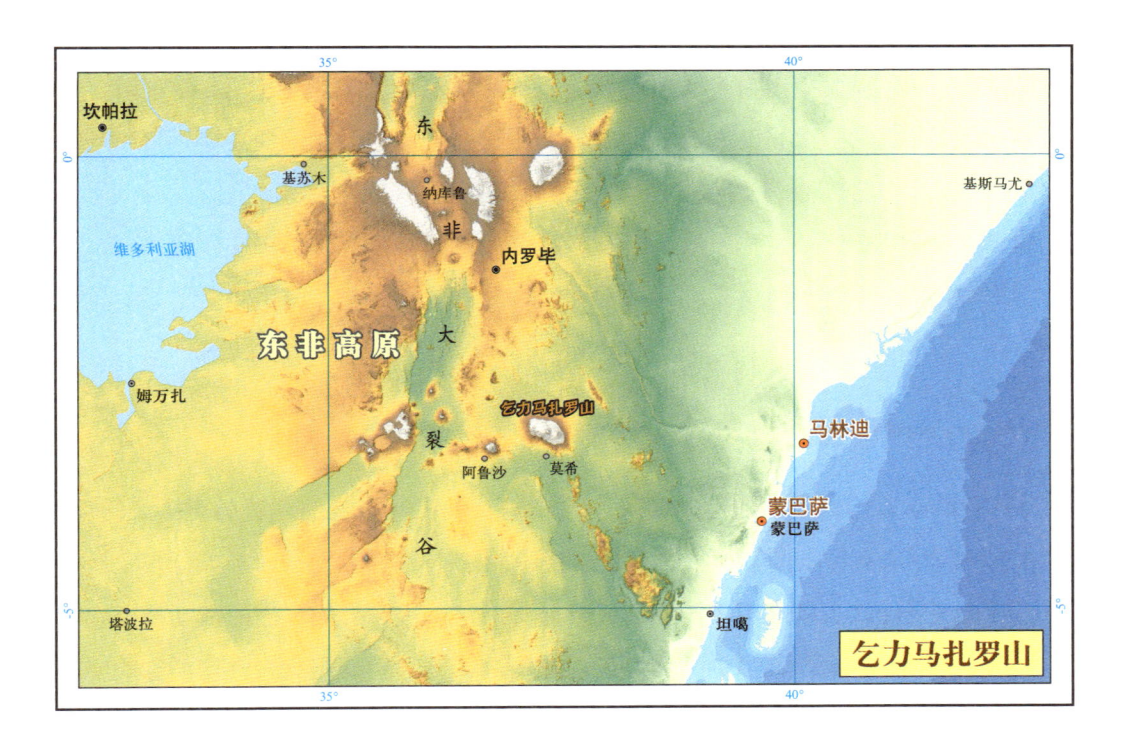

4月13日，船队离开蒙巴萨，14日进入马林迪（中国译为麻林地）。在这里，他们遇到一些印度人。从印度人的口中，他们才知道印度的确切方位。更幸运的是，当地的苏丹和穆斯林对葡萄牙人比较友好。在苏丹的帮助下，达·伽马请到了一位阿曼籍的引水员。

达·伽马一行在马林迪待了整整10天，因为他有一个重大的计划。按照葡萄牙人一贯的航海方式，都是沿着海岸线走，这次出航虽然比以前有所突破，那也是在迪亚士的指引下，而且是在已知的海域。在未知的海域离岸远航，只有哥伦布一人做过，葡萄牙人还没有真正尝试过。虽然离岸风险极大，但达·伽马感觉到，非洲的东海岸都是穆斯林，再往前就是阿拉伯海，是阿拉伯人的传统势力范围，那里几乎人人都是穆斯林，更是危险重重。所以，达·伽马有了一个大胆的想法，就是横跨印度洋，直达印度。达·伽马也知道，哥伦布横跨大西洋靠的是信风，但印度洋有没有强劲的信风呢？

答案是没有，但有季风。

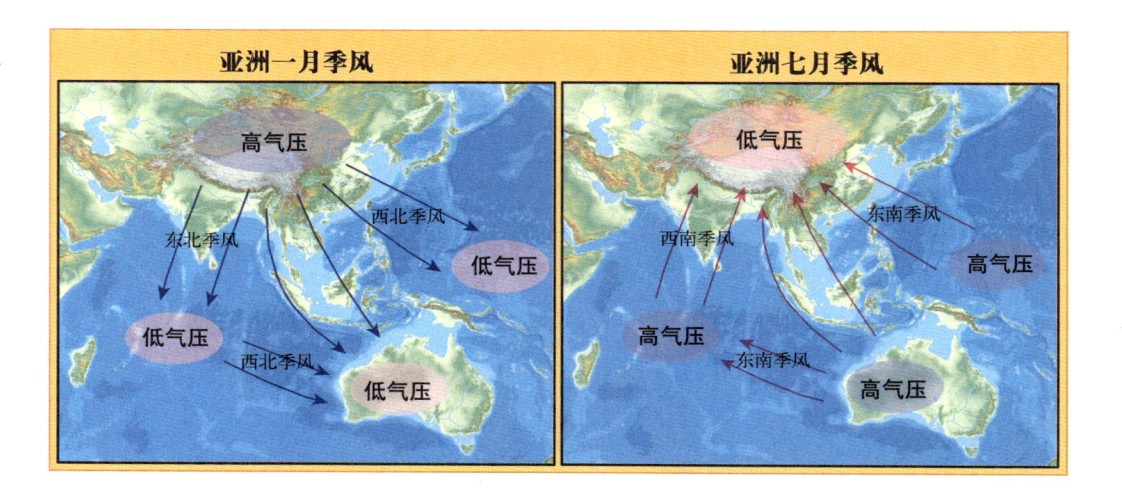

受青藏高原的影响，印度主要受季风影响。我在《透过地理看历史：三国篇》中对季风的形成有详细的解说，这里不再赘述，只补充两点。

第一，为什么青藏高原能阻挡信风？前文已经说过，大气环流的活动范围在海拔4000米以内，而青藏高原的平均海拔正好是4000米，可以把大气环流的影响降到最低。由于青藏高原的阻挡，源自赤道从西往东运动的暖湿气流对中国的影响微乎其微，却在同处北纬30°副高压带附近的印度河一带形成沙漠。

第二，信风和季风是一个此消彼长的关系。季风影响的是局部，大气环流影响的是全球，在季风强劲的地区，大气环流并非不存在，只是影响极小。在中国的长江沿线，当季风活动减弱的时候，副高压就显露身影，对那里的气候产生影响。

印度位于青藏高原的西南部，所以印度及印度洋附近的季风和中国有所不同：

在夏季，这里刮西南风；冬季，这里刮东北风。远在欧洲人到达之前，无论是印度人还是阿拉伯人，都会利用季风航行于印度洋东西两岸。中国古代的帆船，也会利用冬季的西北季风到东南亚，再利用夏季的东南季风到达印度；来年再利用冬季的西北季风回到东南亚，然后利用夏季的东南季风回国。如此循环往复。郑和七下西洋，也是利用了太平洋和印度洋上的季风。

从当地的印度人和阿拉伯人口中得知，从马林迪可以利用西南季风到达印度后，达·伽马在马林迪待了10天。原因不仅是要把这些情况了解清楚，而且跨大洋航行，几十天不靠岸，也需要准备足够多的补给。当一切准备妥当的时候，达·伽马准备起航了。

4月24日，达·伽马的船队从南纬4°的马林迪拔锚起航。在阿曼引水员的领航下，顺着西南季风，朝东北方向驶去，开始了横渡印度洋的航行，目标是印度西岸的卡利卡特。

这段航程历时24天，行程3000多公里，最终于5月18日到达印度次大陆。只不过，以当时的测量技术，航向略有偏移，达·伽马一开始是在卡利卡特（Kozhikode，又译作科泽科德，英文作Calicut）以北约80公里的马拉巴尔海岸（即坎努尔）靠岸登陆，10天后才到达目的地卡利卡特。

第十三章 印度

印度是个文明古国，其历史可追溯到公元前2500年。之所以能成为文明古国，同样离不开印度独特的地形。

从地形上讲，印度是一个完全的封闭单元，除了西北部的开伯尔山口与中亚相通外。其中北部有喜马拉雅山脉与青藏高原相隔，东部有若开山脉与中南半岛分离，西部有苏莱曼山脉与伊朗高原相望，西北部还有地形更为复杂的兴都库什山脉，只是在兴都库什山脉和苏莱曼山脉之间，有一个开伯尔山口，最窄处只有600米。这种地形，完全可以避免外部的打扰，发展出自己独特的文明。

印度次大陆的内部，可以分成三部分：西北部的印度河平原、北部的恒河平原，以及南部的德干高原。

印度河平原由印度河和从喜马拉雅山上下来的众多小河流冲积而成，本来这里应该是一大片良田，但受副高压的影响，在平原的中南部形成了一个大沙漠——印度大沙漠。以现代的眼光看，大沙漠吞没了大片的良田，但在人类文明早期还不具备铁器砍伐森林的时候，沙漠河床周围的淤泥更适合耕种。因此，古印度文明就在这里产生了。

印度河发源于青藏高原的狮泉河，恒河同样发源于青藏高原。我们常说青藏高原是中国的水塔，长江和黄河都发源于青藏高原，其实对印度来说也是同样的。恒河冲积而成的平原就叫恒河平原，如果除掉印度大沙漠，恒河平原的面积远远大于印度河平原。恒河平原受副高压影响小，有大片可供耕种的土地，只是在人类文明早期，这里密布着大片的原始森林，开发难度大。

除了两大河流外，印度还有一条较大的河流，主要滋养着印度的东北部。这条河在中国境内叫雅鲁藏布江，进入印度境内后叫布拉马普特拉河。这条河与恒河属同一水系，在与恒河汇合后，最终流入孟加拉湾。

作为高原，德干高原的海拔刚刚及格，平均海拔只有500～600米（标准一般为500米），许多地方和中国四川盆地的海拔相当。只不过在德干高原东西两侧，有两条海拔较高的山脉——东高止山脉和西高止山脉：西高止山脉的海拔较高，平均900米；东高止山脉的平均海拔为600～700米，比德干高原仅高出100米左右。正是这两条较高的山脉，把德干高原和海拔较低的沿海地带隔开来，使印度半岛的沿

海地区和德干高原呈现不同的文化。

这里所说的印度是广义上的印度，包括今天的印度、巴基斯坦、孟加拉国，也包括斯里兰卡。斯里兰卡岛与印度次大陆处于同一大陆架上，只是因地壳运动而分离。在明代，中国把斯里兰卡译作锡兰。

北部有山，与强大的波斯、中国等古国相隔；南部完全被大海环绕，在人类早期，大海是一道不可逾越的障碍——在这样一个封闭的地理单元里，印度不创造点自己独特的文明都说不过去。

印度半岛的土著是达罗毗荼人，他们在印度河流域创造了最早的印度文明，时间大约是在公元前2500年左右。达罗毗荼人的特征是长脸形、中等身材、卷发、唇薄、皮肤为浅褐色。因为印度地处热带，猛地一看会以为达罗毗荼人是黑人，其实他们的肤色比黑人浅，身材也没黑人那么高大，有些史书称他们为矮黑人。实际上，达罗毗荼人并不是纯粹的矮黑人，他们在公元前4000～公元前3000年就混入了一部分白种人，形成了一个独特的族群。矮黑人走出非洲的时间远远早于黄白种人，他们从印度往东南亚扩散的时候，还有一部分越过喜马拉雅山脉进入青藏高原，成为那里最早的土著。

公元前1500年左右，中亚的雅利安人从开伯尔山口进入，征服了达罗毗荼人。雅利安人是白种人，但并不比达罗毗荼人先进，只不过他们是游牧民族，好勇善战，又仗着身材高大，达罗毗荼人不是对手。雅利安人在这里建国后，自然要放弃原来的游牧生活方式，但没有更好的统治手段，于是创立了种姓制度。

种姓制度将印度人分为四个等级，即婆罗门、刹帝利、吠舍、首陀罗。

第一等是婆罗门，主要是僧侣，负有宗教解释权，同时也垄断了文化。印度是个对宗教最虔诚的地方，几乎全民信教，凡是教民求神问教都要经过婆罗门。

第二等是刹帝利，主要包括行政官员和武士，拥有军事权和行政权，主要工作是行政管理和打仗，也负责保护婆罗门的安全和地位。

第三等是吠舍，普通的雅利安人，没有政治上的特权，但有纳税的义务，主要从事商业。

第四等是首陀罗，是被征服的达罗毗荼人，地位最低，从事农业、手工业和各种体力劳动，境遇好一点的可以到婆罗门和刹帝利家里做用人。

这四个种姓，前两种是贵族，第三种是普通人，第四种是底层人。除了这四大种姓外，还有一种人称为"不可接触者"，又称"贱民"或"达利特"。贱民在印度历史上地位低下，所以没列入四大种姓之列。他们多从事最低贱的职业，如淘粪工。在印度，贱民是不能拜神信教的，见了其他种姓的人也要远远地绕开。

按照婆罗门教的规定，人的种姓从一出生就定下来了，而且世代承袭，不能更改。这是一种阶层固化的手段，也是为了保障作为征服者的雅利安人的特权。

种姓制度彻底改变了印度的文化，也改变了印度的历史。按种姓制度的规定，只有刹帝利可以打仗，所以，当外敌入侵时，印度人不会有"天下兴亡、匹夫有责"的责任感——在占大多数的达罗毗荼人眼中，打仗御敌是刹帝利的事，他们只要种好自己的地，或者伺候好自己的主人就行了。至于贱民更不用说了，亡国灭种都不关他们的事。所以在此后的几千年中，波斯人、马其顿人、希腊人、塞种人、大月氏人、白匈奴人、突厥人、蒙古人都侵占过印度，原因无他，人数太少的刹帝利根本不是这些人的对手。

另一方面，受种姓制度的影响，印度各个阶层的人都安于现状，因为在这种制度下，想跨越阶层简直比登天还难。

当然，印度人一开始并不都是安于现状的。当雅利安人在北部建立一些小邦国的时候，一些不堪统治的达罗毗荼人开始南迁，进入德干高原。此时印度地区分布着大大小小的邦国，北部是以雅利安人为首的白人统治区，南部是以达罗毗荼人为主的土著民族。这就是印度历史上的列国时期。列国时期的印度人思想十分活跃，佛教因此应运而生。

公元前6世纪，波斯人越过开伯尔山口，侵占了印度河流域。

公元前4世纪，马其顿国王亚历山大打败波斯，紧跟着也侵入印度。亚历山大从印度撤走的时候，在旁遮普（今属巴基斯坦）设立了一名总督，并留下了一支军队交其镇守。旁遮普的首府是拉合尔，是印度最富庶的地方。旁遮普的意思是五条河流域，因为这里有五条大河从喜马拉雅山上流下，最后汇入印度河，形成一大片肥沃的土地。这里是印度文明的发祥地，最早的古印度文明就诞生于此。吸引雅利安人、波斯人和马其顿人入侵的正是旁遮普的财富。

亚历山大走后，位于恒河流域的摩揭陀王国趁机杀入旁遮普，统一北印度。这位摩揭陀国王以前是一名养孔雀的刹帝利，因此统一后的王朝就叫孔雀帝国，或者孔雀王朝。

孔雀王朝在第三代统治者阿育王（Ashoka）的手上达到鼎盛，除印度半岛最南端外，整个印度次大陆都在王朝控制之下。阿育王在位时，大力推广佛教，佛教因此兴盛起来。与婆罗门教一样的是，佛教也是修来生，强调今生受苦是为了来世享福。人总是趋利避害的，没有人愿意天生受苦，用享福来诱导人们甘于受苦，实际是一种麻醉手段。与婆罗门教不一样的是，佛教讲求众生平等，这对广大的底层民众很有吸引力，于是佛教迅速传播开来，并逐步传播到国外。阿育王在位时期是印度佛教的鼎盛时期，孔雀王朝覆灭后，佛教也衰落下去。玄奘到印度取经的时候（7世纪），正是伊斯兰教在阿拉伯半岛兴起，印度的佛教只剩下最后的荣光时刻。12世纪末，在伊斯兰教和印度教的挤压下，印度佛教最终灭亡。今天印度的佛教是后来从中国反传回去的。

在孔雀王朝时期，婆罗门教吸收了佛教和其他一些宗教的思想，最终发展成印度教。

公元前188年，孔雀王朝灭亡，印度半岛上形成群雄割据的局面，给外敌入侵创造了机会。从公元前2世纪初开始，大夏人和安息人先后侵入印度。但最有影响的还是来自中亚的大月氏人，他们侵入印度后，统一了中亚到印度半岛的北部，建立了强大的贵霜帝国。

这个大月氏不是别人，正是从河西走廊迁出的那个大月氏，也是张骞辛辛苦苦寻找的大月氏。贵霜帝国对汉朝一直自称大月氏。

贵霜帝国始于55年，亡于425年，国祚将近400年。贵霜帝国灭亡后，笈多王朝取代了其在印度北部的势力，这是印度人继孔雀王朝之后自己建立的第二个统一王朝，也是最后一个。与孔雀王朝不同的是，笈多王朝管理的范围仅限于印度北部，也就是印度河流域和恒河流域，这里土地肥沃，白种人占多数。达罗毗荼人被压缩到条件相对恶劣的南部高原，仍处于分裂状态。

笈多王朝存在了两百多年（约320年~约540年），中国首位到达印度的高僧法显赴印正是在笈多王朝时期。笈多王朝时期，印度人发明了一种数字，这种数字简单好记，特别是便于数学运算，后来经阿拉伯人传到欧洲，欧洲人以为是阿拉伯人发明的，称它们为阿拉伯数字。

笈多王朝灭亡后，印度半岛又回到四分五裂的状态。唐僧（玄奘）正是在这个时候来的印度，只不过此时印度半岛出现了一个能号召群雄的盟主戒日王，还不至于乱成一锅粥。等戒日王一死，群龙无首，半岛上各个王国又开始混战。

这种状态持续了差不多500年，给了中亚穆斯林一个绝好的渗透机会。

从7世纪开始，印度北部兴起一种新的力量，那就是拉杰普特人。拉杰普特人是个特殊的群体，他们既是外来人，也是印度曾经的征服者的后代，也就是从公元前2世纪到6世纪期间，从中亚源源不断进来的塞种人、贵霜人、匈奴人，以及安息人和希腊人，并融合了当地的土著，形成的一个新族群。这里面不算雅利安人，因为雅利安人来得太早，已经算是本土人。

拉杰普特的意思是"王族后裔"，他们有土地，在印度教中属于刹帝利，属于武士阶层。于是我们看到，在印度几千年的历史中出现了这样一个少有的战斗民族。拉杰普特人主要生活在印度河流域和恒河流域，成为后来印度抵抗外族入侵的中流砥柱。当然，在没有外敌入侵时，他们也是各自为政，相互攻伐。

印度历史上最大的外敌是伊斯兰教徒，7世纪阿拉伯人强大后就不停地入侵印度。穆斯林侵占印度分两条线，一条是陆路，从开伯尔山口进入；另一条是水路，从阿拉伯海侵占印度半岛的各个沿岸港口。但穆斯林真正征服印度是在11世纪，这次是来自中亚（今阿富汗一带）的突厥人，他们迅速侵占了印度的北部。突厥的苏丹随后被刺身亡，留在印度的总督自称苏丹，以德里（今新德里北）为首都，继续统治印度北部的穆斯林。此后印度北部的穆斯林苏丹国历经5个王朝的更迭，因为都是定都在德里，因此统称为德里苏丹国。

直到1526年，来自中亚的巴布尔再次从开伯尔山口侵入，打败德里苏丹国，建立了莫卧儿帝国。莫卧儿是蒙古的意思，如果意译，莫卧儿帝国就是蒙古帝国。巴布尔是帖木儿的后代，而帖木儿又是成吉思汗的后代。只不过，这支蒙古人早已突厥化了，也伊斯兰化了，他们顺利地统治了印度北部，随后大军南下，各个击破，最终建立了一个除印度次大陆最南端以外的统一帝国。

莫卧儿帝国后来亡于英国的殖民统治，真正让印度半岛统一为一个整体的是英国。只不过，英国人离开印度的时候，并不愿意看到一个统一的印度，这么大片土地统一成一个国家，对任何人都是一个威胁，于是英国人把印度一分为二：信仰伊斯兰教的为巴基斯坦，分两块——一块在印度河流域，一块在孟加拉湾；信仰印度教的为印度，占领恒河流域及德干高原大片领土。后来孟加拉湾这部分从巴基斯坦里分离出来，独立成孟加拉国。至此，印度半岛形成三国分治的局面。

英国人的印巴分治策略给两国留下无穷的后患，两国至今仍处于战争状态，时而擦枪走火。同时，由于当时中国积贫积弱，对边疆事务无能为力，以致殖民者肆意侵占中国领土，给中印边境留下了不少麻烦。

在中印边境上，我国有两处领土至今麻烦不断，一个是藏南地区，一个是阿克赛钦。而这两个地方，都与青藏高原有关。

第十四章 青藏高原

  青藏高原是世界海拔最高的高原，也是中国面积最大的高原。其东西长2800公里，南北最宽处1500公里，总面积约250万平方公里。如果我们以东经90°经线为界，可以把青藏高原划分为两个部分：其中90°以东这部分，北部属于青海，南部又分两部分，西部属西藏，东部属四川；而90°以西几乎全属西藏。

  青海这部分，北部主要包括两个地理单元：青海湖和柴达木盆地。青海湖是中国最大的内陆湖，原本是淡水湖，后来由于地质变化，流入黄河的河道被阻，天长日久，湖水只能靠蒸发维持平衡，最终变成了咸水湖。在青藏高原上，类似青海湖这样的情况很多：水源主要是雪山融水，没有排出水道，最终因蒸发变成咸水湖，只不过青海湖的体量大而已。柴达木盆地因地处高原，本身离大海也较远，所以极度干旱，以沙漠戈壁地貌为主。柴达木盆地有一个重要的战略价值——当河西走廊不通的时候，中原王朝可以从兰州这里走祁连山的南麓，穿过柴达木盆地进入西域，所以柴达木盆地可以说是河西走廊的备选方案。青海的南部，主要是几条大江大河的孕育地，长江、黄河的源头都在那里。

  在青海境内，从柴达木盆地往南，越过昆仑山脉之后，是一片高寒山地。这片山地称为可可西里山，又因为这里荒无人烟，所以也称可可西里无人区。在这片无人区里，有大量的珍稀动物，所以成了自然保护区。可可西里山一直延伸到西藏，在西藏，这里有另外一个名字——藏北高原，藏语称羌塘高原，羌塘也是无人区。两个无人区其实是连成一片的，但为什么会有两个名字？一是这两个地区属于不同的省份，另一个是地理特征完全不同。在东经90°（准确地说是91°）以东的青藏高原属于外流区，而90°以西属于内流区。所谓外流，就是这里的降水和雪山融水最终流往附近的黄土高原、四川盆地，以及云贵高原，而内流区说白了就是水流不出去，最终在高原上蒸发。所以外流区的湖多为淡水湖（青海湖是个例外），内流区的湖多为咸水湖。还有一点，在东经90°以西，海拔明显增高，气候也更加寒冷；而东经90°以东，高原有一个不太明显的缓坡，多少还是会受到来自太平洋暖湿气流的影响，降水情况也好得多。所以可以看到，青藏高原上的大多城市都在东经90°以东。

从藏北高原到冈底斯山脉，整个西藏的西部都属于人烟稀少的高寒地区。而冈底斯山脉以南，因为雅鲁藏布江河谷的影响，生存条件稍好，所以出现了日喀则这样人口相对稠密的城市。西藏的人口主要集中在东部，在东经90°以东，西藏和四川以金沙江（长江上游）为界，这里海拔相对较低，河流众多。来自东南方向的太平洋暖湿气流顺着河谷而上，给这里带来降水的同时，也使这里的河谷气温较为舒适，因此人口较为稠密。同样的道理，拉萨本来处于高原的腹地，但因为喜马拉雅山脉和念青唐古拉山脉在雅鲁藏布江出口形成一个凹陷，来自印度洋的暖湿气流在这里聚集后无处前行，于是顺着雅鲁藏布江河谷倒灌，造成雅鲁藏布江下游一带河谷气温回升，降水增加，成了较为宜居的地带，所以整个西藏的人口几乎全部集中在这一带，拉萨是其中的代表，这里的人口密度甚至超过了四川的青藏高原部分。

四川省的青藏高原部分，主要在阿坝藏族羌族自治州和甘孜藏族自治州。甘孜是四川盆地进入西藏的必经之地，交通条件略好。阿坝，虽然得名说法不一，但直观地顾名思义，这里应该是个凸起，地势较高，路很难走，人迹罕至；正是因为这个凸起，黄河才在这里拐了个弯，流向河套，而没像大渡河那样流入四川盆地。

青藏高原虽然气候寒冷，但水资源丰富。这些水大多储存在冰川上，以雪山融水方式滋养出一条又一条的大河和无数的湖泊。其中长江和黄河流入中国的东部，成为华夏文明的母亲河；澜沧江和怒江以及伊洛瓦底江最终流入中南半岛，滋养了半岛的先民；狮泉河和雅鲁藏布江流入印度，滋养出印度文明。可以说，青藏高原不仅为中华文明作出了杰出贡献，也滋养着周边国家的先民。

对于低海拔地区的人来说，来到海拔2500米一般就会有高原反应，而青藏高

青藏高原

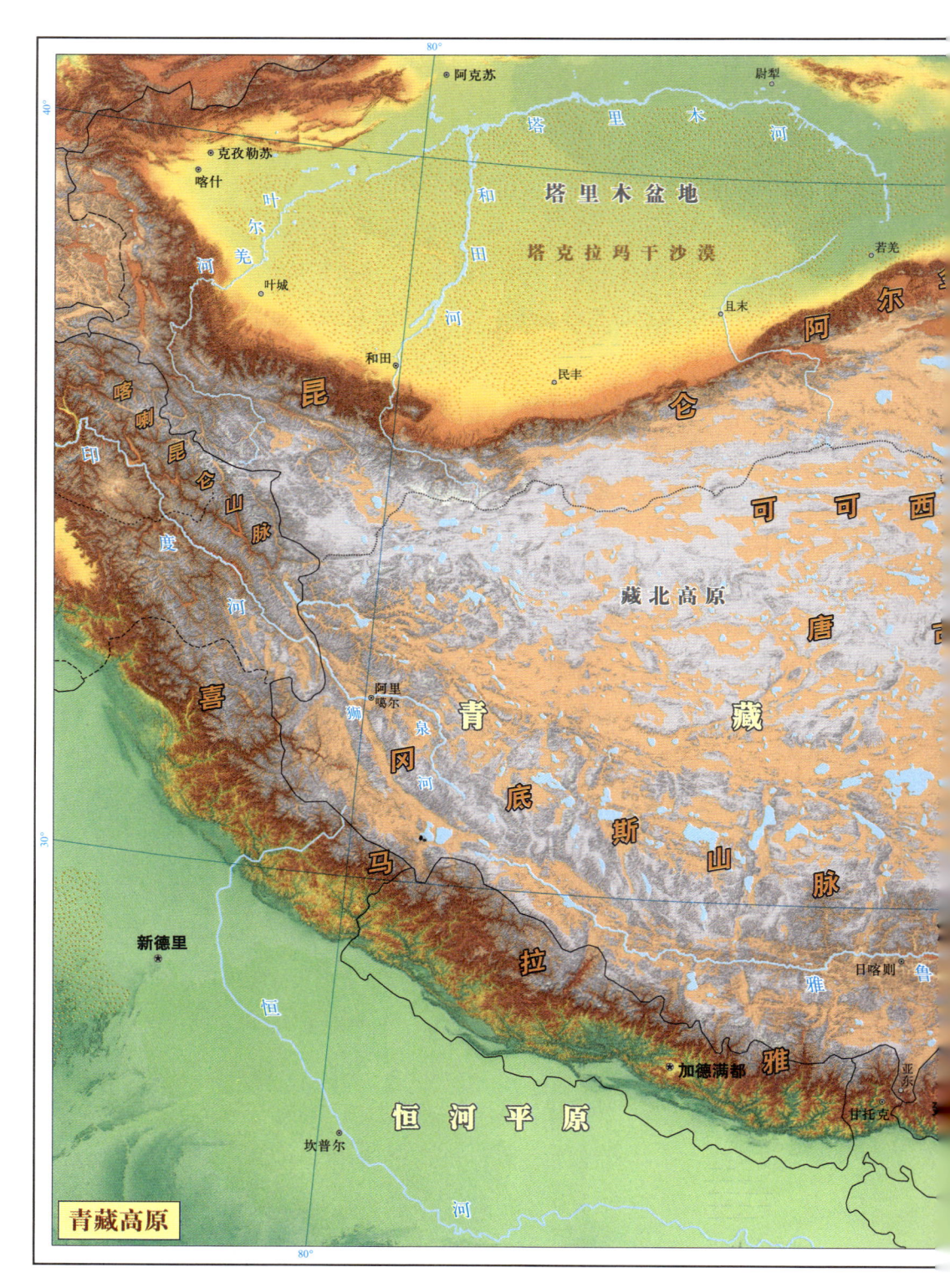

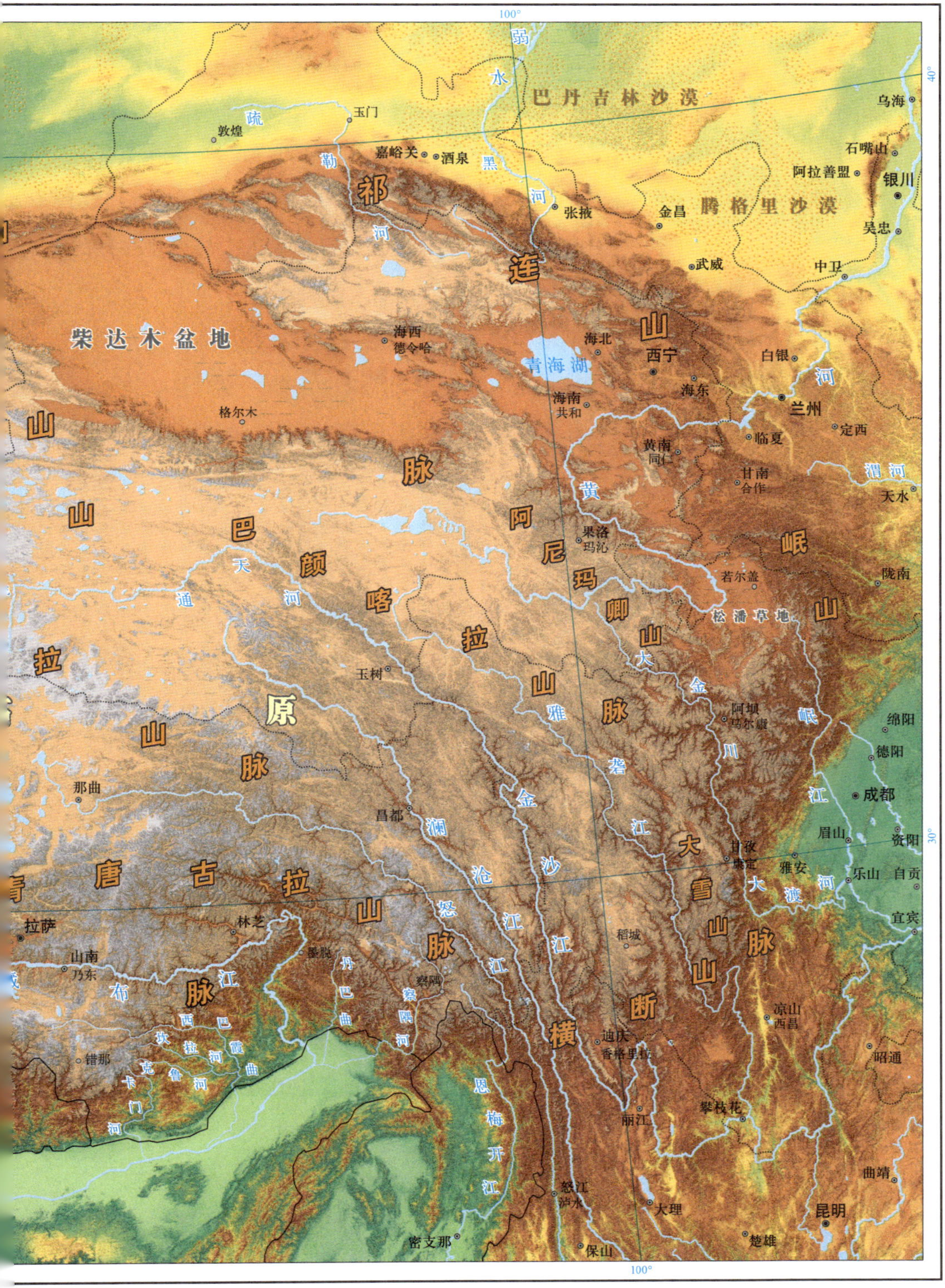

100°
40°
30°
弱水
巴丹吉林沙漠
乌海
玉门
疏勒河
敦煌
嘉峪关
酒泉
黑河
石嘴山
阿拉善盟
银川
祁连山
张掖
金昌
腾格里沙漠
吴忠
武威
中卫
柴达木盆地
海西
德令哈
海北
西宁
青海湖
白银
海东
河
兰州
海南
共和
格尔木
临夏
定西
黄南
同仁
甘南
合作
渭河
天水
黄河
阿尼玛卿山
巴颜喀拉山脉
果洛
玛沁
岷山
若尔盖
陇南
通天河
松潘草地
玉树
原
大金川
阿坝
马尔康
雅砻江
岷江
绵阳
德阳
成都
那曲
昌都
金沙江
澜沧江
甘孜
康定
雅安
眉山
资阳
大渡河
乐山
自贡
唐古拉山脉
大雪山
怒江
宜宾
拉萨
林芝
稻城
山南
乃东
墨脱
布
江
丹巴曲
察隅
察隅河
横断山脉
凉山
西昌
错那
西巴霞曲
卡门河
迪庆
香格里拉
昭通
恩梅开江
丽江
攀枝花
曲靖
怒江
泸水
大理
昆明
密支那
保山
楚雄

原平均海拔4000多米，对很多人来说简直不堪忍受。因为高寒，加上空气稀薄，对早期人类来说，青藏高原显然不适合生存。不过对原始的人类来说，平原地区沼泽太多，野兽追起来无处躲藏，也不适合生存。在青藏高原，最适宜生存的地方是坡地，有山林，有草地，既能放牧，又能打猎，而青藏高原的东北角就是这样一个地方，它恰好处于祁连山以南、陇山以西。远古时期，华北平原还很不稳定，沼泽遍地、洪水肆虐，而祁连山一带有山有水，有牧场有森林，是原始人类最适宜生存的地方，于是有一批先民就在这里繁衍，他们被称为古羌人。

后来，有一批古羌人从高原上下来，进入平原，发展出农业，与那里的东夷人融合，创造了华夏文明。剩下的那些古羌人呢？由于华北平原的形成，这里离大海越来越远，气候也越来越干，牧场在退缩，野兽也越来越少，有一些人不甘心，开始往高原腹地迁徙。这些人在迁徙的过程中，发现高原上并不是荒无人烟，还有早期到此谋生的部族（矮黑人），于是逐渐与他们融合，这就是后来的吐蕃人，也就是藏族人的祖先。我们常说"汉藏同源"，原因就在这里。

因为气候寒冷、空气稀薄以及地形带来的文明交流受阻，高原上的文明发展一直很缓慢。而在东方，文明发展得很快，很早就建立了统一的华夏文明，不停地向青藏高原辐射。再加上高原上山脉成群，沟壑纵横，把高原分割成无数的小聚落，很难形成合力，所以在高原文明发展的历史中，不仅受东方华夏文明的影响，在南部还受到印度文化的影响。一直到唐朝，青藏高原在松赞干布的带领下才统一起来，一时势不可当，就连强悍的大唐帝国在它面前也屡屡吃亏。只是，松赞干布建立的吐蕃王朝并没有形成统一的传统，仅是昙花一现。之后青藏高原又是一盘散沙，一直到蒙古人进入，才把它纳入中原王朝的统治之下。中原王朝深知青藏高原对中央帝国的屏障作用，但因为这里自然条件有限且路途遥远，所以很难移植中原的生产模式和管理模式，不得不给予其一定的自治。在中原王朝鼎盛时期，青藏高原作为中央帝国的一部分，没人敢打它的主意。但当中原王朝衰弱时，面对青藏高原的地理优势，贪婪的目光随即到来。特别是近代以来，高原不再成为人类不可逾越的障碍，青藏高原的地理优势更加凸显出来。对中国内地而言，青藏高原具有居高临下的优势，对新疆同样如此。尤其是新疆远离中国腹地，本身就是中原王朝控制的薄弱地区，如果青藏高原有失，也很容易影响到中央对新疆的管理。近代时，英国人正是看到了这一点，开始染指青藏高原，首当其冲的就是藏南和阿克赛钦。

19世纪，英国完全控制印度的时候，也是清王朝衰弱之时，处于末期的清朝虽非常重视西藏事务，但已能力不足，为英国人留下了可乘之机。

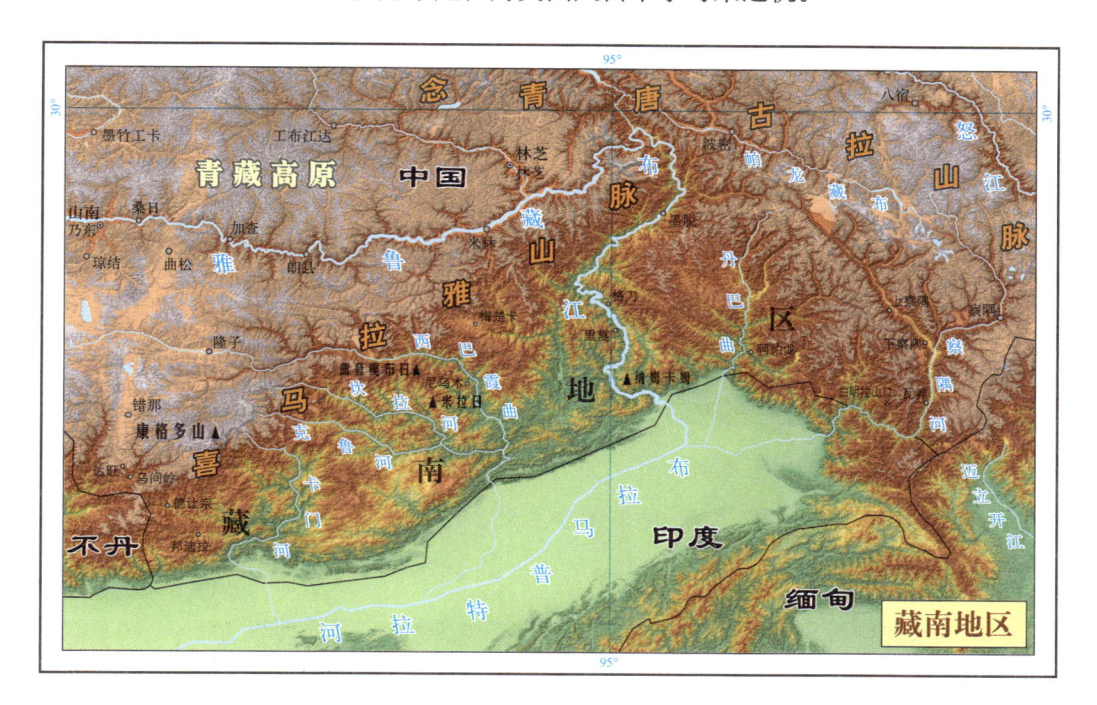

一说到藏南，就会提到"麦克马洪线"。英国在印度殖民统治时，于1936年一厢情愿地划了一条中印分界线（英方一度伪称为1913年所划），这条线先沿喜马拉雅山脉的山脊线走，过了雅鲁藏布江之后，又沿着念青唐古拉山脉的山脊线走。英方称划这条线的人是1913年任英国印度殖民政府外务大臣的麦克马洪（Henry McMahon），因此这条线被称为"麦克马洪线"。

"麦克马洪线"分两段：一段是所谓的中国和印度的分界线，称藏南段；一段是所谓的中国和缅甸的分界线，称缅甸段。

关于藏南段，历届中央政府和西藏地方政府都没有承认过。英国人一开始也没敢画在公开地图上，只是出现在英属印度地图上，但一直注明是"未标定界"。

藏南包含了9万平方公里的土地，有两个不丹王国那么大。这里位于喜马拉雅山脉的南麓，夏季受印度洋暖湿气流和西南季风的影响，年平均降水量在9000毫米以上，是世界上降水量最大的地区之一。因为降水丰富，土壤也很肥沃，这里可种植许多亚热带作物。这里的气候和喜马拉雅山脉北边的高原完全是冰火两重天，因此也被称为西藏的"江南"。但我们也看到了，喜马拉雅山脉平均海拔7000米以上，从军事角度上说，中国要控制这里难度要远远大于印度。1962年对印自卫反击战时，中国军队摧枯拉朽般取得了胜利，但任务完成后很快又撤回来了。这样做除了对国际舆论的顾虑以及战略上的考量，后勤也是一个重要原因——冬季到了，大雪封山，后勤补给供应不上。即便不是冬季，要翻越喜马拉雅山脉提供后勤保障，难度依然很大。

缅甸段主要涉及江心坡、野人山地区的归属问题。江心坡原本指的是恩梅开江和迈立开江之间的坡地，后来泛指密支那以北的这片土地。恩梅开江和迈立开江都是伊洛瓦底江的源头，它们汇合的地方正是江心坡的南端。江心坡的西界就是野人山，也是"麦克马洪线"的东段，这一划线直接把胡岗谷地划到了缅甸（当时缅甸也是英国的殖民地，为英属印度的一个省）。今缅甸北部曾是中国的土司所辖地，英国人在缅甸殖民统治时，这些地方不断受到蚕食。对于这些非法占领的土地，一开始中国政府也没承认，直到1941年抗日战争形势严峻的时候，国民政府为了换

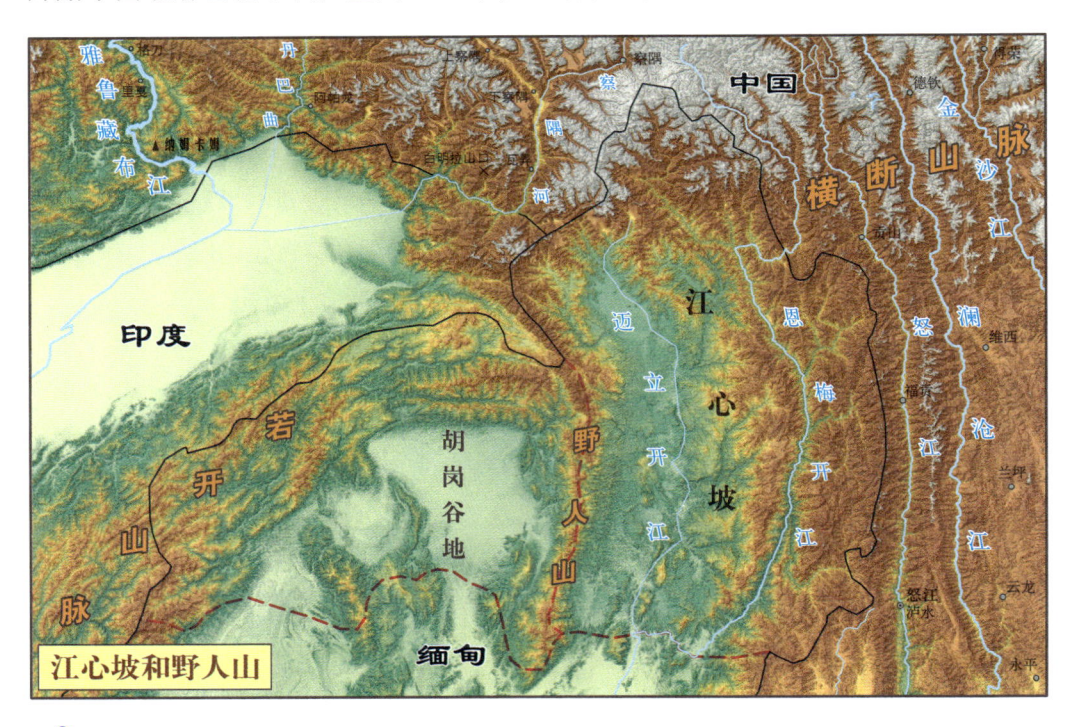

江心坡和野人山

取英国人的支持，希望英国人不要帮日本人，不要封锁滇缅公路，就把江心坡和野人山划给了缅甸。这是利益的交换，和强占性质还不一样，当然英国人仍是趁火打劫。不过，我们应该看到，正因为江心坡的丢失，才让后来印度敢肆无忌惮地侵占藏南地区。胡岗谷地的战略地位稍弱，但江心坡的战略地位十分重要。假如江心坡不丢的话，中国完全可以从气候温和的云贵高原取道江心坡，从念青唐古拉山的南麓进入藏南。这条路比翻越喜马拉雅山好走多了，一是这里的山脉远没有喜马拉雅山脉高，二是山南的气温也比山北的气温舒适。如果是在今天，以中国现在的工程技术水平，在这里修建高速公路也不是难事。而这些，在喜马拉雅山脉上是想都不敢想的事。

阿克赛钦的情况更复杂一些，因为它的旁边就是克什米尔。

克什米尔泛指克什米尔谷地、查谟、拉达克、蓬奇、吉尔吉特和巴尔蒂斯坦的广大地区。其中克什米尔谷地土壤肥沃，是克什米尔人口最密集的地区，居民主要为穆斯林。查谟的居民主要为印度教徒。拉达克的意思是"喇嘛之地"，主要是藏民，但因为这里属于高寒地带，人烟稀少，所以在整个克什米尔地区的人口中所占比例很小。

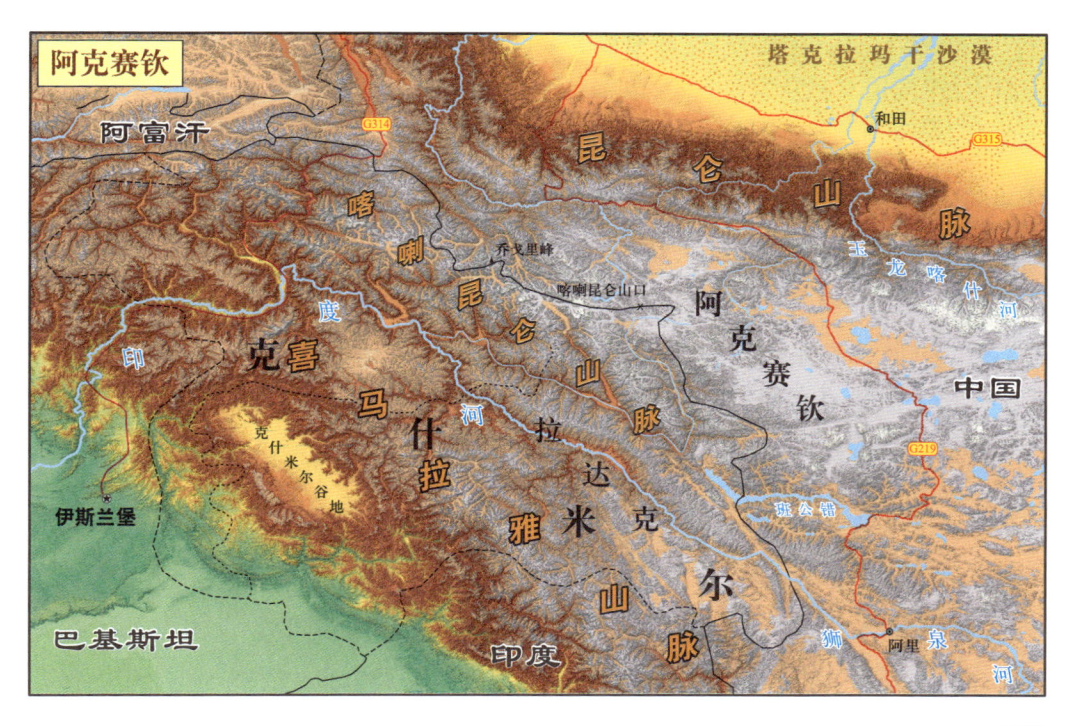

拉达克虽然人烟稀少，但地处喜马拉雅山脉和喀喇昆仑山脉之间，战略位置很重要。拉达克曾是清朝统治下的西藏属地，以前，中国人只要守住拉达克，也就是喀喇昆仑山脉和喜马拉雅山脉之间的河谷，就能保住西藏和南疆的安全。可惜的是，当印度人建立的锡克帝国兴起后，随即染指拉达克，拉达克曾向西藏地方政府求救，但当时清政府的驻藏大臣置之不理，致使拉达克被锡克帝国吞并，而后又转移到英国人手里。英国人走的时候，对克什米尔的划分并未明确，于是印巴两国在这里不停开火，其中最核心的区域克什米尔谷地、查谟，以及拉达克都被印度实际控制。

正是拉达克的丢失，让阿克赛钦的战略地位一下子突显出来。

阿克赛钦是维吾尔语，这个词源于古突厥语Aksai Chin，意为"中国的白石滩"，Aksai指"白石滩"，突厥语称中国为Chin（秦）。

阿克赛钦位于中国新疆与西藏交会地带，也可以说是新疆通往西藏的唯一通道。阿克赛钦的西边是喀喇昆仑山脉，东边是藏北高原，北部是昆仑山脉，也就是说东、西、北三面全是高原雪原，只有南面相对平坦，直通西藏。在新疆与西藏之间，横亘着一条绵延2500公里、海拔高达6000米的昆仑山脉，要翻越这样高大的山脉几乎就是人类的极限，但好在昆仑山脉的西端，有一个山口相对低缓，于是新藏公路（219国道）就从这里穿过。新藏公路是连接新疆和西藏唯一的动脉。这条公路在越过昆仑山之后，穿过阿克赛钦地区，经阿里，然后沿着雅鲁藏布江河谷，最终到达拉萨，它的走向基本和边境线平行。要知道，在西藏地区漫长的边界线上，大多数地方都是终年积雪的无人区，交通不便、物资缺乏，再加上海拔太高，普通人不宜长期待在山上，所以防守这里的边界线是个大问题。而新疆的海拔低，不存在这些问题，所以219国道也是西藏边境线的输血管道，既运送物资，也运送人员，还可以把在边境值勤太久的士兵运回新疆休养。在青藏高原漫长的边界线中，绝大部分都是划在喜马拉雅山的分水岭上，这对双方来说都是最安全的。但在克什米尔这一段，由于印度的实际控制区已经到了喀喇昆仑山脉以东，这对中国来说很不利。这样一来，阿克赛钦就显得尤为重要，保住了阿克赛钦，就保住了这一段边境线，也保住了新藏公路，更保住了藏区漫长的边境线。至于藏南，由于地处喜马拉雅山脉南坡，虽然暂时被印度强占，但对中国的安全威胁小一点，如果中国收复了藏南，对印度的威胁则要大很多；但在阿克赛钦，情况恰好反过来了。唯一让我们稍感安慰的是喀喇昆仑山脉平均海拔超过5500米，是世界上冰川最集中的地方之一，印度人长年生活在热带地区，对这里的气温极不适应；而且这里气候严寒，不适合大规模用兵。

顺便说一句，现在很多人使用地图时喜欢从网上下载，这些地图中不少都是外国人制作的，它们无一例外地都把阿克赛钦和藏南划到了印度，依据就是当年英国人单方划分的"国界线"，中国当然是不承认的，这些地图就是"问题地图"。和"麦克马洪线"一样，当年英国人一厢情愿地把阿克赛钦划归为印度，使阿克赛钦成为克什米尔的一部分，即所谓的"约翰逊线"，意图很明显，是想从这里继续侵入新疆。约翰逊线属于英国人自娱自乐、自欺欺人，当时的清政府根本不知情，后来的历届政府也从未承认。不只是阿克赛钦，就连拉达克地区，中国历届政府也未曾承认过放弃主权。1962年的对印自卫反击战的起因就是阿克赛钦，当时中国刚刚修建了新藏公路，印度即以"约翰逊线"为由，声称对这里拥有主权，集结军队侵入阿克赛钦。中国军队迅速反应，击退了印军。在藏南，因为后勤补给问题在内的各种原因，中国军队最终退守喜马拉雅山脉以北，但在阿克赛钦，中国军队寸步不让，原因就在这里。

中国和巴基斯坦基本以喀喇昆仑山脉的分水岭为界，对双方都是最好的选择，而且两国结成了盟友，在边界问题上各让一步，也比较好达成协议。不但如此，两国还修建了一条中巴公路，从新疆直通伊斯兰堡，这条公路成为克什米尔地区最大的经济动脉。虽然印度始终对中国领土贼心不死，实际上他们要翻越喀喇昆仑山脉并不容易，最好的路线就是沿河流从拉达克进入。这里又分两条线路，一条是沿印度河往阿里方向，不过这条线的出口是两山夹一谷，对中国来说有两个制高点，控制一条河谷轻而易举；所以实际上只剩下一个选择，那就是沿着喀喇昆仑山脉南麓的河谷往东。喀喇昆仑山脉并不长，在山脉的尽头有众多的河谷通往中国，包括班公错方向。而这些山谷和班公错都在阿克赛钦，这就是阿克赛钦的价值所在。

在阿克赛钦以北，也就是帕米尔高原，那里还有一个战略要地，叫瓦罕走廊。从地图上看，就是阿富汗伸往中国的一条狭长地带，再加上中国伸往阿富汗的一小段，这就是瓦罕走廊。也就是从喷赤河到叶尔羌河上游这一段，它实际是帕米尔高原和兴都库什山脉之间的山谷，不过这个山谷很高，平均海拔在4000米以上。

瓦罕走廊曾经也是中国的领土，19世纪英国和沙俄争夺中亚的时候，为了双方不至于短兵相接，就把瓦罕走廊划给了阿富汗，作为他们之间的缓冲区。瓦罕走廊也是古丝绸之路的一条支线，东晋高僧法显曾经过这里前往印度研究佛法。

瓦罕走廊既是连接中国和中亚的通道，也是连接克什米尔和中亚的通道，中国古人占据这里显然也是看中它的战略价值。不过我们也不要高估瓦罕走廊的通过性。比如网上有人传说，美军在兴都库什山脉围剿本·拉登的时候，由于山区地形复杂，美军的物资都送不进去，最后求救于中国，中国从瓦罕走廊直接把物资送到了美军的手上。这当然是个讹传，瓦罕走廊地处高寒区域，每年除了6、7、8月可以通行外，其余时间都是大雪封山。而且在从中国到中亚的通道中，瓦罕走廊只是一个不得已的选择。最好的选择是第一章里介绍丝绸之路时说过的北疆路线。当然，在历史上北疆地处游牧民族的草原地带，有时路线和治安不稳定，从南疆行走更安全。但从南疆行走的第一选择也不是瓦罕走廊，而是费尔干纳盆地，比如张骞寻找大月氏的时候，走的就是费尔干纳。相比瓦罕走廊，从南疆的喀什沿克孜勒苏

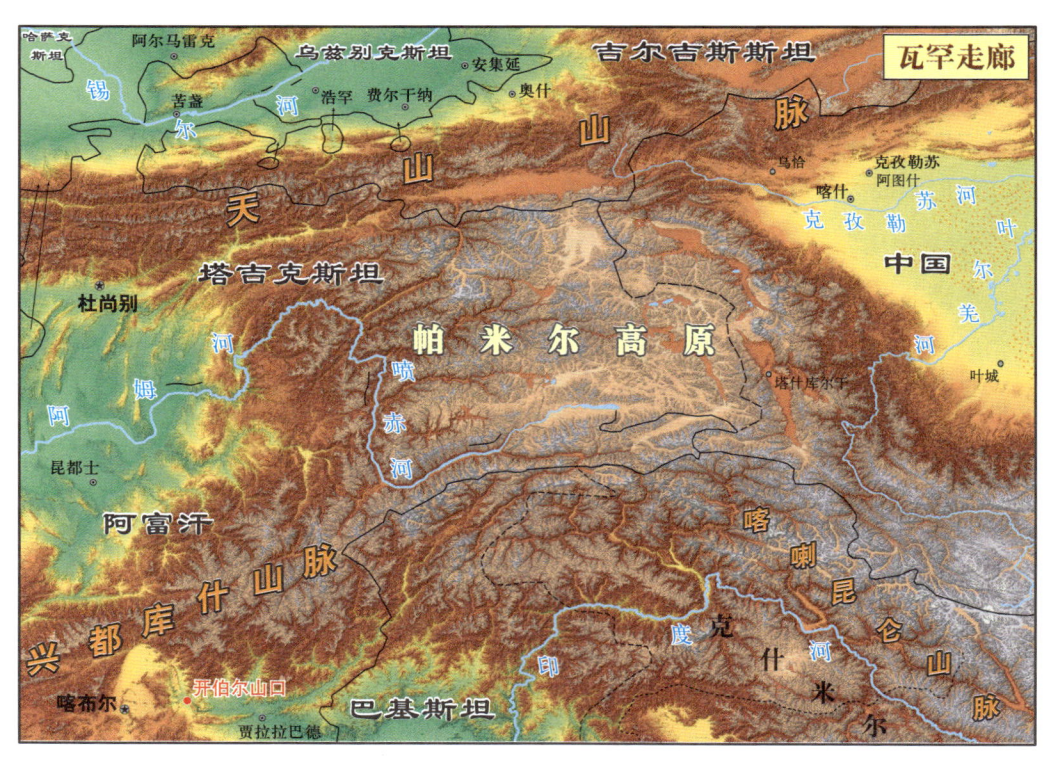

河而上，到达天山山脉与帕米尔高原之间的谷地，再从谷地翻过天山山脉，就到了富饶繁华的费尔干纳盆地，经这里再往西，就到达了中亚的枢纽城市——撒马尔罕。这条路线的长度是瓦罕走廊的三分之一，而且所经之地海拔比帕米尔高原低很多，风险自然小得多。

印度抢占克什米尔，其中一个目的就是往北连接瓦罕走廊，打通中亚。若让印度打通中亚线路，将威胁中国的西部安全，好在巴基斯坦控制了克什米尔的北部，印度的北进计划暂时没有希望。

总有人会问，说全世界那么多被欧洲人殖民的地方，这些殖民地中的部分国民甚至有感谢侵略论，因为欧洲人为他们带来了文明，为什么偏偏中国人对殖民者一直抱着痛恨的心态？是不是因为中国之前一直是世界老大，突然被人欺负了，心理上难以接受？这个其实只要看看结果就知道，那些念殖民者好的，都是得到好处了，加拿大、澳大利亚之类就不说了，他们本身就是殖民者鸠占鹊巢，没有理由不感激母国的殖民，否则也没有他们的今天。就拿印度来说，对于部分印度人，他们感谢英国，因为没有英国人的殖民，印度还是一盘散沙，也不可能成为一个地区大国。而中国呢，且不说那些被侵占的土地，只要看看边境线上殖民者留下的一个又一个疮疤，便没有理由不怀恨。

今天的印度作为一个地区大国，其影响力遍及印度洋的各个角落。作为中国人，我们一提起印度，总会不自觉地拿它和中国比较——同样是文明古国，同样是人口大国……

实际上，印度和中国有很多的不同：

第一，印度文明的影响力的确很大，但这和古印度文明不是一回事，达罗毗荼人创造的古印度文明早在雅利安人入侵时就中断了，而中国的文明自古至今一脉相承。

第二，很重要的一点，印度的地形和中国完全不同。要了解这个差异，我们需要用到另一种地形图，即用分层设色的方法反映地貌的地形图。这种地形图相较于晕渲图，虽然失去了一些山形的细节，但却能很好地反映一个大区的地理走势，也就是地势。

从地势图上可以看到，中国的地势明显分为3个阶梯：东部绿色为主的部分为第三级，包括东北平原、华北平原、东南丘陵等，这一级的大部分区域海拔在500米以下，又处于季风区，是最适合耕种的地区，也是人口最稠密的地区；第二级为蒙古高原、黄土高原、云贵高原和新疆，这其中除了关中和四川两个盆地外，大多数地方海拔在1000米以上，降水少，属于可以耕种但产量不高的地方，人口也较为稀少；第一级为青藏高原，属高寒区，是最不适合耕种的地方。

再看印度，它的地势很简单，绝大部分地区海拔在1000米以下，都属于适宜耕种的地区。所以我们会得出一组奇怪的数据：中国领土面积960万平方公里，耕地总面积为143万平方公里；印度领土面积为329万平方公里，耕地面积为160万平方公里。也就是说，印度的国土面积大约是中国的三分之一，耕地面积却比中国多了10%。而且印度大部分国土处于热带地区，水稻一年两熟到三熟。中国地处温带，北方一年一熟，南方一年也才两熟。另外在热带地区种粮食，基本不用考虑季节，随时播种，长到一定的时候就可以收割，不像温带地区，必须春天播种秋天收割，如果错过了季节，粮食就会歉收。抛开技术因素，单是先天条件，理论上印度出产

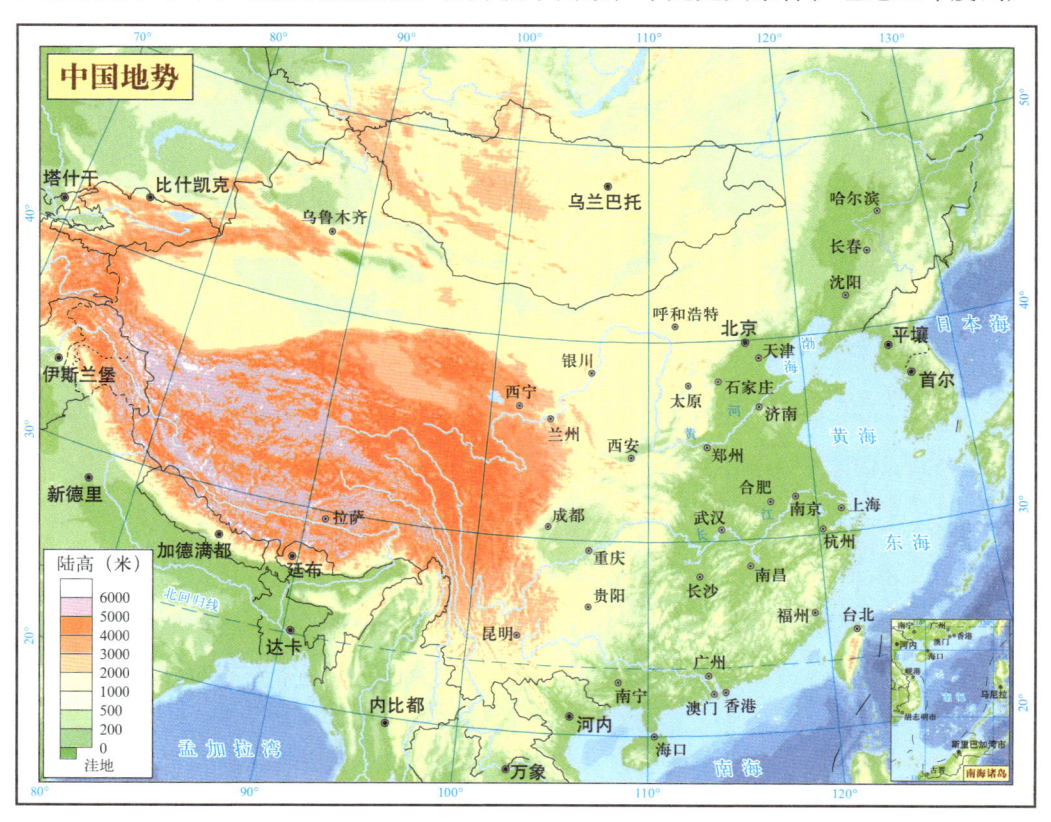

的粮食至少应该是中国的两倍。

但如果从另外一个角度考虑，中国地形复杂多样也有好处，一是物产丰富不单一，二是造就了中国特有的统一文明。在全世界，像中国这样几千年以统一为主调的国家是独一无二的。中国有关中、山西、荆楚、巴蜀这样相对独立又互相连通的地理单元，任何一个单元都可以关起门来发展成一个强权，然后冲出大门统一全国。相反，中国的模式在印度这样地形平坦的地方却行不通。人类在早期发展的时候，政权都相对弱小，没有足够的能力统治广大的土地，所以在印度这种相对平坦的地方，任何一方政权都处于四战之地，难以壮大，最后只能势均力敌，邦国林立，这时就需要一股强大的外来力量，才能把各个邦国统一起来。即使偶尔统一，假以时日，地区之间又会形成均势，于是再度分裂。欧洲的情形也类似：欧洲的地形过于平坦，形成一众小国，只有在早期即阿尔卑斯山脉北部还没有发展起来的时

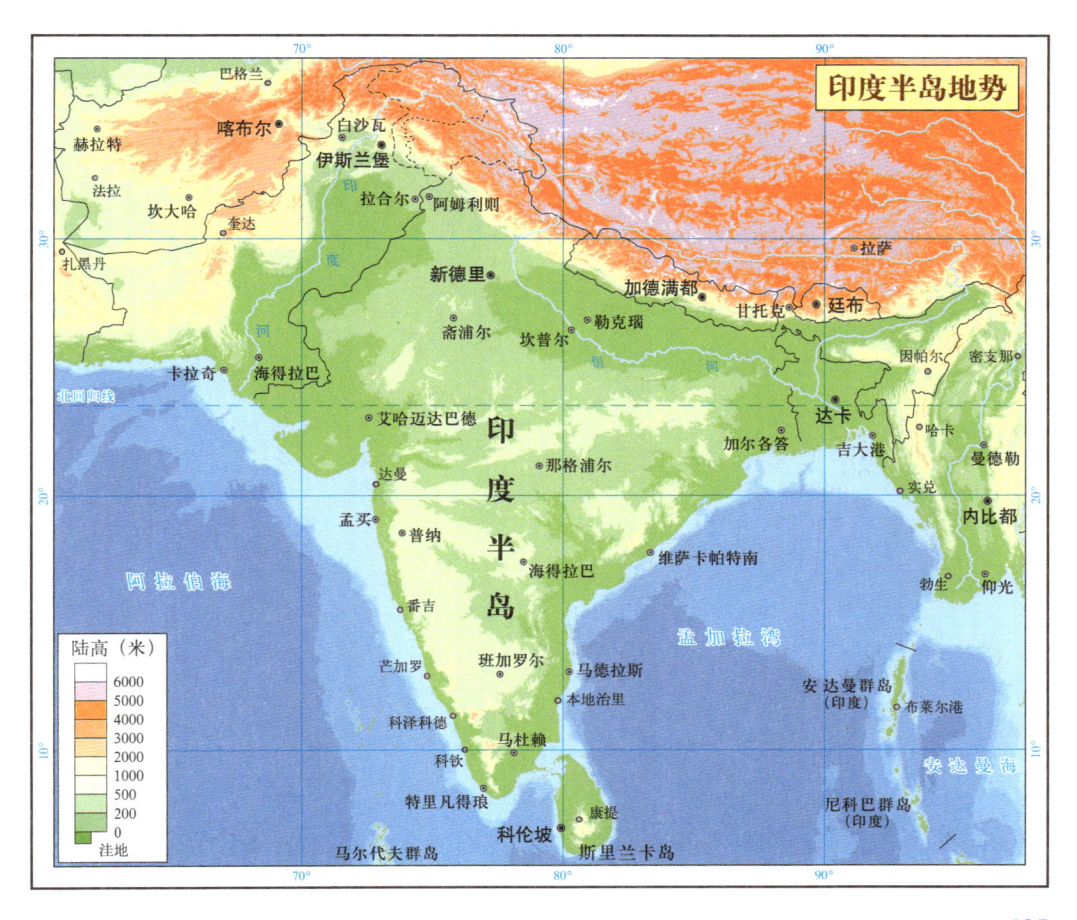

候，靠着地中海的便捷交通，罗马帝国才能成形。当欧洲北部平原发展起来之后，罗马的荣光也就只能留存在回忆中了。

第三，也是最重要的，中国和印度最大的不同就是，中国历史上绝大多数时候是统一的，偶尔分裂；而印度历史上绝大多数时候是分裂的，偶尔统一。所以我们一说到中国，指的是一个国家，也可以代表中华文明；而说到印度，绝大多数时候指的是地理上的印度，并不单指今天印度这个国家，今天的印度国内连印度河都没有，不能完全代表印度文明。

第十五章　印度航线

我们还是回到大航海时代。

达·伽马到达印度的时候，正是德里苏丹时期，半岛上邦国林立。从地图上可以看到，德里苏丹国占据了印度半岛从恒河到印度河上游的土地，这是半岛上最肥沃的土地。这时北部的拉达克已归属西藏地方政府管辖，有些人会说，明朝政府并没有向西藏派遣军队，所以西藏在当时并不算明朝的土地。这种说法有一定根据，但并不合理。明朝对西藏实行羁縻政策，不像对汉人腹地那样直接统治。中央王朝在每打下一块新地的时候，面对当地强大的传统势力，一开始都会采用羁縻政策，这是一种策略，是中央向地方的妥协，如果一上来就采用和中原地区一样的中央集权，势必会引起当地反抗。类比其他封建手段，比如欧洲中世纪的封建制，国王也不能在领主土地上驻兵，但我们不能说国王没有这片土地的主权。

德里苏丹国在当时的印度半岛上实力最强、影响最大。与此同时，印度半岛上还有众多的苏丹国，特别是阿拉伯海沿海地区，几乎没有穆斯林到达不了的地方。设想一下，如果没有后来的英国人进入，印度半岛可能被彻底伊斯兰化。和后来的莫卧儿一样，这些伊斯兰苏丹国上层是穆斯林，底层是印度教徒。作为半岛上唯一战斗民族的拉杰普特，此时被挤压在印度大沙漠的边缘地带。在南方，由达罗毗荼人为主的毗奢耶那伽罗王朝是印度教徒最后的坚守地。面对伊斯兰教徒的步步紧逼，印度教徒们退守到土地贫瘠的德干高原南部顽强抵抗，为传统的印度文化保留了一块避难所和栖息地。

另外，在半岛的东北角有个阿萨姆王国（也称阿洪王国，现印度阿萨姆邦），它的臣民比较特殊。他们既不是印度半岛传统深色皮肤的达罗毗荼人，也不是属于白种人的雅利安人，他们是黄种人，确切地说是傣族人。13世纪初，也就是南宋时期，生活在伊洛瓦底江、怒江一带的傣族人因人口增长、资源有限，于是向周边拓展生存空间。这时南边的缅人已经兴起，东边又有个大理国，于是他们只能向西，一路跋涉到达雅鲁藏布江的下游，也就是布拉马普特拉河谷，开始在这里繁衍生息，并逐步与当地原住民融合，最终形成阿萨姆王国，前后长达近六百年。

毗奢耶那伽罗王朝虽是印度教徒建立的国家，但并不是没有穆斯林，特别是沿海地带。穆斯林靠着经商发家，在任何港口城市都能很快建立自己的势力。卡利卡

特就是这样的一个港口城市，这里税率很低，但外贸和商业都掌握在穆斯林手里。达·伽马一行上岸的时候，当地的拉甲（印度教的首领，类似伊斯兰教的苏丹）很热情地接待了他们，达·伽马也呈上了国书和礼品。但葡萄牙人的货物在印度卖得并不好，欧洲人的一些手工艺品在非洲人和印第安人眼里是稀罕物，在印度人眼里却毫无吸引力。这是因为此时的印度文明程度并不比欧洲差，欧洲人有的，印度人都有；欧洲人没有的，印度人也有，比如香料，印度人的咖喱就是由各种香料调制而成的，这在当时的欧洲人看来，简直太奢侈了。

而且，基督徒的到来很快引起了穆斯林的注意，他们把达·伽马一行给扣留了，只是一不留神又让他们给跑掉了。随后，一名突尼斯人告诉达·伽马，穆斯林计划暗杀他们，于是达·伽马计划逃离这里。

1498年8月上旬，达·伽马准备离开卡利卡特，当地拉甲让他们交税。交税？这是葡萄牙人没想到的，从欧洲到非洲，一路经历生生死死，葡萄牙人想买什么就买什么，想卖什么就卖什么，他们从来只向自己的国王交税，还没有听说要向当地政府交税的，于是拒绝。当地拉甲就扣押了一些货物和几名船员。作为报复，达·伽马也抓了十几个当地人。经过几番交涉，8月底，拉甲放了葡萄牙人，也归

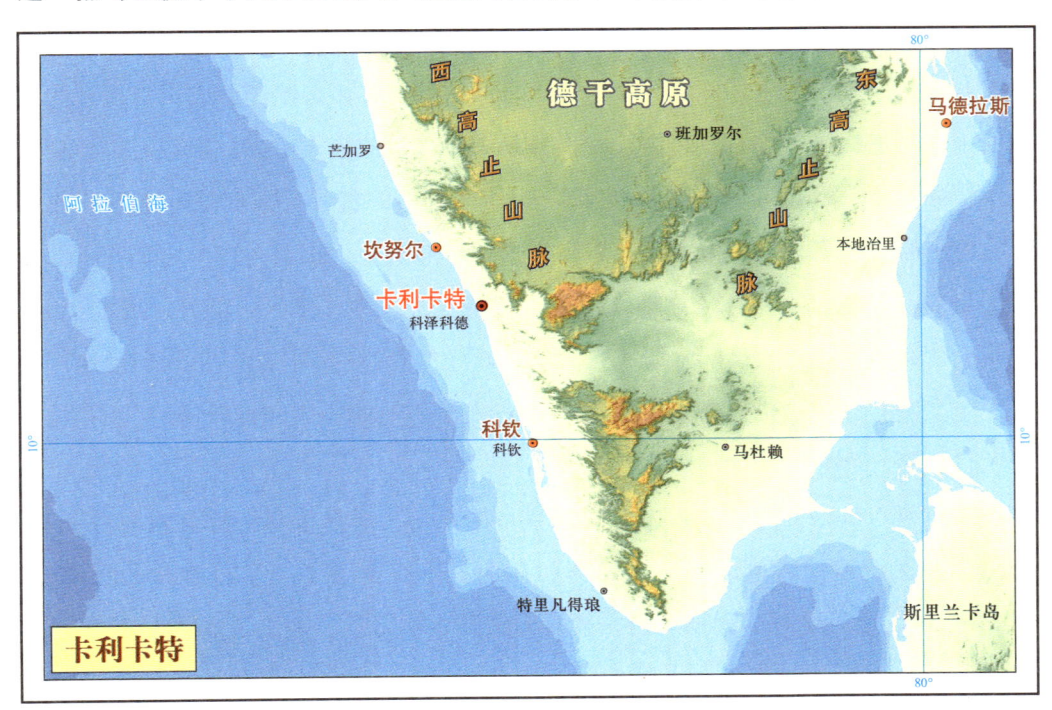

还了货物，但达·伽马仍扣留了5名人质上船跑了。拉甲派舰队追击，双方在海上交火。凭借着强大的火力，达·伽马最终逃离了卡利卡特，随后停靠在坎努尔。坎努尔的人对达·伽马一行比较友好，贸易进行得也还算顺利。

卡利卡特在中国古籍中称为古里。它是印度半岛南部最发达繁荣的港口，这里不仅有阿拉伯商人，也有中国商人。百年前，郑和下西洋时就到达过这里，后来六下西洋，郑和每一次都会在这里停留，把这里当成远洋的基地。说起郑和，很多中国人都会惋惜——为什么大航海时代不是中国人引领的？当然也有一些人，把郑和作为大航海的开拓者，这未免牵强。

当时的中国人有没有实力开创大航海？答案是当然有。郑和首次下西洋，240艘船，20000名将士；哥伦布首航是3条小船，人数90；达·伽马这次，4艘船，人数170。先不说船的大小，单是数量就完全不在一个等级，而且郑和还早了近百年，所以说论实力中国人的航海能力远在欧洲人之上，就连阿拉伯人也比欧洲人强。但关键的是，我们说大航海开辟了一个新时代，是因为欧洲人的航海探险，走的全是荒无人烟的蛮荒地带，让那些孤立原始的陆地从此进入世界的视野。主观上，欧洲人是为了抢夺资源，给当地人带来了灾难；客观上，新航路的开辟促进了这些地方的发展，让它们从此跟上世界文明的脚步。而郑和呢，他的目的不是去探险，也不是去开荒，而是出海宣扬国威，让当地土著国王俯首称臣，给朝廷进贡，再领些赏赐回来。这里面虽然也有贸易活动，但只是中国传统的朝贡贸易，那些穷得掉渣的小国经常拿一些土特产来朝贡，换回一些真金白银的赏赐，实在是一本万利的生意。对中原王朝来说，为了面子，实际在干赔本的买卖。正因为这个，郑和所经之地都是商业发达、文明开化之地，如果去那些蛮荒之地，碰到一群光屁股的土著，大明皇帝的圣旨该宣给谁听？所以，郑和下西洋的壮举的确伟大，不仅向沿途传播了中华文明，在中国的航海史上也是前无古人，但他的行为和大航海时代不沾边，并没有引领一个时代。

郑和第二次来的时候，带来了永乐皇帝的诏书，册封卡利卡特首领为古里王，国王也多次派遣使者到北京朝贡。郑和在卡利卡特留下了一个石碑，上面刻着："此去中国，十万余程。民物咸若，熙皞同情。永示万世，地平天成。"1433年，郑和最后一次下西洋时在卡利卡特去世。巧合的是，达·伽马最后也是死在卡利卡特。不过，和达·伽马不同的是，郑和背后不仅有强大的明帝国作支撑，更重要的是郑和也是回民，跟当地穆斯林不但没有矛盾，还相处得很好。

面对印度半岛上穆斯林的强大势力，按基督徒一贯的做法，达·伽马只能用武力解决，只不过以他现在的情况，还不是这些穆斯林的对手，所以他需要回去搬救兵。

但这回达·伽马犯了一个致命的错误，他没有等到东北季风就出发了。9月份的印度洋上刮的还是西南季风，东北季风最快也要等到10月以后。一行人在海上漂了三个多月后才到达东非沿岸的摩加迪沙。这是一次"死亡之旅"，百多天的航程，仅船员就死了一半。

摩加迪沙也是穆斯林控制的港口，达·伽马没敢停留，朝港口放了几炮就走了。1499年1月9日，船队回到了友好的马林迪。在这里休整几日后，达·伽马一行继续南下，绕过了蒙巴萨之后，因为船员减少，再加上物资消耗严重，为了减轻负担，达·伽马舍弃了一条船。按习惯，为了弃船不被敌人利用，葡萄牙人一把火把船烧了。

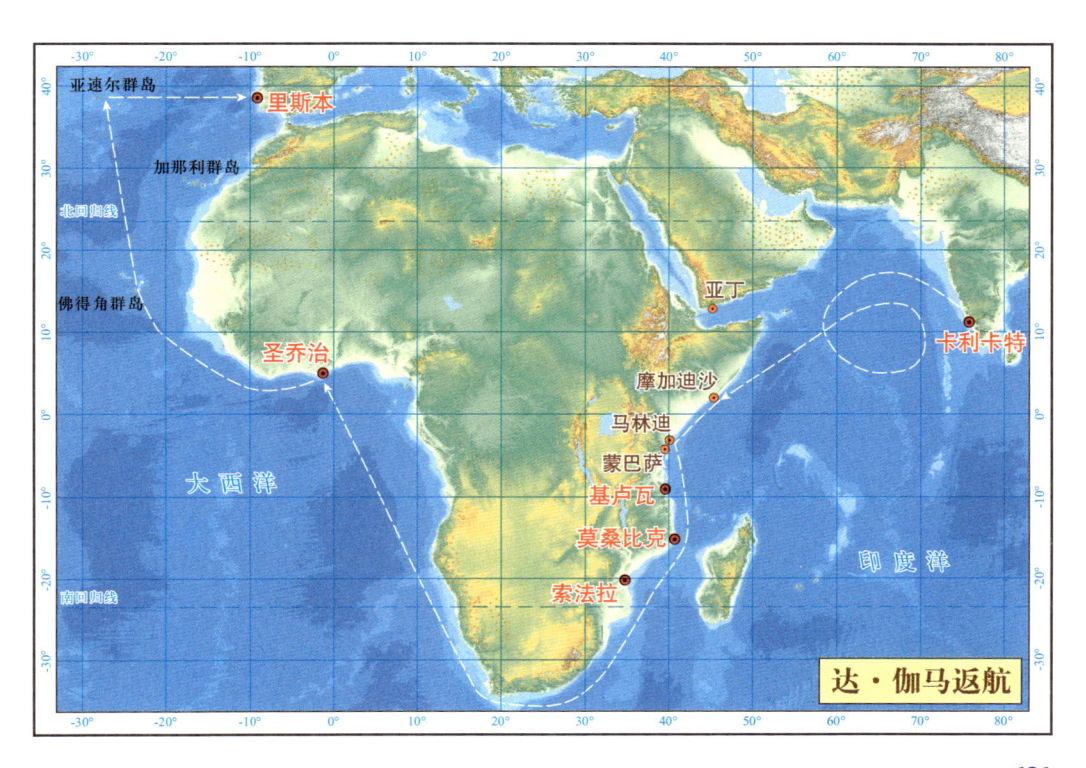

接着，船队绕过莫桑比克，3月20日绕过好望角。船队不敢靠港，一路风餐露宿，只是偶尔在野地里登陆歇脚。

4月下旬，因遭遇暴风雨，一只船走散，船队只剩下两只船。好在此时船队已进入大西洋，彻底绕开了穆斯林的势力范围。但又有一个不好的消息是，达·伽马的哥哥也生病了。情况很不妙，因为船上有很多人就是病死的。为了快速回到里斯本，达·伽马改变航向，不再沿海岸航行，直接朝亚速尔群岛驶去。这样一是可以让船走直线，比沿海岸航行减少行程；二是可以绕开西班牙的加那利群岛，避免麻烦。

船在亚速尔群岛的特塞拉岛靠岸，第二天达·伽马的哥哥就死了。达·伽马让另一艘船先行回国，自己留下料理后事。

1499年7月10日，与船队走散的那艘船率先返回里斯本。8月底，另一艘船驶进里斯本港。9月9日，达·伽马乘快艇也抵达里斯本。至此，人类有史以来最远的一次航行胜利结束，去的时候170人，回来的时候只剩55人。达·伽马回到里斯本后，受到葡萄牙国王曼努埃尔一世和国人的热烈欢迎。9月18日，达·伽马在城里举行凯旋仪式，曼努埃尔一世下令各重要城市举行圣像游行和庆祝活动，并为此铸造发行纪念金币，还在塔古斯河口兴建大教堂以示纪念。曼努埃尔一世一改以往的保密政策，大肆宣传这次远航，并授予达·伽马"唐"的贵族头衔、"印度洋元帅"的封号、一千克鲁塞多金币的年金和大片地产。

而此时的哥伦布还在寻找印度大陆，他不知道达·伽马已经到达了真正的印度。

第十六章 阿美利加洲

1498年5月，哥伦布组织了第三次远航"西印度"。因为前两次的远航并没有带来预期的回报，这次投资者唯恐避之不及，所以最后只凑了6艘船、300余人。这300人里还有30个女人，很显然，有些人是拖家带口，准备到那里淘金定居的。

船队从鲁卡尔港出发，到加那利群岛后分成两队，3艘直奔海地，3艘在哥伦布的率领下南下佛得角群岛，然后先向西南再向西横渡大西洋。快到"西印度"时，

哥伦布发现了特立尼达岛，于是绕过海岛进入帕里亚湾。在帕里亚半岛南岸，哥伦布首次登上南美洲大陆。但当时哥伦布并不知道自己已经登上了美洲大陆，他以为这只是个小岛，在那里看了两眼，什么都没发现，于是调转船头驶入加勒比海，途中发现了玛格丽塔岛，然后直朝海地驶去。

8月31日，哥伦布到达圣多明戈城，与兄弟巴托罗缪会合。在这里，一群西班牙人因发财无望而暴动，为了妥协，哥伦布下令对印第安人实行分配制。分配制后来改称托护制，类似于欧洲罗马帝国时代的隶农制和后来的封建农奴制。该制度是从加那利群岛引进的，后推行于整个西属美洲殖民地达几个世纪之久。总之，哥伦布把印第安人当奴隶使用，比葡萄牙人对非洲黑人还狠。黑非洲还有一些王国存在，而在美洲，哥伦布看到的，只是一些印第安人部落。牺牲印第安人，稳定西班牙人，这是当时哥伦布不得已的选择，却给日后美洲大陆带来深远的影响。

第二年（1499年）5月，西班牙王国政府再次重申，取消哥伦布对新发现土地的垄断权。正是这一政令，让西班牙的探险家蜂拥而至，一步步揭开了美洲大陆的神秘面纱。

就在同月，西班牙航海家阿隆索·奥赫达（Alonso de Ojeda）、制图家胡安·德·拉·科萨，以及佛罗伦萨地理学家阿美利哥·维斯普奇（Amerigo Vespucci）率领4艘帆船前往"西印度"探险。在这次探险中，他们考察了南美大陆北部约3000公里的海岸，包括今天的委内瑞拉、圭亚那、苏里南、法属圭亚那和圣马科斯湾以北的巴西，以及北纬12°附近的一系列岛屿，也就是从阿鲁巴岛到今巴西圣路易斯城这一带海岸线。在圣路易斯，他们注意到海岸线还在继续向东南延伸，制图家胡安推测这片陆地很可能是一块前人未知的新大陆。但由于时间关系，他们没有继续往前，第二年7月就返航了。这三人里面，阿美利哥是外籍人士，他自己也没想到，日后美洲大陆会以他的名字命名。阿美利哥是佛罗伦萨共和国人，之所以能和两位西班牙人同行，可能和这次行动是由佛罗伦萨人资助的有关。因为佛罗伦萨人出了钱，当然也想获得一些探险成果。在随后的几年中，阿美利哥又跟随葡萄牙人的船队考察了巴西的东海岸。到1503年，阿美利哥给佛罗伦萨的统治者写信，汇报他的一些探险成果。在信中，阿美利哥明确指出那是一片新大陆。1507年，德意志青年地理学者马丁·瓦尔泽穆勒（Martin Waldseemüller）写了一本书叫《寰宇志导论》，书中以阿美利哥的名字命名了新大陆，称阿美利加洲，简称美洲。阿美利加（America）是阿美利哥（Amerigo）的拉丁文写法。一开始，西班牙人、葡萄牙人，包括很多意大利人都很抵制这个不公正的称呼，但时间久了，大家都叫习惯了，也就顺其自然了。

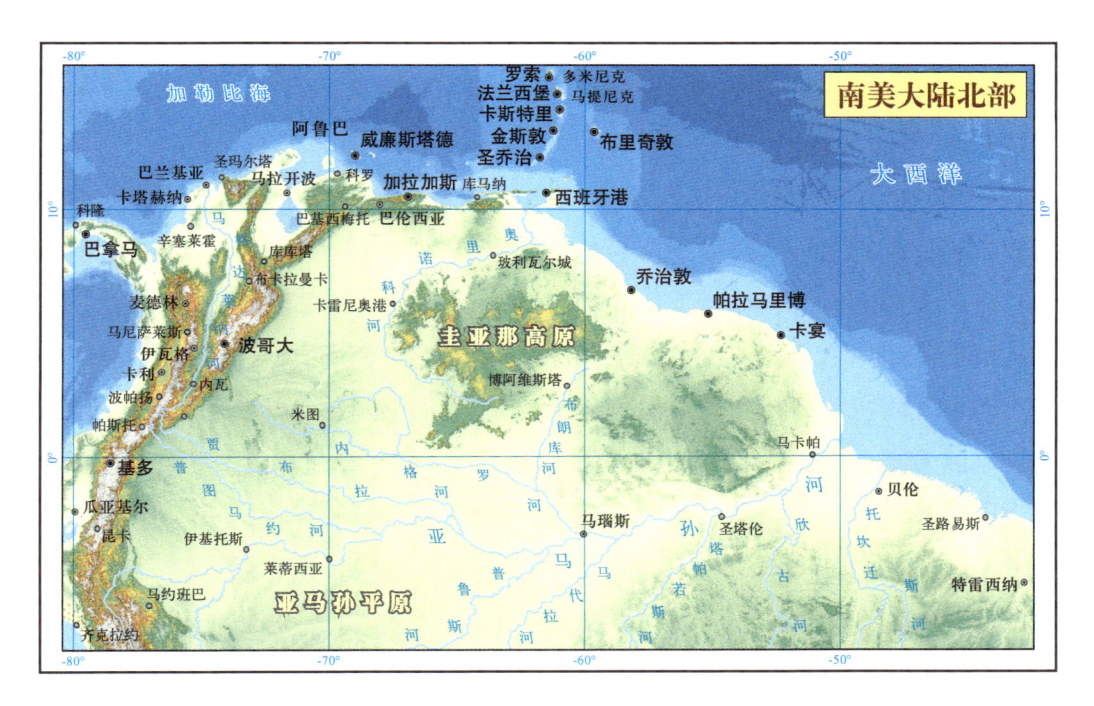

1499年6月，另一支西班牙船队在佩拉隆索·尼奥（此人曾经参加过哥伦布远航）与克里斯托弗·佩拉的带领下到达"西印度"。7月，他们穿过蛇口海峡，进入帕里亚湾，再穿过龙口海峡，驶入加勒比海，并沿委内瑞拉北部海岸西行至西经66°，考察了约300公里哥伦布未曾到过的海岸，返航时带回了大量的珍珠。尼奥与佩拉的探险成为西班牙人自哥伦布首航以来获利最多的一次，这极大地刺激了西班牙人的探险欲望。而且，他们没有从事绑架和贩卖印第安人的勾当，这在当时简直是一股清流。

1499年11月，西班牙航海家维森特·平松（哥伦布首航时尼尼雅号的船长）率领4艘帆船前往"西印度"探险。第二年，平松船队抵达巴西东北海岸，然后沿海岸向西北行驶，发现了亚马孙河。其实之前阿美利哥一行已经路过这里，只是没有发现河流。亚马孙河的河口非常宽广，在海上要发现河口不容易，错过也是很正常的事。探险家们发现河口通常分两步，第一步是肉眼观察海面上的水是不是有明显的分色，通常河水比海水浑浊；第二步就是探测这些不同颜色的水是不是淡水。海水分色，有时并不是因为河流流入，也可能是因为潮汐或海底暗流，所以为了不至于误判，还需要溯水而上进一步确认。平松船队从亚马孙河上溯80公里，发现这确实是一条大河，不是海湾。在河口三角洲一带，水手们测得水面以下12米内都是淡水，这才最终确定这是一条河，而且是一条非常大的河。带着这个重大成果，平松船队继续向西北航行，穿过帕里亚湾，驶抵海地。

亚马孙河的长度虽然屈居世界第二（第一是尼罗河，第三是长江），但它的流量和流域面积却是世界第一，这里也是世界上最大的热带雨林地区。赤道附近的地区，因受赤道低压的影响，会形成大量的降水；同时，由于纬度低，气候炎热，各种动植物繁殖很快，因此很容易形成热带雨林，比如之前提到过的刚果雨林。刚果雨林在非洲属于人口相对密集的地方，但亚马孙热带雨林在美洲属于人烟稀少的地方。原因无他，因为没有铁器。对美洲印第安人来说，砍伐森林不是一件容易的事，再加上这里的树木生长很快，一年四季都在积蓄能量，所以，相比于加勒比海附近的海岛，这里并不适合生存。人类在原始阶段，都会选择丛林生存，因为这里各种野兽和水果丰富多样，是很好的食物来源，印第安人也不例外。但当他们掌握了种植技术后，会逐渐往平地迁徙。亚马孙热带雨林里的印第安人学会种植木薯之后，就开始往加勒比海的各个岛屿迁徙，因为那里更适合农耕，而热带雨林过量的雨水产生的淋溶作用使土地变得贫瘠，并不适合农作物的生长。而且在热带雨林里，各种枝繁叶茂的高大植物太多，它们遮挡了太阳，生长在底下的木薯很难得到阳光的惠泽。

12月，西班牙航海家迭戈·列佩（Diego de Lepe）率领两艘帆船前往"西印度"探险。次年（1500年）4月抵达巴西东北部某地，并继续沿海岸南下到达南纬10°，然后北返至帕里亚湾。1500年7月，列佩回国。

西班牙人在新大陆的一连串发现对哥伦布来说并不是好事，国内的人包括王室开始对他产生怀疑。再加上哥伦布在治理"西印度"时，为了维护稳定处置了一些西班牙人，很快就有人把状告到了国内。于是西班牙王室派遣巴迪利亚（Francisco de Bobadilla）为驻"西印度"总督，取代哥伦布的位置。哥伦布兄弟二人被逮捕，并押送回国。但鉴于哥伦布的功劳实在太大，不久后兄弟俩就被释放。只是哥伦布及其子孙世代统治"西印度"的权力没有了，也就是圣塔菲协定基本作废了，因为这时西班牙人新发现的陆地面积已经远远超过了西班牙本土的面积，原协定也无法执行。

1500年10月，西班牙航海家巴斯蒂达斯（Rodrigo de Bastidas）与制图家胡安·德·拉·科萨率领两艘帆船前往"西印度"探险。他们到达"西印度"后，沿着加勒比海南岸继续向西航行，考察了从瓜西拉半岛（今哥伦比亚境内）到巴拿马地峡的1000公里未知海岸线，沿途还发现了马格达莱纳河河口和海拔约5800米的哥伦布峰。很显然，胡安才是第一个明确美洲大陆存在的人。至此，南美大陆北部和东北部的轮廓已经呈现在西班牙人眼前了，怎么看它都不像亚洲，更像一块新的大陆。

随着发现的陆地越来越多，西班牙需要想办法管理这些土地，以获取更多的利益。作为欧洲的山地国家，西班牙的人口并不多，而美洲土著又难以驯服，于是西班牙人从葡萄牙人手中买来强壮而又顺从的黑奴，运往"西印度"，于是著名的"黑三角贸易"就这样开始了。

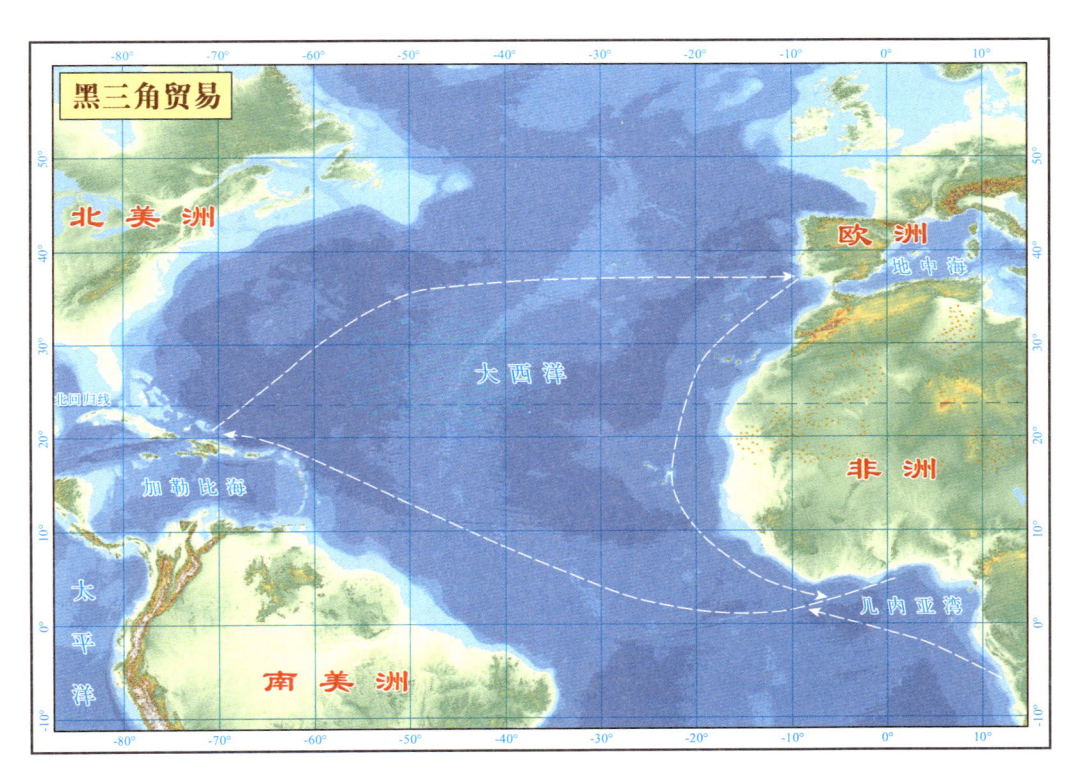

所谓的"黑三角贸易"就是欧洲人开辟的从欧洲到非洲,再从非洲到美洲,最后返回欧洲的一条贸易线。欧洲人把盐、布匹、羊毛、葡萄酒、玻璃球等运到几内亚湾,换取非洲的奴隶,再把黑奴运到美洲,卖给那里的殖民农场主,再换成糖、烟草和稻米等种植园产品,以及金银和工业原料返航。每一趟都不走空,每一趟都赚得盆满钵满。这条航线状如三角形,又因其中黑奴的价值最高,所以称为"黑三角贸易"。从1502年2月西班牙派奥万多(Nicolás de Ovando)率领32条船、共3000人去美洲殖民开始,这条航线渐备雏形,直至后来英法等国参与进来,这条航线成为大西洋上最繁忙的航线,持续300年之久,非洲也因此损失了1亿多人口。这些非洲黑奴也彻底改变了加勒比海地区的人口结构,由于印第安人数量急剧减少,此消彼长,这里最终形成了以黑人为主的人口格局。

1502年3月,哥伦布第四次远航"西印度"。这个时候达·伽马已经从真正的印度返回,在很多人的眼里,哥伦布成了骗子。因此,这一次哥伦布更多的是为了荣誉,他要完成一次环球航行,以证明自己的判断并没有错。只是这一次,支持他的人更少,只凑了4条船、150人。6月中旬,船队先到达小安的列斯群岛的马提尼克岛。6月下旬,哥伦布不顾禁令抵达海地的圣多明戈躲避暴风雨,还想用一条破船换取奥万多的一条好船。奥万多正是带着3000多人前来殖民的首领,大概是为了让奥万多感觉这船不是白要的,哥伦布告诉奥万多最近别出海,有风险。奥万多当然没答应,也没把哥伦布的话放心上。不久后,奥万多在海上遭遇了暴风雨,19艘船沉入海底,500人丧生。

7月中旬,哥伦布的船队离开圣多明戈,沿海地西南海岸西航,先后到达牙买加岛和古巴岛。从古巴岛西部南海岸一带横渡加勒比海,发现了巴伊亚群岛(今洪都拉斯境内),然后沿海岸一路南下,考察了今洪都拉斯、哥斯达黎加和巴拿马一带的海岸,途中,哥伦布到处寻找海峡而不得。在接近达连湾附近时,船队掉头返回了古巴,然后东返。后来,因为船只受损严重,哥伦布一行被困在牙买加岛北岸的圣安斯贝1年有余,直到1504年6月才得以脱险。

1504年9月,哥伦布的船队离开牙买加岛启程回国,于11月初回到西班牙。遗憾的是,哥伦布的主要赞助者伊莎贝拉女王已于当年去世,国王费尔南多二世对他十分冷漠。

第四次远航让哥伦布非常失望,两年后他在巴拉杜利德病逝。直到死前,哥伦布一直坚信他到达的是亚洲,但越来越多的人认为,亚洲还离得远。

在今天的美洲地图上,有众多以哥伦布命名的地名,其中最大的是哥伦比亚,他们以哥伦布的名字命名了这个国家。哥伦比亚(Columbia)是哥伦布(Columbus)的拉丁文写法,就像阿美利加和阿美利哥的关系一样。论面积,哥伦比亚在美洲算不上大国,可论成就,阿美利哥和哥伦布没法比。

第十七章 发现巴西

几乎就在西班牙人踏上美洲大陆的同时，葡萄牙人也在无意中发现了这片大陆。

1500年初，就在达·伽马归国后不久，葡萄牙国王曼努埃尔一世派卡伯拉尔（Pedro Álvares Cabral）率领1支由13艘帆船组成的武装船队前往印度，打算教训

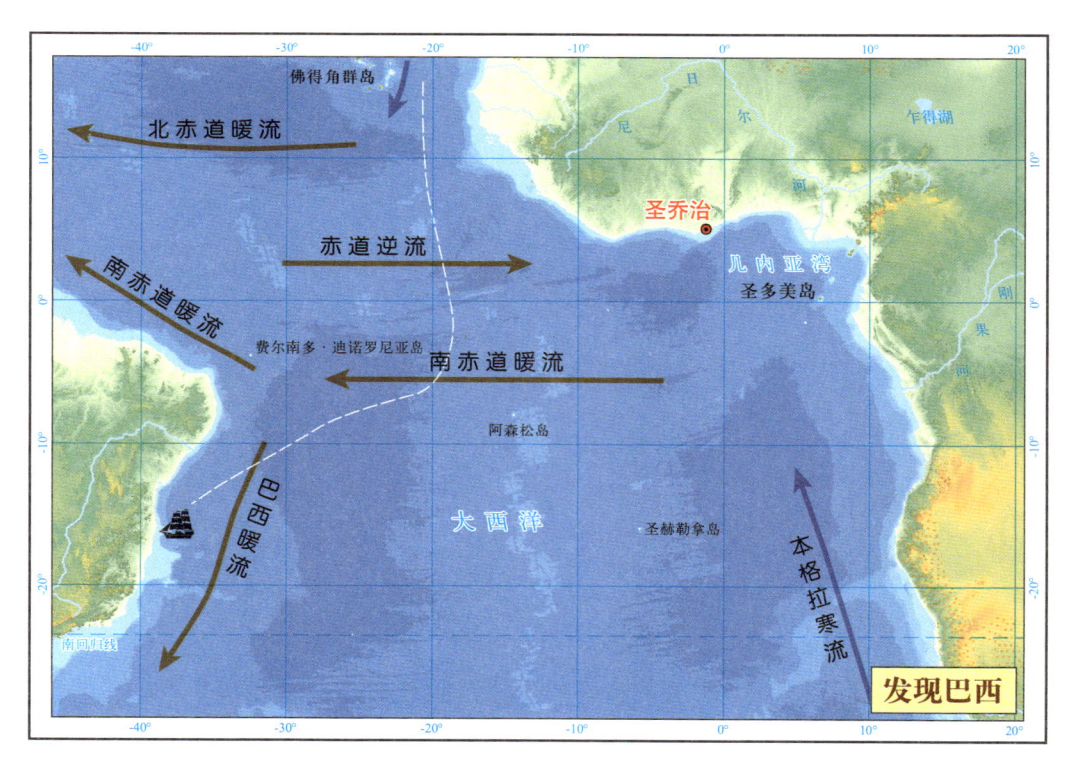

一下那里的穆斯林，夺取印度洋的控制权。按葡萄牙一贯的做法，达·伽马并没有参加这次远征，反而是巴托罗缪·迪亚士（Bartolomeu Dias）和弟弟迪奥戈·迪亚士（Diogo Dias）去了，两人各自担任一艘船的船长。3月9日，船队从里斯本出发。与达·伽马一样，卡伯拉尔也采用远离大陆、直线航行的方式。但这次出海很不顺利。两个星期后，暴风雨突至，1艘船失踪。紧接着，船队在南大西洋无意间进入了无风区，然后被洋流裹挟着一路向西漂流，如果不出意外，全军覆没基本是早晚的了。万幸的是，4月22日，船队在南纬17°附近发现了陆地。

当时的葡萄牙人并不知道，这股洋流不仅挽救了他们，还让他们发现了南美大陆。去往印度的船队怎么到了南美呢？原来，在葡萄牙的船队越过佛得角，往南大西洋行驶的时候，随即进入了赤道无风带。对远洋的帆船来说，一般只要进入无风带，很难再活着出来，但恰恰这里有个南赤道暖流，将他们带到南美大陆附近后，又偏向西南，这时我们就称它为巴西暖流，最终是巴西暖流将他们带到了陆地。那以往的葡萄牙人越过佛得角时为什么没有被困在无风带呢？因为在北赤道暖流和南赤道暖流之间，其实还有一股赤道逆流，往日葡萄牙人前往非洲的时候，一般离海岸线不太远，或者先到圣乔治中转，这股赤道逆流正好把他们带入几内亚湾。这次因为离海岸线太远，超出了他们以前的经验，以致发生意外。

至于洋流，之前多次提到过，这里正好系统地说一说，因为在后续的航海过程中，航海家们会经常遇到洋流的难题。

洋流是一种大规模的海水运动，其动力主要来自风，因此洋流的分布和风带的分布密切相关。但洋流的运动不仅仅受风的影响，还受地球的自转偏向力的影响。同时，由于海洋底部也是凹凸不平，所以洋流也受海底地形的影响。总之，洋流的形成比较复杂，但它有一个特点，就是常年沿某一个方向持续、稳定地流动。早在古希腊时期，远航的古希腊人就发现它们像河流一样在海面流动，因此称它们为洋流。

洋流的成因虽然复杂，但并非无规律可循。以大西洋为例，我们以赤道为界，把它划分为北大西洋和南大西洋。在北大西洋，洋流呈顺时针方向流动，而南大西洋的情况则相反，呈逆时针方向流动。在北大西洋，由北大西洋暖流、加那利寒流和北赤道暖流组成一个完美的漩涡，漩涡的中心相对平静，马尾藻海因此产生。在

世界洋流分布图

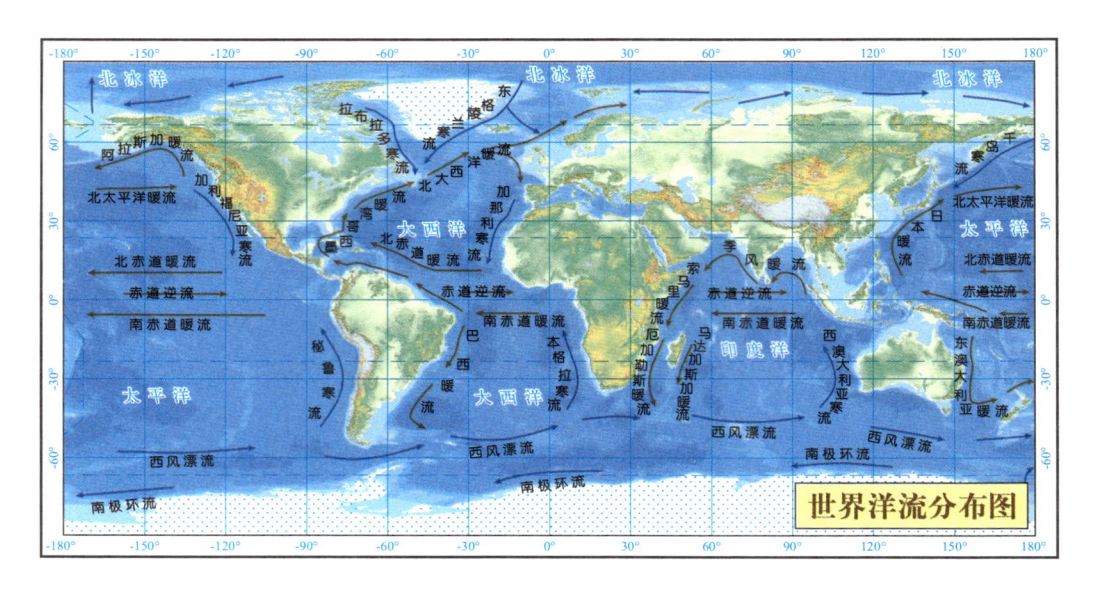

赤道附近，北赤道暖流将大量的海水从东部带到西部，同时南半球的南赤道暖流更是加剧了这一趋势。为了保持海平面的相对平整，海水受重力的影响在南北两股赤道暖流中间形成了赤道逆流，从西往东把海水带到东部。

太平洋的情况类似，北半球的洋流呈顺时针方向流动，南半球的洋流呈逆时针方向流动，同时在南北两端，也就是靠近南北两极的地方，形成与这个大漩涡方向相反的洋流。印度洋的情况略有差异，因为印度洋相对较小，所以在北半球没有形成一个大漩涡，只是由印度洋上的季风暖流和赤道附近的逆流形成一个反向的

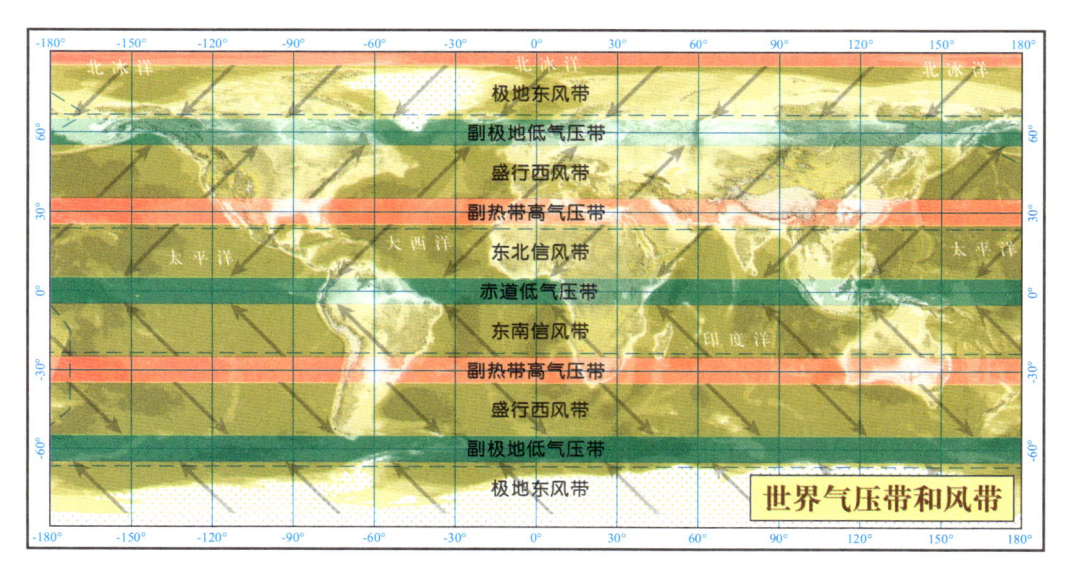

世界气压带和风带

142

小漩涡。

  按洋流的流动方向，如果由高纬度往低纬度流动，也就是由寒冷地带往温暖地带流动，就称之为寒流；相反，如果由低纬度往高纬度方向流动，也就是由温暖地带往寒冷地带流动，就称之为暖流。洋流在流动的过程中，会携带大量的矿物质，矿物质是浮游生物的养分来源，而浮游生物又是鱼类的食物来源。在寒暖两股洋流交汇的地方，寒流往下钻，暖流往上跑，于是搅动海水，把大量的矿物质带到表层海水，造成表层海水浮游生物繁殖加快，鱼类也循迹而来，于是这些地方就会形成大型的渔场，如千岛寒流和日本暖流交汇形成北海道渔场，北大西洋暖流与东格陵兰寒流交汇在英国北部形成北海渔场，墨西哥湾暖流和拉布拉多寒流交汇形成纽芬兰渔场。当然，纽芬兰渔场的形成也有东格陵兰寒流的功劳，而墨西哥湾暖流也可以看成北大西洋暖流的一部分。但也有例外的情况，比如秘鲁西部海域，这里并没有寒暖洋流交汇，却也形成了世界四大渔场之一的秘鲁渔场。这是因为秘鲁寒流和其他的寒流不同，它属于上升流。在秘鲁的沿岸，盛行东南信风，东南信风吹动表层海水远离海岸，造成表层海水水位下降，于是深处的秘鲁寒流上翻形成补偿流，并将矿物质带到浅海，再加上这里离赤道低气压带很近，云雾多，于是浮游生物大量繁殖，生活在这里的鱼虾有了充足的食物，也大量繁殖，最终形成大渔场。

  与秘鲁渔场条件类似的是非洲西岸，这里也受东南信风影响形成离岸流，本格拉寒流上升形成补偿流，所以这里也有一个大渔场——东南大西洋渔场。不过，在印度洋的东岸，也就是苏门答腊岛和爪哇岛附近，却并没有产生大渔场，虽然这里有西澳大利亚寒流北上，原因就在于这里主要受季风影响，受信风的影响很小，没有形成离岸流，西澳大利亚寒流到此后，自然也无法上升形成补偿流。

  除了这些世界性的洋流外，还有一些区域性的洋流也可以形成渔场。比如日本暖流在北上之时，有一部分洋流穿过琉球群岛进入黄海，黄海海面升高必然外流，于是海水回旋之后沿中国海岸南下，形成寒流；与此同时，一部分北赤道暖流在穿过菲律宾群岛后沿中国东南沿岸北上，称为台湾暖流。最终，这两股洋流在舟山群岛一带汇合，形成了中国最大的渔场——舟山渔场。与前述世界性大渔场不同，舟山渔场属于浅海渔场，水产资源有限，再加上这里离长江出海口和钱塘江出海口都很近，容易形成富营养化，所以如果不注意环境保护和适度捕捞，这里的渔业资源很容易受损。

洋流对气候的影响显而易见，比如欧洲大陆受北大西洋暖流的影响，不仅气温比同纬度地区（比如中国东北）高，而且随着北大西洋暖流而来的暖湿气流也使得这里降水丰富，同纬度的中国西北地区就很干旱。同理，寒流过境之处，所携带的干冷空气会加剧附近陆地的干旱。以澳大利亚为例，澳大利亚中部大片沙漠的形成固然与副高压有关，但东西两岸却因洋流气候迥异。在澳洲的东岸，气候相对宜人，这是因为受东澳大利亚暖流影响所致，而西海岸却荒芜得多，这正是受西澳大利亚寒流影响所致，西澳大利亚寒流加剧了这一带的干旱情况，使这里沙漠的范围更广。类似的情况在非洲南部也出现了，因为有暖流经过，东岸相对宜人，而西岸的纳米布沙漠绵延2000多公里，正是与本格拉寒流息息相关。

洋流的存在对航海者来说，有时会带来意外之喜，比如哥伦布穿越马尾藻海，比如这次葡萄牙人意外发现一片陆地；有时会带来灭顶之灾，比如泰坦尼克号事件。

泰坦尼克号事件发生在1912年。4月10日这天，泰坦尼克号从南安普敦出发，开始了它的第一次也是唯一一次正式航行。南安普敦是英国一座历史悠久的港口城

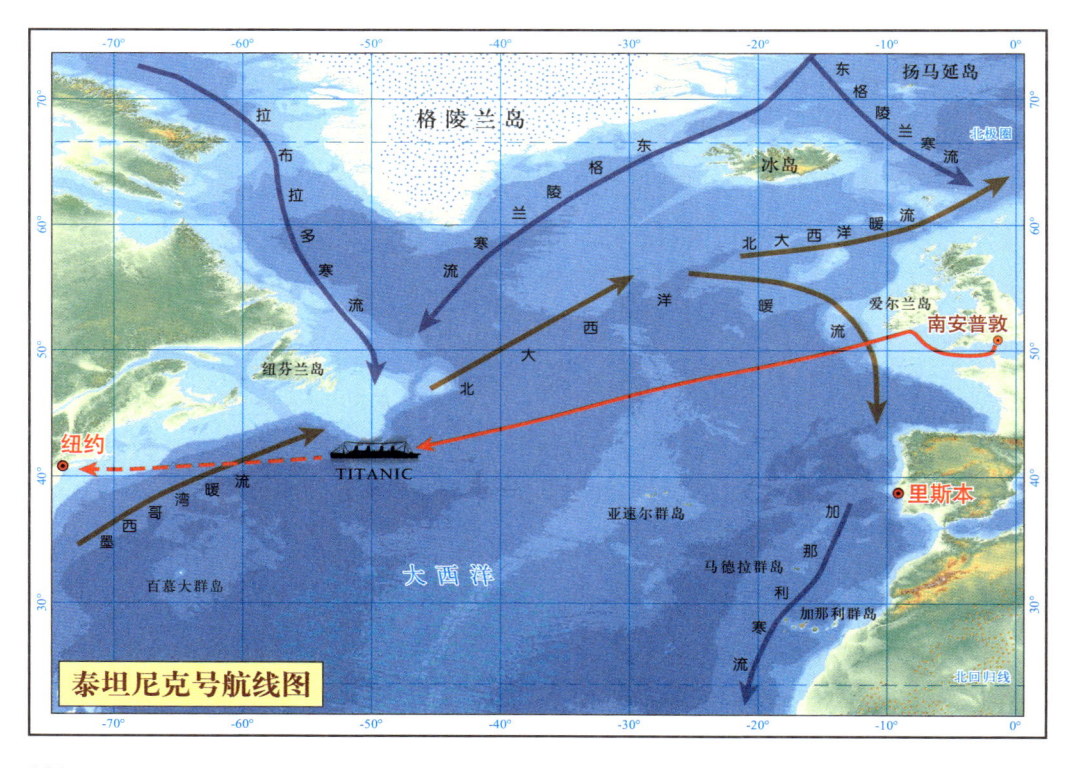

泰坦尼克号航线图

市，1620年的"五月花号"同样是从这里出发的。一开始，泰坦尼克号沿着海岸线走，还在法国的瑟堡港接了一批乘客，过了爱尔兰岛后，泰坦尼克号正式驶入茫茫的大西洋。5天后，在纽芬兰大浅滩（纽芬兰岛东南部，也是纽芬兰渔场）以南，泰坦尼克号撞上了冰山，船舱进水，两个多小时后，船体撕裂成两截，最终沉入大西洋底。泰坦尼克号沉没的地点位于北纬42°左右，和北京的纬度（北纬40°）只差了2°，而且4月中旬已经是暮春时节，气温并不低，泰坦尼克号从纬度更高的英国驶来，已经航行了4000公里都没事，反而在接近美洲的那一刻撞上了冰山，个中原因正是洋流。正常情况下，这个季节，纽芬兰岛附近不应该有冰山，但恰恰有两股冰冷的洋流从北部流入，一股是格陵兰岛东侧的东格陵兰寒流，一股是格陵兰岛西侧的拉布拉多寒流，两股寒流在这里汇合，既造成了这里的大渔场，也导致这里的水温比较低——随寒流南下的不仅有冰冷的海水，也有没来得及融化的冰山。学过物理的都知道，冰山浮在水上时，其山体90%都在水面以下，只有10%露出水面，所谓"冰山一角"正是来源于此，而泰坦尼克号排水量高达46000吨，是当时世界上最大的轮船，这个体量的巨轮撞上冰山，结果可想而知。

　　了解完洋流的特征后，我们再回到大航海。

　　1500年4月22日，当葡萄牙人的船队被洋流推到一片陆地的时候，领队卡伯拉尔以为这是一个海岛，就把它命名为"真十字架岛"，同时派船长尼古拉带着一支小分队乘小艇上岸考察。3天后，风暴来袭，卡伯拉尔率船队北上，沿途寻找避风港，往北行驶60公里后才找到一个安全的海湾。风暴过后，卡伯拉尔在这里举行了对"真十字架岛"的占有仪式，并建立据点。同时，迪奥戈·迪亚士船长在离岸10公里的地方发现了印第安村庄。显然，情况与卡伯拉尔的预想有些出入，但他眼下的任务是去印度武力征服，没有过多的时间继续探索，于是卡伯拉尔派一艘船先回里斯本报信，亲率主力继续往印度方向驶去。

　　5月23日，船队到达好望角。好望角原名风暴角可谓名副其实，葡萄牙人又在这里遇上风暴，4艘船沉入海底，大航海家巴托罗缪·迪亚士也不幸罹难。发现好望角是巴托罗缪·迪亚士一生最大的成就，没想到他人生的终点也在这里。可以说，终其一生，巴托罗缪·迪亚士都没能真正进入印度洋。还有一个不好的消息是，另一位船长，巴托罗缪·迪亚士的弟弟迪奥戈·迪亚士，也掉队失踪，卡伯拉尔只剩下6艘船。

7月16日，卡伯拉尔率领剩下的船队到达东非的索法拉；7月20日，到达莫桑比克；7月26日，到达基卢瓦；8月2日，抵达马林迪，为横渡印度洋做准备，雇了一名阿拉伯籍的引水员；9月13日，乘西南季风，沿着达·伽马开辟的航线，葡萄牙的武装船队终于到达了卡利卡特。

再说失踪的迪奥戈·迪亚士，被风暴吹散之后，在海上漂了两个多月后，他意外地发现了一个大岛。这一天（8月10日）正好是基督教的圣劳伦斯节，于是迪亚士把它命名为"圣劳伦斯"，即今天的马达加斯加岛。虽然早在10年前（1490年），葡萄牙的间谍兼探险家佩罗·达·科维良（Pêro da Covilhã）在报告中提到过这个岛，而且说该岛的阿拉伯语名字为"月亮之岛"，但后人仍把迪奥戈·迪亚士作为欧洲发现马达加斯加岛的第一人。

迪奥戈·迪亚士沿着马达加斯加岛东岸考察了1500公里的海岸线，最后在岛屿的北端登陆休整。按迪奥戈·迪亚士的预想，他可以在马林迪等待与卡伯拉尔的船队会合，于是继续向北航行。但中途偏离了航线，最后在索马里半岛以东看到了

海岸，然后他们沿海岸绕过了半岛的顶端，即瓜达富伊角，向西航行了900多公里，驶入了葡萄牙人从未达到过的亚丁湾。此时正值夏季，西南季风刮起，迪奥戈·迪亚士顶风航行，又遭遇海盗，在海上度过了令人痛苦的几个月后，最终在柏培拉港靠岸。

葡萄牙人一上岸，立即与当地的穆斯林发生了冲突，大约60名葡萄牙人丧生（迪亚士只有1艘船，总共才100来人）。在击退穆斯林后，迪奥戈·迪亚士打算立即回国，中途因为坏血病，又损失25人。回国途中，到达佛得角群岛时，迪亚士意外地与返航的卡伯拉尔船队会合。迪奥戈·迪亚士这次远航损失惨重，九死一生，既没带回印度的香料，也没带回黄金，但他给葡萄牙人带回了马达加斯加岛和索马里半岛的第一手资料，为后继的航海者指明了方向。

卡伯拉尔派出的报信船返回里斯本之后，将"真十字架岛"的情况汇报给了葡萄牙国王。曼努埃尔一世立即宣布葡萄牙王国对其拥有全部主权，并把"真十字架岛"改名为"圣十字架之地"，因为他们后来发现这里不像个小岛。再后来，他们发现这里盛产红木，于是用红木（Brasil）来命名这个地方，音译成中文就是巴西。只是当时的葡萄牙人万万没想到，巴西的面积比葡萄牙本土大了将近100倍。

第十八章 征服印度洋

葡萄牙人到印度的最终目的还是利益，毕竟这里的香料在欧洲价格能翻20倍，如果不用武力就能获取这些利润，葡萄牙人当然乐意。所以，葡萄牙人派遣武装帆船到印度绝不是简单地为了开战而开战，主要还是为了维护贸易安全。所以，葡萄牙人在到达卡利卡特后，第一件事就是在这里设立货栈，开设贸易点，停靠在港口的武装帆船只是起威慑作用。但当地的穆斯林却不这么想，他们不会眼睁睁地看着葡萄牙人把原本该他们赚取的钱都赚走。

1500年12月16日，当地的穆斯林发动骚乱，捣毁了葡萄牙人的贸易点，还打死了50多名葡萄牙人。卡伯拉尔立即下令扣留了十几条穆斯林的商船，没收了船上的全部货物，杀死了500多名穆斯林船员，最后将穆斯林的商船付之一炬。冲突升级，双方水火不容，卡利卡特看来是不能待了，卡伯拉尔向卡利卡特城开了几炮后，转向附近的科钦、坎努尔等港口城市。这些城市与卡利卡特处于敌对关系，所以葡萄牙人得以在这里落脚并开展贸易。特别是科钦，当地首领为了在与周边城市竞争中取得优势，还准许葡萄牙人在这里建立一座要塞。要塞不同于普通的商站，它有武装力量守护，相当于葡萄牙人的海外军事基地。

卡伯拉尔的这次远征可以说是以失败告终，船只损失过半，船员损失过半，已经没有力量和当地穆斯林硬碰硬，所以在第二年1月，卡伯拉尔就率领剩下的4艘船回国了，在到达佛得角群岛时，遇到了同是返航的迪奥戈·迪亚士。

但葡萄牙国王曼努埃尔一世显然不甘心就此放弃在印度的巨大利益，经过5年的准备之后，曼努埃尔一世任阿尔梅达（Francisco de Almeida）为印度总督，带领一支庞大的舰队远征印度。这只舰队共有帆船20艘，各类人员共2000人，其中作战士兵占1500人，其规模在葡萄牙乃至欧洲远航史上都是前所未有的。曼努埃尔一世给阿尔梅达的命令是：歼灭一切非葡萄牙的舰船，占领所有重要沿海据点，封锁从直布罗陀一直到马六甲的海路，垄断所有东方贸易。

对葡萄牙人来说，非洲西海岸已经是他们的传统势力范围，阿尔梅达这次的主要任务是挑战印度洋上的穆斯林，特别是阿拉伯人的传统势力。在东非沿岸，如索法拉、莫桑比克、基卢瓦、蒙巴萨这些穆斯林城邦本身实力有限，葡萄牙人一路洗劫，对方毫无还手之力。难点在印度洋北部，也就是阿拉伯海这部分。阿拉伯海之所以称为阿拉伯海，就是因为自从阿拉伯人从半岛崛起之后，几个世纪以来一直控制这里，而从亚洲到欧洲的海上商路，阿拉伯海又是必经之地。

在15世纪，让欧洲人梦寐以求的香料主要产自两个地方，一个是印度，一个是东南亚，要想把这两个地方的香料运往欧洲赚取巨额利润，除了陆上丝绸之路外（已被奥斯曼土耳其帝国阻断），最便捷的海路就是阿拉伯海。东南亚的商人（既有东南亚人，也有中国人、印度人）通常把香料运到印度，再由印度商人由印度运到中亚和欧洲。按商业逻辑来讲，运到欧洲更赚钱，因为欧洲最缺香料。这些印度商人通常就是穆斯林，一般来说也是阿拉伯人。阿拉伯人在印度装满香料后，可以有两条路运往欧洲：一条是北线，经阿拉伯海过阿曼湾，再过波斯湾，在巴士拉上岸，由陆路运抵两河流域中心城市巴格达，再由巴格达经陆路到达安条克，最后经地中海运往欧洲各个市场；另一条是南线，经阿拉伯海过亚丁湾（亚丁湾为什么至今都有海盗？就是因为它是一条商贸要道），穿红海后转陆路（当时苏伊士运河还没开通）抵达开罗，最后从亚历山大港经地中海运往欧洲各地。从经济成本上讲，水上运输更便宜，所以南线比北线更繁忙。无论是南线还是北线，最终的集散点都在地中海东岸的安条克和南岸的亚历山大港一带，而这些地方当时都属于埃及的布尔吉王朝，此时的埃及主体民族已经是阿拉伯人。

这两条航线是穆斯林特别是阿拉伯人的财富来源，穆斯林的垄断也是造成香料价格在欧洲市场居高不下的原因。葡萄牙人要想垄断印度洋的贸易，毫无疑问就要夺下这两条航线的控制权。不仅如此，葡萄牙人还要让原来航行在阿拉伯海的穆斯林商船全部变成葡萄牙的商船。要实现这个目标,打破阿拉伯人在印度洋上几百年的垄断,看起来似乎很难。

1506年,葡萄牙舰队攻占了索科特拉岛,等于控制了亚丁湾的出入口。1507年,葡萄牙舰队又攻占了霍尔木兹岛。霍尔木兹岛位于波斯湾的入口处,岛上有座城也叫霍尔木兹(中国古书翻译为忽鲁谟斯),葡萄牙人攻入城中后,强行征税,对当地的穆斯林实行非常残酷的统治。有了这座城,葡萄牙人等于控制了波斯湾和阿曼湾的出入口。这样看来,两条航线很快就会被葡萄牙人控制。

作为利益受损最大的一方,埃及当然不能眼睁睁地看着葡萄牙人虎口夺食,但埃及人也知道,仅靠自己的力量恐怕对付不了葡萄牙人,所以他们还需要一些同是穆斯林的盟友。让葡萄牙人万万没想到的是,在这些盟友里面,居然有一个基督教国家。

葡萄牙人和穆斯林的战争,既有利益上的争夺,也有宗教上的原因,最根本的原因还是利益之争。早在达·伽马到达印度之后,葡萄牙人就不停地派出船只骚扰、抢劫穆斯林在印度洋上的船只,从那时开始,穆斯林商人运往地中海的货物就

日渐减少。而此前穆斯林商人通常只把商品运到地中海沿岸，再由威尼斯商人贩卖到沿地中海的各个欧洲国家，原因一是穆斯林的传统势力在印度洋，而不在地中海，二是由威尼斯人去和欧洲人打交道要方便得多。所以，自从奥斯曼帝国控制了东地中海沿岸后，在欧洲各国都感觉物资匮乏的时候，威尼斯商人却和穆斯林达成默契，赚得盆满钵满。但是现在，葡萄牙人打乱了穆斯林的传统航线，威尼斯商人在地中海港口能装的货物越来越少，特别是能赚取暴利的香料，几乎都看不到影子。这让威尼斯商人很恼火，于是他们也想帮忙教训一下葡萄牙人。

奥斯曼帝国是埃及的第二个盟友，他们是游牧民族出身，并不擅长航海，而且其目标一直是欧洲腹地和地中海，印度洋上的事其实与之无关，但帝国运输木料的商船也在印度洋上被葡萄牙袭击了，于是奥斯曼帝国也加入进来。

另外两个盟友来自印度，一个是与葡萄牙人多次冲突的卡利卡特城邦，一个是第乌港所在的古吉拉特苏丹国。

奥斯曼帝国并没有直接参战，而是向埃及支援了一批地中海式排桨战船，还顺带送了一批希腊水手（此时的希腊已被奥斯曼统治，作为有着几千年航海历史的民族，希腊盛产优秀的水手）。但如何将这些战船从地中海运到印度洋呢？埃及人犯了难，这时威尼斯人出现了。威尼斯人长年生活在水上，对船体的构造比对自己的身体还清楚，他们把这些战船在亚历山大港解体，通过陆路运到红海岸边，再重新组装下水，成功地解决了埃及人的难题。

1507年，埃及舰队向印度出发，按事先的约定，他们准备在印度的第乌港集结，攻击葡萄牙人。这支新组建的舰队首先驻守在边境线附近的吉达港（红海北岸，东距麦加70公里），防范葡萄牙人的截击。发现没有敌情后，舰队越过亚丁港，于1508年到达第乌。

1509年初，埃及和印度联军侦察到葡萄牙军队正从科钦北上，于是诱敌深入，退守第乌，打算利用第乌的防线歼灭葡萄牙军。第乌不仅是个港口，还建有要塞，在要塞周围布满了岸炮。联军也知道，葡萄牙人的火炮厉害，单凭战船很难取胜。

集结在第乌港的阿拉伯和印度联军有20000人，战船100艘，其中12艘大船。这其中，埃及人的船有两种，一种是奥斯曼帝国援助的地中海排桨帆船，这种船为适应地中海的环境修造，主要的动力是人力划桨，船体两侧布满了桨孔（舷窗），

15世纪几种主要帆船

克拉克帆船

单桅三角帆船

排桨帆船

152

因此这种船无法在两侧装载舷炮，不然会影响划桨，只能在首尾装载船首炮和船尾炮，而船首和船尾的空间狭窄，能装载的火炮数量也有限，通常也只能装一座火炮。这种火炮的管子比较长，欧洲人管它叫加农炮，"加农"是拉丁语（canna）"管子"的意思；另一种是阿拉伯人传统的单桅三角帆船，单桅帆船船体小、重量轻、速度快，是近海贸易的最佳选择，但因为载重量小，无法装载沉重的加农炮，只能靠船上的弓箭手作战。印度方面，卡利卡特和古吉拉特也大多是传统的阿拉伯单桅帆船。

联军里面，除了12艘大船装有火炮外，其他的都是只有弓箭手的单桅帆船。说是海战，其实他们的目标是把葡萄牙人诱入第乌要塞附近，利用岸上火炮的掩护冲上敌人的甲板肉搏。

葡萄牙方面，领军的正是首任印度总督阿尔梅达，他带领战船18艘、1800名葡萄牙士兵，另外还有400个科钦士兵也来助阵。葡萄牙人的主力战船是克拉克帆船，这种船的特点是有多层甲板，有更多船舱可以摆放物资，可以布设多层侧舷炮，它的风帆结合了三角帆和横帆的优点，动力强劲，即使逆风航行也不在话下。当然，它有个缺点，就是重心太高，遇到狂风暴雨的时候容易翻船，船体也太笨重，很难进入浅海和内河。为了避免这个缺点，后来出现了改良型的盖伦船，还有轻量版的卡拉维尔帆船（低于100吨）。哥伦布第一次远航的旗舰圣玛丽亚号就属于克拉克帆船，而另两艘平塔号和尼尼雅号则属于卡拉维尔帆船。总之，这种兼顾商业贸易和海上战斗的船型成为大航海时代远洋航行的主流，我们看电影（如《加勒比海盗》）里海战时，双方绕着圈互射，就是利用这种船型的侧舷炮，其威力可见一斑。

如果打肉搏战，葡萄牙人肯定不是对手，联军人数是他们的10倍。虽说葡萄牙人有枪，但这时的枪还是火绳枪，连发速度还不如弓箭。

战争一开始，穆斯林联军就发现不对劲了，第乌要塞的岸炮射程不如葡萄牙人的加农炮，岸炮起不了作用，于是他们驾船冲入敌阵，打算按传统的战法，先用船头的撞角撞击敌船，然后冲上敌人的甲板肉搏。但这样一来情况更糟，联军的船只还没靠近，葡萄牙的侧舷炮便一阵轰鸣，使许多战船沉入海底，剩下一些勇猛的士兵冲到葡萄牙船边时，却发现葡萄牙人的战船高大得爬不上去，而船舷上的葡萄牙士兵正拿着火枪朝他们射击，许多人还没明白怎么回事就葬身海底。

这场战争以葡萄牙人的完胜告终。面对十倍于己的敌人，葡萄牙人不但获得胜利，而且几乎没什么损失，只有一小部分人受伤，其中有一位便是费迪南德·麦哲伦（Ferdinand Magellan）。当然，麦哲伦这个时候还只是葡萄牙舰队里的一名低级军官，没有人能料到他将来会在世界航海史上留下浓墨重彩的一笔。

第乌之战标志着印度洋的控制权由穆斯林转移到了葡萄牙人手里。随着印度洋的丢失，穆斯林的利益严重受损，埃及的马木留克政权也因此而亡。更重要的是，原先在欧洲大陆上节节胜利的奥斯曼帝国突然发现后院进驻了葡萄牙人，由此转盛为衰。对于葡萄牙人的强取豪夺，穆斯林不是没反抗过，奥斯曼帝国的海军就曾经试图与葡萄牙人一战，但最终也无力回天，辉煌了近千年的伊斯兰世界从此风光不再。

葡萄牙人能取得这次胜利，主要靠的是火器。这个火器不是火枪，而是火炮。穆斯林也不是没有火炮，只是这么多年来没有进步，反而是欧洲人在远洋的过程中，为了克服途中碰到的种种困难，不断改进技术，不仅是在造船方面，在火器方

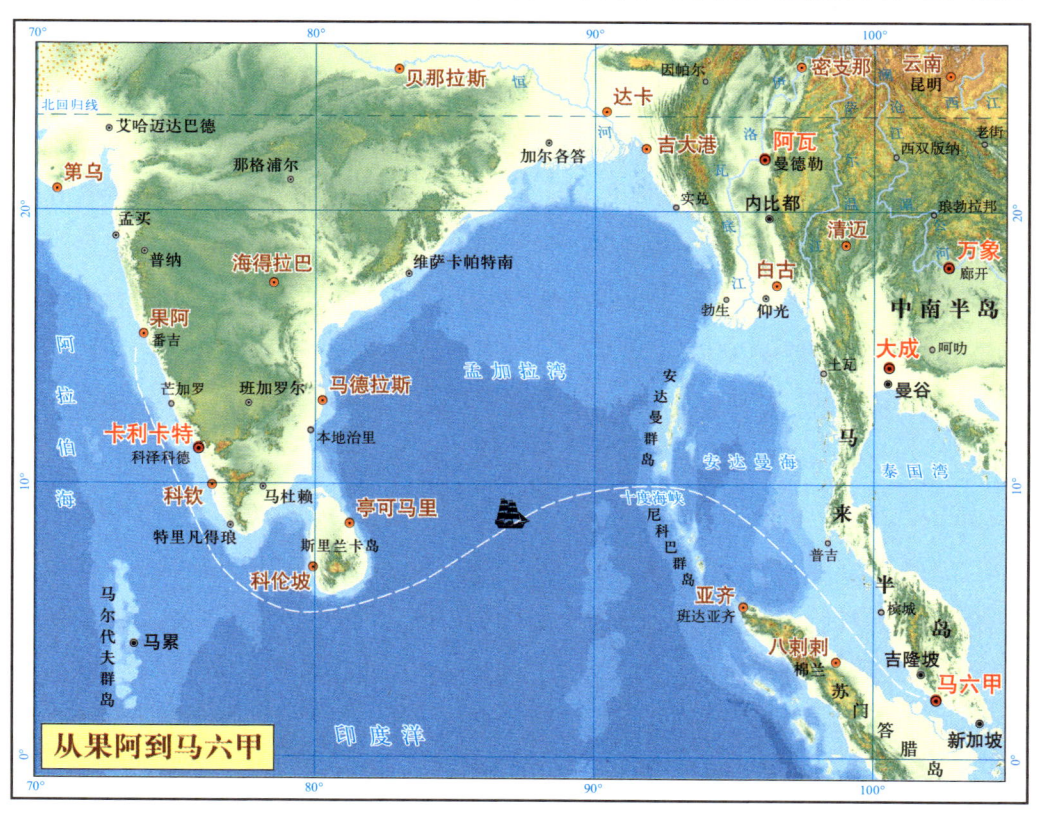

面也全面超越了穆斯林。技术更新给欧洲人带来了利益，利益又进一步刺激技术的更新，这种良性循环一旦打开，火枪成为战场的主角指日可待，欧洲的崛起已经势不可当。

对于这次远征的主要功臣阿尔梅达来说，结局却不太好，他在回国的途中死于与南非科伊桑人的冲突中。

当然，对于喜欢临阵换将的葡萄牙人来说，损失个把将领不是什么大事，他们的目标是"星辰大海"，是控制整个香料贸易航线，但印度并不是最大的香料产地，最大的香料产地在东南亚，因此，葡萄牙还需要再接再厉，把势力扩展到东南亚。

1510年，曼努埃尔国王任命阿尔布克尔（Afonso de Albuquerque）接替印度总督一职。同年，阿尔布克尔攻克果阿，大开杀戒，城中8000人死于非命。果阿后来成为葡萄牙在印度洋上的贸易枢纽。

在印度半岛的南端，隔海不远的地方还有一个岛国，这就是锡兰（今斯里兰卡）。锡兰实力很弱，不足为惧，再往东，过孟加拉湾，越过安达曼群岛和尼科巴群岛之间的十度海峡，就进入安达曼海。安达曼海往南，就是马六甲海峡。之所以叫马六甲海峡，是因为扼守海峡的重镇名叫马六甲。从果阿到马六甲，葡萄牙人再也遇不到像样的对手了。

马六甲海峡是印度洋到香料群岛的咽喉，控制了马六甲海峡，也就控制了香料从远东到欧洲的整个贸易航线，同时也能确立葡萄牙海上贸易帝国的地位。很显然，葡萄牙人的下一个目标，就是进入东南亚，攻占马六甲。

第十九章 马六甲

东南亚，过去中国人常称之为南洋。不过所谓的南洋，主要是指东南亚的那些岛屿，以及马来半岛，当然也包括中南半岛的沿海部分。总之，南洋是一个比较宽泛的词，并不精确。按今天的习惯，可以把东南亚划分为两部分，一是紧贴欧亚大陆的中南半岛，一是散落在大洋中的马来群岛。还有一个看似是岛、实则与陆地相连的马来半岛，我们也可以把它看作中南半岛的一部分。其中马来群岛的范围最大，包括苏门答腊岛、加里曼丹岛、爪哇岛、菲律宾群岛等两万多个岛屿。之所以统称马来群岛，是因为这些岛屿上的土著居民以马来人为主。而中南半岛则由于紧邻中国和印度，最先受到文明的洗礼。

由于气候炎热、森林茂密，中南半岛并不适合产生古代文明。公元元年前后，位于中国云贵高原的西南夷人部分南迁，他们分为两支，一支沿伊洛瓦底江和萨尔温江往南，称为孟人；另一支沿湄公河而下，称为高棉人。

1世纪（中国汉代），高棉人在湄公河中下游建立了扶南国（柬埔寨的前身）。扶南国在半岛上一枝独秀，开始向四方开疆拓土。由于受越南西部长山山脉的阻隔，扶南国深受印度文化影响，中华文明对扶南国的影响也仅限于长山山脉以东的沿海地带。三国时期，东吴大将吕岱任交州刺史时，曾遣使者到扶南国，两国交好。

东汉末年，日南郡象林县的占族人造反，杀县令，自立占婆国。占人是中南半岛的土著和马来群岛上的岛民融合形成的部族，在整个东南亚属于一个比较特殊的群体。因为临海，他们也更多地深受印度文化的影响，信仰印度教。占族立国后，开始不断南侵，势力最终到达长山山脉的最南端。

唐朝时，扶南国被原属国真腊取代，因真腊定都在吴哥，所以又称吴哥王朝。

五代十国时期，安南（越南）趁机脱离中国独立，从此一去不返。

此时，吴哥王朝、安南、占婆国，经常在半岛上演"三国杀"。

吴哥王朝极盛时期，占有今柬埔寨全部、泰国及老挝大部、越南及缅甸南部，毫无疑问是半岛的霸主，也是东南亚历史上最为强盛的国家，国土直接与唐帝国接壤。

元朝时，位于湄南河流域的泰人兴起，多次打败吴哥王朝，并于1431年首次攻

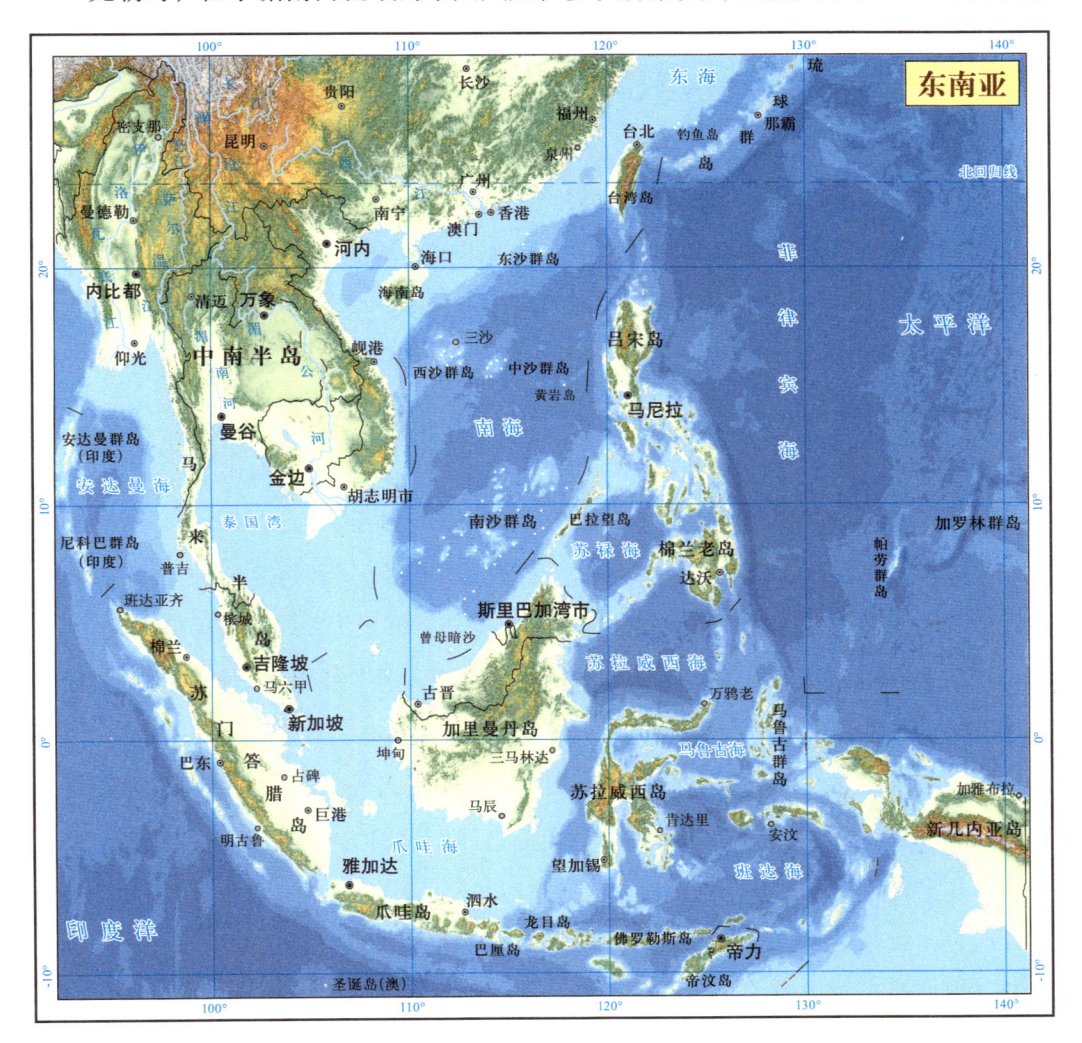

破首都吴哥。为避开泰人的锋芒，3年后，高棉人把首都迁到金边。由于这里雨林茂密，世人一时忘却了吴哥的存在，直到500年后，法国殖民者才发现了它的遗迹，这就是著名的吴哥窟。

泰人的祖先是汉朝时期的哀牢人。77年，东汉灭哀牢国，哀牢人四散，一部分沿澜沧江往东，定居在湄公河的上游，他们后来建立了一个小国，叫澜沧，或者叫南掌（都是泰语的音译），南掌一开始依附于吴哥王朝，等吴哥王朝稍显颓弱，南掌就独立出来了（这个独立部分即老挝的前身）；另一部分哀牢人西迁，在伊洛瓦底江的上游建立了掸国；还有一部分哀牢人沿湄南河南下，这就是泰人。没走的那部分哀牢人，就是后来的傣族人。我们常说傣泰民族，其实他们原本是一家。

沿湄南河而下的泰人，一部分停留在湄南河上游，建立了兰纳王国，而到达湄南河中下游的这部分泰人，也建立了一个国家，就是暹罗（泰国的前身）。兰纳后来并入暹罗，原因是缅甸人的入侵。

再说伊洛瓦底流域，也就是今缅甸一带，相比中南半岛其他地方的单一民族，这里情况最复杂。北部是泰人建立的掸国，为了区别其他泰人，我们就把他们称为掸人。

3世纪，伊洛瓦底中游兴起一个骠国，从此掸、骠两国征战不休。586年，骠国倾举国之力攻入掸国都城，掸国灭，王族逃回哀牢故地，各地头人纷纷自立。

到832年（唐太和六年），骠国都城被南诏攻陷，骠国也亡了。

也正是在这个时候，位于中国西南的一支羌人，因不堪忍受唐王朝和南诏国之间长年的征战，选择南迁。他们也是沿伊洛瓦底江而下，当时骠国灭亡，许多骠国人流离失所，这支羌人就收编了骠人，后来又融合了部分孟人，最终形成缅人。

到11世纪，缅人首次统一了缅甸地区，缅、掸、孟三族组成缅甸的第一个王朝蒲甘王朝，其中缅族居于统治地位。

13世纪，蒙古人灭亡大理后侵入缅甸，缅甸又陷入分裂状态：北边是掸族建立的阿瓦王朝，南部是孟族建立的白古王朝（也译作勃固王朝），而缅族人建立的东吁王朝几乎被赶出了平原，正退往山区等待时机。

后来，东吁王朝重新统一缅甸，随后进攻兰纳。兰纳和暹罗联手，结果兰纳被吞并，暹罗也被打得毫无还手之力。此时的缅甸得意忘形，开始侵入中国的领土，乾隆发兵征讨，缅甸无暇东顾，暹罗迎来转机。

与此同时，越南在东边加紧了吞并占婆的步伐，终于在17世纪末彻底吃掉了占婆国，还向南侵占了湄公河三角洲一带。

暹罗人赶走缅甸人之后，顺便把兰纳也占了，这就是后来泰国大致的版图。

再往后，就是殖民者在这里划分势力范围了，但中南半岛各国的版图大体定型。

以上是中南半岛的大致历史。

16世纪初，葡萄牙人刚刚进入东南亚时，还没有深入内陆，他们更感兴趣的是沿海的贸易据点，特别是传说中的香料群岛。所以此时，他们的注意力基本在马来群岛上。

相比中南半岛有湄公河、湄南河、伊洛瓦底江三条大河形成的冲积平原，马来

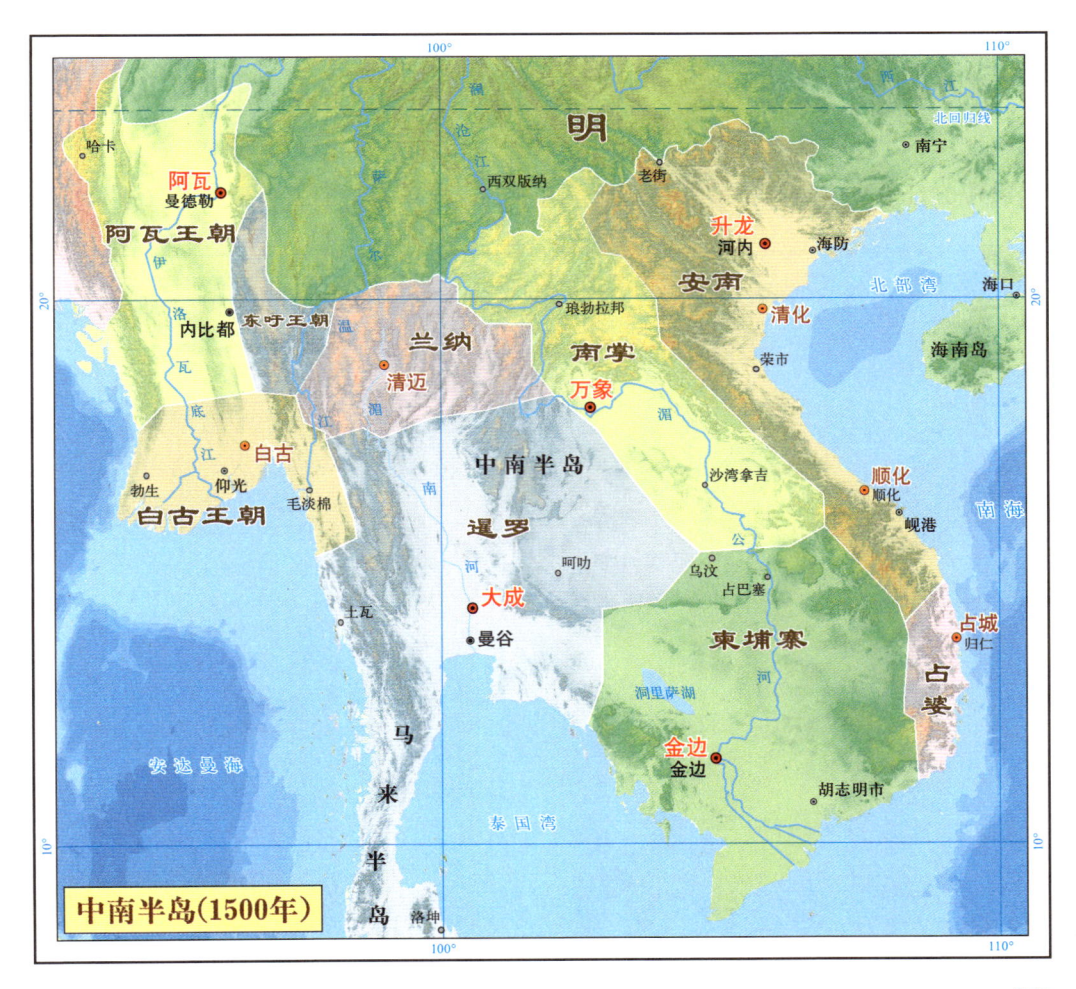

中南半岛(1500年)

群岛多是热带雨林，根本不适合耕种，因此文明发展得更慢。相比较而言，爪哇岛是这里条件最好的。爪哇岛是个火山岛，一连串的火山给岛上留下了厚厚的一层火山灰，这些火山灰是很好的肥料。所以，在整个马来群岛中，爪哇岛是人口最密集的地方。中国人对爪哇二字并不陌生，明清小说里形容一个人健忘，就常说"早忘到爪哇国去了"，指的就是这里，可见这里距中国之远。

相比爪哇岛，加里曼丹岛就贫瘠得多，基本被热带雨林覆盖。之前说过，热带雨林雨水太多，容易形成淋溶效应，不适合种植，所以这里人烟稀少。加里曼丹岛在中国古书里称为婆罗洲，这个名字相信大家耳熟多了。不过在中国，婆罗洲也并非仅指加里曼丹岛，各种神话故事里就经常出现婆罗洲，它更像是一个"遥远的水中陆地"的代称。

马六甲海峡两岸的苏门答腊岛和马来半岛南部，原本土地并不肥沃，条件比加里曼丹岛好些，赶不上爪哇岛，但关键的是它们位于中国和印度之间的商贸要道上，所以这里的人口密度仅次于爪哇岛，而且从商贸上说，这里比爪哇岛更发达。

其余的是菲律宾群岛及其他岛屿，由于既没有爪哇岛的耕种条件，又不处于商

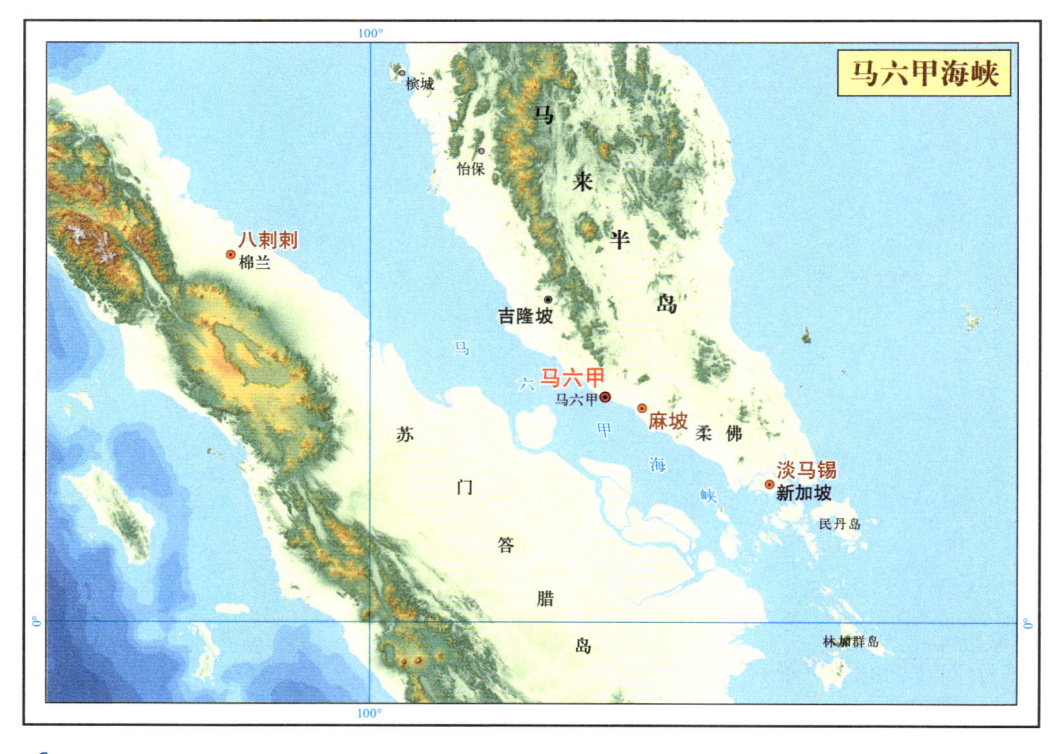

贸通道上,所以要落后得多。

总体来说,由于商贸总是比农耕发展得晚,所以这里的文明萌芽也比中南半岛晚得多。

马来群岛最早见于历史记载的是三佛齐王国,是一个信奉大乘佛教的国家。从这里我们也可以看出东南亚地区文明出现的先后顺序。总的来说,东南亚除越南受中华文化影响外,其余主要受印度文化影响,由于不同时期印度的主体文化(宗教文化)在变动,导致不同时期形成的文明接受的文化不同。因此,早期的高棉人、占人信奉婆罗门教;后来的泰人信奉小乘佛教;当印度文化波及马来群岛时,大乘佛教已经产生了,于是他们就直接信奉了大乘佛教。大乘佛教和小乘佛教的主要区别是:小乘佛教强调渡己,大乘佛教不仅要渡己,还要渡人,也就是普度众生。

三佛齐王国建立于7世纪(中国唐朝),起源于苏门答腊岛东南部的巨港(原称旧港,又称巴邻旁)。在鼎盛时期,其势力范围除了苏门答腊岛全部外,还包括爪哇岛全部和加里曼丹岛的西部。那个时候,马六甲海峡完全控制在三佛齐王国手上,三佛齐因此成为海上强国。

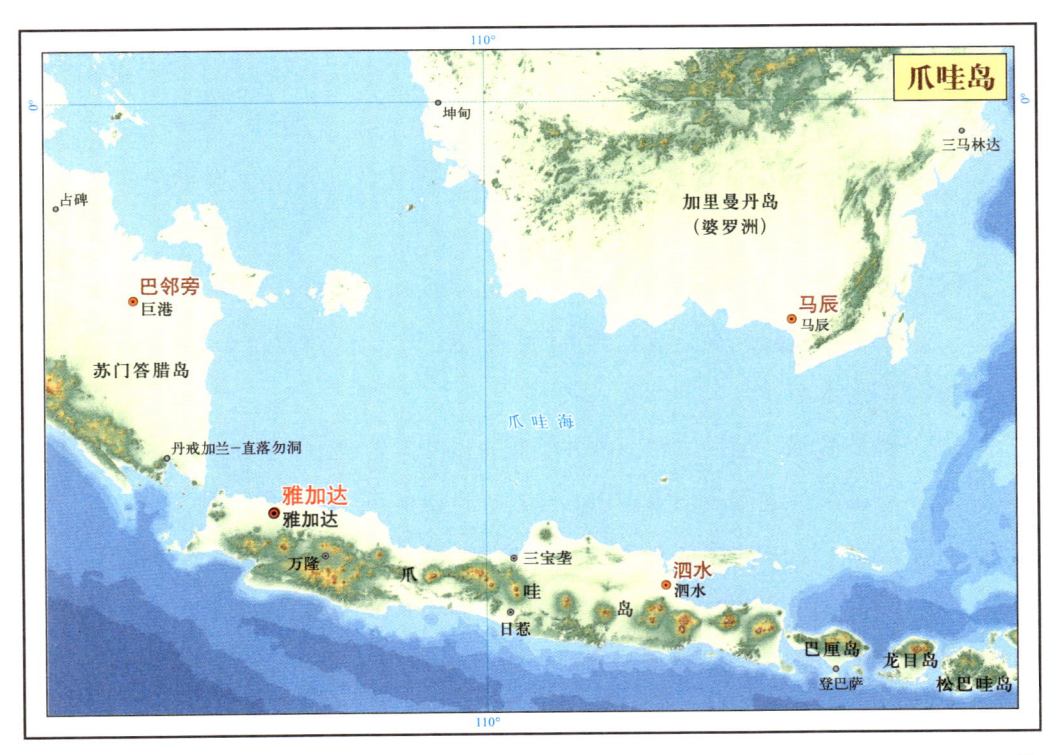

差不多在同一时间，在爪哇岛西部出现了一个信奉印度教的巽他王国。有关巽他王国的史料很少，不过马来群岛原称巽他群岛，就是因为巽他王国，可见它在当地的影响也不小。

8世纪，爪哇岛中部出现了一个夏连特拉国，因为同样信奉大乘佛教，所以与三佛齐关系非常好。但到了9世纪，夏连特拉被当地的湿婆教势力推翻，建立了马塔兰国。有意思的是，夏连特拉王子逃到巨港，继承了三佛齐的王位。这样一来，马塔兰很是担心三佛齐报复，于是将首都从中爪哇迁到了东爪哇。

但到了990年，东爪哇反而率先发动对三佛齐的攻势，并一度攻入巨港，直到16年后才被三佛齐击退。

险被灭国的三佛齐忍无可忍，指示一个叫沃腊瓦里的部落摧毁了东爪哇的首都，让东爪哇多年陷入无政府状态。

但恰在此时，来自印度半岛的朱罗王国突然袭击三佛齐，三佛齐只好与东爪哇和解，双方在巽他群岛上划分势力范围。

朱罗王国摧毁了三佛齐的巨港，使三佛齐陷入一片混乱。朱罗退军后，三佛齐把首都迁到北部的末罗瑜（占碑），从此走向衰落。末罗瑜（melayu）后来被翻译为"马来"，马来族的名称正是来源于此。

13世纪末，暹罗崛起，为争夺马来半岛与三佛齐人大打出手。这件事连元世祖忽必烈都惊动了，他曾向暹罗下诏："勿伤麻里予儿，以践尔言。"麻里予儿即是马来。

随着三佛齐的衰落，其属国开始动摇，当东爪哇打来的时候，这些属国纷纷改换门庭。三佛齐王室最终被迫逃亡到苏门答腊西部的山区，称为米南加保王国。实际上，称他们为米南加保人更合适。

三佛齐虽然败走，但巨港的首领并不服从爪哇人的统治。14世纪末，巨港拒绝交税，东爪哇的继任者满者伯夷国出兵镇压，巨港的王子（不是三佛齐的王子，三佛齐是个联盟政权，由很多小城邦组成）拜里米苏拉（Parameswara）带着族人逃到淡马锡（今新加坡）。为了占领淡马锡，拜里米苏拉杀死了当地酋长，这引起了暹罗的不满（此时淡马锡已经是暹罗的势力范围）。于是拜里米苏拉又逃到马来半岛，看到了一块风水宝地，命名为马六甲。

拜里米苏拉走后，巨港又陷入一片混乱。当地一千多名华人拥戴广东南海（今佛山）人梁道明为首领。梁道明重启了三佛齐这个国号，为了与马来人的三佛齐区别，我们称之为新三佛齐。新三佛齐建立后，十年间有几万军民从广东渡海投奔而来。

初创的马六甲（这时只是一个小城邦），南面有强大的满者伯夷，对岸还有一个占据他老家的新三佛齐，还需要每年给暹罗进贡40两黄金。为了生存发展，拜里米苏拉做了一个大胆的决定，于永乐元年（1403年）跟随大明的使者来到北京，向大明称臣纳贡，明成祖正式封拜里米苏拉为马六甲国王，并赠予诏书和诰印。有了大明的诏书，不仅同为属国的暹罗不敢再为难马六甲，就连周边国家都对马六甲另眼相看，这给了马六甲发展的大好时机。当然，大明之所以这么做，也不是因为偏爱马六甲——当时正是郑和七下西洋的时候，维护航线安定是最大的目的。

随着航线的安定，更多的中国人开始来到南洋做生意，许多人就在马六甲一带定居。这些人后来和当地的马来人通婚，世代繁衍，形成了一个特殊的群体，男的叫峇峇（bā bā），女的叫娘惹。也有人称他们为"土生华人"。

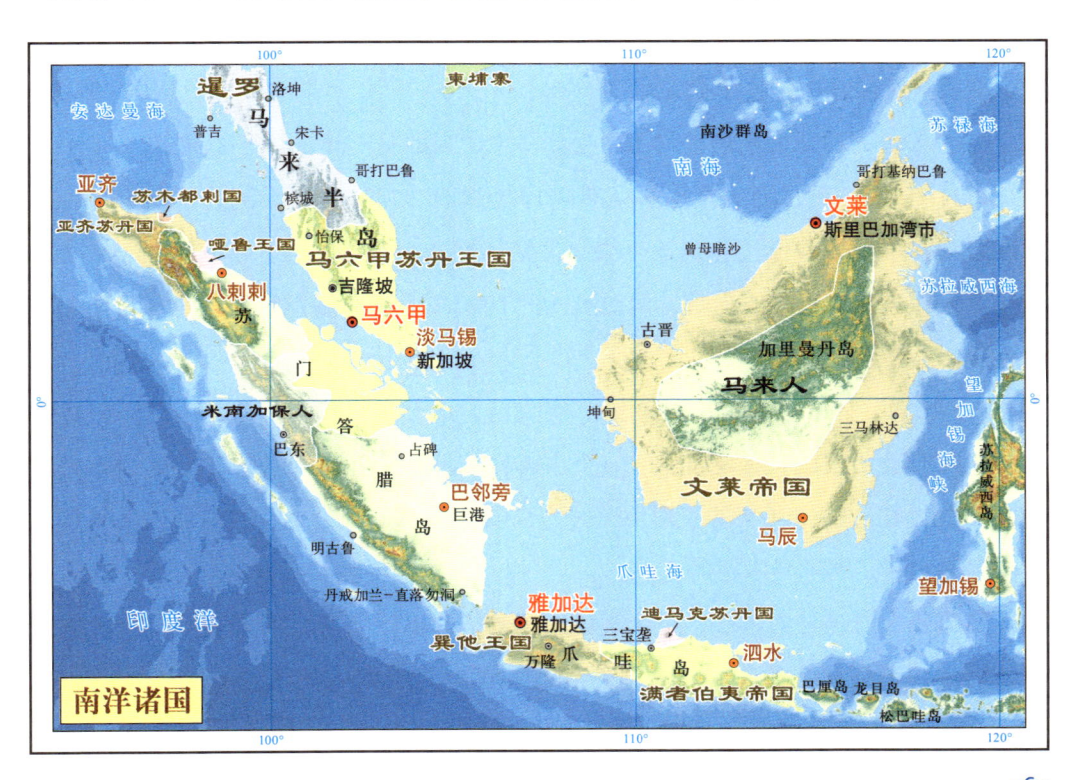

马六甲一开始并不信奉伊斯兰教，拜里米苏拉本人信奉印度教混合佛教。只是当时穆斯林的势力正如日中天，就连郑和也是穆斯林的一员。为获得更长远的发展，拜里米苏拉在1414年，决定和苏门答腊岛北部亚齐苏丹国的公主结婚，从此改用伊斯兰的苏丹称号。

1470年，马六甲灭新三佛齐，占领苏门答腊岛中部。

这时候的马六甲，迎来了最为辉煌的时期。每年有好几百艘船只顺着季风来到这里，中国人、印度人、阿拉伯人等各色人等挤满了港口。从中国来的樟脑、丝绸、陶瓷，从印度来的纺织品，菲律宾来的蔗糖，摩鹿加群岛的檀香、丁香、豆蔻等香料，苏门答腊的金子、胡椒，婆罗洲的樟脑，帝汶的檀香，以及马六甲西部所盛产的锡，统统汇集到马六甲，再转运到世界各地，马六甲俨然是当时的全球商品集散中心。

此时的马六甲，无疑是东南亚的霸主。但随着明朝海禁政策的兴起，中国在这里的影响越来越弱，而欧洲人的脚步逐渐临近。

第一任葡属印度总督阿尔梅达控制了印度洋之后，他的目标也仅限于印度洋沿岸。但到了第二任葡属印度总督阿尔布克尔克时，他改变了这一政策，要把穆斯林完全从香料贸易线中排挤出去。

1509年，葡萄牙人到达马六甲，受到马六甲人的猛烈袭击，于是撤退。

1511年7月1日，阿尔布克尔克率领18艘战舰、1400名士兵到达马六甲，以武力威胁马六甲释放战俘，并割让一块土地给他们建立要塞。马六甲有10万人，3万由马来人和爪哇人组成的士兵，面对敌人的1000多人，断然拒绝。于是葡萄牙人发动攻击，最终还是败退。

8月10日，阿尔布克尔克发动第二次攻击。这一次成功了，马六甲苏丹弃城而逃，率残部退到巴莪（麻坡属下的一个小镇）从事复国运动。但在1525年的林加群岛之战中战败，在1526年的宾坦岛（民丹岛）之战中，又丢失了宾坦岛。最终其后裔在柔佛建国，继承马六甲的王统。

葡萄牙人攻陷马六甲后，下令屠城、抢劫，许多无辜百姓惨遭屠戮，财产损失不计其数。葡萄牙人的香料贸易航线彻底打通，但当地人田园牧歌式的生活从此不再。

第二十章　西北航道

在寻找通往东方的航道这件事上，葡萄牙人走的是东南方向，西班牙人走的是西南方向，既然地球是圆的，自然会有人想到，从西北方向是不是也可以到达中国呢？

率先发起这一冲锋的是英国人，确切地说是英格兰人。提起英国，中国人常常会说英伦三岛，这个说法其实很不确切，大概过去的中国人对英国的地理概念很模糊，以为英格兰、苏格兰、爱尔兰分别在三座岛屿上。事实上英国只有两个大岛——大不列颠岛和爱尔兰岛，以及众多的小岛。其中爱尔兰岛上的居民主要就是爱尔兰人，而大不列颠岛又分为英格兰、苏格兰和威尔士三个部分。现代英国的全称是大不列颠及北爱尔兰联合王国，这其中就包括了英格兰王国、苏格兰王国及威尔士公国，至于北爱尔兰，那是历史上英国人从爱尔兰人手上抢走的一块地盘。

如果说希腊、罗马是正统的欧洲文明的话，那么后来兴起的葡萄牙、西班牙，以及法国、德国都算是游牧民族与罗马文明结合的产物，至于英国，可以说是彻底的"蛮族"出身。

早在罗马时期，大不列颠岛和爱尔兰岛上就有人类活动，不过这些人的种群很小，没有形成自己的文化。公元前13世纪，伊比利亚半岛上的部分居民漂洋过海到此定居，但也不成规模。到公元前7世纪，受罗马帝国的挤压，欧洲西部的凯尔特人不断向大不列颠岛和爱尔兰岛上移民，这才形成气候。爱尔兰的民族构成相对简单，就是凯尔特人与当地土著的结合，此后它面对的主要敌人就是来自大不列颠岛上的邻居。

公元前54年，罗马进兵不列颠，被击退。43年，罗马再度进兵，不列颠成为罗马的一个省。5世纪初，罗马帝国受到日耳曼人的冲击，自顾不暇，从不列颠撤兵。随后，日耳曼人也侵入了不列颠。

进入不列颠的日耳曼人主要有三支：一支是来自今丹麦南部的盎格鲁人，一支是来自今德国北部的撒克逊人，还有一支是来自今丹麦北部的朱特人。其中盎格鲁和撒克逊两个部族在文化上很相似，可以把他们合称为盎格鲁-撒克逊人。盎格鲁人进入不列颠后把这块土地称为"盎格鲁人的土地"，即"盎格兰"，谐音England，这就是"英格兰"这一名称的来由。

盎格鲁-撒克逊人的入侵遭到了凯尔特人的激烈抵抗，但凯尔特人终究不敌，退守到条件相对恶劣的山地和森林，其中往北的一支称为苏格兰，往西的一支称为威尔士，大不列颠岛上这三大部族的恩怨情仇就此结下了。

出于游牧民族的习性，占领英格兰的盎格鲁-撒克逊人并没有建立一个统一的

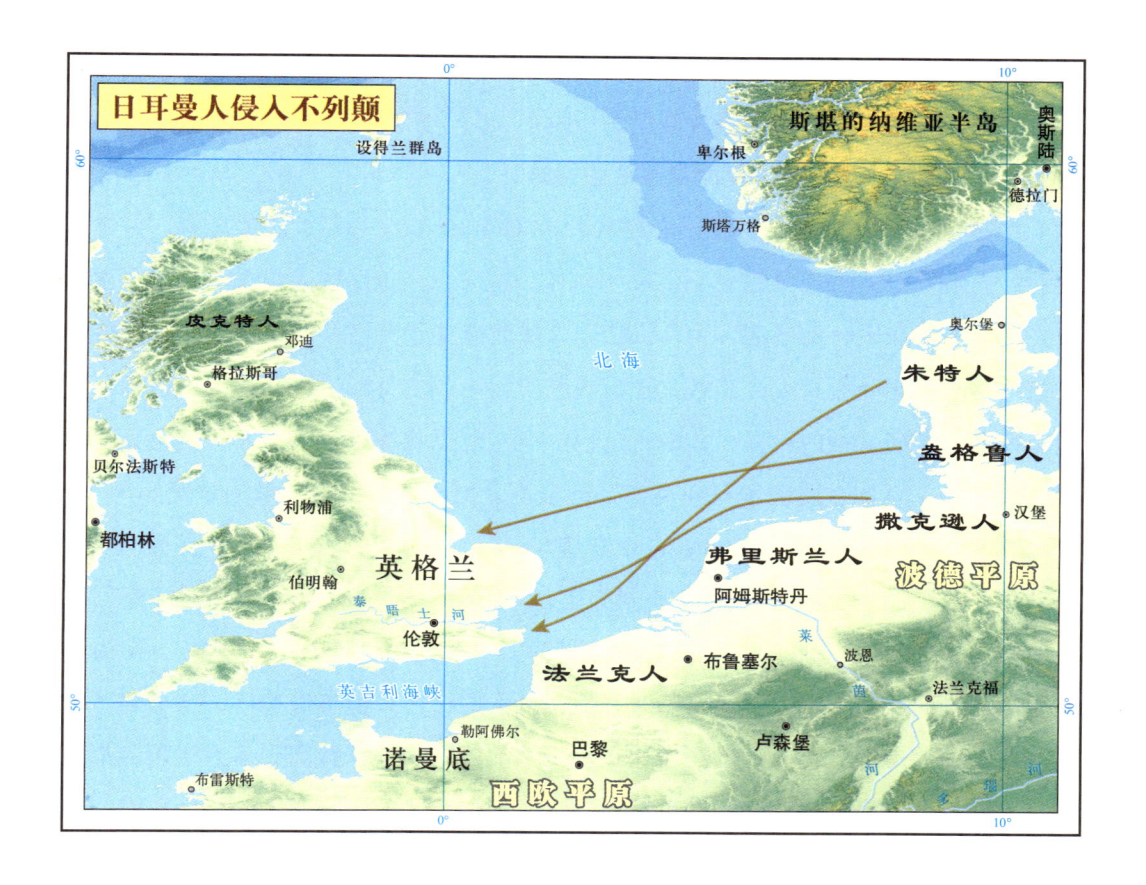

国家，而是山头林立。经过一番兼并后，7世纪时，岛上剩下7个强国，分别为：肯特王国、萨塞克斯王国（南撒克逊）、韦塞克斯王国（西撒克逊）、埃塞克斯王国（东撒克逊）、诺森布里亚、东盎格利亚王国和默西亚王国，这就是英国历史上的"七国时代"。829年，韦塞克斯国王埃塞尔斯坦（Æthelstan）统一各国，并统称为英格兰王国。据说，著名美国电视剧《权力的游戏》就取材于这段历史。就像日耳曼人进入罗马帝国之后一样，在"七国时代"，盎格鲁-撒克逊原有的氏族组织解体，封建骑士制度开始建立。

从8世纪到11世纪初，是以丹麦人为主的斯堪的那维亚人（即维京人）入侵时期。不过丹麦人最终也没在英格兰留下什么太大影响，直到1066年，法国的诺曼底公爵威廉（William the Conqueror）率军征服英格兰，才彻底改变了这里的文化。

诺曼底位于英吉利海峡的南岸，与英格兰隔海相望。从8世纪起，这里主要生活着来自北欧的维京人和他们的后代。维京人本是海盗出身，在这里定居后逐渐被法国人同化，这些维京人被称为诺曼人，他们居住的地方就是诺曼底，法王给他们册封建国，这就是诺曼底公国。诺曼底公国很强大，在英格兰遭受丹麦人侵略的时候，英格兰的王公贵族经常跑到诺曼底去避难。

1066年，英王爱德华（Saint Edward the Confessor）死后，因为无嗣，封建贵族们拥立哈罗德（Harold Godwinson）继位。这时，一位法国人出来夺位，他便是前文所述的诺曼底公爵威廉。为什么法国人威廉能主张英格兰的王位呢？因为英王爱德华从小在诺曼底长大，其教父正是威廉的父亲，本身深受威廉家族的恩情；而哈罗德在诺曼底避难的时候，威廉救过他的命，他也曾答应，有朝一日当上英王便让贤给威廉；再加上威廉本身和英王是远亲（爱德华的母亲是威廉的姑奶奶），有微弱的继承权。种种原因加在一起，威廉从容起兵，登陆英格兰。10月，威廉与哈罗德决战，获胜后直取伦敦，于年底自封为王，称威廉一世，又号称"征服者威廉"。

威廉在位期间，加强了中央集权，使英国不再遭受北欧海盗的欺负。作为英格兰的国王，威廉并不懂英语，同时，他带过去的诺曼人也不懂英语。这个并不奇怪，在中国的造纸术传入欧洲之前，文化传承的成本极高，欧洲许多封建领主都是文盲。这也造成当时的英国宫廷里都讲法语，这对英语的演变产生了极大影响：威廉之前，是古英语；威廉之后，现代英语开始形成。

威廉加强王权的举动增强了英格兰的实力，但也遭到各级封建领主的反抗。和中国不同的是，英国（这里指的是英格兰王国）在加强中央集权的道路上并没有走多远，1215年，封建领主们联合起来，逼迫英王约翰（John, King of England）接受了《大宪章》。《大宪章》又称《自由大宪章》，主要作用是限制王权，保障其他各个阶层特别是封建贵族的权力。用法律限制君主的权力，这在人类历史上尚属首次。虽然《大宪章》在实际中并没有起太大作用，但这一思想被后来的英国人发扬光大，并赋予新的含义，进一步扩大人民的权利，最终创立了君主立宪制政体。

之前说过，欧洲的封建制度和中国不同，中国是自上而下的分封，而欧洲是自下而上的效忠，这造成欧洲封建领主在土地继承上纠纷不断。比如英格兰王室的成员和后来受英王加封的诺曼人，这些人本身已经算是英国人，但他们同时又是法国的封建领主，继承有大片的法国土地。这些新英格兰人当然认为他们继承的土地也是英国的，但法兰克国王认为这些土地是法国的，应该收回。于是两国大打出手，最终引发百年战争。

英法百年战争（1337年~1453年）一开始，英国占上风，节节胜利，法国人毫无还手之力，几乎亡国。危难时刻，一位传奇人物圣女贞德（Joan of Arc）出现，扭转了整个战局。最终结果是英国几乎丧失所有在欧洲大陆上的土地，完全成为一个岛国。从某种角度上说，这对英国也是一件好事，它让英国后来不再把注意力放在欧洲大陆，而是转向海洋。作为岛国，英国对欧洲大陆的心理态度是矛盾的，一方面，那里是他们文化的来源；另一方面，如果大陆实力过强，他们这个岛国就有被吞噬的危险。最近英国脱离欧盟就是个例子，它不希望看到一个强大的欧盟，欧洲大陆一旦铁板一块，作为岛国的英国只能被边缘化。同样的，日本对中国，也是类似的心理。

英法百年战争期间，从1347年到1353年，欧洲爆发了一场大瘟疫——黑死病。黑死病属于鼠疫的一种，因患病者身体发黑而得名，传染性极强，死亡率极高，欧洲因此失去2500万条生命，占当时欧洲总人口的三分之一，比例上远远超过二战给欧洲造成的5%人口损失，可见这场瘟疫之凶猛。黑死病给欧洲最大的影响是，人们对基督教宣扬的那套东西产生了质疑，因为无论基督教徒如何虔诚祷告，黑死病照样吞噬一个个鲜活的生命。这为后来的宗教改革埋下了伏笔，在此之前，没人敢怀疑上帝的万能，也没人敢怀疑牧师的权威。

因为在百年战争中惨败，英格兰王国民怨沸腾，于是以白玫瑰为标志的约克世家起兵，反对国王亨利六世（Henry VI）。亨利六世属于兰开斯特世家，以红玫瑰为标志。这就是英国历史上的"玫瑰战争"。这两个家族都是英王爱德华三世的后裔，为了争夺王位，又打了30年。直到1485年，兰开斯特家族的代表亨利·都铎（Henry Tudor）即位为英王，称亨利七世（Henry VII），娶约克家的女儿伊丽莎白（Elizabeth of York）为王后，两家和解，建立了都铎王朝。

都铎王朝的建立让英格兰内部实现了和平，英国人这才有精力参与大航海事业。

相比政府，商人的脚步总是快一些。早在1480年，英格兰西南海港重镇布里斯托尔的商人就开始组建船队去寻找传说中的亚特兰蒂斯。按古希腊哲学家柏拉图在《理想国》里的说法，大西洋中间原本有一个大西洲（柏拉图称之为亚特兰蒂斯），拥有高度的文明，后来发生一场大灾难，大西洲沉入海底，残存部分称为安提利亚岛。后来，有7个基督主教从摩尔人占领的西班牙出逃后，在岛上建了7座城，所以又称七城岛。

寻找亚特兰蒂斯的探险虽然毫无结果，但英格兰人终于迈开了远航探险的步伐。事实上，在1487年，葡萄牙国王在向非洲开拓的同时，也曾派人西航大西洋，去寻找传说中的亚特兰蒂斯，结果一去不返。

1489年，哥伦布派他的兄弟来英格兰游说英王亨利七世。亨利七世先是不置可否，很久以后又想起这件事，打算投资，但为时已晚，哥伦布刚刚和西班牙签署了圣塔菲协定，英国人错失良机。

和王室的不紧不慢相比，布里斯托尔的商人显然要积极得多。1496年，布里斯托尔的商人们组建了一支船队从港口出发，目标是经过北亚到达香料之邦。船队领头人物是来自威尼斯的航海家约翰·卡波特（John Cabot）。根据卡波特的推论，在印度东北非常遥远的地方盛产香料，由于地球是圆的，对于欧洲人来说，那里就是比较近的西北方。这次探险最终没有成功，却使英格兰人的航海目的发生了转变，即从寻找传说中的神秘陆地转变为开辟去往东方的新航路。

　　1497年5月20日，在布里斯托尔商人的资助下，卡波特再次出发，驶向茫茫的大西洋。船队只有1艘三桅帆船，乘员18人，包括卡波特的二儿子。按哥伦布的经验，他们也采用等纬度航行法，一直把航线保持在北纬52°左右。6月24日，他们发现了陆地，卡波特将其命名为"首次见到的陆地"。事实上，这里并不是大陆，而是纽芬兰岛的北端。在最近的一个港湾登陆后，卡波特举行了占领仪式，升英格兰王国和威尼斯共和国国旗。他们在岛上没有发现人，但发现有人类活动的痕迹。随后，卡波特向南偏东航行，考察了纽芬兰岛的全部东海岸，并绕过纽芬兰岛的东南突出部（即阿瓦朗半岛）。在这一带的海水里，卡波特一行发现了大群的鲱鱼和鳕鱼。就这样，面积达30多万平方公里的纽芬兰大浅滩也被发现，这就是纽芬兰渔场所在地，之前说过，纽芬兰渔场是由冷暖两股洋流在此交汇产生的。虽然此时的英国人并不明白渔场产生的原因，但丰富的渔业资源无疑给英国人带来了丰厚的收

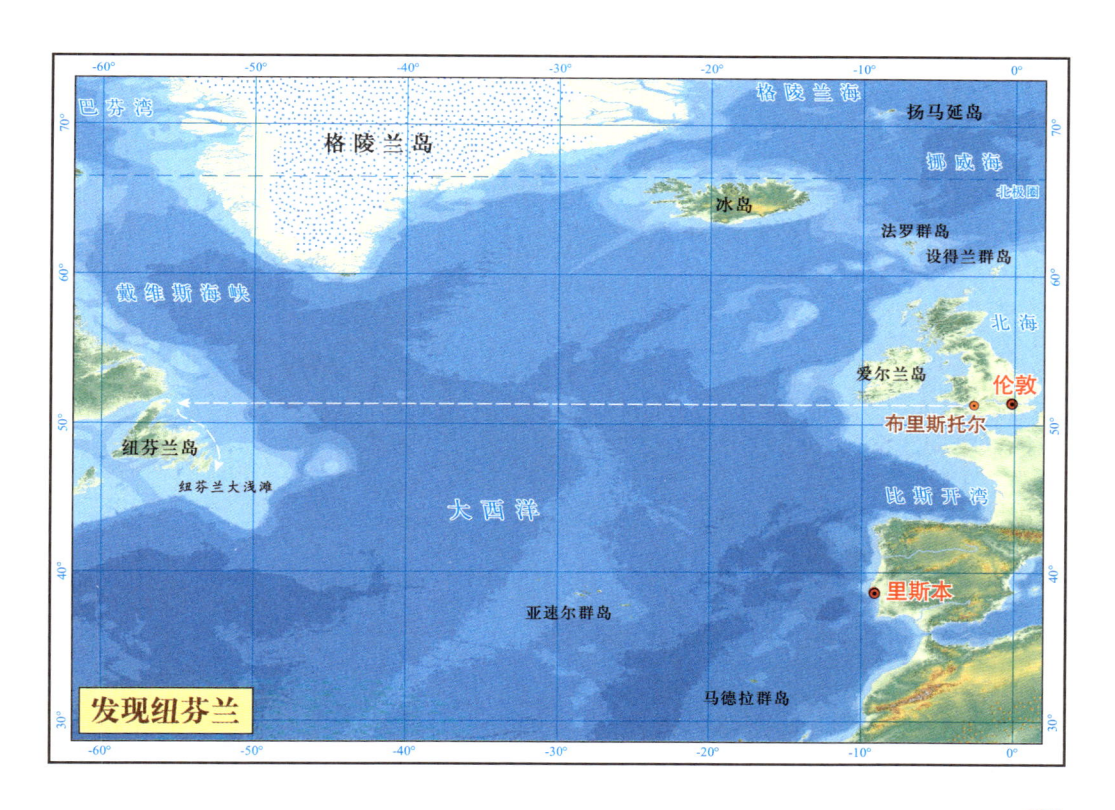

益，从此英国人不再到冰岛渔场，而是改到纽芬兰渔场去打鱼。

7月20日，卡波特原路返航；8月6日回到布里斯托尔。这次探险的成功极大地鼓舞了英国人，亨利七世给了卡波特10英镑的赏赐，以及每年20英镑的退休金，并把"首次见到的陆地"改名为"新发现的陆地"，即"New Found Land"，音译过来就是"纽芬兰"。

纽芬兰岛与北美大陆最近处仅相隔20公里，但卡波特并没有意识到他发现的是一片新大陆，他以为到达的是中国某个地方。

随后，英格兰王国开始不停地向西北航线探索。

1501年，旅居英格兰的葡萄牙人费尔南德斯和三名布里斯托尔商人一起获得了英王亨利七世的批准，去探索卡波特发现的那片新大陆。这一次，他们踏上了拉布拉多半岛，并对这里进行了考察，于第二年返回。

1504年春，塞巴斯蒂安·卡波特（Sebastian Cabot，约翰·卡波特的二儿子，老卡波特已去世）在布里斯托尔商人的资助下率两艘船前往西北航线探索。到了秋天，船队回到布里斯托尔，船上装着腌制的40吨咸鱼和7吨鳕鱼肝脏。在葡萄牙人

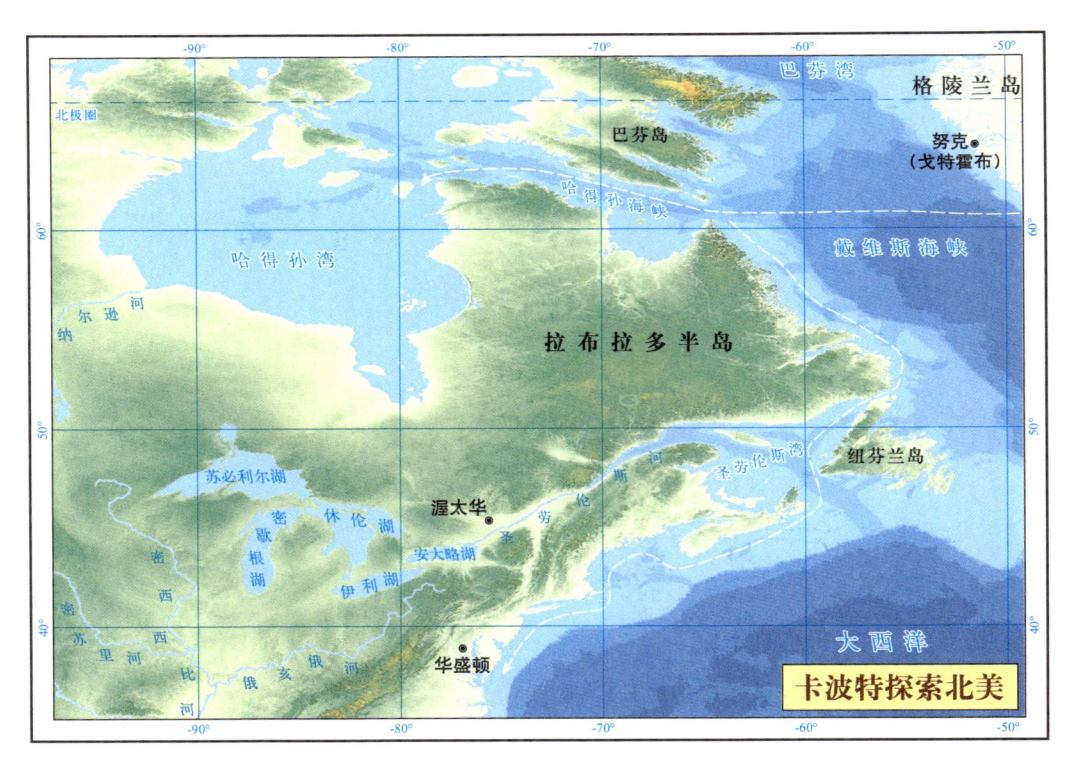

卡波特探索北美

和西班牙人分别从非洲和加勒比海运回大量金银财宝的时候，可怜的英格兰人只能带回点土特产。

1508年，英格兰王室总算参与进来，亨利七世派塞巴斯蒂安·卡波特率领两艘帆船出海寻找西北航线。船队经过冰岛和格陵兰岛后，到达拉布拉多半岛。卡波特一直探索到北纬64°的拉布拉多半岛北海岸，在经过今哈得孙海峡后，船队进入一片开阔的水域，卡波特以为那是一片大洋，将其命名为"太平洋"。这个时候塞巴斯蒂安·卡波特已经意识到，他发现的这片大陆并不是老卡波特认为的亚洲，而是另一个独立的大陆，只有绕过"太平洋"，才会到达真正的亚洲。

塞巴斯蒂安·卡波特想进入"太平洋"，但船员们不答应，这里太冷，水面上到处是浮冰，稍不留神就会船毁人亡，他们以造反相要挟，拒绝前往"太平洋"探索。卡波特只好退出哈得孙海峡，继续沿北美大陆东岸行驶，一直到今弗吉尼亚州一带。第二年返航。

事实上，卡波特所谓的"太平洋"就是今天的哈得孙湾。但卡波特坚信他发现了西北航道，哪怕在英格兰没人相信他的话。不久后，卡波特娶了一位西班牙女郎，移居西班牙。但卡波特注定与英格兰王国有着不解之缘，日后他还将回到英国效力。

第二十一章 发现太平洋

在葡萄牙人进入东南亚、大肆掠夺香料的时候，西班牙人也加紧了对美洲的征服。造化弄人，就在塞巴斯蒂安·卡波特固执地坚持哈得孙湾即"太平洋"时，西班牙人却在无意中闯入了真正的太平洋。

1509年，西班牙政府批准在巴拿马一带和哥伦比亚北部海岸殖民定居。在巴拿马，殖民活动很快失败，因疾病、饥饿、捕捉印第安人遭反击等原因，几个月之后，定居的殖民者只剩下十分之一，西班牙人只好放弃。在哥伦比亚，情况稍好，但也不乐观。11月，老牌冒险家阿隆索·奥赫达率队从海地出发，奉命前往哥伦比亚北部殖民，在今卡塔赫纳登陆时，与当地印第安人发生激战，西班牙人战败，著名制图家胡安中毒箭而死。奥赫达只好往西，在乌拉瓦湾岸边建立定居点。同样，因为疾病、饥饿、捕捉印第安人遭反击等原因，殖民者数量不断减少，奥赫达也身负重伤，只好回海地求援，将这里的统治权暂且交给了部下皮萨罗（Francisco Pizarro，就是后来那个臭名昭著的皮萨罗）。从此，奥赫达再也没有回来，几年后在海地去世。

第二年，西班牙王国派恩西索（Martin Fernandez de Enciso）支援在哥伦比亚的殖民点。恩西索带着补给品来到乌拉瓦湾，接替了奥赫达的职位，统管西班牙在哥伦比亚的殖民事业。在部下巴尔波亚（Vasco Núñez de Balboa）的建议下，恩西索下令放弃了建在乌拉瓦湾的定居点，另在乌拉瓦湾西北岸靠近巴拿马地区的地方建立新的殖民点，命名为圣玛利亚·安提瓜。不久之后，巴尔波亚开始排挤恩西索，最终把恩西索赶走，自己成为这批殖民者的头领。

安提瓜是欧洲人在美洲大陆上第一个稳定的殖民点，这里食物丰富，而且当地的印第安人也没有毒箭。

1511年12月，西班牙政府正式承认巴尔波亚在南美的地位。随后的1年多时间里，巴尔波亚又收编了一些在巴拿马地区殖民失败而前来投奔的西班牙人，总数达到300多人。巴尔波亚把这些残部的原头领放逐到海上，让他们自生自灭，这些人从此杳无音信。表面看来，巴尔波亚为了权力不择手段，但在对待印第安人的态度上，他不像别的殖民者那样一味采用杀戮的办法，而是分化瓦解。他利用印第安人之间的矛盾，与一些部落修好，获取粮食和土地，同时打击另一些部落，破坏村庄，贩卖俘虏。

巴尔波亚从印第安人那里打听到，西边有一片大海和一个盛产珍珠、黄金的国家，于是下决心去寻找。他给西班牙国王写信，请求补充人员和武器，以便组织一支远征军去寻找这个盛产黄金和珍珠的国家。但传来的消息是，由于他擅自收编从巴拿马溃逃的殖民者，并放逐了他们的首领，国王正打算惩办他。于是巴尔波亚不

再等待，打算自己去寻找"西方的海"，以立功赎罪。

1513年9月1日，巴尔波亚率队乘船离开安提瓜。在印第安向导的指引下，向西北方向行驶了约150公里。9月6日，探险队在一个叫阿克拉的地方登陆，开始向西横穿地峡。这支远征探险队包括190名西班牙人、数百名印第安人和一大群猎狗，巴尔波亚的印第安老婆和皮萨罗也在队中。在丛林中，探险队与当地印第安人发生了激战，这些印第安人没有铁质武器，甚至没有铜质武器，探险队很快获胜，继续前行。但由于道路坎坷，自然环境恶劣，一些西班牙人染上了丛林热（热带恶性疟疾）而死去，前进速度也非常慢，3个星期只走了45英里。9月24日，探险队击退了上千名印第安人的进攻，在一个村落里缴获了些食物。9月25日，探险队来到一座陡峭的山峰之下。印第安向导告诉他们，从这座山的山顶可以看见西南方的大海。为了青史留名，巴尔波亚把队伍留在山下，一个人登上山顶，果然在西南方向看到了一望无际的大海。他把这片新发现的海洋命名为"南海"，以区别北方的北海（大西洋）。

这个"南海"正是太平洋，只是当时巴尔波亚根本不知道它有多大，也不知道海和洋的区别。

探险队继续南下，4天后到达巴拿马湾的圣米格尔湾。巴尔波亚激动不已，蹚进水里举行了占有仪式，宣布以西班牙国王的名义占有这些海洋、陆地、海岸、海湾和岛屿。

随后，探险队制作了独木舟在海湾里考察，发现了珍珠丰富的渔场，又考察了圣米格尔半岛。

此外，巴尔波亚还在海湾附近找了个立足点，建了一些简单的房舍。沿用当地印第安人的称呼，他把这个地方叫"巴拿马"，意思是"渔村"。

1514年1月初，远征探险队回到了安提瓜据点。巴尔波亚向西班牙国王送回了发现大南海的报告，以及宝石、珍珠和黄金等财物（当然，这些送回国内的财物只占总数的五分之一）。于是，巴尔波亚得到了国王的宽恕，并被提升为南海、巴拿马和科伊瓦的总督。

巴尔波亚成为第一个活动在太平洋上的西班牙人。虽然当时他们并不知道太平洋到底有多大，但巴尔波亚的发现至少证明，哥伦布发现的新大陆和真正的东方中间还隔着一个"南海","南海"的对面才是真正的东方。但帆船要到达"南海",肯定不能像巴尔波亚他们那样走陆地穿越丛林,只能沿美洲大陆继续南行,看能不能找到一条海峡穿过大陆,或者先从南美洲的尽头把船开到"南海",再到达东方。恰恰在这个时候,两名葡萄牙的航海家在巴西贩卖木材。据他们说,在南美的某个地方有条海峡,穿过那里就可以到达东方,于是欧洲各国纷纷行动,开始寻找绕过美洲到达东方的航线。

1514年6月,新任总督阿维拉(Pedro Arias Dávila)来安提瓜殖民,带了22艘船和2000人,声势浩大,还把安提瓜改名为金卡斯蒂。巴尔波亚无可奈何,毕竟他只是个地方总督,而阿维拉是新大陆总督。

一开始,阿维拉为了和巴尔波亚搞好关系,把自己的女儿许配给了他。但随后,两人的矛盾越来越深。巴尔波亚反对阿维拉对印第安人的做法,认为应该分化瓦解,而不是一味地残酷镇压,那样会引起反弹,使原本温顺的印第安人变得像豺狼一样凶狠。由于阿维拉在探险上并没有什么作为,巴尔波亚就向国王报告说,阿维拉资质平庸,不能胜任总督。在能力超强的巴尔波亚面前,阿维拉感觉自己的地位不保。

1518年,巴尔波亚把西班牙大帆船的零部件通过陆地从加勒比海运到了圣米格尔湾,然后组装成船。就这样,第一艘西班牙大帆船航行在了太平洋上。这给西班牙王国提供了一种思路:如果实在找不到通往太平洋的海峡,可以采用巴尔波亚的方法。

终于,巴尔波亚的一系列成就引起阿维拉的强烈嫉妒,他觉得再这样下去,自己的总督位子就是巴尔波亚的了。于是在年底,阿维拉以"曾经排挤恩西索、收编政府的殖民者、放逐合法的总督尼伊库萨、企图叛乱称帝"等罪名,派皮萨罗带人逮捕了巴尔波亚。第二年,在巴拿马地峡北岸的阿克拉,也是巴尔波亚发现太平洋的关键登陆点,阿维拉将巴尔波亚斩首示众。

对于西班牙王国来说,巴尔波亚发现太平洋只是个意外,巴尔波亚的死似乎也没影响西班牙的整个美洲殖民计划。西班牙此时的目标是占领所有在新大陆发现的土地,从中美洲到巴西,统统都要纳入西班牙的版图。

早在1511年,西班牙王国在塞维利亚专设了"印度事务部",总管对"西印度"的殖民事务。随即,西班牙派遣武装帆船远征古巴。古巴属于热带雨林地区,这里地广人稀，当地印第安人生产技术落后，完全不是西班牙人的对手，很快就臣服了。以当时的技术条件，即使是西班牙人，也难以对热带雨林进行开发，所以西班牙的主要目标还是中美洲。

1515年，西班牙在古巴岛上修建了哈瓦那城，作为殖民活动的基地。然后，西班牙的探险队开始向中美洲内陆挺进。但是，到1517年，当西班牙人进抵尤卡坦半岛时，却遭到了当地玛雅人的抵抗，西班牙人败回。

长期以来，西班牙人在美洲大陆上所向披靡，未逢对手。由于当地的印第安人甚至连铁质武器都没有，于是西班牙人认为，美洲除了一些原始部落外，并不存在文明。但随着西班牙人不断向内陆挺进，他们发现美洲并不是没有文明，只是不在沿海，而在内陆。

总的来说，美洲主要有三大文明：玛雅文明、阿兹特克文明和印加文明。

玛雅文明主要分布在中美洲今墨西哥的尤卡坦半岛，以及今危地马拉、洪都拉斯、萨尔瓦多和伯利兹的丛林之中。与世界主流的大河文明不同，玛雅文明属于丛林文明，也是世界上唯一的丛林文明。阿兹特克文明主要分布在墨西哥高原上，属

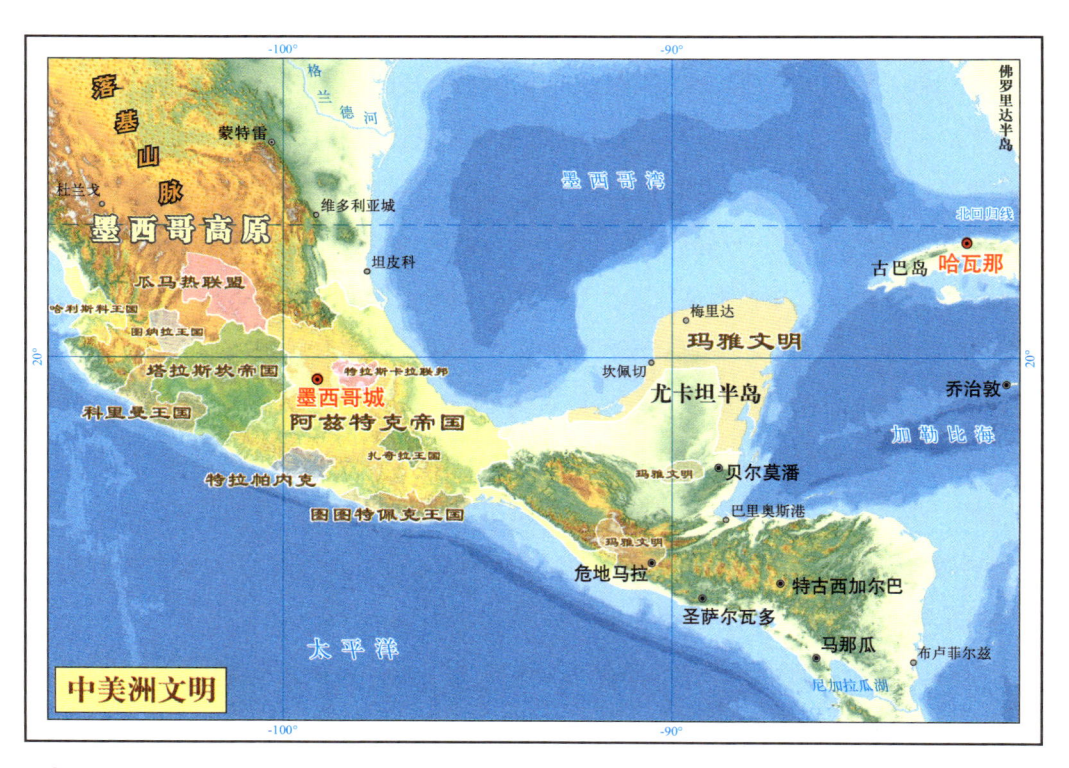

于高原文明。而印加文明几乎涵盖了整个南美洲的安第斯山脉，属于山地文明。

玛雅文明、阿兹特克文明和印加文明代表了美洲印第安人的最高成就，我们先来说好的一方面。

首先是农作物方面，印第安人在植物的驯化方面绝对是高手，在美洲大陆上，他们独立培育出的农作物有玉米、马铃薯、红薯、木薯、花生、番茄、菜豆、棉豆、木瓜、南瓜、西葫芦、佛手瓜、辣椒、腰果、可可、烟草、菠萝、香蕉、鳄梨、人心果、向日葵等，总共有100多种，和旧大陆培育的植物种类相当，这是非常了不起的成就。可以说，如果没有印第安人的这些智慧成果，我们今天的餐桌会乏味不少，吃货们更会叫苦连连。

但在动物驯化方面，印第安人的成果却乏善可陈：玛雅人和阿兹特克人会养狗、火鸡和鸭，另外玛雅人还会养蜜蜂，印加人会养羊驼和豚鼠（又称荷兰猪，因为是荷兰人把它们带到了欧洲当宠物，其实印第安人拿它们当食物，就像中国人养猪一样）。这些动物个体小，不能帮助人类提高生产力。和旧大陆相比，印第安人没有驯化出大型牲口，更没有发明提高生产力的车轮，因此文明发展十分缓慢。至于我们经常在影视剧里看到的印第安人策马奔腾的场景，那是欧洲人把马带到美洲以后的事。马一到美洲，印第安人就学会骑马打仗了，令欧洲人头疼，可见印第安人并不笨，只是和旧大陆缺乏交流，错失了文明发展的好时期。

其次是文化方面，玛雅人成就最高，有象形文字；阿兹特克人有简单的图画文字，稍复杂点的意思就难以表达；而印加人还处在结绳记事阶段。

最后是工具方面，特别是武器。在西班牙人到来之前，美洲的三大文明都处于新石器时代，还没有进入青铜时代，他们平时种地用的是木棍，打仗用的也是木棍、木箭，高级点的也不过是在前面加上石斧，或者石箭头。印加人稍好一点，能提炼青铜，但也只是处于刚刚开始的阶段，还无法大量运用到生产和战争中。

如果和中国的历史来比较一下我们就很明白了。中国商朝已经制造出了成熟的青铜器，并运用到生活和生产的各个方面。美洲的印第安人此时基本相当于中国夏朝的发展水平，而这时中国已经到了明朝，与欧洲人处在同一文明层级，让印第安人和欧洲人碰撞，就像让中国的夏朝人和明朝人对决，结果可想而知。

当然，印第安人处于劣势除了文明层级的问题外，还有一个容易让人忽视的问题，那就是疾病抵抗力。

数万年来，旧大陆彼此交流，疾病也在不同种群之间传播，活下来的或多或少都对这些疾病有了抵抗力。所以，在欧洲人大举进军新大陆的时候，所带来的除了火器之外，还有他们（以及同行的旧大陆牲畜）无意中所携带的疾病，这些疾病包括天花、麻疹、腮腺炎、百日咳、流感、疟疾、黄热病等。即使是旧大陆的人，在面对这些疾病时也是九死一生，何况新大陆的印第安人！他们完全没有抵抗力，一旦染上，就会成批地死去，甚至整个村庄消失。所以在15世纪到17世纪的200年时间里，美洲一半以上的土著死亡，成片的部落消失，欧洲人通常几百人就战胜数千印第安人，疾病起了很大的作用。

有人可能会问，既然如此，西班牙人为什么败了？因为玛雅文明是丛林文明，丛林作战，显然不是西班牙人擅长的，玛雅人虽然用的是木箭，但箭头有毒，也让西班牙人害怕，于是西班牙人转而把目标放到了墨西哥高原上的阿兹特克帝国。

说是帝国，其实不过是部落联盟，以阿兹特克的文明水平，连复杂的文字表述都难，其组织能力可想而知。

1519年2月，西班牙派遣没落贵族埃尔南多·科尔特斯（Hernán Cortés）前往中美洲征服阿兹特克，远征队共11艘帆船、109名水手、708名士兵（士兵中包括200名印第安人）还有16匹战马。科尔特斯采用离间计，拉拢了阿兹特克下属的两个部落，然后对阿兹特克帝国发动总攻。

11月，阿兹特克帝国的首都铁诺奇蒂特兰（今墨西哥城）陷落，阿兹特克国王蒙特苏玛（Moctezuma II）被俘，城市遭到洗劫。

次年，西班牙驻古巴总督率兵讨伐科尔特斯，原因是科尔特斯擅自出兵，而且非法拉走了他的部队。科尔特斯率军迎击，大获全胜，收编了讨伐军。没想到的是，讨伐军中有一名黑人士兵患有天花，天花由此从欧洲传到了美洲。随后，天花病开始出现在墨西哥东部，然后迅速蔓延到阿兹特克帝国全境，很快又传遍美洲大陆。天花病到底造成多少印第安人死亡，这是个历史之谜。当然，同在美洲的欧洲人也饱受天花之苦。因为当时人们对天花病毒毫无办法，一直到18世纪，英国医生琴纳（Edward Jenner）发明了牛痘术，人类才算找到了根治天花病的方法。

在阿兹特克的西班牙军队到处烧杀抢掠，引起了阿兹特克人的不满。最终，在一位名叫科特莫克（Cuauhtémoc）的勇士带领下爆发了起义。6月30日夜，双方交战，西班牙惨败，仓皇而逃，军队死伤过半，科尔特斯也身负重伤。

1521年4月，科尔特斯从古巴带了10000名援军，再次对阿兹特克帝国发动攻击。5月，西班牙军队包围铁诺奇蒂特兰，城内缺粮断水，天花肆虐。8月13日，铁诺奇蒂特兰再次陷落，科特莫克被俘，后被科尔特斯下令绞死，阿兹特克帝国灭亡。

第二十二章 麦哲伦

巴尔波亚的发现让欧洲人再次燃起向西航行到达亚洲的希望，于是沿南美大陆往南寻找通往"大南海"的海峡成为这一时期欧洲人的目标。

1513年，葡萄牙人在南美大陆南纬35°的地方发现了拉普拉塔河口。

1514年，葡萄牙人又在南纬40°的地方发现了圣马蒂亚斯湾。

1515年，西班牙航海家索里斯（Juan Díaz de Solís）率领3艘帆船出海探索通向"大南海"的新航路，他重新发现了拉普拉塔河口，将其命名为"淡水海"。

沿海处有淡水，说明有河流流入，这是航海者的常识，索里斯不至于连这个都不知道。之所以仍将它命名为海，是因为索里斯希望这个不是河口，而是海峡。如果真是个海峡的话，穿过这个海峡就是"大南海"了。

船队绕过了蒙得维的亚角后，又向西航行了约200公里，进入了拉普拉塔河的内湾。第二年2月，索里斯率队登陆。万万没想到的是，上岸后，索里斯不幸被当地土著捉去吃掉了。最后，只有一名幸存者逃到了葡萄牙。此人回到欧洲后，声称他们一行在南纬40°发现了海峡，类似于非洲的好望角。

……

看来寻找通往"大南海"的航线也是困难重重。谁也没想到，这个光荣而伟大的任务最终会落到一名葡萄牙人身上，他就是麦哲伦（Ferdinand Magellan）。

1516年初，在葡萄牙混得很不得志的麦哲伦向国王提出加薪，不多，也就是每个月增加一个半银币；除此之外，他还有一个大胆的计划，就是绕过南美大陆，通过"大南海"到达香料群岛。

麦哲伦的解释是，香料群岛既然离印度和锡兰那么远，那么离美洲一定很近。葡萄牙现在开辟的东方航线已经到了马六甲，但毕竟要绕过非洲，路途遥远，而且葡萄牙人获取的香料主要来自印度，还没找到香料的最大产地——香料群岛。

葡萄牙国王曼努埃尔一世对麦哲伦的计划毫无兴趣，当然也拒绝了麦哲伦的加薪要求，而且还说：你可以去别的国家卖力。就这样，麦哲伦失业了。和上次拒绝哥伦布一样，葡萄牙又一次丧失了名留青史的机会。

1517年10月，麦哲伦离开葡萄牙来到西班牙的塞维利亚。不久，他的好朋友法利罗（Rui Faleiro）也在这里与他会合。法利罗是位天文地理学家，对麦哲伦的环球航海计划起了很重要的作用。

常言道，机会总是留给有准备的人。1518年，西班牙国王查理一世继位。查理一世出身于神圣罗马帝国哈布斯堡家族（奥地利），时年18岁。第二年，查理一世又当选为神圣罗马帝国皇帝，称查理五世，同时领有西班牙、德意志、南意大利、尼德兰，以及西属美洲殖民地，一时权势滔天，更热衷于欧洲和世界的霸权。3月，麦哲伦和法利罗经人推荐，面见了查理一世。麦哲伦向查理一世进献了自制的地球仪，并提出在不侵犯葡萄牙人利益的前提下，向西航行到达东方的香料群岛。麦哲伦还表明，香料群岛在教皇子午线的西边，属于西班牙的势力范围。实际上，当时确定经度还有困难，人们也不确定地球到底有多大，如果按现在已知的情况看，教皇子午线在西经46°，那么它对应的地球另一边是东经134°，而香料群岛在东经128°，所以按西葡两国的约定，香料群岛属于葡萄牙。和哥伦布一样，麦哲伦也把地球算小了，否则不会有这么大的勇气。所幸结果还是和哥伦布一样——因为低估了困难，麦哲伦也将创造一个奇迹。

查理一世对麦哲伦的计划非常赞同，并于3月22日和麦哲伦、法利罗签订了远航探险协定，主要包括以下几方面的内容：

第一，主要任务。责成麦哲伦和法利罗前去发现香料群岛并扩大卡斯蒂利亚王室的版图，并约定不得在葡萄牙王国的势力范围内进行探险。

第二，利益分配。承诺麦哲伦和法利罗拥有对新开辟航路10年的垄断权，并规定把新发现地区全部收入的1/20分给2人，同时委任麦哲伦和法利罗为新发现地区的总督，世袭罔替，而且每年赐给他们价值1000杜卡特金币的商品，用皇家船只运到新发现的地区。

第三，关于岛屿。新发现的岛屿如果超过6个，麦哲伦和法利罗可以把其中的两个作为自己的领地，获得领地全部收入的1/15。

第四，关于首航。首航带回的货物，麦哲伦和法利罗可以留下1/5。

第五，关于出资。查理一世负责为探险队提供5艘船和200名船员，并派人随船出海监航，往返均要清账。

这个协定和哥伦布的圣塔菲协定类似。可以看出，在欧洲，即便是王室，要让臣民冒险做事，也像一笔买卖，所获得的利益也是分成式，这极大地调动了这些冒险家的积极性。反观中国的郑和下西洋，出资者是皇帝，亏了赚了都是皇帝的事，郑和只是奉旨办事，所以郑和的远航注定后继乏力，最终也是昙花一现，于中国的历史并没有任何改变。

1519年8月10日，麦哲伦的船队从塞维利亚港拔锚启航。共有帆船5艘，旗舰为特立尼达号（船长是歌米什，载重约110吨）；另外还有圣安东尼奥号〔船长卡尔塔赫纳（Juan de Cartagena），载重120吨〕、康塞普逊号〔船长凯塞达（Gaspar de Quesada），载重90吨〕、维多利亚号〔船长门多萨（Luis de Mendoza），载重85吨〕和圣地亚哥号〔船长茹安·塞拉奥（João Serrão），载重75吨〕。法利罗另有任职，再加上心里也怕，没有参加远航，所以麦哲伦成为船队的唯一司令、探险队总指挥，坐镇旗舰特立尼达号。麦哲伦本人也知道这次远航的凶险，所以在临行前留好了遗书。船队的船员共有268人，主要系招募而来，其中西班牙人占100多，还有一位名为安东尼奥·皮加费塔（Antonio Pigafetta）的意大利游客，他记录了这次远航的始末和许多细节。

塞维利亚并不靠海，所以船队先沿着瓜达尔基维尔河而下，9月20日进入大西洋。9月26日，到达加那利群岛。10月3日，船队离开加那利群岛，驶向佛得角群岛。途中发生了点小事故，部分船长反对麦哲伦的航行路线，船员之间发生了内讧（其实主要是害怕，担心一去不返）。麦哲伦当机立断，把圣安东尼奥号船长卡尔塔赫纳扣押了起来，另派德·科卡（Antonio de Coca）代理船长一职。从佛得角横跨大西洋去美洲，这是欧洲人总结的最短航线，但并不是没有风险，因为靠近赤道，

从欧洲到美洲

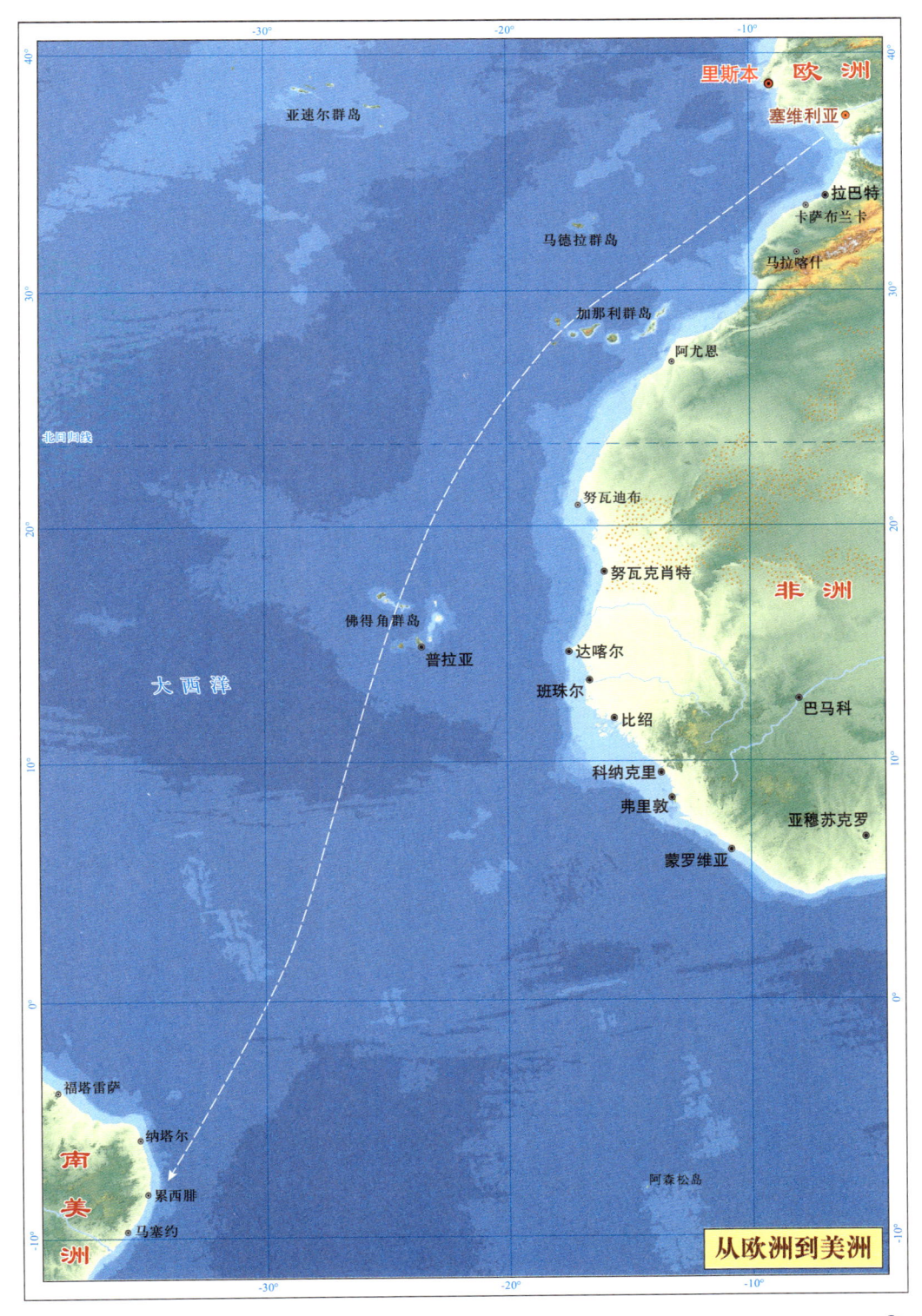

对流强，常出现极端天气。在这段航程中，船队经历了2个月的海上漂泊，克服了持续1个月的暴风雨，于11月29日到达今巴西东岸的累西腓。在这里，船队稍事休息，然后迅速南下，12月13日，进入里约热内卢湾。船队在这里休整数日，补充了淡水和食物，并和当地印第安人进行了不等价的交换。按皮加费塔的记载："这个地方的人拿五六只火鸡换一把刀子或一个鱼钩，一对野鹅换一把梳子。用一面小镜子或一把剪刀所换的鱼，足够十个人吃一顿……在意大利玩的那种扑克牌的一张王牌，他们用五只火鸡同我换。"他还记录了当地印第安人吃人的习俗："吃他们敌人的肉，这并不是因为好吃，而是一种风俗习惯。他们并不把抓来的人一次吃光，而是一块一块地吃。他们把人剁成块，在烟筒里烤干，每天切下一小块，同家常便饭一起吃，以此提醒自己记住敌人。"

12月26日，船队离开了里约热内卢湾，于次年（1520年）1月10日来到了拉普拉塔河口。和之前到此的探险队一样，一开始，他们也以为这里是海峡的入口，因为拉普拉塔河口太宽了，怎么看都不像一个河口。后来经过探测才知道，它不是海峡，而是一条流入大西洋的大河入海口。麦哲伦极度失望，但他不露声色，率船队

继续南下。按麦哲伦原先的计划，如果这里就是传说中的海峡，那么通过这里就可以到达"大南海"；如果不是，那么只能绕到南美大陆的尽头，就像迪亚士能绕过非洲的好望角一样，南美大陆也必定能绕过去。

拉普拉塔河其实就是索里斯所谓的"淡水海"，这里到底该叫河还是海其实一直有争议。如果说它是河，它长290公里，宽220公里，世界上还没有这么宽的河，也没这样长宽相近的河；如果说是海，它又是淡水。同时，因为它是巴拉那河的末端，所以后来人们一般把它称为拉普拉塔河-巴拉那河，大概是觉得把它和巴拉那河连起来就可以名正言顺地算一条河吧，但这种叫法同样很奇怪。

从拉普拉塔河口往南，是以前欧洲航海者没有记录的地方，也意味着不可知的风险。2月3日，船队到达了一个叫巴伊奥德洛斯帕托斯的地方。在这里，探险者第一次见到企鹅。这种企鹅比我们平时在电视里看到的帝企鹅个子小，后来人们就把它们命名为麦哲伦企鹅。帝企鹅生活在南极，而麦哲伦企鹅生活在温带，有时甚至跑到巴西一带的热带地区。

2月24日，船队在南纬41°附近发现海岸线突然由南转西，很像一条海峡，要不就是南美的尽头。船员们一时兴奋起来，他们沿海岸向西前进了大概250公里，最后才发现只是一个海湾，即圣马蒂亚斯湾，不免再一次失望。这个地方，其实早在6年前就有两名葡萄牙航海家到达过，只是没留下任何记录。

进入3月份后，如果是在北半球，天气会越来越暖和，而南半球刚好相反，天气越来越冷，白天变短，夜晚变长。南半球的3月份相当于北半球的9月份，而此时船队已到达南纬45°左右，相当于中国的哈尔滨，即使是秋天也是秋风寒凉了。

3月底，船队到达南纬49°（即后来的圣胡利安港）。天气越来越冷，麦哲伦打算在此过冬。但这一带实在太荒凉，四处渺无人烟，补给是个大问题，于是麦哲伦下令开源节流。节流就是缩减每个人的口粮，开源有两个方向，一是捕鱼，二是打鸟。也幸亏是采取了这些措施，不然船队根本熬不过被麦哲伦远远低估的太平洋。

本来天气就冷，再加上克扣口粮，船员们开始心生不满。更可怕的是，前路漫漫，一切都是未知，有些人开始打退堂鼓。

4月1日晚上，叛乱终于爆发。发起者是康塞普逊号的船长凯塞达和已经被撤职的圣安东尼奥号船长卡尔塔赫纳，他们带着30多人，偷袭了圣安东尼奥号，绑架了

南美洲南部

新任船长麦蒂梅斯基塔（Álvaro de Mesquita），杀死了二副。与此同时，维多利亚号的船长门多萨也加入叛乱的队伍。这样一来，总共5艘船中有3艘船被叛乱分子掌控，形势不容乐观。

但麦哲伦毕竟不是单纯的理想主义者，他航海多年，经验老到，所以先找叛意不那么强烈的维多利亚号下手。他派保安官埃斯皮洛萨（Gonzalo Gómez de Espinosa）带着几个人坐着小艇去维多利亚号谈判，上船后，出其不意将门多萨刺死，船上其他的叛乱分子一看没戏唱了，就投降了，于是维多利亚号又回到了麦哲伦手上。

随后，麦哲伦将自己所能控制的3艘船（特立尼达号、圣地亚哥号和维多利亚号）在港湾的出口处一字排开，堵住两条叛乱船只的去路。

4月3日凌晨，凯塞达开着圣安东尼奥号想夺路而逃。他冲向旗舰，并下令开炮，但没有人听命。麦哲伦见状，立即命令特立尼达号鸣炮警告，并喊话劝降。结果，圣安东尼奥号上的船员们都表示愿意追随麦哲伦继续远航。麦哲伦派人乘小艇去把以凯塞达等为首的叛乱分子逮捕。圣安东尼奥号也归队了。

最后一艘叛船康塞普逊号，卡尔塔赫纳见大势已去，于4月4日投降。

对于叛乱分子，麦哲伦根据情节和性质不同分别处置：已死的门多萨分尸，凯塞达砍头后肢解；卡尔塔赫纳和一名参与叛乱的神父放逐到附近荒无人烟的海岸；其余的普通船员均被赦免。

至此，一场事关远航成败的叛乱被平定下去。麦哲伦仅用3个人的死换来船队的稳定，也没有损伤船队的元气。

船队在圣胡利安停泊了将近5个月。一开始他们没有发现一个土著，后来才发现了身材高大的巴塔哥尼亚人。当时的西班牙人说，他们站起来只到巴塔哥尼亚人的腰部。这个说法虽说有点夸张，但也说明一个事实，巴塔哥尼亚人是世界上身材最高大的人种，在西班牙语里，巴塔哥尼亚就是"大脚汉"的意思。我们通常认为非洲人身材高大，但欧洲人在到达非洲时并没有这么惊讶。巴塔哥尼亚印第安人生活的地方非常寒冷，所以人口很少，后来绝大多数混入了欧洲血统，如今我们能看到这个民族的痕迹主要来自一个地名——巴塔哥尼亚高原，这就是巴塔哥尼亚人曾经生活的地方。

麦哲伦想带回两名土著作为地理发现的证据，于是骗了两名巴塔哥尼亚人上船，又哄骗着他们戴上了脚镣。不得不说，对于印第安人来说，欧洲人的到来就是恶魔降临。

5月，麦哲伦派茹安·塞拉奥率圣地亚哥号沿海岸线向南探索，结果在22日，圣地亚哥号在圣克鲁斯湾一带遇险沉没。所幸的是，除一人遇难外，其他的人都上了岸——他们派两名船员去圣胡利安求援，其余的人在圣克鲁斯河畔坚持了两个月，最终得救。

到了8月24日，南半球已是早春的天气，麦哲伦率船队向南驶向圣克鲁斯湾。但越往南天气越冷，船队在这里又休整了两个月。

一直等到10月18日，船队正式出航。10月21日，他们在南纬52.5°附近发现了一个峡口。担心像前几次一样空欢喜一场，麦哲伦派康塞普逊号和圣安东尼奥号进入峡口探索，最后证实这里确实是个海峡，不是海湾。

从今天的卫星地图来看，这条海峡并不是一条笔直的水道，中间还有许多岔

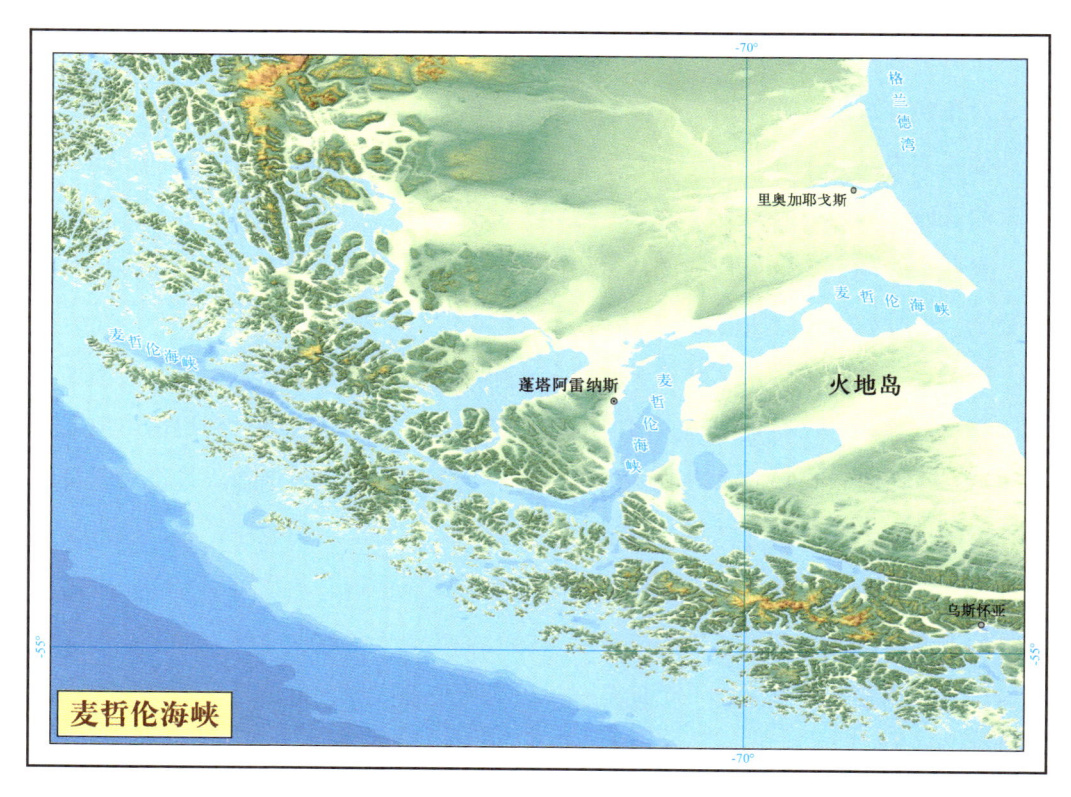

麦哲伦海峡

道，一不留神就会走很多冤枉路，浪费时间不说，天气寒冷，食物又缺，很容易搭上性命。所以这注定是一段艰苦卓绝的航程。

穿过这条海峡时，每到晚上，麦哲伦就会发现南岸有篝火燃起，于是将那里命名为火地。那其实是海峡南岸的一个大岛，于是后人把它叫作火地岛。火地岛人当时还不会生火，晚上的篝火是留来做火种的。

这条海峡长达580公里，忽宽忽窄、港汊交错、潮汐汹涌。险象环生的航程又吓坏了一些船员。11月1日，舵手哥米什（Estêvão Gomes，与前文歌米什非一人）劫持了圣安东尼奥号，叛逃回国。在西班牙，他诬告麦哲伦叛变卖国，致使麦哲伦的妻子和两个儿子遭到迫害，最后郁郁而终。

经历了38天艰苦而又惊险的探索后，船队终于找到了海峡的出口，看见大洋。至此，沟通大西洋和"大南海"的海峡终于找到了。为此，欧洲人花了20多年。

麦哲伦把这条海峡命名为"圣徒海峡"。后来，人们为了纪念麦哲伦的这次伟大航行，将其改名为"麦哲伦海峡"。

第二十三章 环球航行

离开麦哲伦海峡后,船队向北航行了23天,一路上顺风顺水、波澜不惊。在麦哲伦心里,"大南海"应该不大,所以他把船开到离海岸线尽量远、但又可以看见海岸山影的地方,以期能发现"大南海"的对岸,但没能如愿。在南纬30°附近,船队离开了南美洲海岸,开始向西北方向横渡"大南海"。这一天是1520年的12月21日,此后的日子,是麦哲伦做梦也没想到的煎熬之旅,否则的话,他至少应该在南美洲西海岸补给充足后再走。

一开始船员们兴致还很高,白天欣赏海景,晚上看星星。船员们发现,南半球的天空不像北半球那样星光灿烂,而是许多小星星聚成一团,其中有两个巨大的星团被后人称为麦哲伦星云。

1521年1月中旬,可怕的事情发生了,船上开始出现坏血病,食品开始短缺。

1月24日,船队发现了圣巴拉夫岛(今普卡普卡岛),但岛上荒无人烟,无法补给。2月4日,船队又发现了一个小岛,这里有鲨鱼出没,于是他们将其命名为鲨鱼岛(今弗林特岛)。让人绝望的是,鲨鱼岛同样荒无人烟,无法补给。麦哲伦失望至极,把它们统称为"失望群岛"。

到了2月上旬,饥饿和坏血病的威胁越来越严重。从进入麦哲伦海峡之前算起,整整3个月20天,船上没有补充一点新鲜食品。船上存储的饼干都化成了粉,里面长满了虫子,还有老鼠撒的尿,闻起来一股恶臭。船员们饿得没办法,开始吃包在桅杆上的牛皮。牛皮风吹日晒后已经变得很硬,需要在海水里泡上四五天,然后烤着吃。这还算好的，有的船员饿急了，就开始吃木头的锯末。后来他们发现老鼠是一种很好的食物，于是开始在船舱里抓老鼠吃。但并不是每个人都能抓到老鼠，身体强壮的还有力气抓，身体瘦弱的只能从别人手上买，一只老鼠的价钱能卖到半枚金币。

这里正好说一下当时远洋船只上的饮食问题。先说吃的，基本就两种：咸肉和饼干。千万别以为咸肉和我们常吃的腊肉差不多，为了保存更长时间，这种咸肉是拿牛肉或猪肉先在高浓度的盐水里浸透，再一层盐一层肉地码放在橡木桶里腌制，最终的味道除了咸也尝不出别的味道。饼干也不是我们印象中松脆可口的饼干，叫干饼更合适，就是把死面饼烤干，几乎不含水分，口感可想而知。至于新鲜蔬菜（也包括新鲜的面包和肉食），只能保存不到1周的时间，也就是在码头刚得到补给的头几天能享用，在远离大陆的时候就别想了。再说喝的，主要有3种：淡水、啤酒、朗姆酒。淡水和新鲜蔬菜一样，保质期也只有1周，过后就变绿发臭，只能用来洗澡。啤酒存放在橡木桶里，保质期略长，但也只有两周。保质期最长的是朗姆酒，这是远洋水手们的最爱。朗姆酒是殖民者熬制砂糖后用剩下的甘蔗下脚料发酵而成的，价格低廉、酒精度高，不但可以替代饮水，其麻醉作用还可以舒缓水手们紧绷的神经，因而大受欢迎。但酒的携带数量也是有限的，时间长了也有断饮的那一天。总之，那时还没有保鲜技术，船上的条件很艰苦，常人难以忍受。能参与远洋航行的人只有两种：一种是怀揣梦想的人，不管是发财梦还是建功立业的梦；另一种是生活所迫走投无路的人。不管是哪种人，从踏上甲板的那一刻起，他们就把生死交给了茫茫大海。

船上最大的威胁还是坏血病。因为长期吃不到新鲜的蔬菜和水果，得坏血病的人越来越多，病情也越来越严重。这些得坏血病的人，一开始是牙龈肿大，接着出血；随即牙齿开始松动，直至脱落；然后整个嘴巴都肿了；最后是咽喉肿痛，什么也吃不下，活活饿死。从坏血病发生的那一天开始，1个月之内有19个人相继死去，包括那两个捉来的巴塔哥尼亚人。

所幸的是，天气一直晴好，风顺浪小，假如此时碰到暴风雨的话，这些虚弱的船员只能坐以待毙。于是，麦哲伦把"大南海"改称为"太平洋"。

3月5日，船上彻底断炊，情况万分紧急。但就在第二天，船队发现了关岛，水

穿越太平洋

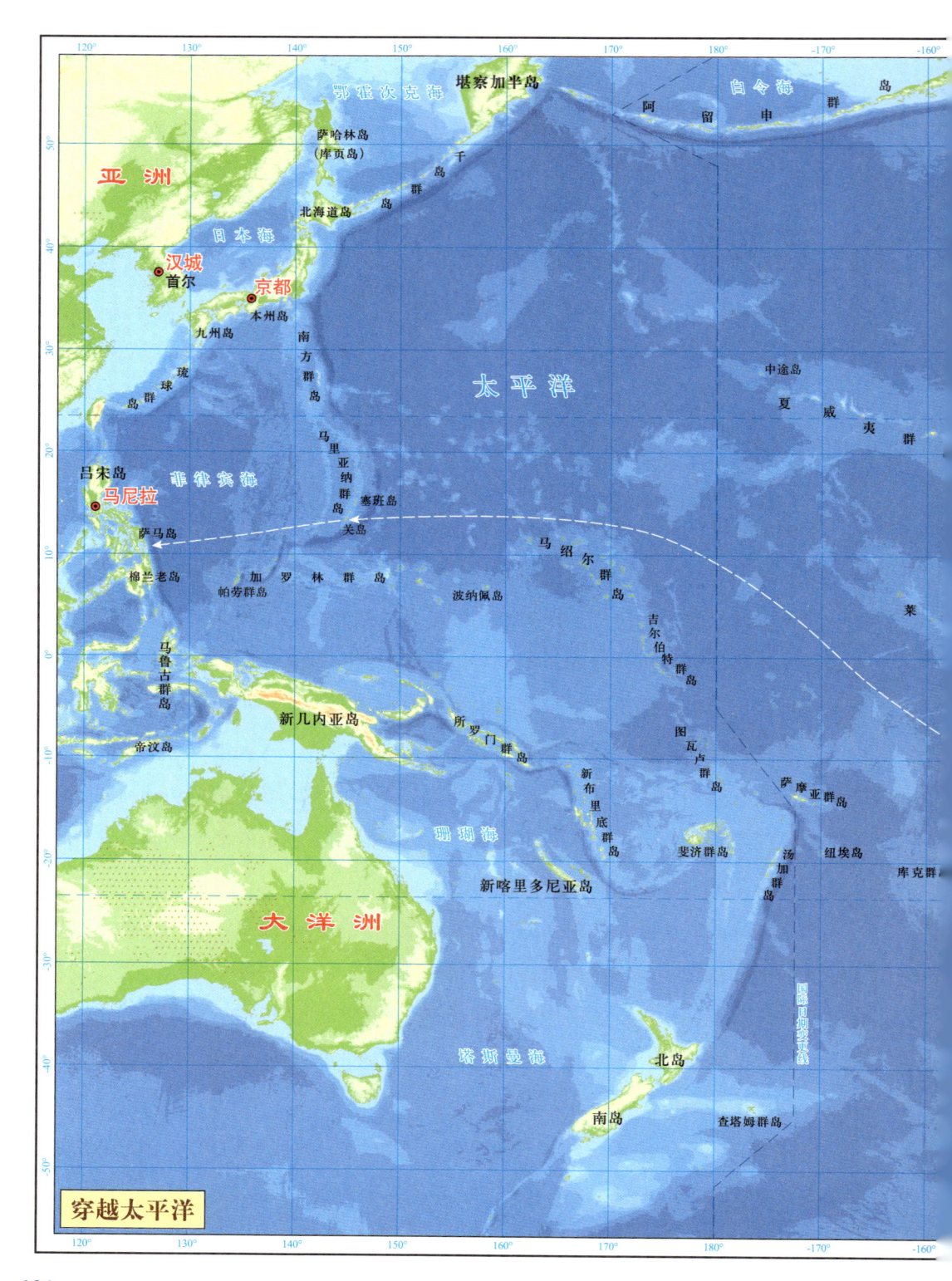

地图

北美洲 哈得孙湾 大西洋 墨西哥湾 哈瓦那 墨西哥城 北回归线 加勒比海 巴拿马 南美洲 太平洋 科隆群岛 弗林特岛 马克萨斯群岛 普卡普卡岛 土阿莫土群岛 塔希提岛 麦哲伦 布艾群岛 库斯科 南回归线 复活节岛 胡安-费尔南德斯群岛

手们鸣枪示意，庆祝绝处逢生。

　　从地图上看，我们会发现麦哲伦"完美地"错过了很多人口密集的大岛。这当然是事后诸葛亮的看法。事实上，在大海中，西班牙的帆船再大，也如一粒沙尘，而那些岛屿就像一个个小石块，再加上地球是圆的，在事先不知情的情况下，要发现那些岛屿非常困难。而且，在普通的地图上，我们很难感受到太平洋的浩渺。假如从太空上看地球，视角正好落在太平洋上方的话，我们会发现太平洋几乎覆盖了整个半球，地球完全是个水球。我们用数字说话，太平洋面积是1.8亿平方公里，而地球的总面积是5.1亿平方公里——太平洋面积约占地球面积的35%。而地球上所有陆地面积加起来才1.49亿平方公里，还没有太平洋大，最大的欧亚大陆约0.5亿平方公里，别说太平洋上的小岛，就是地球上的大陆，在太平洋面前也就相当于一个岛屿。

　　按原定计划，麦哲伦要去赤道附近的香料群岛，赤道附近岛屿更少，也更难发

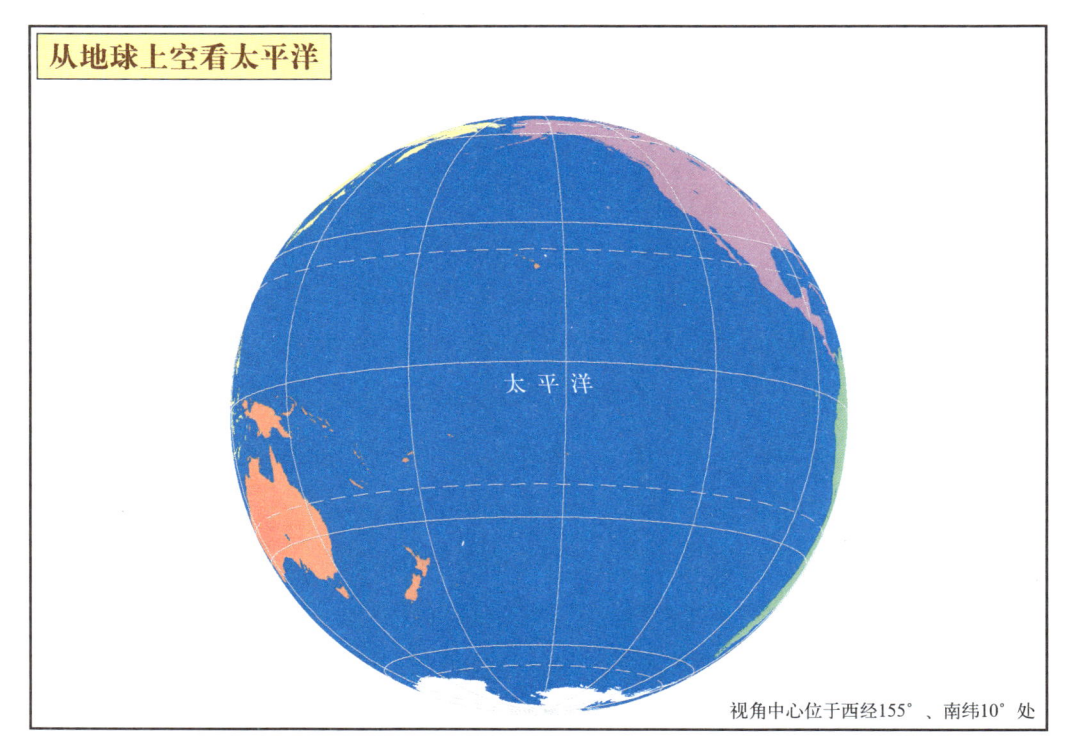

从地球上空看太平洋

太平洋

视角中心位于西经155°、南纬10°处

现，但阴差阳错，反而让他发现了关岛。

　　关岛物产丰富、人口稠密。当地土著还处于原始社会，没有私产的概念。他们一看到有大船来，好奇地划着独木舟蜂拥而至，爬上大船后，给西班牙人送水果、

蔬菜，也毫不客气地拿走船上他们看来新奇的东西，最后实物交换变成了抢夺。有些岛民甚至还拿走了西班牙人用来登陆的小艇。麦哲伦觉得吃了大亏，下令用弓弩射击。可怜这些土著连弓箭也没见过，比如有人中箭，他们会很好奇地把箭从另一头拔出来，等于给自己来了个一箭穿心，然后就倒地了。

但麦哲伦仍不罢休，小艇是登陆必备之物，他咽不下这口气，于是组织了一支武装小队上岸，最后杀了7个人，烧了十几间茅屋，抢了一些食物回来。麦哲伦还恨恨地把这一带称为"强盗群岛"。

3月9日，船队离开关岛，往北出发，登陆附近的罗塔岛（处于关岛和塞班岛之间），和岛上土著进行了交换。之后，船队拔锚起航，继续向西。

3月16日，船队在茫茫的大海上发现了远处有一大片陆地（萨马岛，也叫三描岛）。17日，他们在萨马岛南的霍蒙洪岛停靠休整。虽然这是一个无人小岛，不过，目之所及，似乎到处都是岛屿——看来大陆就在附近，太平洋应该是跨过去了。

休整了十来天之后，船队来到利马萨瓦岛。岛上有居民，船队里也有一位翻译，是麦哲伦从马六甲带回欧洲的，此人出生于苏门答腊，会马来语，这位翻译用马来语和当地人搭话，互相之间居然能听懂。麦哲伦恍然大悟，他已经到了亚洲！他梦想的从欧洲向西到达亚洲的新航路开辟成功了！

麦哲伦到达的地方正是菲律宾群岛。菲律宾群岛以山地为主，山地占总面积3/4以上；有200多座火山，其中活火山21座。除少数岛屿有较宽广的内陆平原外，大多数岛屿仅沿海有零星分布的狭窄平原。各岛之间为浅海，多珊瑚礁。这里的河流都很短小，比如吕宋岛上最大的河流卡加延河，全长只有350公里，在人类早期，这种环境想要发展出自己的文明几乎不可能。

和马来群岛上的其他岛屿一样，这里主要受中国和印度的双重影响。只是相对于马来半岛和苏门答腊岛，菲律宾位置更偏，不在中国到印度的航道上，所以发展得更慢。岛上的居民主要是马来人，以及后来陆续移民过来的印度人、中国人。在西班牙人到来的时候，这里仍处于人类文明的初级阶段，各个岛上邦国林立，还没有形成统一的政权。

在利马萨瓦岛，船员们用百货换取食物，同时与拉甲（当地统治者的头衔）搞好关系，获准在这里传播基督教，并不断打听香料群岛的消息。

菲律宾群岛

- 太平洋
- 伊万特人
- 伊哥洛特诸部
- 吕宋岛
- 南海
- 冯嘉施兰国
- 黄岩岛
- 梅尼拉王国
- 马尼拉
- 麻逸国
- 民都洛岛
- 马斯巴特岛
- 萨马岛
- 班乃岛
- 莱特岛
- 南沙群岛
- 宿务拉甲国
- 宿务岛
- 霍蒙洪岛
- 马伽斯联合邦国
- 内格罗斯岛
- 文斯卡亚人 利马萨瓦岛
- 保和岛
- 巴拉望岛
- 武端拉甲国
- 鲁马人
- 苏禄海
- 达沃
- 棉兰老岛
- 苏禄群岛
- 巴西兰岛
- 文莱帝国
- 加里曼丹岛
- 苏拉威西海
- 萨兰加尼岛

4月3日，船队在利马萨瓦岛拉甲的领航下来到了宿务岛。同样，他们在这里一面用百货与当地人交换食物和一些贵重物品，一面传播基督教。宿务岛最大的拉甲胡玛波纳（Rajah Humabon）本来想按惯例向他们征税，后来听一个暹罗人说，他们就是征服了印度洋的欧洲人，就放弃征税，转而想利用他们的武力扩张自己的势力。在宿务岛的东部，有一个小岛叫麦克坦岛，胡玛波纳一直想拿下却实力不济，正好这时向麦哲伦求助。麦哲伦根本没把这些土著部落放在眼里，就答应了，他先派小分队登岛偷袭，烧了几座房子，强征了一些贡物，但麦克坦岛上的小拉甲拉普拉普（Lapu-Lapu）仍是不服。

4月27日，胡玛波纳率1000人进攻麦克坦岛，拉普拉普率1500人迎战。麦哲伦率60名白人给胡玛波纳打头阵，刚登陆时便遭到拉普拉普的反击，最终寡不敌众，被迫后退，麦哲伦亲自断后。在大航海时代，欧洲人征服各地土著主要靠的是火炮，特别是大帆船的侧舷炮，其火力之猛，一般土著都会先在心理上投降了。但这一次，因为麦克坦岛周围的海水太浅，西班牙的大帆船开不进来，没有火炮的掩

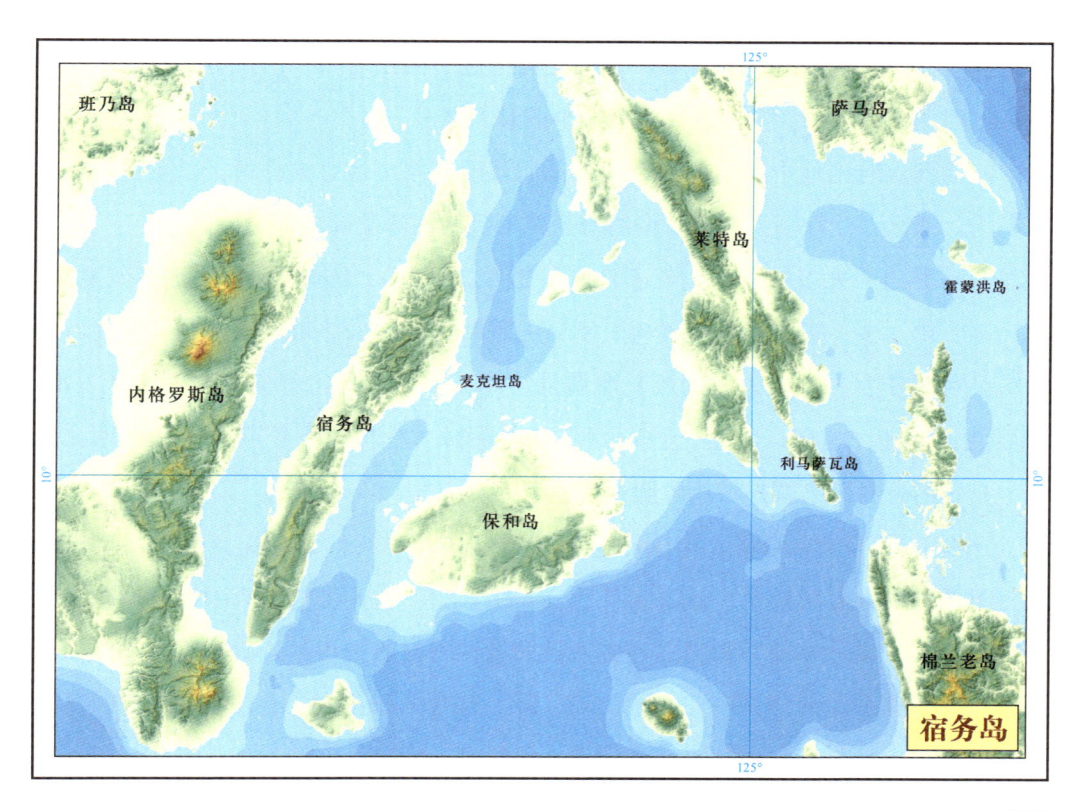

护，西班牙人只能用火绳枪和弓箭。这两样东西对付没有铁器的印第安人没什么问题，但对付菲律宾岛上这些受过附近中国或印度文明洗礼的人却占不到任何便宜，何况他们的人数那么少。

这一次轻敌，让麦哲伦付出了生命的代价。他在掩护西班牙人撤退的时候，被追上来的拉普拉普的士兵围攻，最终被杀身亡。

胡玛波纳一看西班牙人没有了利用价值，便开始打起了大帆船以及船上成堆物资的主意。他设下一道鸿门宴，杀死了包括塞拉奥船长、麦哲伦内弟巴尔波查（Duarte Barbosa）在内的20多名船员。

5月1日，未曾赴宴和侥幸逃脱的船员立即解缆起航，逃离宿务岛。到了保和岛之后，由于船队大量减员，开不动3条船，探险队就把康塞普逊号烧掉了，人员和物资转移到特立尼达号和维多利亚号上。这样一来，他们只剩下两艘船。麦哲伦虽死，但他们的任务还没有完成——他们千辛万苦开辟到东方的航线，不是来旅游的，是要把东方的香料带回去，更要把这次探险的成果带回去。

由于群龙无首，幸存的船员已如惊弓之鸟，接下来的几个月，这支船队像没头的苍蝇一样在大巽他群岛一带瞎转悠，先后经过了棉兰老岛、巴拉望岛、加里曼丹岛、巴西兰岛等岛屿，依然没找到传说中的香料群岛。

从欧洲人踏出地中海的那一刻起，他们就没有停止过寻找香料，以及盛产香料的岛屿。那么，让欧洲人魂牵梦绕的香料群岛到底在哪里呢？

马来群岛的大多数岛屿虽然不适合种植粮食，但由于位于赤道附近，气温高、光照强、雨水多，很适合种植香料。所谓的香料群岛，虽然可以泛指马来群岛，但香料品种最丰富、产量最多的则是摩鹿加群岛，即今马鲁古群岛。这里盛产丁香、肉豆蔻、肉桂、胡椒、生姜、香石竹等各种香料，是欧洲人梦寐以求的东西。所以，真正的香料群岛就是特指摩鹿加群岛。

这时我们不免会奇怪，中国离这里很近，却对香料群岛毫无兴趣，反倒是相隔万里的欧洲人冒死前来，这是为什么？我们知道，在人类的饮食中，鸡鸭鱼肉都有腥膻之气，要去掉这些腥膻之气必须借助各种香料的作用，否则这些食物难以下咽。中国人在平时的烹饪中，有葱、姜、蒜，有八角和花椒，有料酒和酱油，还有五花八门的中药材，足以解决这些问题，但欧洲人没有，他们本土不产香料。试想一下，一旦他们尝过用香料腌制或烹饪的食物，再让他们吃带着腥臊味的鱼和肉，那滋味简直要人命。香料群岛的美名可能来自印度人，由印度人传到阿拉伯人，再由阿拉伯人传给欧洲人。印度人对香料的偏爱可以用疯狂来形容，他们常吃的咖喱就是由几十种香料混合而成。中国商人应该也来过香料群岛，只不过他们来这里的主要目的还是把香料贩卖到印度，如果拉回国内，销量很小。当时中国商人的主要商品还是本土产的丝绸、茶叶和瓷器，他们把这些东西运到马六甲就可以了，自然会有印度人和阿拉伯人来抢购，再贩卖到世界各地，那才是真正的暴利。

一直到10月底，西班牙人才在菲律宾最南端的萨兰加尼岛上找到一名愿意当他们引水员的当地人，船队这才找到方向，向摩鹿加群岛驶去。

路线说起来很简单，从萨兰加尼岛往南，只要往东偏一点，就可以到达摩鹿加群岛。之前，西班牙人只是在苏禄海附近的岛屿中寻找，连苏拉威西海都没进过，也难怪没有找到。也怪麦哲伦死得太突然，麦哲伦曾到过马六甲，对香料群岛的大致位置心里有数，如果他在，船队也不至于白白耗费几个月的时间。

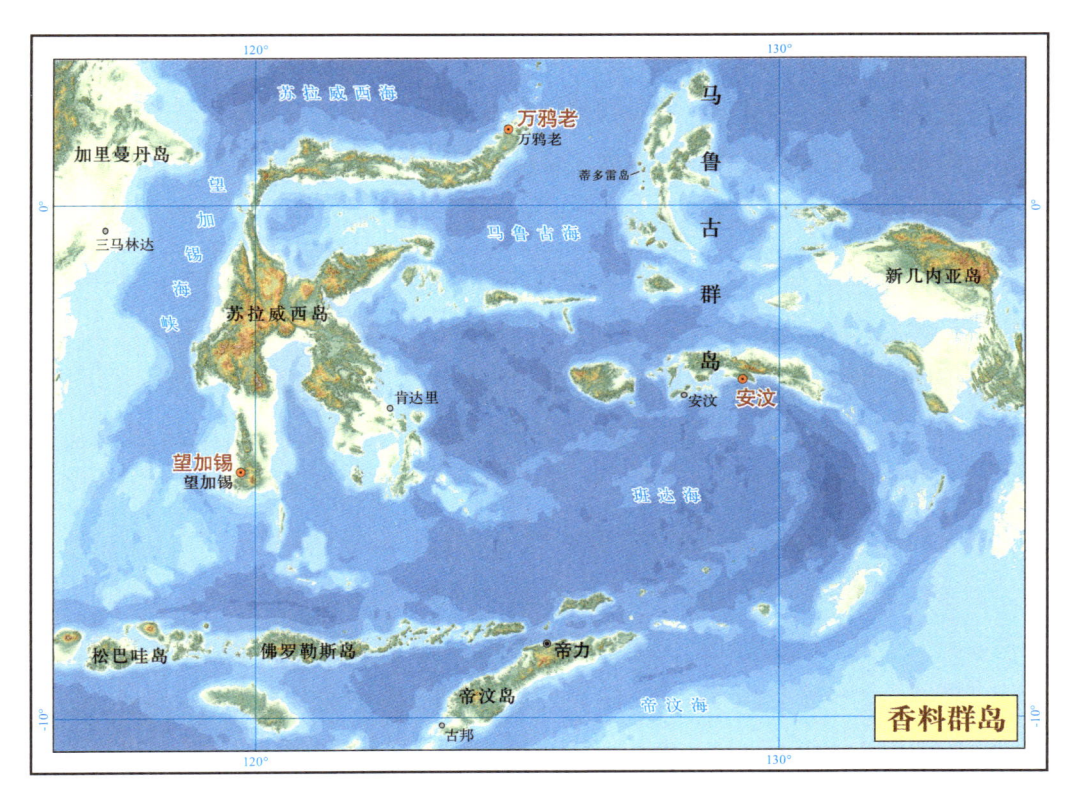

11月6日，船队终于到达了摩鹿加群岛中的蒂多雷岛。这里处于马来人和巴布亚人的过渡地带，因此各色人等混杂，但主要还是信奉伊斯兰教。船员们尽其所能地购买香料，当地苏丹也帮忙收购，很快船舱就爆满了。

目标已经实现，船队准备返航。从摩鹿加群岛返回塞维利亚港，西班牙人有两个选择：一是经原路从太平洋返回；二是经印度洋和大西洋，实现环球航行。原路返回距离远，走印度洋和大西洋会经过葡萄牙人的势力范围，还会有暴风雨。

举棋不定时，却发现旗舰特立尼达号严重漏水，必须留下来修理。

最终，有53人自愿留下，打算等特立尼达号修好后，经太平洋返回巴拿马湾。另外60人（包括十多个自愿到西班牙当翻译的当地人）推举埃尔·卡诺（Juan Sebastián Elcano）为船长，由他带领大家，乘维多利亚号经印度洋和大西洋回西班牙。

12月21日，维多利亚号在港口向特立尼达号和香料群岛鸣炮告别。这一幕让人感到莫名悲壮，因为谁也不知道这是不是永别。

为了避开葡萄牙人，埃尔·卡诺下令向南航行，先到安汶港，然后穿过班达海向西南航行。

如果从班达海一直往西，就是葡萄牙人控制的马六甲，无疑是自投罗网。所以埃尔·卡诺先到帝汶岛。在帝汶岛做了最后的补给后，维多利亚号往西南方向直接

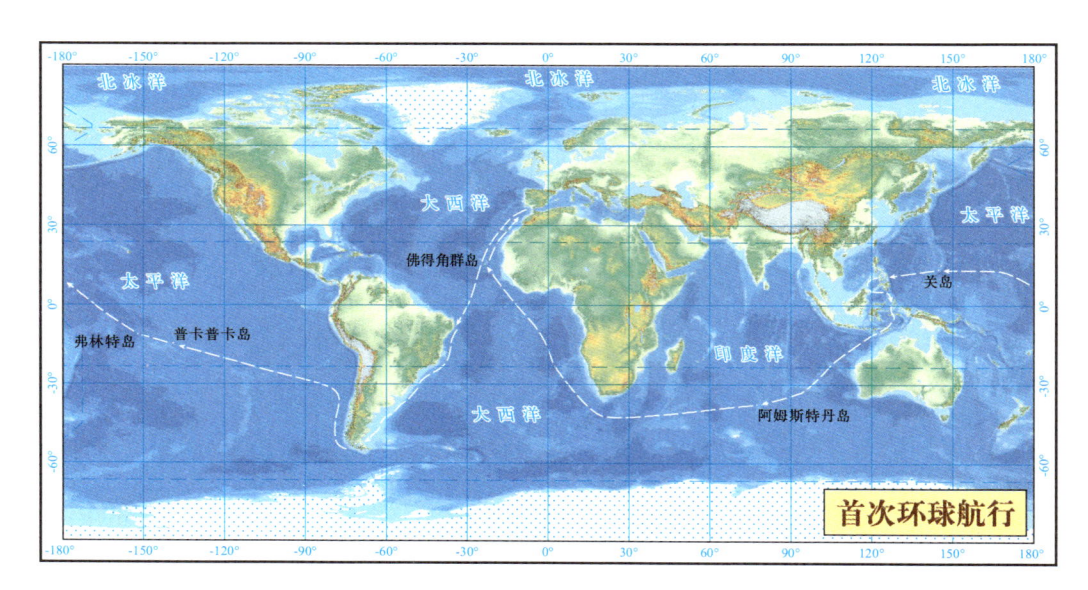

进入了印度洋，目标是非洲最南端的好望角。正是维多利亚号走的这条路线，让葡萄牙人开始对帝汶岛的战略地位重视起来，并加紧对这里进行殖民。东帝汶后来能独立成国，正是因为受葡萄牙殖民的影响，其文化与荷兰殖民的印尼格格不入。

1522年3月18日，维多利亚号在南纬38°附近发现了阿姆斯特丹岛。此后，坏血病来袭，埃尔·卡诺下令向西南航行，朝南纬40°前进，这样就能避开好望角，因为好望角也在葡萄牙人的控制下。在这次横渡印度洋的过程中，25人因坏血病死亡，船上的人员由60人减少到35人。

5月20日，维多利亚号在南纬40°左右，从好望角以南绕过非洲，进入南大西洋。好望角原名叫风暴角不是没有道理的，这次维多利亚号也赶上了风暴，前桅杆断裂，船体严重漏水。船员们只能靠人力一边排水一边前进。6月8日，维多利亚号第四次也是最后一次越过赤道。7月9日，维多利亚号实在扛不住了，驶入葡萄牙人控制的佛得角群岛补给。

佛得角群岛的地理位置很特殊，船到了这里，既可以说是从亚洲回来的，也可以说是从美洲回来的。如果是从美洲回来的，并没有侵害葡萄牙人的利益，只是不得已补给一下，葡萄牙人也不会太计较。一行人靠着谎言上了岸，补给品还没有采购齐全，就有人露出了马脚，葡萄牙人发现了他们是从亚洲回来的，结果13人被捕。7月18日，埃尔·卡诺得到消息后，立即开船逃跑。

9月6日，维多利亚号驶入西班牙的圣卢卡尔湾，这时船上只剩下18人，而且全都疾病缠身。至此，麦哲伦的环球航行胜利完成。9月8日，千疮百孔的维多利亚号被拖回了出发港塞维利亚。

这次远航，虽然为西班牙王室带来的收益甚微，但意义重大。查理一世赏给埃尔·卡诺纹章一枚，其他船员也都有赏赐。另外，在佛得角群岛被扣的13名船员，在查理一世的交涉下，也很快被释放。

再说这次远航的旗舰特立尼达号，在香料群岛修好后，于4月6日在埃斯皮洛萨的指挥下离开了蒂多雷岛，准备再次横渡太平洋。他们先绕过哈马黑拉岛的北端，然后转向东方，直朝巴拿马驶去。但让他们没有想到的是，此时强劲的东南季风把他们吹向了北方。5月初，他们在北纬5°附近发现了加罗林群岛西部的索索罗尔岛，接着又在北纬12°及其以北发现了马里亚纳群岛的14个岛屿。6月11日，特立尼达号到达北纬43°、东经155°一带，接近千岛群岛。7月中旬，他们遭到了连续12天的风暴袭击，坏血病和饥饿也随之而来，船员死亡过半。7月下旬，特立尼达号调头返航，途中又发现了马里亚纳群岛北部的几个岛屿。10月20日，他们回到了摩鹿加群岛，此时船上仅剩19人。10月底，特立尼达号被葡萄牙人俘获。葡萄牙人查封了船上所有的物品，没收了地图和航海日志，个别水手被处死，其他人被转押到里斯本，大部分人在监狱中被折磨致死，只有埃斯皮洛萨等4人活了下来，4年后才被放回西班牙。

麦哲伦虽然没有活到最后，但由他计划并指挥的这次远航行动，首次实现了人类的环球航行。这次航行前后历时整整3年，行程80000公里，从实践上证明地球是圆的、海水是相连的。可以说，麦哲伦真正发现了地球，以往的数学计算也好，科学观察也好，都是停留在理论方面，麦哲伦用行动证明了地球真的是个球体。这个结果，对欧洲的科技进步具有重大意义。

第二十四章　印加帝国

麦哲伦环球航行之后，引发了两个问题。

一是关于香料群岛的划归问题。

按原教皇子午线的划分，西经46°（估值）以东归葡萄牙，以西归西班牙。但现在已经证明地球是圆的了，那么香料群岛既可以说是在教皇子午线的东边，也可以说是西边。为此两国争论不休，一直到1529年，又是经过教皇的调解，两国才达成约定，在摩鹿加群岛以东17°处划一条线，线以西属葡萄牙，以东属西班牙。

这条线大约在东经144°处，按照这条线的划分，香料群岛和菲律宾群岛都归葡

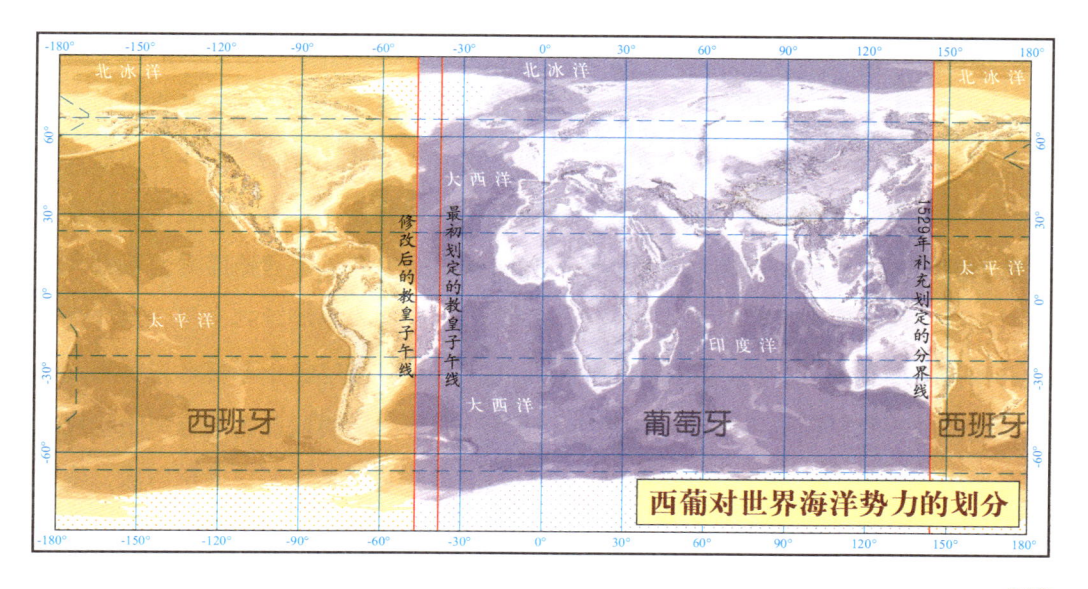

西葡对世界海洋势力的划分

萄牙，乍一看来西班牙吃了大亏。但条约还有一条，因为香料群岛是西班牙先发现的，现在主动放弃权利，葡萄牙需要向西班牙补偿一笔35万金币的巨款。想当初，麦哲伦只向葡萄牙国王要求每月增加一个半银币的工资，国王没答应，现在却要为此付出35万金币的代价，麦哲伦如果活着，估计也会被气死。

从结果上看，麦哲伦以生命为代价为西班牙开辟了新航线，但最终却被西班牙国王给卖了，似乎很不值。其实大可不必这么想，麦哲伦的发现成果不仅是西班牙的，更是全人类的。而西班牙王国也并没有吃亏，开辟新航线本身就是一门生意，现在能拿到一大笔钱，可以马上对更近的美洲进行大规模开发。毕竟香料群岛太远，从香料群岛到欧洲，往西的话需要经过葡萄牙的势力范围，而往东返回的航线还没有找到。

二是东北航线的问题。

1525年，莫斯科大公国外交家迪米特里·格拉西莫夫（Dmitry Gerasimov）在罗马回访教皇的时候，提出开辟到中国的东北航线的设想。也就是从莫斯科东部起航往东，经北冰洋，过白令海峡，入太平洋，最后抵达中国、日本，以及东南亚和印度。如果没有麦哲伦的环球航行，谁要是提这种想法，估计所有人都会把他当神经病，但现在，所有人都知道，理论上这是可行的。但当时这也仅仅是设想，虽然欧洲各国都跃跃欲试，真要实践起来还需要时间来准备——谁都知道，北冰洋可不是闹着玩的，那里会冻死人。

先说西班牙人对南美洲的征服行动。

1526年2月，西班牙航海家奥塞斯远航至火地岛以南，真正发现了美洲大陆的最南端。但随后船只失事，奥塞斯不幸遇难。

至此，整个南美洲已经完整地呈现在西班牙人面前，下一步，西班牙人需要征服这块大陆上的居民。而这其中，首当其冲的就是印加帝国，它是当时南美最大的国家，更让西班牙人感兴趣的是，它盛产黄金。

和其他印第安人一样，印加人也是在大约1万年前越过白令海峡来到美洲大陆的。和阿兹特克以及玛雅不一样，印加文明是一个高山文明，他们从一开始就喜欢住在高山上。只不过一开始时，印加人占据的地方不大，和其他安第斯山脉一带的部落王国也没什么区别。到14世纪，印加人以库斯科为中心，开始向四周扩张。到

印加帝国地图

太平洋 | 安第斯山脉 | 亚马孙平原 | 拉普拉塔平原 | 潘帕斯草原

主要地点：
- 基多
- 帕斯托
- 弗洛伦西亚
- 米图
- 瓜亚基尔
- 昆卡
- 皮乌拉
- 齐克拉约
- **卡哈马卡**
- 特鲁希略
- 马约班巴
- 伊基托斯
- 莱蒂西亚
- 马瑙斯
- 瓦努科
- 普卡尔帕
- 里奥布朗库
- 波多韦柳
- 利马
- 万卡约
- 阿亚库乔
- **库斯科**
- 科维哈
- 特立尼达
- 的的喀喀湖
- 阿雷基帕
- 拉巴斯
- 科恰班巴
- 圣克鲁斯
- 塔克纳
- 奥鲁罗
- 苏克雷
- 波托西
- 伊基克
- 塔里哈
- 安托法加斯塔
- 胡胡伊
- 萨尔塔
- 圣米格尔-德图库曼
- 圣地亚哥-德尔埃斯特罗
- 科皮亚波
- 卡塔马卡
- 拉塞雷纳
- 圣胡安
- 科尔多瓦
- 圣菲
- 巴拉那
- 罗萨里奥
- 圣地亚哥
- 胡安-费尔南德斯群岛
- 塔尔卡

印加帝国

15世纪中期，印加帝国已经获得了它全盛时期三分之二的领土。这种速度应该说已经很快了，因为印加人没有马，也没有车，仅靠人的两条腿，这已经是了不起的成绩。约1470年，印加人征服今秘鲁北部的奇穆王国后，在南美，它已经没有任何对手。到15世纪末，印加帝国的版图已经覆盖了今厄瓜多尔、秘鲁南部、智利北部、阿根廷大部，以及玻利维亚高原的一部分。随着印加帝国扩张的脚步，许多印第安部落消失，有的被吞并，有的被灭族。与此同时，反叛也是此起彼伏。

印加人并没有文字，随着疆土的扩大，其组织和管理能力的不足开始显现。特别是在继承人的问题上，印加帝国并没有一个明确的法规，所以鼎盛过后，因为夺位之争，帝国陷入内战。而此时，西班牙人已经携着枪炮上岸了。

早在攻打阿兹特克的时候，弗朗西斯科·皮萨罗就知道印加帝国正陷入内战，意识到这是进攻印加帝国的好时机。

1531年，皮萨罗被任命为秘鲁总督，受西班牙国王之命前往征服印加帝国。当时皮萨罗的队伍是168人，而整个印加帝国的人口是600万。不用计算，在人数上，这完全不是一个数量级的，结果却匪夷所思。

皮萨罗用了1年的时间到达秘鲁西海岸。1532年9月，他领着这不到200人的部队向内陆挺进，目标是卡哈马卡城。此时印加帝国的国王正是在夺位之争中获胜的新国王阿塔瓦尔帕（Atahualpa），他领着一支约8万人的印加精锐正驻守在卡哈马卡。11月15日，皮萨罗到达卡哈马卡一个四面有围墙的广场。第二天，国王的信使来了，皮萨罗请求与国王谈判，并要求对方只能带5000名非武装的士兵。信使走后，他立即在广场四周布防，总共168人（包括皮萨罗本人），其中106名步兵，62名骑兵，各分两组，埋伏在四周。皮萨罗还骗他们说，对方只有4万人，但这也足以让这些西班牙士兵不寒而栗。

印加国王显然没把这百多人放在眼里。当天中午，阿塔瓦尔帕带着他浩大而又豪华的队伍来广场会面：前面是2000名清扫道路的印第安人，随后是载歌载舞的仪仗队，再往后是威武雄伟的印加武士。而阿塔瓦尔帕本人更是盛装绣服，披金挂银，坐在高大的肩舆上，由80名印加领主扛着。这气势好大，埋伏在广场后方的许多西班牙人当场就尿了裤子。

皮萨罗当然不是真的想谈判，他只是要找一个开战的借口。于是皮萨罗让牧师向阿塔瓦尔帕递上一本《圣经》，让他皈依基督教。印加帝国还处于结绳记事的阶段，不懂文字是什么，更没见过纸张，但阿塔瓦尔帕很好奇这玩意里面是不是有什么法宝，结果半天也没打开。牧师上前帮忙，阿塔瓦尔帕感觉受到了羞辱，一拳打开牧师，翻开了书，发现里面屁也没有，就把书扔出几米远，还说："我们只信仰太阳神，不相信上帝和基督！"牧师立即大喊："出来吧，基督徒们！"皮萨罗随即发起了攻击的信号。

一时间，全副武装的西班牙人喊叫着从两翼杀出，印加人立即陷入一片混乱，彼此踩踏，死伤一片。乱军丛中，皮萨罗亲手抓获了阿塔瓦尔帕。失去国王的印加人更是四散逃窜，西班牙人趁机掩杀，大获全胜。

据统计，卡哈马卡战斗中被杀死的印加人有7000人之多，西班牙人几乎没有损失，除了皮萨罗在生擒阿塔瓦尔帕过程中受了点轻伤外。

印加人的失败，其实和晚清败于列强的原因一样——器不如人。印加人的武器主要是木质、石质，青铜器极少。欧洲人靠的也不是火器，火绳枪的威力不比弓箭强到哪里去，前膛枪的装填速度太慢，即使是最优秀的士兵一分钟也只能装填一到两发，而且当时皮萨罗的队伍里也只有几把火绳枪，作用不大。火绳枪还有一个致命的弱点：怕水！打伏击战火绳枪尤其不合适：如果战前把火绳点燃了，就会引起敌人的警惕，暴露目标；如果开战后再点，时间又来不及。应该说，西班牙人这次获胜，骑兵占了很大作用。印加人没见过马，看到西班牙人骑着马冲过来以为是神从天降，根本无心抵抗。当然还有盔甲刀剑，印加人的木头棍棒杀不死西班牙人，只能在盔甲上留下点划痕，西班牙人的刀剑却可以把对方砍为两截，首先在心理上，这种不对称的战斗已经让印加人崩溃，更无心反抗。最后，西班牙人还有那么一点儿运气，如果印加人一开始就积极应战，就凭几万人的木头棍棒，百多个西班牙人很难进入他们的腹地。

随后，皮萨罗指定了一间长22英尺、宽17英尺、高8英尺的房间，让印加人用黄金把这个屋子填满，这样就可以赎回他们的国王。当印加人从各地把黄金源源不断地运来，终于把房子填满了之后，皮萨罗却背信弃义地把阿塔瓦尔帕杀了。仗着骑兵的优势，皮萨罗又先后在豪哈、比尔卡苏阿曼、比尔卡康加和印加帝国首都库斯科的4次战役中大败印加军队。参加这4次战斗的西班牙人人数分别是80人、30

南美洲大陆

人、110人,而印加人每次战斗动辄上万人。其实这不是战斗,而是屠杀,印第安人可以说真的是手无寸铁。

1533年,皮萨罗已经完成对秘鲁全境的实际占领。

1535年,皮萨罗建利马城,作为秘鲁总督的驻地。

在皮萨罗征服秘鲁的同时,西班牙的军队已在南美大陆上四面开花:1532年占领今厄瓜多尔、乌拉圭和巴拉圭地区;1536年占领今智利北部、哥伦比亚、委内瑞拉,同年在哥伦比亚境内建波哥大城;1549年占领今阿根廷。

至此,从中美洲到南美洲,除了内陆的热带雨林和高原地区还难以深入外,葡萄牙和西班牙完全掌控了这里的命运。葡萄牙主要占据巴西一带,其他地方几乎全是西班牙的势力范围,整个南美洲的历史日后也深受两国影响。西班牙也好,葡萄牙也好,他们的语言都属于拉丁语系,和后来属于日耳曼语的英语不同,所以人们又把中美洲和南美洲合称为拉丁美洲。

第二十五章 加拿大

葡萄牙和西班牙对海洋势力的划分，对许多后起国家来说很不公平，比如法国。

法国地处欧洲腹地，历史远比英国复杂。法国雏形脱胎于中世纪的法兰克王国，查理曼（Charlemagne）把帝国一分为三后，西法兰克占据的是高卢人的地盘。在漫长的历史中，法兰克人和高卢人逐渐融合，他们也不再叫西法兰克，改叫法兰西。

法兰西王国和英格兰王国有百年恩怨，在英格兰人退出欧洲大陆，把目光转向海洋的时候，法国人也紧跟着过来了。一开始是法国的渔民跟着英国的渔民到纽芬兰大浅滩去捞鱼，然后是法国王室一看英国开始寻找新航线了，于是自己也坐不住了。

法国此前一直忙着处理陆地上的事，等到他们下海的时候才发现，到处都是葡萄牙和西班牙的势力，简直无处落脚，于是法王干脆和海盗合伙，给他们发放私掠许可证，让他们袭击葡萄牙和西班牙的船只，还给他们提供资金，赚了钱再分成。这个方法后来被英国女王伊丽莎白效仿，并"发扬光大"。一时之间，披着合法外衣的海盗在大西洋特别是加勒比海一带出尽风头。

但葡萄牙和西班牙毕竟实力强，法国这时在明面上还惹不起，而英国人开拓西北航道还没有什么成效，所以法国人也把目光盯上了西北航道。

1523年冬，法国派遣维拉扎诺（Giovanni da Verrazzano）率4艘帆船出海寻找西北航道。维拉扎诺便是海盗出身，原籍佛罗伦萨共和国，后为法国服务。维拉扎诺的目标是中国，但一场风暴把船毁得不成样子，只好无功而返。

第二年春，维拉扎诺换了载重100吨的多芬号从第厄普港出发。他们先到马德拉群岛，然后向西横渡大西洋。3月20日，多芬号到达美洲东海岸北纬34°一带。维拉扎诺先向南探索了约300公里的海岸线，寻找通往太平洋的海峡，无果。于是掉头一路北上。期间多次登岸考察和补给，也接触到当地的印第安人，但都保持友好，没有发生冲突。有时候，海盗比官军更仁义。

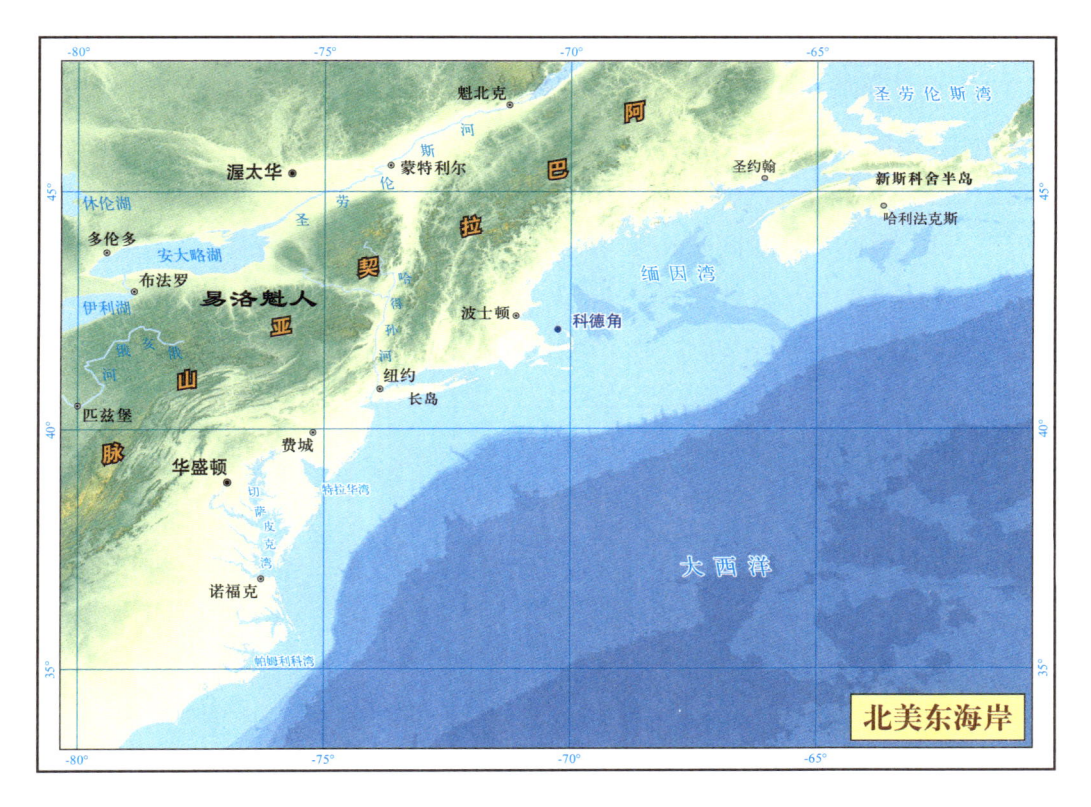

这一路上，多芬号先后考察了帕姆利科湾、切萨皮克湾和特拉华湾，随即发现了哈得孙河。他们沿河而上行驶十几公里，遇到风暴后返回。然后，他们继续沿海岸线往东北方向航行，经过长岛、科德角半岛，入缅因湾，到达新斯科舍半岛。最后因粮食不足，维拉扎诺只好返航。多芬号回到法国后，法兰西国王立即宣布北美东海岸为法国领土。

这次远航让维拉扎诺认识到，北美洲的温带地区不存在通向太平洋的海峡。所以在1528年，维拉扎诺再次出海，去中美洲寻找通向太平洋的海峡。没想到的是，船到达连湾一带，在某个岛上，他被当地土著杀死后吃掉了。他指挥的帆船于年底返回法兰西,带回了许多巴西木。

维拉扎诺之后,在欧洲人的地图上,北美洲开始和南美洲连成一体。再后来,"阿美利加"的称谓也开始应用到北美洲。

1534年2月20日,又一名海盗出身的冒险家卡尔捷(Jacques Cartier)奉法国海军司令的委托寻找前往中国的西北航道。卡尔捷带了两艘帆船,载重均为60吨,成员共61人。船队从圣马洛出发,只用了20天就横渡大西洋到达纽芬兰的东海岸。在这里稍作休整后,他们继续前行。之前说过,这里有拉布拉多寒流,浮冰很多,何况是在2月份,天气还很寒冷。所以他们在往西北探索感到前进艰难后,便折向西南,进入贝尔岛海峡。在这里,卡尔捷仔细考察了海峡北方的拉布拉多半岛的海岸。一直到8月10日,船队驶入一个巨大的海湾,卡尔捷将其命名为圣劳伦斯湾。事实上,当年英国的卡波特父子也到过这里,英国和法国的渔民也到过这里,只是没给它起名而已。

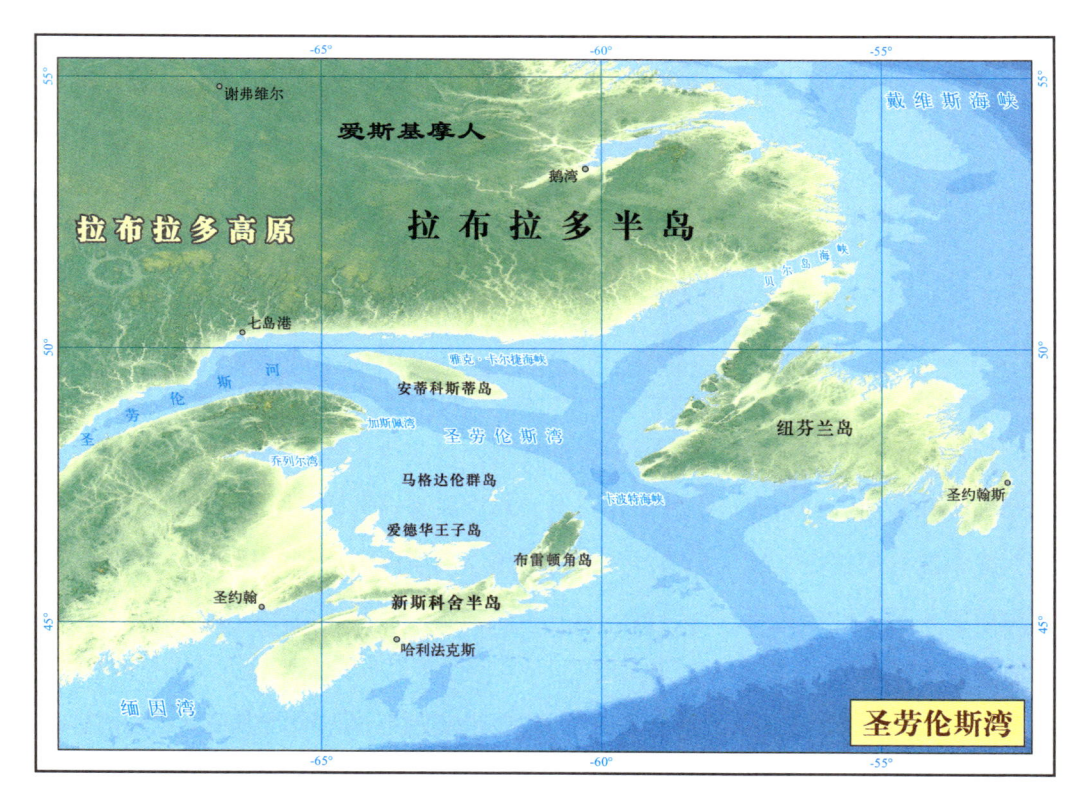

圣劳伦斯湾

在圣劳伦斯湾,卡尔捷沿着纽芬兰岛往南,考察了它的西海岸。接着,在向西南行驶的过程中，卡尔捷先后发现了马格达伦群岛和爱德华王子岛，只不过当时，他以为爱德华王子岛是个半岛，所以没再往南，而是折往西北方向。在北纬48°，卡尔捷发现了乔列尔湾。乔列尔湾伸入内陆很长，而且不像河流的入海口（凭水的咸淡可以作基本判断），于是卡尔捷以为它是个海峡，说不定能通往太平洋。如果真是这样，那西北航道就找到了，但真相让人失望，这只是个海湾而已。

在乔列尔湾，他们和当地印第安人进行交换，然后就出了海湾，继续沿海岸线北上。随后，他们到达加斯佩湾，并在此登陆，举行了占有仪式，宣布以法兰西国王的名义占有这里。他们还在这里带走了两名印第安人，既作为向导和翻译，同时也作为他们地理发现的见证。

从加斯佩湾出来，船队往东北方向行驶，终于发现了圣劳伦斯湾内最大的岛屿安蒂科斯蒂岛。但卡尔捷犯了在爱德华王子岛时一样的错误，以为它是和加斯佩相连的一个半岛，在考察了该岛东南海岸和东北海岸后，卡尔捷看到了一片深深的海水从安蒂科斯蒂岛的北面流过，一看望不到尽头，他深信那就是通往太平洋的通道。卡尔捷需要做些准备，于是先回到贝尔岛海峡的西南口。但两位船长再三恳求回国，卡尔捷只好返航。9月初回到法兰西，卡尔捷说他已经发现了通往太平洋和中国的海峡，并把它命名为"圣彼得罗海峡"（今雅克·卡尔捷海峡，后人为了纪念卡尔捷故名）。

1535年5月中旬，卡尔捷再次受命探索西北航道。这次发令的是法王法兰西斯一世（Francis I of France）。船队共有3艘帆船，船员110多人，包括去年带回的两名印第安人。这一次，卡尔捷直奔目的地而去，也就是他说的"圣彼得罗海峡"。8月中旬，船队穿过海峡，却没有进入太平洋，而是来到了一条大河的河口，卡尔捷把它命名为圣劳伦斯河。

溯河而上，卡尔捷发现有一条大河汇入圣劳伦斯河。通过当地印第安人得知，这条河名为萨古恩来河，因为在它的上游有个萨古恩来王国。卡尔捷以为这条河可以通往太平洋，而萨古恩来国就是传说中的印度。但显然，卡尔捷会再次失望，他溯河不远就发现，这里全是淡水，根本不是海峡。在河口以南，这里的印第安人把自己的村落叫作"加拿大"，于是卡尔捷便以为"加拿大"是这个地方的地名。再后来，"加拿大"便演变成了对整个北美北部的通称，最后竟成了一个国名。

法兰西人和印第安人相处得很好，和他们换货交易，向他们传播基督教，并在这里举行了占领仪式，宣布圣劳伦斯河两岸属于法兰西国王。

船队继续逆流而上，到9月中旬，发现河道骤然变浅、变窄，河水也完全成了淡水。卡尔捷把两艘船留在附近一个村子里休整待命，自己带着一艘船和40人继续逆流而上。这个村子名叫斯塔达科纳，就是后来的魁北克城。

数日之后，卡尔捷来到渥太华河和圣劳伦斯河的交汇处。在这里，卡尔捷受到当地印第安人的热烈欢迎。两河交汇处有一座山，卡尔捷将其命名为蒙特利尔。由于从印第安人口中得知，再往上会有很多瀑布和浅滩，行船困难，卡尔捷便下令返航。

11月，卡尔捷回到魁北克，与主力会合，在这里修建营地和工事。因为冬季来临，河水结冰，他们打算在这里过冬。一个冬天下来，有25名探险队员因疾病、饥饿和严寒而死。期间，尽管卡尔捷打听到圣劳伦斯河的源头是一个大湖，但卡尔捷仍然相信，圣劳伦斯河很长，也许能把他们引向亚洲。

1536年5月，圣劳伦斯河开始解冻，圣劳伦斯湾也开始解冻，卡尔捷立即率船队返航。他们出圣劳伦斯河，进入圣劳伦斯湾，然后经卡波特海峡进入大西洋。

1536年7月，船队回到法兰西。法兰西斯一世立即公布了他们的重大发现，并把加拿大地区正式划入法兰西王国版图，命名为新法兰西。

卡尔捷回国的时候，还带回了一名当地印第安酋长，但这位酋长到达法国后不久因为水土不服而死掉了。

1541年，法兰西国王任命大贵族诺贝瓦尔为新法兰西的副王。5月下旬，这位副王派卡尔捷率5艘帆船去加拿大殖民和探险，而自己却一直等到第二年4月才动身。

8月，卡尔捷的船队到达魁北克后，先在其上游9英里（约14.48公里）的罗格角一带建立营地，然后再上溯到渥太华河河口一带考察。

第二年春，卡尔捷考察完毕回国，6月上旬，船队在纽芬兰东南岸与新法兰西的副王相遇。诺贝瓦尔要卡尔捷回去，卡尔捷看不惯这些纨绔子弟的作派，拒绝听从命令，直接回了法国。卡尔捷从加拿大带回了很多优质毛皮，其中包括海狸鼠皮。海狸鼠是美洲独有的物种，它的皮毛厚实而具有一定的防水性，如果做成衣服，对于在高寒地区探险的人来说，无疑是珍宝。卡尔捷还带回了大量的黄铁矿石，当然，他当时并不知道这些东西是黄铁矿石，因为看起来金灿灿的，他以为是金子。

副王诺贝瓦尔决定自己去探险，但当他逆流而上行驶了几十公里后，发现到处都是急流、险滩和瀑布，于是退了回来。但就此回去诺贝瓦尔又不甘心，他听说萨古恩来河那里有个萨古恩来王国，于是派茹安·阿方索（Juan Alfonso）去探索，自己却先打道回府了。

阿方索沿萨古恩来河而上，一直到达萨古恩来河中游的圣约翰湖，并认为这条河有可能通向太平洋。但河道狭窄，想通行大船还是得找海路。于是，阿方索又返回了圣劳伦斯湾，先考察拉布拉多半岛的南海岸，接着往东，再往北，顺着半岛的海岸线，去找通往太平洋的航道。但在出贝尔岛海峡后不久，因冰层阻隔，难以前进。无奈，阿方索只好返航，先经纽芬兰岛东海岸，再经新斯科舍半岛，到达北纬42°的马萨诸塞湾后，向东，穿越大西洋回法兰西。

此后，法国人常到圣劳伦斯湾和圣劳伦斯河一带捕鱼。主要的捕捞对象是鳕鱼，也有鲸鱼，鲸鱼个体太大，难以保存和运输，于是他们就把它炼成鲸油。法国人还深入内地去收购毛皮，也和印第安人交换百货。总之，法国人虽然起用海盗开拓殖民地，但相比葡萄牙人和西班牙人对印第安人的所作所为来说，他们简直就是"圣人"，此后英国的海外殖民政策也深受法国人的影响。

第二十六章　东北航道

本来西北航道是英国人最先尝试的，结果让法国人拣了便宜。法国人走了英国人的路，让英国人无路可走。于是英国人只好再找别的通道。这时他们想起了俄国人曾经提起过的东北航道。

当然，英国人寻找东北航道最主要的原因还在于，法国人在加拿大的探索可以证明一点，那就是从中纬度地区过海峡进入太平洋是不可能的了，除非往北驶入冰海，或许能找到一条通道。但谁都知道，海上的浮冰对于远洋帆船来说就是最大的杀器，它们不知道会从哪里冒出来，也不知道水下的体积有多大，这种不确定性会迫使海员们绷紧每一根神经，稍有不慎就会灰飞烟灭。

而东北方向就好多了，相同纬度下，欧洲比美洲暖和很多（洋流的作用）。而且，相比北美那些蛮荒之地，从欧洲到亚洲都是文明开化之地，这些地方对英国人来说就是巨大的市场。英国主要的产品是羊毛制品，这些东西印度人、东南亚的人不需要，而东北航道沿线的俄国人、中国人等却需要。

需要说明的是，欧洲人向海外扩张，一开始的目的就是贸易，并没有想到杀人越货。只是在向外延展贸易线的时候，发现有的地方太蛮荒，没有成熟的贸易点，做起生意来很不方便，于是自己派人去那些地方建立贸易点。贸易点有货栈、有仓库、有酒馆、有旅店，还有一些其他的配套设施，这样一来做贸易就方便多了。这就是最早的殖民地，古希腊人也是这么干的，后来的欧洲人只不过是继承这一传统。至于后来经常出现的暴力事件，主要是力量对比悬殊造成的，如果杀人越货不会受到惩罚，那么这种赚钱方式虽不持久，但在短时间内的效率比贸易快得多。对比一下今天北美和南美的差异，就会发现这两种模式造成的不同后果。西葡在南美杀人越货，以抢夺资源为主，造成那里至今后继乏力，而北美没有那么多资源，英法不得已只能自己开荒种地，发展却蒸蒸日上。

总之，有了这几个原因，英国人决定往东北方向试试运气。至于地广人稀、天寒地冻的北美——让法国人玩去吧。

1548年，英格兰王国的一些商人成立了"商人企业家协会"，主要发起人是老牌探险家塞巴斯蒂安·卡波特、诺森伯兰公爵达德利（John Dudley）和学者约翰·迪（John Dee）。协会的目标就是开辟东北新航道到达中国。早在1525年的时候，莫斯科大公国的外交家格拉西莫夫就提出过从欧洲的东北方向，经北冰洋，过白令海峡，入太平洋，最后抵达中国的设想，只是一直没有人去尝试，现在，英国的商人企业家协会就是要把这个设想变成现实。

1549年，奥地利的学者格尔贝希对格拉西莫夫的设想又进行了一些修正，主要意思是：不用绕道白令海峡，从俄罗斯的北部到达鄂毕湾之后，可以溯鄂毕河而上直达源头"中国湖"，而中国的首都北京就在"中国湖"以东不远处。这里的"中国湖"是指贝加尔湖，实际它并不是鄂毕河的源头，而且离北京还远得很。但格尔贝希的观点很流行，此后百年西方人都觉得他的说法没什么问题。

1553年，英国商人企业家协会正式开始探索东北航道。他们购置了3艘船，总载重370吨，乘员115人。旗舰为好望角号，船长威洛比（Hugh Willoughby）身兼探险队队长。5月中旬，船队驶出泰晤士河，进入大洋，但出师不利，逆风加逆水，船队在英格兰海岸迂回了6个星期。直到6月23日，船队才驶向深海。又经过了6个星期的航行，船队到达北纬69°附近的塞尼亚岛。这时暴风雨来临，由于塞尼亚岛海岸线曲折复杂，浅滩礁石众多，船队不得不驶入深海，以免触礁搁浅。在暴风雨中，慈善号［船长钱瑟勒（Richard Chancellor）］失散。

威洛比率领其余两艘船在大海上又徘徊了10天，等风暴稍微平息后，便向挪威王国东北部的瓦尔德海湾驶去。稍事休息后，船队又向东驶去。

8月14日晨，船队在北纬72°附近发现了无人的陆地（实际是新地岛西南的古斯地）。这里水浅，浮冰又多，无法靠岸，船队便折向北方。3天后，1艘船漏水，于是船队又调头向南。又过了3天，海水越来越浅，却看不见陆地，为避免危险，船队便又折向西航行，路过科尔古耶夫岛，沿卡宁半岛北岸划过，于4个星期后到达科拉半岛的诺库耶夫岛。

9月18日，两艘船驶入诺库耶夫湾停泊休整。这里地处北极圈（北纬66°34'）以内，极昼已经过去，开始进入漫长的极夜，天气越来越冷，威洛比下令在此过冬。

然而，这里不仅寒冷，还荒无人烟，船队难以补给。风雪、严寒再加上饥饿，全员70人一直坚持到第二年1月，最后全部冻死，无一幸免。一直到1554年的冬天，白海沿岸的居民才在瓦尔泽纳河河口发现了这两艘船。这是大航海时代最悲壮的一次探险。也就是从这时起，探险家们发现，在远航的路途中，除了暴风雨和坏血病这两个杀人恶魔之外，严寒也是杀人的利器。威洛比的壮举让人惋惜，此后200多年里，西欧人一直把新地岛命名为"威洛比之地"。

再说失散的慈善号，在船长钱瑟勒的率领下，该船顺利抵达了瓦尔德港。他们在那里等候威洛比，1个星期过后，没有等到，便决定独自探险。1553年8月24日，慈善号进入白海，随后到达俄罗斯北方重要港口阿尔汉格尔斯克。在这里，他们从俄罗斯居民那里得到了补给。

上岸后，钱瑟勒乘雪橇来到莫斯科，觐见了沙皇伊凡四世（Ivan the Terrible），请求和俄国通商。俄罗斯一直憋屈在欧洲内陆难以出海，伊凡四世正想打破这个局面，于是欣然应允。1554年3月，沙皇派人护送钱瑟勒回国。

钱瑟勒回国后，商人企业家协会也得到了英国政府的正式承认，并于1555年改组为莫斯科公司。莫斯科公司又称俄罗斯公司，是世界上第一家股份公司，英格兰政府授予它对俄贸易垄断权。公司大约由160人组成，设有董事会，在莫斯科和伦敦都有代理人。通过莫斯科公司，英国的呢绒和火器源源不断地运往俄国，而俄国的蜂蜜、鱼油、毛皮、木材和海军军需品也源源不断地运往英国。可以说，正是莫斯科公司的存在，让俄国与西欧的差距逐步缩小，特别是武器方面。

1555年，莫斯科公司派遣钱瑟勒前往俄罗斯通商，双方达成一些贸易协议。钱瑟勒回英格兰时，沙皇派特使涅比（Osip Nepeya）同行，同时将威洛比及其同伴的骨灰，还有两艘船和船上所有物品都转交给钱瑟勒和英国商务代办。没想到，钱瑟勒航行至苏格兰附近时，帆船失事，钱瑟勒遇难。涅比侥幸逃生，来到伦敦，受到英国人的礼遇，他是俄罗斯派往英格兰的第一位官方代表。

英俄航路开辟以来，英格兰商人从俄罗斯人那里了解到了鄂毕河，而且听说鄂毕河的源头就在亚洲腹地。那么，是不是从鄂毕河逆流而上，就能到达中国？从地图上看，鄂毕河发源于阿尔泰山，它有一条非常长的支流额尔齐斯河也是发源于阿尔泰山，按照通常的习惯，人们一般把最长的那条河定为正源，所以也有人说额尔齐斯河是鄂毕河的源头。而额尔齐斯河已经深入了准噶尔盆地，确实到了中国的西域。但这个时候，占据西域的是蒙古人的瓦剌部，不是明朝。

如果能从内河直接到中国，显然比走冰海要安全得多，所以1556年，英国莫斯科公司派史蒂文·巴罗（Stephen Borough）率领1艘船前往鄂毕河探险，成员仅有10人。这次探险，一路上都有俄罗斯人提供帮助。巴罗最北到达北纬72°的新地岛西南的梅日杜夏尔斯基岛，最东到了喀拉海西部的瓦伊加奇岛，还了解到一些涅涅茨人的情况。涅涅茨人是萨摩耶德人的一支，他们的祖先可能是中国古代北方的丁零人。汉朝时，丁零人在萨彦岭一带游牧，后因战乱，一部分人沿叶尼塞河北迁，最终到达北冰洋沿岸，有的还越过乌拉尔山进入欧洲，他们与当地土著融合后，形成了一个新的族群——涅涅茨人。而留下来的那些丁零人，中国又称他们为高车人，后来迁入阿尔泰山一带，最终融合形成中国的维吾尔人。萨摩耶德人是对西伯利亚属乌拉尔语系萨摩耶德语族的各民族的统称，包括涅涅茨人、埃涅茨人、恩加那桑人、塞尔库普人等。

巴罗回去后，第二年编写了一本英语-涅涅茨语词汇手册，收录了上百个涅涅茨语词汇。当然，巴罗在地理上的发现都是俄罗斯人早就了解的，所以对俄国人没有什么意义，倒是让西欧人开始注意起了北极的地理情况。

1557年5月，莫斯科公司派安东尼·詹金斯（Anthony Jenkinson）率领4艘船探索前往中亚和中国的道路。詹金斯走了一条不同寻常的路，他先到达白海后弃舟登岸，然后到莫斯科过冬。第二年春，詹金斯率探险队离开莫斯科，沿伏尔加河到达里海，渡海到东岸后，骑骆驼穿过沙漠到达阿姆河畔。12月，一行人到达阿姆河中游的商业中心布哈拉。在这里，他们停留了好几个月，听说东去的路上战乱不止，犹豫再三，就原路返回了。

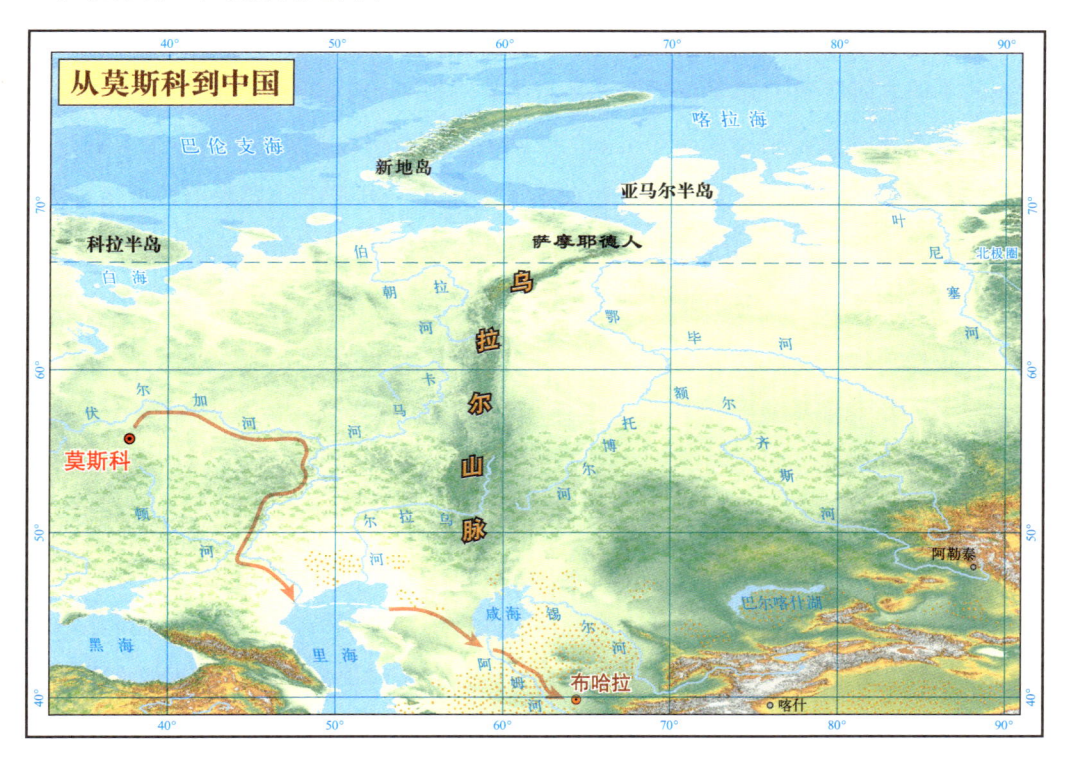

这条路线抛弃了欧洲人擅长的海路而改走陆路，可以说危险重重，好在最终探险队都安然回国。但这一年英国发生了一件大事，让英国此后对探索东北航线几乎丧失了兴趣。

1558年，英格兰女王玛丽一世（Mary I）去世，她的妹妹伊丽莎白·都铎继位，即伊丽莎白一世（Elizabeth I）。伊丽莎白是新教徒，她的上台意味着新教在英国的地位提升。所谓新教，是相对于传统的基督教而言的。早在1517年，德国人马丁·路德（Martin Luther）提出《九十五条论纲》，质疑罗马教皇的权威，从此拉开了宗教改革的序幕，此后改革迅速波及欧洲各国，这就是新教。相对于旧基督教垄断一切，新教的主要诉求是摆脱罗马教廷的控制。过去，教会的权力无处不在，比如欧洲各国的国王，以前是需要得到罗马教廷的认可才能上位，否则不合法，等于是宗教控制了世俗的权力。而新教却是在国王的控制之下，在自己国家成立的教派，和罗马教廷没有任何关系。此举等于是瓦解了罗马教廷垄断了上千年的权力，由此欧洲各国的民族意识也开始逐渐建立起来。从这时起，中国人为了区别两种教派，常把旧的基督教翻译为天主教，而新教仍称基督教。相比于天主教，新教只是一种改良，将罗马教廷的权力分散到各个王国的宫廷，并没有改变劳苦大众被教会盘剥的本质，所以到了16世纪后期，新教中又出现了一个教派，他们要求清除天主教在基督教中的残余因子，因而被称为"清教"。清教是最彻底的宗教改革者，他们强调人人都可以和上帝通话，上帝面前人人平等，打破了一切教会的世俗权力。当然，这是后话。伊丽莎白上台时，正是天主教和新教打得热火朝天的时候，作为女王，伊丽莎白对双方都采取包容的政策，暂时缓和了矛盾，使国家趋于稳定，战略目光转移到海洋上。

只是，东北航道自开辟以来，收获并不大。在这条航线上，由伦敦出北海北上，很快就进入北极圈。北极圈以内，严酷的气候对人类生存是一个挑战。虽然受北大西洋暖流的影响，一直到今摩尔曼斯克以西，还能找到不冻港，但是再往东，严寒加浮冰，死神会随时光顾。对英国人来说，每一次出海都是生死考验，单从经济上讲很不合算，而且目前所到的地方都有人，都是俄罗斯人的地盘，也没法占领一寸土地作为据点。与其冒着重重危险去做这些得不偿失的冒险，倒不如学学法国人，给海盗们发放私掠许可证，去抢西班牙的大宝船，然后分成。

那么，海盗们要抢劫西班牙的大宝船，最好从哪里下手呢？

第二十七章 加勒比海盗

西班牙征服南美洲之后，在那里发现了大量的黄金和白银，从当地搜刮到各种珍宝，只是这些金银财宝如何运回国内是个问题。黄金和白银的产地主要在秘鲁，也就是原印加帝国所在地，这里濒临太平洋，如果在这里把珍宝装船，再经由麦哲伦海峡到大西洋，然后运回西班牙，一是路途远，二是麦哲伦海峡地处南纬50°以上、气候寒冷，三是经过巴西的时候会遇到葡萄牙人，所以这显然不是一条理想的线路。因此，西班牙人采取的方式是，先把秘鲁产的黄金和白银沿太平洋运到巴拿马，再通过陆路运到北岸的波多贝罗，由波多贝罗的帆船运往哈瓦那，最后由从西班牙本土过来的大型盖伦帆船统一运回国内。盖伦帆船是对克拉克帆船的一种改良，克拉克帆船最大的缺点是重心高，在遭遇暴风雨时很容易翻船，盖伦帆船将船首楼和船尾楼降低，从而降低了整个帆船的重心，这样在浩瀚的大洋之上航行更稳当，不至于被风拖着走。到16世纪中叶，大多数航海国家都采用了盖伦帆船，其尺寸也随需求有所变化，大致可按排水量划分为小型（100～400吨）、中型（500～800吨）、大型（900～1200吨）三类，西班牙运送财宝的盖伦船就是排水量高达1200吨的庞然大物。

这是第一条线路，主要是运送来自南美洲的财宝，其中也包括从哥伦比亚搜刮来的财宝（因为隔着安第斯山脉，哥伦比亚的财宝不便运到太平洋，但可以顺着马格达莱纳河运到卡塔赫纳，再经加勒比海运到哈瓦那）。

另一条线是从亚洲来的。虽然1529年西班牙和葡萄牙签订了《萨拉戈萨条约》，把香料群岛让给了葡萄牙，但西班牙并没有真正打算放弃亚洲，特别是菲律宾，因为这里靠近中国，能买丝绸、茶叶和瓷器，包括香料（本地产的和从香料群岛来的）。只是当时西班牙人同法国人开战，急需钱财，所以答应了葡萄牙人的要求。等战事平息，西班牙人就开始探索从菲律宾到巴拿马的航线（自麦哲伦环球航行之后，西班牙人已经知道了从美洲到亚洲的航线，但是从亚洲到美洲的航线却还有待探索——原路返回肯定是逆风逆水）。

1542年，航海家盖塔诺（Juan Gaetano）从菲律宾驶往墨西哥，试图开辟新航线，最终失败，意外的收获是中途发现了夏威夷群岛。

1544年，冒险家德雷特斯（Yñigo Ortiz de Retez）从香料群岛驶往墨西哥，最终也失败，这次的意外发现是新几内亚（其实早在1526年，西班牙的萨德维拉就发现了新几内亚，只是没有详细考察）。德雷特斯发现这里的土著皮肤黝黑、头发卷曲，和非洲几内亚湾的黑人很像，就连这里的气候和风光也很像几内亚（都是热带），于是就把这个地方命名为新几内亚。

一直到1565年，航海家乌尔达内塔（Andrés de Urdaneta）才成功地开辟了一

条从菲律宾返回墨西哥的航线。乌尔达内塔的成功，一是借鉴了前人失败的经验，二是做出了大胆的设想。乌尔达内塔的设想是：虽然菲律宾附近受季风影响这一点和大西洋有所不同，但在太平洋的北部，应该和大西洋一样，是受信风影响。所以在1565年的5月，乌尔达内塔先是利用东南季风北上，到达日本附近海域后，在北纬43°附近捕捉到盛行西风，随后，船队乘着这股强劲的西风一直到达北美的加利福尼亚，再顺着加利福尼亚寒流南下，轻松抵达墨西哥的阿卡普尔科，整个航程历时125天。这次东亚航线的开拓主要是受王子菲律普（Philip II of Spain）支持，后来他们就用王子的名字命名了他们在亚洲的这片殖民地，这就是菲律宾。

从此，从中美洲到东南亚的往返航线被确定下来。借此，西班牙人可以把亚洲的香料和丝绸源源不断地运往中美洲的阿卡普尔科，再经由陆路运到韦拉克鲁斯，在哈瓦那会合后，统一由珍宝船运回本国。也就是从这时起，西班牙被称为"日不落帝国"，后来英国人的这个头衔也是从西班牙学来的。

三条线（秘鲁、哥伦比亚、亚洲）在哈瓦那会合后，不计其数的珍宝、丝绸，以及香料从加勒比海运往西班牙。炫富招人恨，西班牙不但不低调，还大张旗鼓地用大型盖伦帆船来运，最多的时候有50多艘大型盖伦帆船同时开动，这种招摇过市的行为不让人惦记才怪。不仅如此，西班牙还规定，除了西班牙，任何国家的船只不得在西班牙的美洲殖民地贸易，这让欧洲各国恨得牙根痒，但实力摆在面前，又不好正面交锋，于是给海盗们发放私掠许可证，让他们去抢劫西班牙的宝船，成了最优选择。

如果看一看地图就会发现，海盗们要打劫西班牙的珍宝船，最好的伏击地点应该在从哈瓦那到西班牙的航线上，而且，最好有岛屿和港湾作掩护。很显然，最理想的地点就是巴哈马群岛。

巴哈马群岛由700多个海岛和2400多个岛礁组成，这其中就包括哥伦布第一次西航时发现的圣萨尔瓦多岛。巴哈马群岛是西班牙珍宝船回国的必经之路，这里岛礁众多，很适合海盗们藏身，不管是伏击还是打完之后撤退，海岛和礁石都是最好的藏身之地；又因为港湾多，海盗们平时可以在这里聚集，作为栖身之地。这些海盗就是常说的加勒比海盗。

严格地说，巴哈马群岛并不在加勒比海内，而是处于加勒比海与大西洋之间。

人们之所以称他们为加勒比海盗，不仅是因为他们的活动范围不只局限于巴哈马群岛，加勒比海上众多的殖民据点显然也是他们经常"光顾"的地方，最主要的原因还是他们打劫的对象来自加勒比海。

其实，海盗的历史很久远，自从海上有了船只往来，就有了海盗。加勒比海盗之所以出名，还在于背后政府的支持，散兵游勇式的抢劫成不了这么大的气候。最早是法国人看西班牙人不顺眼，给海盗发放私掠许可证，有了这个许可证，海盗们原本非法的生意就变得合法，而且背靠组织，发挥出来的能量也大大提升。然后是英国，后来几乎欧洲各国都开始效仿。这些国家从政策上资助海盗，分成收益只是目的之一，更主要的是增强了自家海军的实力：海盗可以攻击敌国船只，可以保护自家海军和领海，而且不需要军费开支，缺钱的时候自己去抢劫，无形之中又削弱了敌人的力量，真是一举多得。堂堂一个国家和海盗沆瀣一气，作为中国人很难理解，但我们不要用中国人传统的道德标准去批判这些行为。欧洲人有维京人和日耳曼人的血统，维京人就是海盗出身，日耳曼人是游牧民族。对农耕民族出身的中国人来说，自己种粮自己吃，抢劫是一件极为可耻的事，以国家的名义抢劫更令人不齿；但对海盗和游牧民族来说，他们占有的资源有限，一到冬天就缺吃少穿，不抢劫根本活不下来，抢劫对他们来说并不可耻，只是一种生存方式，已经刻在文化基因里了。这一点也可以解释为什么在当时以及后来的殖民时期，欧洲人对当地土著那么血腥残暴，完全不顾他人死活；相反，中国在历史上也有扩张，但总是想尽办法去教化他们，以服王化，也就是用文化来同化他们，而不是赶尽杀绝。欧洲人在殖民时期给全世界带去了灾难，也带去了文明，主观上是为了利益，客观上促进了当地的发展。当欧洲人真正富裕起来，成为全世界的主导者之后，才开始思考文明这个东西，才开始把殖民地的人当作和自己一样的人去思考，以前的那套强盗逻辑才慢慢从欧洲人身上褪去，使其变得越来越文明。当然，欧洲殖民的血腥也有宗教原因，极端的宗教信仰总会引发一些极端的行为。宗教改革之后，欧洲人对待他们眼中的异教徒也就不那么极端了。

宗教改革也变相导致了加勒比海盗的繁荣。彼时，葡萄牙和西班牙这些老牌的海上帝国仍信奉天主教，而英法先后出现了新教，新教和天主教是敌人，抢劫敌人的财宝更是天经地义。在种种诱因促使下，法国资助的海盗主要在海地岛和附近的托尔蒂岛聚集，而英国资助的海盗主要集中在牙买加岛和巴哈马群岛的拿骚。这些地点都位于西班牙珍宝船回国的必经之地，海盗们就躲在这些地方，等着西班牙的珍宝船起航，然后伺机出动，就像狼群等待围捕的猎物一样。

加勒比海盗是人类海盗史上最辉煌的篇章，涌现出了许多杰出的海盗。之所以说杰出，是因为他们与我们印象中杀人放火、无恶不作的海盗截然不同，他们有自己的行为准则和善恶标准，甚至不畏强权、扶危济困，颇有侠客之风，比如美国电影《加勒比海盗》中杰克船长（Jack Sparrow）的原型塞亨马缪尔·罗伯茨（Bartholomew Roberts）。他抢劫过葡萄牙商船、法国商船、英国商船，还击沉过荷兰军舰。欧洲各国都在通缉他，他却毫不在意，还开玩笑说："如果我被捕，就开枪点着火药，大伙儿一起快快活活地下地狱去。"罗伯茨一生中抢劫过400多条船，平时不喝烈酒，只喝淡茶，是个特立独行的人。不过，他最出名的还不是这个，而是给手下的海盗们制订了10条规矩：

一、对日常的一切事务，每个人都有平等的表决权；

二、偷盗同伴财物的人要被遗弃在荒岛上；

三、严禁在船上赌博；

四、晚上8点准时熄灯；

五、不许佩带不干净的武器，每个人都要时常擦拭自己的枪和刀；

六、不许携带儿童上船，勾引妇女者死；

七、临阵逃脱者死；

八、严禁私斗，但可以在有公证人的情况下决斗，私下杀害同伴的人要和死者绑在一起扔到海里去（皇家海军也有类似规定）；

九、在战斗中残废的人可以留在船上不干活，并从"公共储蓄"里领800块西班牙银币；

十、分战利品时，船长和舵手分2份；炮手、厨师、医生、水手长可分1.5份；其他有职人员分1.25份；普通水手每人得1份。

是不是很意外？这哪像是海盗的守则，倒像是某个有宏图大志的组织的行动纲领！难怪后世的历史学家说这"十诫"洋溢着"原始的民主主义"。

加勒比海盗一开始仅在加勒比海附近活动，后来逐步扩展到葡萄牙的东亚航线。当英法殖民者在北美洲开展殖民活动的时候，大量的黑奴从非洲运往北美，三角贸易繁荣起来了，于是海盗们的脚步也尾随而至，开始打劫三角贸易的船只。而那时，英国已经从一个大航海的追随者变身为一个海洋强国，海盗的价值已经利用完了，于是英国宣布私掠行为违法，并开始清剿海盗。从那时起，加勒比海盗开始衰落。

当然，这是后话。当英格兰女王伊丽莎白决定起用海盗的时候，他们的好日子才刚刚开始，并从此风光了200年。在后续的篇章中，我们还会看到很多杰出海盗的身影。

第二十八章 屯门海战

再说回葡萄牙。

1511年，马六甲被葡萄牙人占据之后，作为大明藩属国，马六甲国王自然想到了向大明求救。但大明王朝对此毫无反应，倒是知道了一群叫佛郎机的人，《明史》记载："佛郎机，近满剌加。正德中，据满剌加地，逐其王。"

满剌加正是马六甲，是中国古人的音译。在当时中国人的地理概念中，佛郎机人靠近马六甲，这实在错得离谱。

所谓佛郎机，其本意是法兰克（Frank），印度斯坦语作Farangi，波斯语作Firangi，音译过来就是佛郎机。所以在当时，从印度洋到东南亚的人，特别是穆斯林都管他们叫佛郎机人。但穆斯林的本意并不是单指法兰克人，而是用法兰克人泛指一切欧洲人，所以穆斯林口中的佛郎机人就是欧洲人。顺理成章地，欧洲人使用的火炮也称为佛郎机炮。

佛郎机人在穆斯林中的口碑很不好，传到中国之后，同样是臭名昭著。因此，葡萄牙人要想进入中国，注定不会那么顺利。

对葡萄牙人来说，中国是他们梦寐以求的贸易对象，如果能从中国直接进口丝绸和瓷器，那将是一本万利的生意。所以在占领马六甲后不久，葡萄牙人就兴致勃勃地来敲中国的大门。

1513年，葡萄牙人阿尔瓦雷斯（Jorge Álvares）率领一支船队到达珠江口，要求登陆贸易。让葡萄牙人没想到的是，明政府官员一口回绝。阿尔瓦雷斯没办法，只好在水面上和中国商人交易。

葡萄牙人大概想不明白，为什么中国人有钱不赚，送上门的生意都不愿意做？以今天的逻辑来看，我们也会奇怪为什么古人会错过第一次与世界交流的机会，以至于造成后来被动挨打的局面？

如果我们了解当时中国人的想法就不会感到奇怪了。别说是明朝，就是往前两千年，中国人在世界上也并没有遇到过真正强有力的竞争对手，所以在中国的文化概念中，并没有世界这个词，而只有天下。所谓天下，就是天底之下，中国居中，四周都是蛮夷，其野蛮程度视其离中央帝国的远近而定。而世界是个相对平等的词，意味着国与国之间是平等的。国家平等这个概念在中国古人的心中是不存在的，既然不存在国与国之间的平等关系，当然也就没有国与国之间的贸易了。那如果两国之间有稀缺物品需要交换呢？中央帝国也考虑到了，格外准许这些国家带着稀缺品来朝贡，朝贡品也不是白给，朝廷会给很丰厚的赏赐，赏赐通常远远高于贡品的价值，比做生意合算多了。因此，朝贡不是想来就来，有固定的时间和次数，不然朝廷吃不消。当然，还有一个前提，来朝贡的国家首先得是中央帝国的藩属国、事先得到过中央的册封才行。所以，马六甲可以来，但佛郎机不行。

如果把这个规矩告诉葡萄牙人，估计葡萄牙人会如坠五里雾中。阿尔瓦雷斯不死心，在回到马六甲后，不久又北上。这一次，他不打算跟官方打交道了，直接进驻屯门。就像他们在非洲、在印度所做的那样，在占据屯门之后，葡萄牙人就开始在这里设码头、修工事、立石碑，以示占领。如果说葡萄牙在刚刚进入大西洋时还算小心谨慎的话，那么在葡萄牙的舰队从非洲杀到印度洋，再到马六甲，近百年没有遇到过对手后，他们已经变得不可一世了，哪怕是面对庞然大物的明帝国。

不巧的是，大明王朝为了防范倭寇，实行海禁政策，葡萄牙如果不走官方朝贡的话，与民间的私下贸易也是违法的。

海禁政策是明朝开国之时就立下的，当时朱元璋就规定，除了朝贡外，民间船只片板不得下海，后来的继任者不过是沿袭了这一政策。实际上，海禁政策对打击倭寇的效果有限，反倒是对中国民间的海上贸易造成了沉重打击，许多东南沿海的居民不得已只好当起了海盗。所谓的倭寇也不全是日本人，他们的上司也有中国人。日本有大量的武士阶层，在日本南北朝时期（1336~1392年），战乱不断，许多武士失业，成为浪人。这些浪人就被海盗雇佣，用来劫掠过往船只，或者上岸打家劫舍。打劫最好的目标当然是中国东南沿海，这里远比日本富庶。海盗头子有日本的，也有中国的，比如郑成功的父亲郑芝龙，就是游走于中国和日本之间的海盗头子。中国官方通常把这些人都归为倭寇之列，其实他们的主要活动是在中国东南沿海做贸易，因为这种贸易是非法的，所以官方称他们为走私。可以说，东南沿海的海盗倭寇猖獗和明朝的海禁政策是相辅相成的：如果没有海禁，靠正经做生意就可以养家糊口甚至发财致富，没有人会冒着杀身的风险去当海盗。但也不能怪帝国的统治者不理解这一点，中国是个传统的农业帝国，一切的治国思想都根源于农耕，在统治者看来，这些不老老实实在家种地、偏要下海经商的人就是不安分，说他们是海盗也不冤枉。要怪只怪中国的面积太大，各地的差异远远超出了这些统治者的想象。如果观察一下中国东南沿海的地形就知道，这里绝大多数地方都是山区，耕地少，种田养活不了那么多人；相反，背山靠海的地方很容易形成天然良港，因此这里的居民最好的选择就是下海经商，而不是种地。改革开放后，东南沿海迅速成了发达地区，传统的内陆城市反而落后，就是这个道理。我们经常用下海这个词代指经商是有道理的，下海的核心就在经商，海洋提供了广阔的通道，如果仅仅是捞点鱼，本质上和农民没什么两样。

民间私下交易毕竟受到诸多限制，再加上官方的打压，终归不是常态，葡萄牙人需要的是能把中国的丝绸、瓷器和茶叶装满他们的大帆船，源源不断地运到欧洲发大财。

1515年，受葡属印度总督阿尔布克尔克（Afonso de Albuquerque）之命，拉斐尔·佩雷斯特雷洛（Rafael Perestrello）率船8艘到中国贸易。这时葡萄牙人已经知道佛郎机人的名声不好，于是假扮穆斯林，宣称是来进贡的。葡萄牙人在广州登陆后，两广总督陈金发现他们并不是穆斯林，分明是佛郎机人，既没有国书，也不在朝贡国名单之内，于是安排他们到光孝寺学习中国礼仪，并将此事上奏朝廷。

3年后（1518年，明正德十三年），朝廷答复，将葡萄牙人带来的特产按市价折成银两，使节进京洽谈，其余船只、人等立即返回。

葡萄牙人显然不甘心，他们只是退出了广州，率船队南下之后，企图攻占南山半岛（今深圳市南山区蛇口）。这里明朝驻军较多，未果，便退至屯门安营扎寨。

葡萄牙人知道，这样下去，依然见不到中国皇帝，于是向广东的宦官行贿。此法果然奏效，1519年（明正德十四年）底，朝廷允许他们到北京朝见。

1520年（明正德十五年）1月，葡萄牙人皮莱茨（Tomé Pires）从广州启程，准备北上觐见大明皇帝。途中，皮莱茨从地方宦官那里得知，此时的中国皇帝正在南京游玩，于是皮莱茨赶了4个月的路直接去南京。明武宗却并不急着召见葡萄牙使者，而是自行返回北京，让葡萄牙使者到北京朝见。

1521年1月，皮莱茨到达北京后，又开始行贿拉关系，让翻译火者亚三（Eunuch Yasan）勾结武宗身边的佞臣江彬。火者亚三本是马六甲的华人，会讲汉语和葡萄牙语。其实他的真名就叫亚三，火者是阉人的别称。在东南沿海一带，很多经商大户家里三妻四妾，女佣众多，招男仆怕戴绿帽子，但又需要强壮的劳力，于是用这种阉人为奴。明武宗跟着火者亚三学了几天葡萄牙语后，觉得很有意思，就把他留在了身边，作为宠臣。亚三自小受苦，哪里得到过这等待遇，一时忘乎所以，跟着江彬飞扬跋扈。

然而，好景不长，4月20日，武宗突然病逝，张皇太后当天就根据群臣的意见杀了江彬，而后处死了亚三，并下诏不许佛郎机进贡。皮莱茨也被驱逐出京，更倒霉的是，他9月回到广州时正赶上双方在屯门交战，就被关进了监狱。

屯门海战的发生和葡萄牙人的骄横脱不了干系。7月，广东官员上报，一批葡萄牙人到广州要求贸易。如果开放贸易，地方政府有抽成，所以广东官员的意思是答应葡萄牙人的要求。但葡萄牙人在屯门一带的胡作非为此时已经闹得满城风雨，而且马六甲被佛郎机侵吞，作为宗主国的大明如果此时再不出手就太有失脸面了。为此，刚继位的嘉靖皇帝下旨给广东海道副使汪鋐，要求驱逐盘据在屯门的佛郎机人，屯门海战一触即发。

屯门位于今香港新界的屯门区。葡萄牙人一开始并没有选择澳门，而是屯门。如果观察一下屯门的地理条件，就会发现它和后来英国人挑选的香港异曲同工。不得不说，作为海洋大国，英葡在选择优质港口时所考量的要素基本相同：这里位于珠江口，通过水路抵达广州很方便，同时这里海湾众多，可以很容易找到深水湾，又背靠山体，基岩稳固，方便修建码头。单从地理条件上说，屯门比澳门略胜一筹，倒不是澳门离广州更远（这点距离对于水路来说不算什么），重要的是澳门附

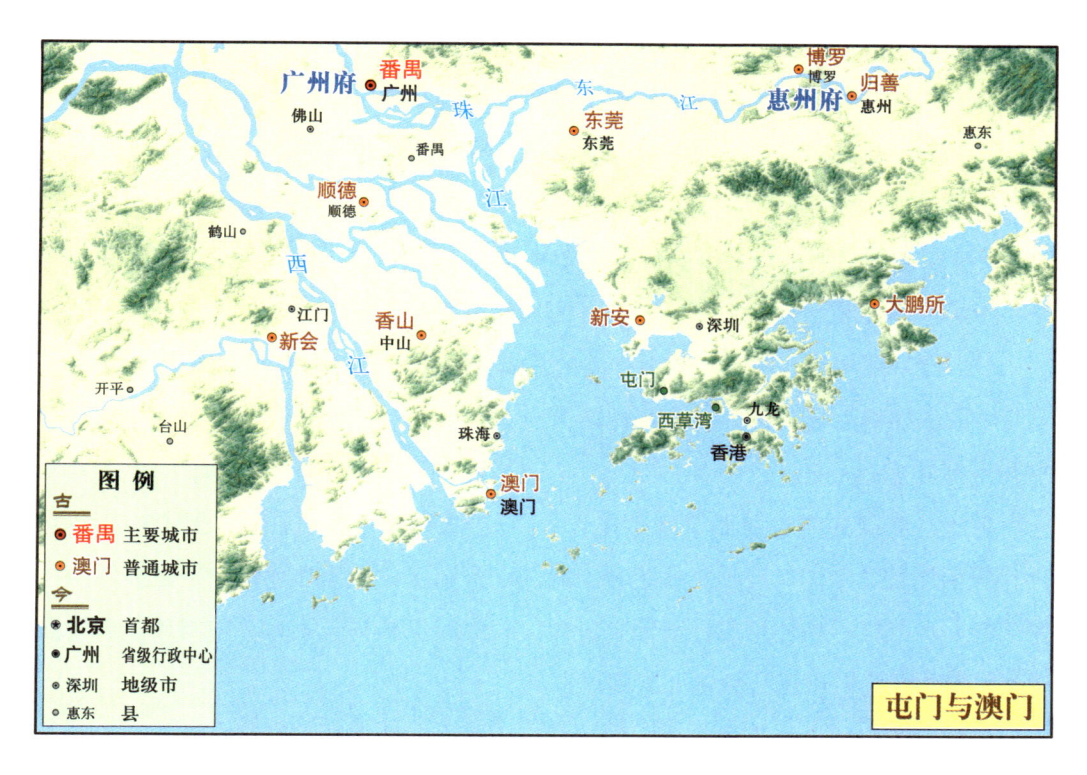

屯门与澳门

图例

古
- 番禺　主要城市
- 澳门　普通城市

今
- 北京　首都
- 广州　省级行政中心
- 深圳　地级市
- 惠东　县

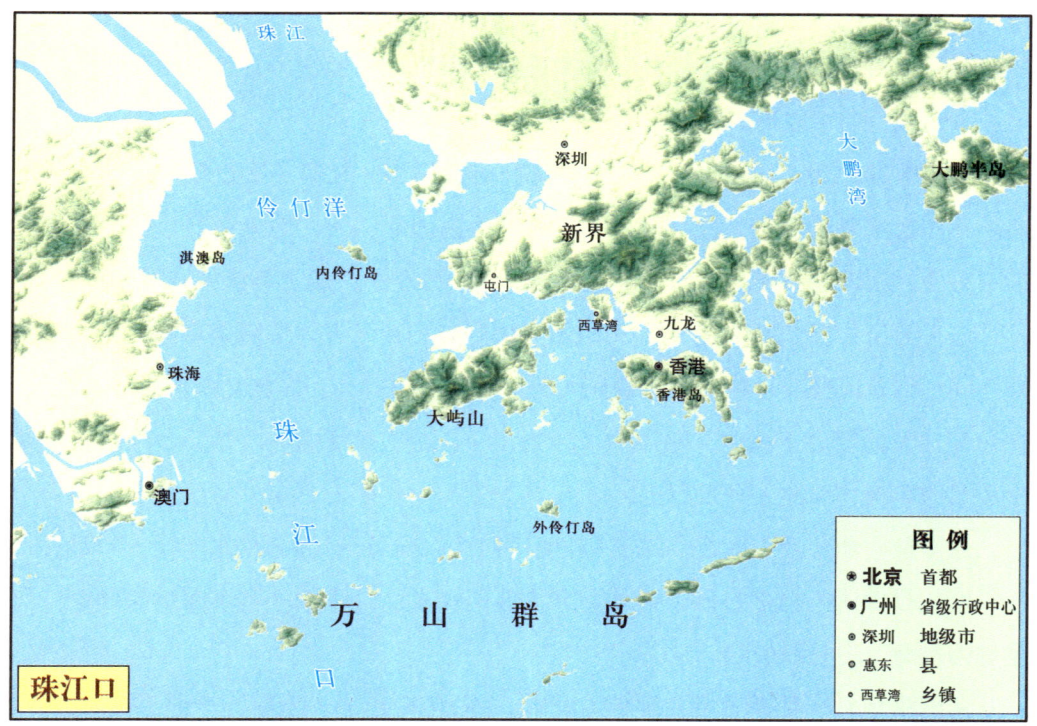

珠江口

图例
- 北京　首都
- 广州　省级行政中心
- 深圳　地级市
- 惠东　县
- 西草湾　乡镇

235

近的山体小，山体小的结果就是泥土多，容易被冲刷入海，时间一长就造成港口变浅，不能停泊大型船只，想解决就得修一条长长的石路，伸到深水区。但这也只能解决一部分问题，和天然的深水港无法相比。特别是到现代，船只越来越大，这种先天优势更是后天无法弥补，比如上海港，以前黄浦江里就可以停船，但现在，要停靠大型巨轮，只能把码头修到舟山群岛的洋山港。

汪𬭎时年56岁，面对在屯门盘踞日久的葡萄牙人，他需要面对几个问题：

一、自从郑和下西洋之后，由于海禁政策的实施，大明官方没有像样的海军。

二、佛郎机（葡萄牙）人的船体巨大，火炮射程远，中国的土炮几百年都没有改进，完全无法抗衡。

为此，汪𬭎战前主要做了两项工作：一是加强南头寨和东莞守御千户所的兵力，防止敌人登岸；二是收集战船和渔船，以备军用。加强陆地防守是做最坏的打算，万一水上打不赢还可以在陆地上拼命，收集船只是扬长避短，中国战船单打独斗不如葡萄牙，但可以从数量上压倒对方。

当然，按中国人一贯先礼后兵的传统，汪𬭎先向葡萄牙人宣告皇帝的诏书，让葡萄牙人快快离去，不然兵戎相见。

葡萄牙人毫不理会，于是汪𬭎率军进攻，葡军炮火猛烈，又有两艘大船从马六甲赶来助阵，明军败退。

初尝败绩之后，汪𬭎这才体会到佛郎机炮的厉害，在第二次进攻时就改变了策略。不知是不是受赤壁之战的启发，考虑到敌人的船体大，炮火猛烈，但转身掉头很不方便，汪𬭎想到了用火攻，于是他准备了一些小船，船上装满了柴草和油脂。

一天大风，汪𬭎率4000人、50只船再次进攻葡萄牙人。装满柴草和油脂的小船被点燃，借着风势冲入敌阵，葡萄牙人的大帆船很快着火。汪𬭎又命水兵潜入水下，在葡萄牙人的船底下凿洞。船体漏水，葡萄牙人纷纷跳海逃命。然后，汪𬭎率军冲上敌船的甲板，和敌人短兵相接。

这一仗，葡萄牙人大败，除了3艘船逃回马六甲外，其余全军覆没。

这一仗中国人虽然打胜，但葡萄牙人有两样东西给中国人留下深刻的印象：一是佛郎机炮，二是蜈蚣船。

佛郎机炮是一种铁质后装滑膛加农炮，由3部分组成：炮管、母炮（也叫炮腹）

和子炮。所以在中国，它又被称为子母炮。开炮的时候，先将火药和弹丸填入子炮，然后把子炮装入母炮，引燃子炮的火门就可以射击了。一门佛郎机炮可以配多个子炮，事先把子炮的弹药装填好，就可以快速连续射击。事后，中国人开始仿造佛郎机炮，但在使用中也发现一些问题：由于子母炮的后膛是开口的，火药引爆时会漏气，所以射程并不远，再加上这种炮因为炮体本身也较小，因此威力并不大。总的来说，其优点是机动性强和连射速度快，如果攻击木制的帆船没什么问题，但如果攻打砖土结合的城墙就有些力不从心，所以后来中国人更青睐前装滑膛加农炮，这种炮在中国有个专门的名字，就是红夷大炮。

所谓蜈蚣船，是中国人比较形象的叫法。这种船两侧有很多划桨手，远远看去像多足的蜈蚣一样，所以称蜈蚣船。通过前文所述我们知道，这种船就是桨帆船，适合在无风地带使用，比如在地中海，威尼斯人普遍使用的就是这种帆船。但在中国的史书中，把葡萄牙人的主力说成是蜈蚣船，可能是以偏概全。实际上在屯门海战当中，葡萄牙人总共才800人，5艘船，可能逃走的3艘是克拉克帆船，而被中国人击沉的才是桨帆船。我们知道，在印度洋海战中，葡萄牙人正是靠着大型的克拉克帆船击败埃及的桨帆船。所以，葡萄牙人不可能在后来的战事中还使用桨帆船作主力，顶多是补充。毕竟桨帆船有它的优势（速度快，能在无风的海域里航行），用它做辅助能解决很多克拉克帆船解决不了的问题，比如从屯门沿珠江到广州，显然用桨帆船更合适。也因为桨帆船有这些优势，中国人开始仿造，只是后来又觉得这玩意儿太费木料就停止了。应该说，明朝时，中国人还是很乐于接受新鲜事物的，汪鋐也被称为中国历史上"师夷长技以制夷"的第一人。

屯门败绩，葡萄牙人显然不甘心，这是他们远航以来第一次在海战中失利。一年后，葡萄牙人又率一支由5艘帆船组成的舰队北上，其中包括1艘中式帆船，估计他们也想"师'夷'长技以制'夷'"。和西方的帆船相比，中式帆船有两个特点：一是硬帆，就是在风帆中嵌入了很多木条，这样操控起来非常方便，也省力；二是有隔舱，一个船舱进水了，只要其他的船舱完好，船就不会沉。中式帆船更适合在近海或内河航行，如果要远洋，除非造出像郑和那样的大型船只，但显然这已经是过去了。

1522年7月19日，这支葡萄牙舰队再次来到中国。客观来说，葡萄牙人主要目标还是贸易，打仗不符合他们的利益诉求。但屯门海战之后，明政府已经下令，凡见到悬挂葡萄牙旗帜的船只，就地击沉。所以这一次，葡萄牙在求见广东地方长官不成时，就遭到中国舰队的追击，双方在西草湾又发生了一场海战。

这一次，明军生擒葡萄牙人42人，斩首35人，解救被葡军俘虏的男女10人，又缴获葡军战船两艘。没想到的是，剩下3艘葡萄牙军舰反攻，又将这两艘被缴的战船烧毁了。

在这次战斗中，明军缴获了20门佛郎机炮以及若干火绳枪。火绳枪后来也被明军仿制，在中国它也有一个专门的名字，叫鸟铳。至于被俘虏的葡萄牙人，最后全部被处死，并枭首示众。

一连两次大败，广东沿海是不能待了。差不多20年，葡萄牙人没敢再踏入广东。此后，葡萄牙人转战福建和浙江沿海寻求立足点。在一些中国走私商人的引导下，葡萄牙人先来到闽粤交界处的南澳岛，此后又来到舟山群岛的双屿港，双屿一时成为东亚最大的海上走私贸易基地。

正是在此期间，有一次，葡萄牙人沿着中国海岸线北上探索时，被风吹偏了航向，无意中发现了日本。

第二十九章 日本

对中国人来说，日本是个既熟悉又陌生的民族。熟悉的是他们的文化和我们一脉相承，陌生的是他们的民族性格与我们又有很大的不同。

最早生活在日本列岛的是虾夷人（也译作阿伊努人），他们广泛分布在九州、四国、本州一直到北海道这些岛屿上。通常认为，虾夷人来源于东亚大陆。在冰河

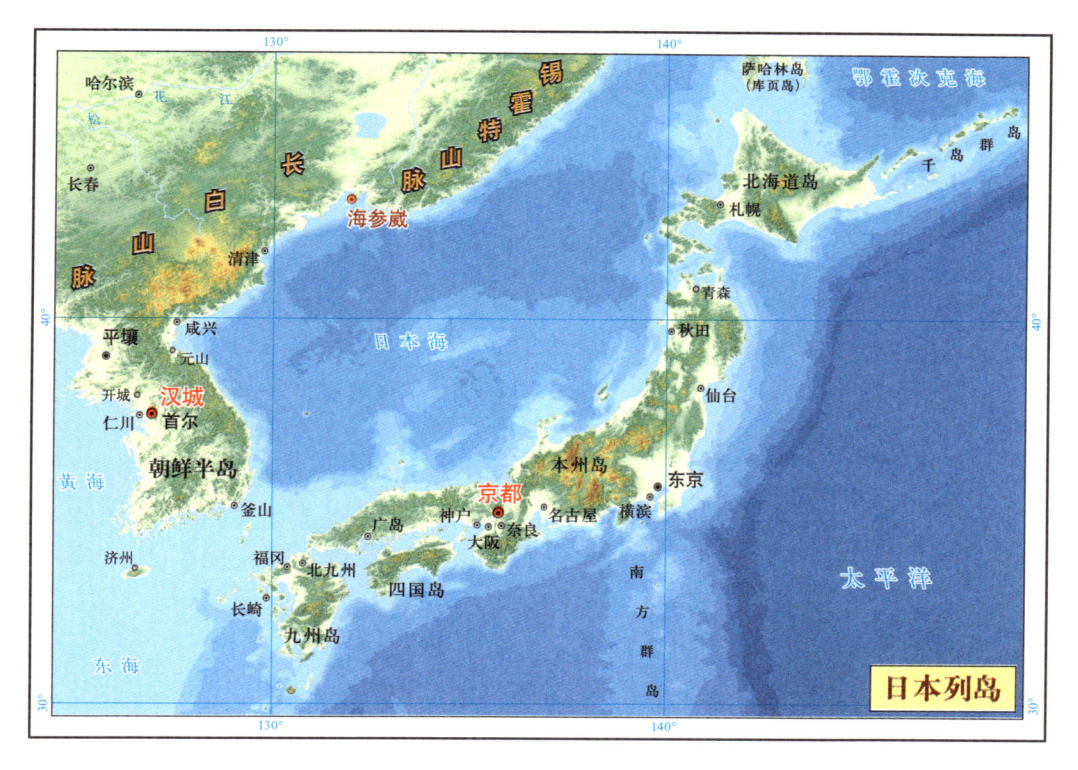

时期，日本列岛与东亚大陆连成一片，一些东亚的土著顺着朝鲜半岛和库页岛，通过露出水面的"大陆桥"来到日本列岛。但虾夷人和中国人印象中的东亚人长相差别很大，他们身材矮小、头发卷曲、体毛旺盛，看长相更像欧罗巴人种，但皮肤并不白，反而很黑，应该属于矮黑人。

冰河期过后，日本列岛孤悬海外，虾夷人从此过着与世隔绝的生活，发展缓慢。在公元前2000年到公元前5世纪这漫长的1500年时间里，虾夷人占据着日本列岛的统治地位，只是文化还很落后，没有国家、没有文字，以采集和狩猎为生。但虾夷人会制造陶器，陶器让虾夷人可以把食物煮熟了吃，这大大提高了虾夷人的寿命，使其人口迅速发展，最多时达到25万左右，在没有铁器的时代，这实在是一个惊人的数字。原因就在于日本列岛山地多，降水丰富、森林茂密，各种坚果、肉果数量繁多，森林里还有能提供肉食的动物，沿海地带还可以捕鱼。由此，虾夷人凭着一个陶器，就能让人口迅速繁衍。因为这种陶器外表有像绳子一样的纹饰，所以史学家把日本的这一时期称为绳纹时代。

绳纹时代末期，即公元前5世纪中期，中国进入战国时代，华夏文化基本定型时，农耕文明才开始传入日本列岛。农耕文明最早出现在九州岛的北部，今福冈、北九州一带。毫无疑问，一些人从朝鲜半岛渡过海峡，不仅带来了新的人种，也带来了先进的文化，包括金属锻造和水稻种植技术。如此说来，好像韩国人成了日本人的祖先，这种说法日本人是无论如何也不能接受的。其实大可不必，这时朝鲜半岛上还没有韩国，只在半岛北部有个箕子朝鲜。箕子是商纣王的叔父，周灭商之后，箕子不愿奉周，就东渡大海到今平壤一带建国，史称箕子朝鲜。箕子朝鲜在半岛北部发展壮大，无疑会挤压南部土著的生存空间，所以一些人为了谋生，南渡海峡到九州岛开荒，也是很正常的事。这些土著也并非今天韩国人的祖先，今天的韩国人的直系祖先是新罗人，具体情况稍后讨论。

更主要的是，通过朝鲜半岛渡海而来的不仅有半岛的土著，也有辽东的、外东北的，包括为躲避战乱的中原人，朝鲜半岛只不过是他们的必经之地而已，这里甚至还包括越人。众所周知，战国时期中国南方才种植水稻，北方种植的是小米，而农耕文明一进入九州岛，这里很快就会种植水稻了。所以，水稻种植技术很有可能是吴越人及以南的百越人躲避战乱带来的。

总之，最早在九州北部出现的农耕文明不是由土著虾夷人逐渐发展出来的，而是一些外来人带来的。虽然这些人主要来自中国大陆和朝鲜半岛，也包括一些东北亚的游牧民族和南洋群岛的岛民；但农耕文明无疑是从中国来的，因为此时除了中国具有高度发达的农耕文明外，放眼望去，四周都是一片蛮荒。这个时候日本列岛上也发展出新的陶器，和绳纹陶器相比，其纹饰相对简单，器身细薄，但更坚固。因为这种代表性的陶器最早发现于日本东京都文京区的弥生町，所以后人把这一历史时期称为弥生时代。

弥生时代是日本农业社会发展的时代。农耕文明在日本一立足，立即显现出它极强的生命力。它最早出现在九州岛，然后扩展到本州岛的南部和四国岛，之后又继续往本州岛的北部扩散，但在到达本州岛最北端时又退回了，因为这里已经是北纬40°，在当时的条件下，已经到达农耕文明的极限。随着弥生人的扩张，虾夷人要么被同化，要么被驱逐，最后退至本州岛的北端和北海道岛。由于生存空间不断受到挤压，虾夷人也开始向库页岛南部、千岛群岛和堪察加半岛迁移。这种状况一直维持到今天都没有太大变化。当然，虾夷人是历史上日本主体民族对他们的称呼，其中的"夷"就是蛮夷的意思，他们更愿意被称为阿伊努人。

有了农业，有了剩余粮食，一些人便可以不再从事生产，于是国家在日本诞生。大约公元前1世纪，也就是中国西汉中期的时候，日本开始出现一些国家，比如大和（今奈良）地区的邪马台国、九州岛的奴国（中国史书称倭奴国）。这时日本列岛上会种植水稻、苎麻，还会养蚕、制作丝锦。奴国向汉朝称臣纳贡，光武帝还给奴国国王赐金印。虽然中国统称他们为倭国，但实际上，日本小国林立，各自为政，没有建立统一的政权。一直到3世纪中叶，出现了一个大和国，从这时开始，日本历史进入大和时代，作为日本主体民族的大和民族也开始形成。这一时期称为古坟时代，因为这一时期的统治者喜欢大量建造坟墓。

说到这里，仍有疑问，大和民族到底来自哪里？这个问题历来众说纷纭，有的说来源于中国，有的说来源于韩国，在这里也简单讨论一下。如前所叙，大和民族的来源是弥生人，弥生人的来源有多个。如果说弥生人的来源是中国，那么当时中国处于战国时期，文化已经成熟，弥生人应该说的是汉语，就算分隔日久，也不至于像今天这样差别巨大。但从语法结构看，日语和汉语没有什么关系，只是从古汉语里吸收了大量词汇（主要在唐宋之后）。目前有许多学者认为，日语和朝鲜语是近亲，和中国历史上记载的高句丽语也有关系，我们就沿着这一思路探讨一下。

公元前5世纪到3世纪，是日本民族形成的关键时期。这个时候中国正是从战国到秦汉时期，也是战乱不断、人口大量流失的时期。这个时候，朝鲜半岛上的情况是：北部属中国，先是箕子朝鲜，接着是卫满朝鲜，而后是汉四郡；南部始终存在3个小部落，马韩、辰韩和弁韩，合称三韩，三韩中马韩最大，占领西部，辰韩和弁韩平分东部，其中辰韩靠北，弁韩靠南。

公元前1世纪，来自中国东北的扶余人占领了朝鲜半岛的北部，建立了高句丽国；另一支扶余人南下征服了马韩部落，建立百济国；东部的辰韩也建立了一个国家，叫新罗。且不说这三国混战的事，单说从公元前1世纪到3世纪这段时间。个人认为，正是三国中的百济和日本语的来源有很大的关系。百济的上层是扶余人，下层是马韩人，但在这400年的时间里，百济足以融合为一个新的民族。而百济又是一个海洋国家，海洋国家的特点是喜欢从海路扩散，所以在这段时间里，有大量百济人移居到九州岛上一点也不奇怪。当然，在这期间，也有中国人通过朝鲜半岛来到日本，但这种移民不是一蹴而就的，他们很可能先到半岛定居，几代之后融合了当地血脉再移居日本。此外，邻近日本的弁韩也是日本民族一大来源。正是这两个占移民人口数量最多的族群，最终影响了日语的发展。在没有文字的时代，人口的数量最终决定了口语的主流方向。

当然，弥生人形成于公元前5世纪，百济形成于公元前1世纪，前后差了400年，我们不能说最早的弥生人和百济有关，但弥生人成分复杂，后续大量的百济人移入自然影响了日语的发展。这也解释了为什么日语和韩语是近亲，又和高句丽语有关——三韩原本就是近亲，而百济的上层和高句丽人讲的都是扶余语。再说后来，新罗联合唐王朝先灭百济，再灭高句丽，最后又吞并了弁韩，统一了朝鲜半岛，成为现今朝鲜和韩国人的祖先。所以说，新罗人不是日本人的祖先，只不过他们的祖先是近亲。当然日本人的来源更复杂一些，其中包括来自中国的汉人，还有一部分当时还不属于中国的越人，这部分越人和吴越地区的越人一样，会种水稻，但不讲汉语，所以汉语对日语语法结构的影响很小。

最后，高句丽和百济被灭亡，那么他们的遗民去了哪里？如果不甘心为奴，最好的出路就是渡海逃亡，大量的遗民涌入，又会进一步影响日语的发展。

以上只是个人的一些推测，仅供参考，我们还是说回大和。

大和原本是个地名，指的是京都、大阪、奈良之间的一块盆地。这是日本列岛上为数不多的沃土之一，原本是部族林立，经过一番争斗后，最后统一成大和国，国君称大王。

相对于周边的小部落，统一后的大和国无疑实力超群，于是开始扩张。开始只是占领本州岛中部，到6世纪，大和国基本统一了除北海道岛之外的日本列岛。此时大和国觉得自己已然是大国，但在文化和管理上跟不上，于是派出一批批遣隋使、遣唐使，全面向中国学习。这就是日本历史上的大化改新。

大化改新和明治维新并称为日本历史上的两次重要变革。有人说，大化改新将日本从奴隶社会过渡到了封建社会，明治维新则将日本从封建社会过渡到了资本主义社会。我们看看实际情况是不是这样。

首先，我们来看一下大化改新的内容：

一、废除部民制（即豪族氏姓制度）和土地私有制，将全国范围内的土地和人民收归国有，即所谓的公地公民制；

二、实行"班田收授法"，由政府出面把所有的土地分给每个公民；

三、实行租庸调制，把税收集中起来归国家所有，以充实国库；

四、废除贵族世袭制，建立中央集权制度，并依照唐朝的政治制度，在中央设立二官八省，在地方设立国、郡、里，地方事务由中央委派官员进行管理。

这些都是具体的实施条款，简单点说，就是消灭原有的贵族垄断，实行中央集权。当然口号是耕者有其田，以得到底层民众的支持。是不是很熟悉？没错，大化改新就是要搞秦始皇那一套，消灭旧贵族，把所有权力集中到天皇手上。对了，从大化改新开始，大和国的国王不再叫大王，他学习唐高宗，改称天皇。也是大化改新之后，大和国和中国再三交涉，中国以前一直称他们为倭，倭是矮小的意思，这明显带有歧视，他们觉得很不好。应他们要求，从武则天时代开始，中国改称其为日本，意思是太阳出来的地方。

我们知道，秦国为了实现中央集权，结果二世而亡，后来汉朝以半分封半郡县立国，一直到汉武帝时才完全实现了中央集权。这不是无缘无故的——放眼全世界，地方自治是自然而然产生的，或者说是常态，而中央集权是人为的，为此统治者需要付出极大的代价。

首先是管理层。既然要消灭旧贵族，那就需要有新的管理阶层来替代——旧贵族原本就是替国君管理国家的，如果没有人替代，他们不可能革自己的命。而当时的日本就不存在这个条件，大化改新的实施者是谁？不可能天皇亲自去实施，还是要靠这些旧贵族去实施，因为他们才是地方的管理者，自己革自己的命，其结果可想而知。中国原本也是一样，但不巧的是，在战国时期涌现了一批士族，这些人没有土地可以继承，但有文化，可以替国君管理国家，成了郡县制实现的前提。秦朝的中央集权二世而亡，原因一是六国旧贵族的反扑（秦国的旧贵族已经被灭了），二是秦国还没有一套成熟的人才选拔机制（秦灭六国，原来的布衣士族没有了，读书人往往是新贵族的子弟，这又成了变相的世袭）。到汉朝，汉武帝建立察举制，这才有源源不断的人才涌现，虽然也不可避免地出现门阀政治，但比以前好多了，至少打破了世袭制。一直到隋唐时科举出现，任何人都可以通过考试做官，替皇帝管理国家，中央集权才彻底坐稳根基。

其次，中央集权一旦实现，这个趋势是不可逆的。秦始皇消灭了六国贵族，也包括秦国的贵族，贵族一旦被消灭，新起的门阀心态完全不同，不可能再像旧贵族那样代表地方的利益。举个例子，姜子牙被封到齐国，实际是去拓荒，所以他的子孙后代都会把齐国当成自己的根。后来的齐桓公不管是与周边的诸侯争斗，还是与天子分权，都是为了齐国的利益，他也不会想着去替代周天子。哪怕是后来田氏代齐，这种想法依然不变，他们只是代表地方的利益。而后来的齐王，比如汉朝刘邦的儿子刘肥，这个齐王和山东的地方宗族与百姓就没什么关系了，只是代理皇帝管理地方。假设这个齐王要争权，也只是为自己，而不是为齐地的百姓或齐地宗族势力，如果齐王权力越来越大，要想坐稳根基，只能向皇权挑战，取而代之。再举个例子，晚清时袁世凯任山东巡抚，他在与中央争权的过程中，也只是为自己争权，与齐地的百姓无关，一旦有机会，他就会离开齐地去争取更大的权力，最终向皇权挑战。所以，郡县制之后的藩镇或封疆大吏，和先秦时的诸侯完全不同，他们一旦大权在握，就会向皇权发起挑战。皇帝为了维持帝国的稳定，需要庞大的官僚系统来制约平衡，这样一来成本很高，需要管理者有高超的技巧和非凡的能力，一旦这个系统失灵，就面临改朝换代的风险。所以我们看到，中央集权制的国家改朝换代很频繁，而分封状态下的皇权却相对稳定，哪怕这种皇权经常是有名无实。日本没学会中央集权，反而让天皇的宝座万世一系，就是这个道理。

为什么说日本没学会中央集权？因为日本没掌握中央集权的源头。我们常说日本人全套学习唐朝的制度，但恰恰有两样东西没学，一是科举，二是太监。没引入太监是阉割技术不行，这个不提。没引进科举，同样不是不想，而是不能。大化改新是公元7世纪的事，这时日本刚刚学习唐朝建立学校，直到公元9世纪日本才出现用日语书写的书籍。可以说，在大化改新时代，日本从上到下都是文盲，这还怎么引进科举考试？没有科举，也就不能替皇帝找到管理各地政务的代理人，地方事务还得交给旧贵族管理，所以中央集权最终成了无源之水。

大化改新总体上并不成功，但不是没有成果。一是提高了日本的行政管理能力，二是从某种程度上提高了天皇的权力，但最大的成果还是在文化方面。从这时起，来自中原的先进文化被日本人全盘吸收进来。比如建筑，中国的很多古建都毁于战火，而日本人把唐代建筑学过去之后，当宝贝一样守护着，以至于今天我们要了解唐代建筑还要到日本去学习。

大化改新后，日本经历了3个时代，这3个时代都是以首都所在地为名：一开始，他们的首都在飞鸟（当时称藤原京），这就是飞鸟时代；学习唐朝后，他们在奈良仿造了一个缩小版的长安城，称平城京，这就是奈良时代；再后来，他们又参考长安和洛阳建造了更大的都城——京都，当时称平安京，这就是平安时代。

大化改新之后，贵族们感觉到了来自皇权的威胁，于是开始反抗。为了打击贵族，天皇也需要采取各种措施，包括在各个势力之间平衡，合纵连横，频频迁都也是举措之一。但最终，天皇还是被一步步架空，最开始是藤原氏把控朝政，一直到1192年源赖朝在镰仓建立幕府，天皇彻底大权旁落，成了傀儡——这时已经到了中国的南宋时期。

幕府不同于传统的旧贵族，旧贵族（如藤原氏）是靠着跟随天皇打天下得到的地位，而幕府由将军掌控，将军是带兵打仗的，手底下都是职业军人，也就是武士。从此以后，武士集团逐步替代了原有的贵族。武士原本是地方领主养来看家护院的，随着时代一步步发展壮大，最终成了一份专门的职业，由此发展出一个个武士集团。幕府的建立，带来了武士阶层的崛起，日本也进入一个从上到下由军政府控制的时代。和传统世袭的贵族不同，武士大多来源于社会底层，靠个人武艺养家糊口。他们不畏艰难、忠于职守、精干勇猛，是最好的战士，同时又血腥残暴，毫无怜悯之心，像个战争机器，令人恐惧。也就是从这个时候开始，武士道的精神开始渗透到日本人的方方面面。

但由于天皇还在，还是名义上的最高统治者，而幕府的最高长官封号是征夷大将军，算不上至高无上，理论上谁都可以当，所以各个武士集团开始博弈。1336年，镰仓幕府被室町幕府取代。

室町幕府在第八代将军足利义政时期，因继承权问题爆发了应仁之乱（1467年），幕府对全国的管理开始失控，各地大名（封建领主）纷纷起事，互相征战，这就是日本历史上的战国时代。

葡萄牙人发现日本的时候，正是日本的战国时代。

第三十章 澳门

1543年，一艘满载货物的葡萄牙商船因暴风雨偏离了航向，无意中漂到日本九州岛以南的种子岛。日本人一看这些人长得奇形怪状，不知道是从哪里来的，很是好奇，好在船上有两名来自大明的人，其中一位名叫五峰，通过笔译，他们才明白这些人的来历。不过最让他们感兴趣的是葡萄牙人的火绳枪，这东西发射简单，威力无比，种子岛的领主以2000两银子的巨大代价，从葡萄牙人手上买了2支，然后命工匠仿造，费尽周折，终于在1年后仿造成功。当时日本人称这种火绳枪为铁炮，称真正的火炮为大筒。火枪后来成为日本战国时代的主力杀伤武器，也成了日本武士的终结者。

当时日本人称这些欧洲人为南蛮人，随着第一只葡萄牙人的船在种子岛出现，日本各个港口都开始出现葡萄牙人的身影。和中国不同，日本山地多，资源贫乏，又靠海，天生就有贸易的需求，而且日本人意识到，这些南蛮人的武器比他们先进，于是他们敞开怀抱和这些人做生意，这就是日本历史上南蛮贸易的开端，长崎成为日本对外贸易的主要港口。

这样一来，位于舟山群岛的双屿港成了葡萄牙人、中国人、日本人之间的贸易集散地，一时繁华无两。日本学者藤田丰八曾称双屿港为"16世纪的上海"，当时岛上设有市政厅、教堂、医院，以及上千所民居，人口达3000以上。但这立即引起了明政府的警惕，因为在大明政府眼里，他们是海盗、是倭寇。

1548年（明嘉靖二十七年），浙江巡抚朱纨命都指挥卢镗、海道副使魏一恭等，率战船380艘、兵6000余，进击双屿港，焚艇35艘、舰42艘，擒海商头目李光头、许六、姚大等，毁掉了他们所建的营房，随后以木石填塞双屿港，双屿港从此消失。

我们常常感叹：为什么中国没有抓住大航海时代的机遇，以致后来落后于欧洲？看看双屿港的结局就知道，中国不是没有像葡萄牙和西班牙那样敢于冒险的人，只是这些人在欧洲是英雄，在大明朝就是走私海盗。双屿港由中国商人和葡萄牙人共同建造，著名的海盗头子汪直正是以此为据点，双屿港被毁后，他只好奔走日本。

再说葡萄牙人，双屿港被毁后，葡萄牙人在福建和浙江也混不下去了，又辗转广东沿海，终于在1553年登上了澳门。

明政府当然不会容忍葡萄牙人擅自登陆，葡萄牙人于是借口在海上遇到了风暴，货物被打湿，请求上岸晾晒一下，干了就走。地方官员一看他们高鼻深目、猫睛鹰嘴、面色白皙、卷发赤须，分明是佛郎机人，立即警惕起来。葡萄牙人赶紧解释，他们不是佛郎机人，是葡萄牙人，同时送上丰厚的礼物，时任广东布政使的汪柏也就答应了。

但葡萄牙人在澳门一待下，就赖着不走了。其实广东的地方官员也没有赶他们走的意思，因为广东地方政府文武官员的俸禄有相当一部分来自关税。在海禁政策之下，商船越来越少，广东官员的钱包也吃瘪。而且葡萄牙人也说了，他们会和其他商人一样，交20%的税，这无疑会增加广东地方财政的收入，所以一开始广东官员给葡萄牙人划定了一小块土地，让他们在这里做贸易。

但葡萄牙人贸易量很大，他们可以把欧洲的、非洲的、印度的、东南亚的货物运送到澳门，还成为中日贸易的中间商，所以吸引的人越来越多，逐步占领整个澳门地区。此时明政府对他们的管理也相当严格，不许修围墙，不能买土地，每年交500两白银作为地租，葡萄牙人老老实实照办。

因为传统的朝贡贸易有时间和次数限制，民间走私又受诸多限制，远远满足不了市场的需求，所以自从葡萄牙人取得在澳门的居住权之后，一个完整的东亚版三角贸易就形成了。这些活跃于东海的商船，先从葡萄牙人手上购得欧洲的火器，日本处于战国时代，对火器的需求量大，商人们就把火器卖到日本；日本产白银，葡萄牙人对白银没兴趣，但白银是中国的硬通货，于是商人们把白银运到中国，换取丝绸；丝绸对日本人的吸引力有限，却是欧洲人的奢侈品，于是交由葡萄牙人贩卖到欧洲。环环相扣，船不走空，每一环都利润丰厚。当然，这里面还少不了琉球王国的参与，虽然琉球既无特产也无市场，但其特殊的地理位置，使其成为这一贸易线中必不可少的中转站。和欧美非之间的三角贸易不同，这里没有血腥暴力，而是各取所需，简直完美。

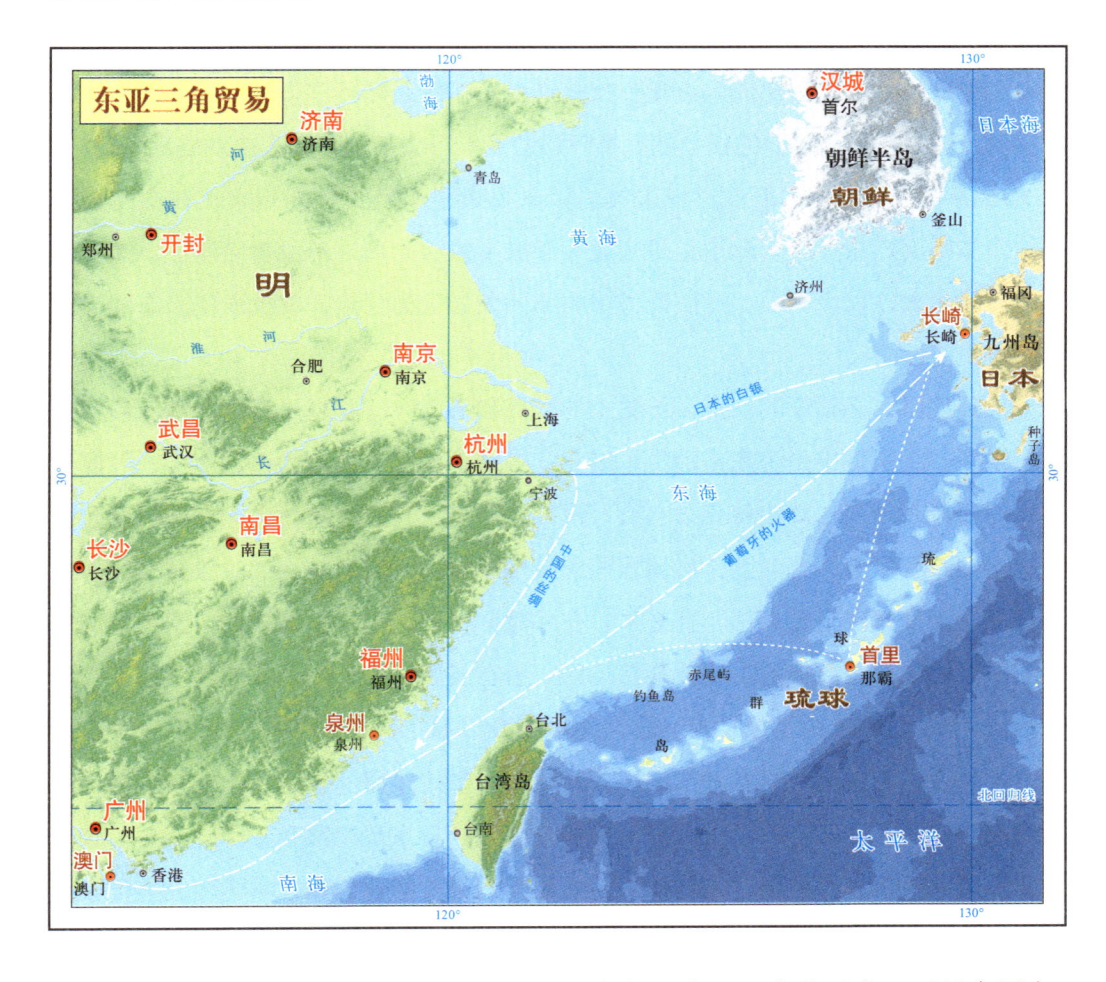

实际上，在这场三角贸易中，真正唱主角的原本不是葡萄牙人，而是中国人，确切地说是中国的民间走私商人，他们的头领便是前文所述的汪直。

汪直的经历足以说明为什么中国在大航海时代一直置身事外。

汪直是徽州歙县人，据说本姓王，化名汪直。

汪直年幼家贫，为谋生路，私造船只下海，混迹于东南沿海。1540年（嘉靖十九年），汪直抵达日本，受到当地大名的欢迎。他在岛上看到五座山峰，所以自号五峰。因此有人推测葡萄牙人发现日本时，船上的那名五峰书生正是汪直。1542年，汪直结识了肥前国的大名松浦隆信，开始以长崎为基地，从事海上贸易。松浦隆信给他盖了房子，从此汪直就长住这里。

当时，舟山群岛的双屿港已经发展起来了。这里不仅有中国沿海的走私商人，也有东南亚的商人，葡萄牙人还没来，但双屿港已经是东亚最大的走私贸易港，商人中实力最雄厚的是福建商人李光头和徽州商人许栋。1545年，汪直加入同乡许栋的团伙，担任掌柜，主要的任务就是招呼那些无处可去的葡萄牙人来双屿港贸易。

1548年，双屿港被浙江巡抚朱纨的军队捣毁，李光头等人后来也在福建被擒杀。许栋跑到广东（广东政策相对开放）后成了惊弓之鸟，不敢再回浙江。汪直就自己当船老大，以金塘岛（舟山群岛中的第四大岛）为据点，收拢浙江沿海的海商和海盗残部。

说到这里，必须说明一点，历史上的海商和海盗，有时真是难以分清。商人在海上经商，特别是中国的东南沿海，没有官方维护秩序，很容易遇到海盗，可能半辈子的心血在一次抢劫中就化为乌有，没准还会搭上自家性命。为了保证财产和人身的安全，有实力的海商就会雇佣一些人来保驾护航，最好的雇佣对象就是日本武士，他们忠于职守，言必信，行必果。在平时，日本武士并不好雇佣，因为他们对领主很忠心，不是简单的金钱就能打动的。但在战国时期，许多日本领主被杀，手下的武士成了没有主子的浪人，他们又不能投靠原主人的对手，这有悖武士道精神，于是投靠与他们没有夙怨的中国人就成为一条比较好的出路。所以中国历史上东南沿海的倭寇之乱，和日本国内政局息息相关：日本政局混乱，倭寇就多；政局稳定，倭寇就没了。中国官方把他们定义为倭寇，实际他们和日本已经没有什么关系，他们不过是中国海商雇佣的私家军队。

从某种程度上讲，明军捣毁双屿港反而成就了汪直，但这并不是他的理想。他的理想是让明朝放开海禁，让商人们自由贸易，他不想成为官府眼中的海盗，只想做一名合法的商人。

所以在1551年，汪直与官军配合，一连消灭了卢七、沈九和陈思盼三股海盗势力。当然，不能排除这里有黑吃黑的嫌疑，但从严格意义上讲，汪直与打家劫舍的海盗不同，他更是一个有理想的商人。

因为这些功劳，浙江官方对汪直的走私行为也就睁只眼闭只眼。汪直这才真正体会到自由贸易的魅力，他不但可以堂而皇之地做生意，还和官府中的人随意交游，也逐渐确立了自己在海上的霸主地位。从浙江到福建，甚至到日本的长崎，到处都有汪直的船队。

当时他的部下可以堂而皇之地在苏州、杭州的大街上和百姓交易，许多百姓还争相把子女送到汪直的船队当差。汪直被一时的假象迷惑了，他以为从此大明会向着开放的路上走，于是计划在舟山重建双屿港的繁华。

要说所有明朝官员都反对汪直的这一想法未免有失偏颇，大明朝里也有个别明白人，但在当时的历史条件下，在传统农耕文明的思想指导下，汪直这种自由贸易的思想无疑是离经叛道的，何况他跟海盗还有着千丝万缕的联系。汪直的部下众多，来路不一，有的就是海盗出身，平时趁人不注意时打次劫也不是什么稀奇的事，这个本不足为怪。但是，很快就有人以此为借口，说这些人受汪直指使，汪直是主谋，于是政府派兵围剿汪直。

1553年，汪直再次败走日本。同年，葡萄牙人进驻澳门，取代了汪直的中间商角色，但仅仅限于中日间的官方贸易。

从舟山撤走的汪直并没有伤到元气，他只是损失了一个据点，从此以后他把重点放在日本。在平户岛，汪直建了一个国，国号"宋"，自称徽王。虽然失去了在中国沿海的据点，汪直仍然控制着从日本到琉球、一直到东南亚的许多贸易点，手下有几十万的私人武装，这其中就包括许多日本武士。

1554年（嘉靖三十三年），胡宗宪出任浙江巡按御史，总督南直隶、浙、闽军务，负责东南沿海的抗倭重任。为招降汪直，胡宗宪将上次围剿时抓获的汪直妻儿老小都放了出来，好生供养，然后派使者蒋洲和陈可愿到日本和汪直交涉，晓之以理，动之以情，劝汪直归顺大明。汪直得知妻儿老小无恙后，喜极而泣。明使又承诺他开放商贸，更是让他无法拒绝，于是表示愿意听从命令。为表双方诚意，汪直把蒋洲留在身边，命毛海峰护送陈可愿回国。胡宗宪厚待毛海峰，使汪直消除了疑虑。

1557年，在汪直的帮助下，日本山口、丰后两岛归还了从中国抢来的人口，并备了方物向明朝入贡。胡宗宪以此事上奏朝廷，得到了朝廷的支持。朝廷令胡宗宪准备厚赏，让汪直回国。10月，汪直终于率部分人马和船队前往浙江，蒋洲同行，目的地是浙江的岑港。没想到的是，途中遇到一场暴风雨，蒋洲的船只先行到达，遭到官方的怀疑，蒋洲被捕。

稍后到达的汪直得知这一消息后在舟山停止不前，被明军水师团团围住。在胡宗宪的劝说下，汪直亲自来到定海关，向明军投降。

胡宗宪安抚了汪直后，带着他一起到杭州拜见浙江巡按王本固。王本固是个一身正气、毫无眼光的老顽固。1558年（嘉靖三十七年）2月5日，汪直在西湖游玩时，被王本固诱捕。

1559年（嘉靖三十八年）12月25日，汪直被斩首于浙江省杭州府官巷口。

死前，汪直曾说，如果仿效广东的做法，在闽浙一带设立海关，允许贸易，朝廷可以获取税收，所谓的倭寇之患也就自然解除。他还说，祈求皇上开放海禁，他愿效犬马之劳，为朝廷守海疆。

这种声音出自400多年前一个"海盗"的口中，着实让我们汗颜。

汪直死后，群龙无首，东南沿海的倭患果然又严重起来。朝廷花费了巨大的人力和物力，收效甚微。一直到1564年，在戚继光的接连打击下，倭患才逐渐平息。不过真正让倭患彻底消失的，是1567年的"隆庆开关"。1567年（隆庆元年），明穆宗登基，宣布解除海禁政策，允许民间私人贸易。对大多数民间商人来说，既然可以合法贸易，就没必要再去冒非法的风险。果然，倭寇没有了生存的土壤，自然而然也就消失了，汪直不幸而言中。

汪直的记载见于中国史料的不多，且大多是以海盗的反面形象示人。他的生平主要来自日本人的记述，在日本人眼中，汪直无疑是个英雄。在今天长崎县的平户市松浦史料博物馆外，还竖立着一座汪直的铜像。从对待葡萄牙人来贸易的态度差别上我们也可以看出，在面对新鲜事物时，中日两国采取了截然不同的态度，最终造成了不同的结果。

需要说明的是，葡萄牙人一开始进驻澳门，并不是强占，而是租借，每年要交500两地租。到清朝早期，这个规矩也没有变。那时还没有租界一说，明政府只是让他们适度地自治，特权是不存在的。明朝在世界上的国力数一数二，他们见到黄头发绿眼睛的佛郎机人可以随时开炮。但到了晚清，清政府对海外仍是一无所知，鸦片战争以后，清政府以为欧洲全是强国，一见到黄头发绿眼睛的欧洲人就发怵，最终在1887年，葡萄牙人逼迫清政府签订了所谓的《中葡和好通商条约》，强占了澳门，澳门才彻底沦为殖民地。

进驻澳门后，葡萄牙人开辟了当时世界上最长的一条贸易线。这条航线从欧洲出发，南下非洲，绕过好望角，到达印度洋，经过马六甲海峡，进入南海，最终到达中国本土。这条航线几乎把旧大陆所有的文明都连接起来了，既带来了商贸的发展，也引起了文明的碰撞。

这是葡萄牙人创造的第二个巨大成就。第一个是在1541年的时候，葡萄牙在埃塞俄比亚帝国（也就是传说中的约翰王国）登陆，与奥斯曼土耳其帝国作战，西欧国家联络基督教友反击穆斯林这一夙愿终于实现。

但这也是葡萄牙人最辉煌的时刻。1569年，在印度洋，葡萄牙人败于印度人之手，舰队司令德米德兰重伤致死。更悲催的是，1580年，西班牙攻占了葡萄牙的首都里斯本；第二年，西班牙彻底吞并葡萄牙，葡萄牙王国没了！

虽然被吞并后的葡萄牙仍保持某种程度的自治，但因为主权丧失，葡萄牙很快衰落。也正是因为这个原因，葡萄牙在海外的殖民地逐渐被新起的荷兰人和英国人抢走。作为大航海时代的先行者，葡萄牙人引领着西欧进入了一个崭新的时代，没想到自己却早早地离开了这个舞台的中央。

第三十一章 墨卡托投影

16世纪中叶，虽然欧洲人已经证实了地球是个球体，麦哲伦也实现了环球航行，但受限于当时的技术条件，远航探险依然危险重重。不过，很快欧洲人就有了一项新的技术来减少远航的风险，这就是墨卡托投影。

1569年，尼德兰地图学家墨卡托（Gerardus Mercator）发明了一种正轴等角圆柱投影，非常适合航海人使用。后人为了纪念墨卡托的这次伟大发明，就把这种投影命名为墨卡托投影。墨卡托投影对远洋航行来说具有革命性的意义，要明白这一点，我们得先来了解一下什么是投影。

首先要明白，地图虽然是地球上各个事物的抽象表达，但地球是个三维的球体，而地图是个二维的平面，要把三维球体的信息完整地反映到二维平面上，采用简单的几何方法是不行的。打个比方，要想把一张完整的橘子皮展开到桌面上，一些地方会被挤压，另一些地方会断裂。但我们需要的是一张连续完整的地图，不是某些地方存在断裂的地图，那样完全违背了方便使用的初衷，这就需要采用投影的方法。

先假设地球是个规则的球形，球体一侧有个平面，光从地心投射过来，这样地球上的各种事物就会在平面上留下影子，这就是投影。这样一来，虽然变形依然存在，但我们得到了一个连续的有图案平面，也就是一张完整的平面地图。这种方式适合绘制局部地区图，因为离平面越远，投影在平面上的变形越大，而且有半个球体无法投射到同一平面上，所以这种投影就叫方位投影。

方位投影

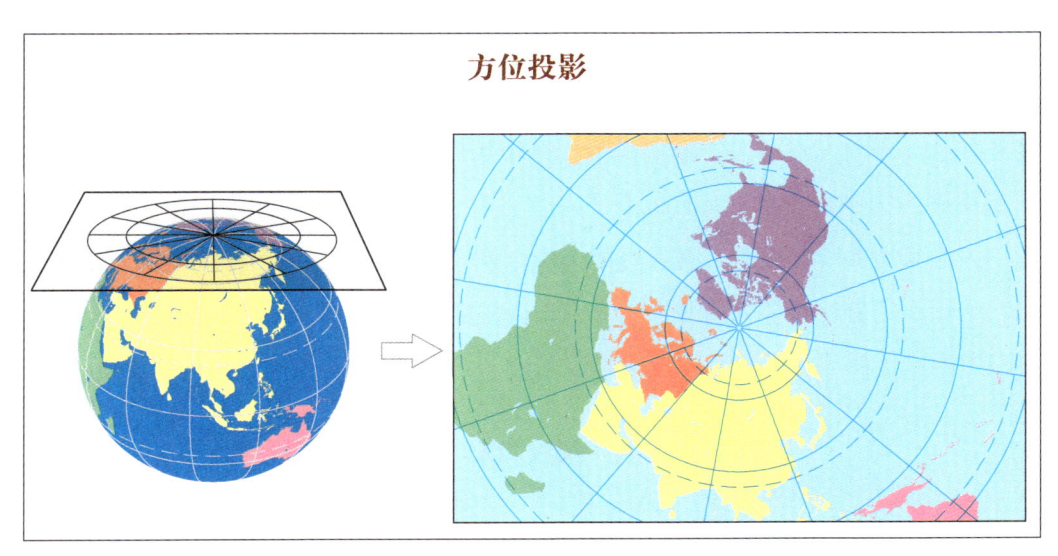

换一种方法，假设有一个圆锥体罩在地球上，光源还是在地心，那么地球上的事物投射到圆锥上后，我们再把圆锥展开，就得到一张平面地图。这就是圆锥投影。相比方位投影，圆锥有更大的面积接近地球，所以变形更小。注意，这里的变形是指投影过程中的变形，在从球体到平面的过程中，变形是不可避免的，只是我们想尽办法让变形最小，很显然，圆锥投影的总体变形比方位投影小。

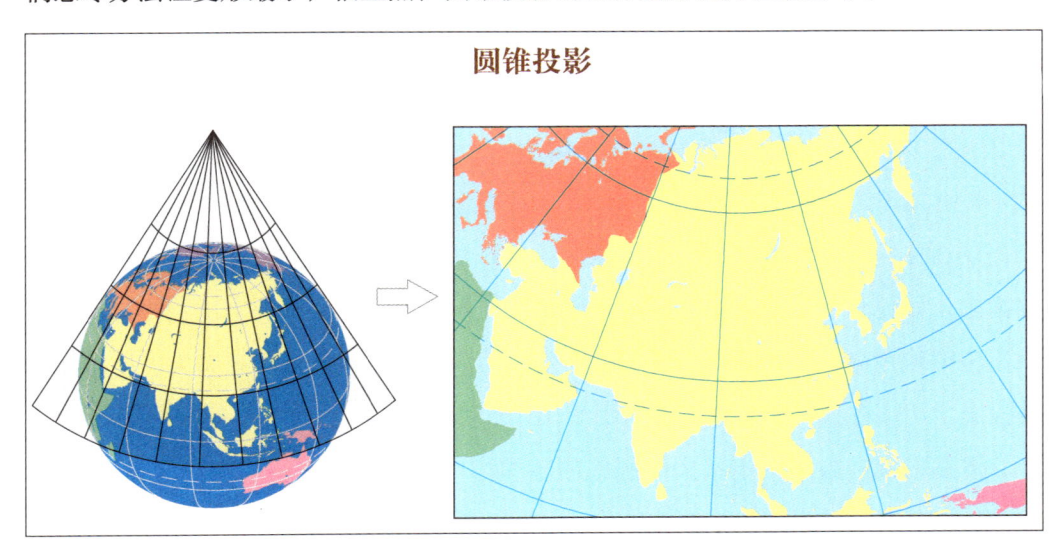

圆锥投影

但我们也看到了，圆锥投影也只能得到半个地球的地图，另外半个地球的地图也不是没法得到，只要把圆锥做得足够大。但那样的变形已经到了无法容忍的地步，而且南极永远不可能投影到地图上。

255

所以我们再把圆锥换成圆柱，这样就可以得到一张世界地图了。缺点是越往两极变形越大，南北两极变成了一条线。比如在墨卡托投影的地图中，我们会看到格陵兰岛的面积与非洲相当，但实际上，格陵兰岛的面积为216万平方公里，非洲的面积是3022万平方公里，两者相差了14倍。今天的导航地图，包括网络上的电子地图，大多采用墨卡托投影。有人可能会问，既然墨卡托投影在面积上的变形这么夸张，为什么还有这么多人用呢？因为它适合导航，无论是陆地导航、海上导航，还是空中导航，墨卡托投影都是最好的选择。

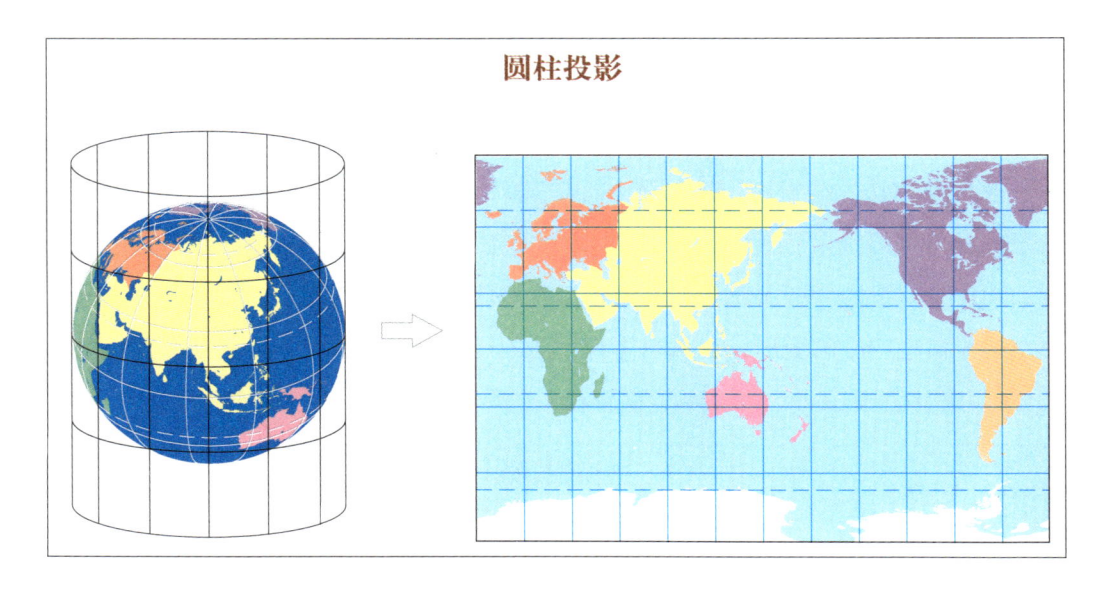

圆柱投影

根据地球和投影面的关系，同一种投影类型下又可以再分出更多细类。

以圆柱投影为例，如果圆柱与地球的关系是相切的，我们就称这种投影为切圆柱投影；如要圆柱与地球的关系是相割的，我们就称这种投影为割圆柱投影。这其中，与地球相交的那条线上的要素是不变形的，离这条线越远变形越大，所以割圆柱投影比切圆柱投影能更好地控制变形。

依然以圆柱投影为例，如果圆柱的轴线与地球的轴线平行，这就是正轴投影；如果垂直，就是横轴投影；特殊情况下也会用到斜轴投影。

选择不同投影的主要目的是为了控制投影过程中产生的变形。

变形是地图投影中不可避免的事，体现在三个方面：面积、距离和角度，它们之间的关系是此消彼长。以正轴圆柱投影为例，它的经纬线呈直角相交状态，与现实中一致，也就是角度没变形，所以可以把它称为正轴等角圆柱投影。角度不变，方向就不变，所以这种地图很适合大海上航行时辨别方向。

不过，要想控制投影过程中角度不变形，面积的变形就会很夸张，于是在正轴等角圆柱投影地图中，格陵兰岛的面积看起来比澳大利亚还大，所以这种地图不适合表现政区。在展现世界政区的地图中，常用等积投影，这样各国的面积呈比例变化，相对客观，只是角度变形又大了，所以这种地图中的经纬线不都是直角相交。

还有一种等距投影，是在某个方向上保持距离不变形。比如本书中的绝大部分地图，为了规避墨卡托投影两极变形过大的问题，在经线方向做了等距处理，这样靠近两极的地区面积变形就没那么夸张，但形状略有失真。特别说明一下，本书中的绝大部分地图都绘有经纬线，但没有标注比例尺，因为有一个简单的方法可以估算两点之间的距离：地球上所有经线长度都是相等的，在经线上，纬度每隔1°的距离约为111公里，本书中的经纬线一般相隔10°，那么两条纬线之间的经线所代表的实际距离就是1110公里，大家可以据此估算图中任意两点之间的距离。

基本的地图投影类型就是方位投影、圆锥投影、圆柱投影三种。一般情况下，在制作南北极地图时，用方位投影；制作中纬度国家地图时，用圆锥投影；制作世界地图时，用圆柱投影。在实际应用中，又会根据需求调整，在这三种基本投影的基础上变化出很多种投影。墨卡托投影即是正轴等角圆柱投影的一种。

更重要的是，地图投影可以用数学公式计算出来，包括正向和反向。在没有地图投影的年代，所有的地图都可以称之为示意图，只是反映各要素之间的相对关系，比如中国古代的地图，有时看起来像一幅山水画，这种地图不能精准测量，也就是不能从图上测出实际地物之间的距离或角度。有了数学基础之后，地图才可以称之为一门科学。由于在数学换算中各个参数是可以根据需要调整的，于是就衍生出各种各样的投影。比如国内常用的世界地图，为了反映中国的版图及与周边各国的地理关系，采用了等差分纬线多圆锥投影，这种地图主体清晰明了，但离中国越远的地区，其变形越大。

在墨卡托之前，欧洲的航海图都是一种类似于圆锥投影的地图，经线汇集于北极一点，航海家们很难将航线绘制在地图上。而墨卡托发明等角圆柱投影，就是专为航海家服务的，它可以很方便地帮助航海家们制订远航计划，使远洋冒险变得可

等角航线

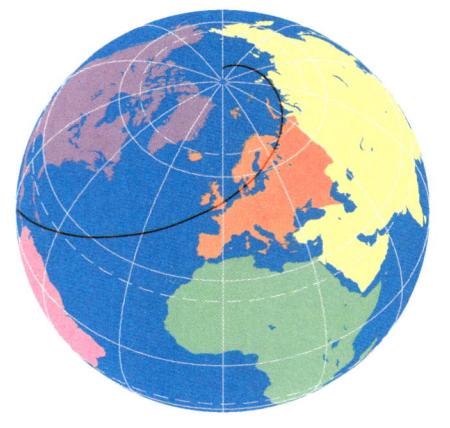

等角航线是指地球面上一条与所有经线相交成等方位角的曲线，又名恒向线、斜航线。在地球表面上除经线和纬线以外的等角航线，都是以极点为渐近点的螺旋曲线。

大圆航线

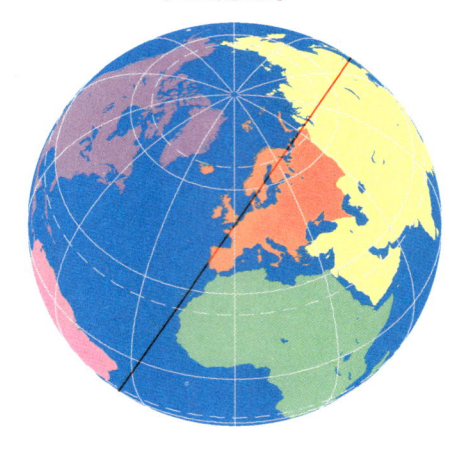

两点之间的大圆劣弧线是两点在地面上的最短距离。沿着这一段大圆弧线航行时的航线称为大圆航线。由于大圆航线是两点之间的最短航线，故有时称为最经济航线。

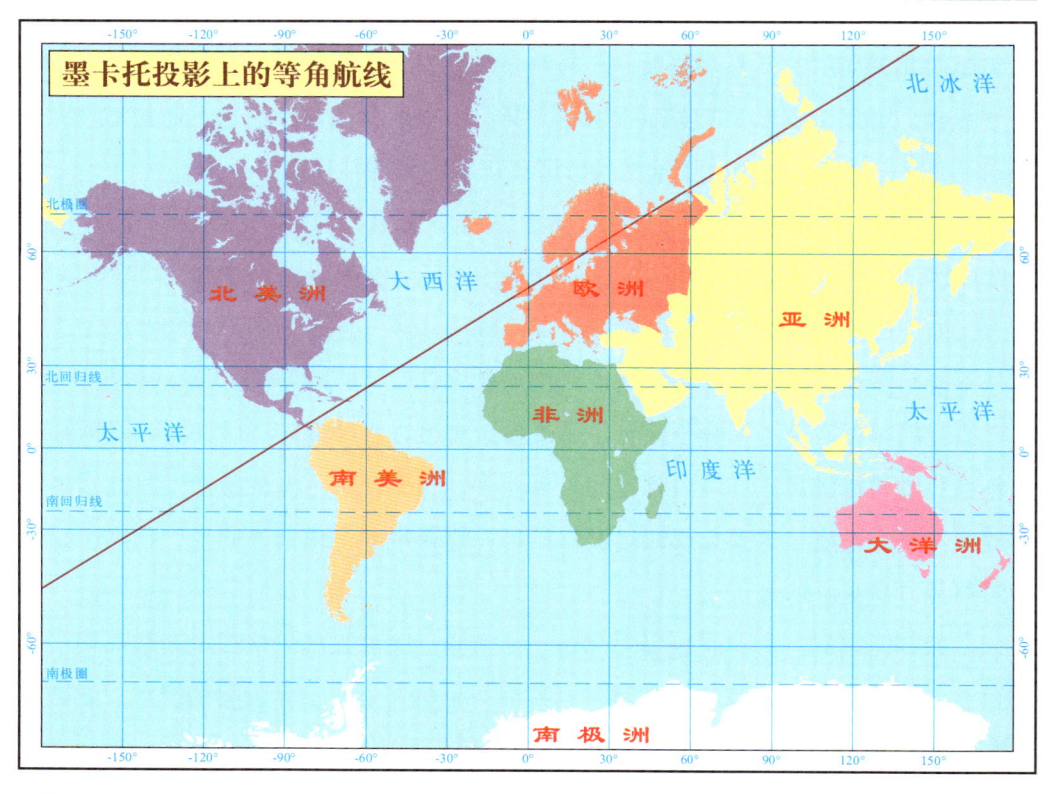

墨卡托投影上的等角航线

控。下面就来举例说明航海家们是怎样使用墨卡托投影地图的。

在传统的海图上，航海家们要制订一次远航计划，一般来说需要在地图上先画好一条航线，然后在航行的过程中按着这条线行驶，这样才能尽量避免发生意外。但如果真把这条线画在地图上，我们会发现它是一条曲线。如果是在现代，有导航卫星，这没问题；问题是在15、16世纪时，船只把控航向只有一个罗盘可以依赖，所以在实际行驶过程中，想按既定航线走，几乎不可能。比如哥伦布采用的等纬度航线，在地图上就是一条和纬线平行的曲线，但在实际航行中，他很难保持同一纬度，需要每隔一段时间测量一下北极星的高度，看看有没有偏离航线，如果遇到天气不好看不到北极星，就很容易偏离航线。

但在墨卡托地图上就简单了，假设出发地为甲，目的地为乙，航海家们只要在地图上画一条从甲到乙的直线。这条直线与所有经线的夹角是一致的，所以也称为等角航线，那么船队在实际行驶过程中，只需要保持与经线的夹角就可以到达目的地，而保持与经线的夹角比测量纬度简单得多，单靠罗盘就可以实现，也不受天气影响，远航就变得可控了。一直到今天，远洋船只近距离航行时仍在使用这个方法，如果距离太远的话，等角航线有点绕远，就需要采用大圆航线，但是航海图依然使用墨卡托投影。

所谓大圆航线，假设我们把地球看作一个规则的几何球体，通过地面上任意两点和地心做一平面，平面与地球表面相交得到的圆周就是大圆。两点之间的大圆劣弧是两点在地面上的最短距离。沿着这一段大圆弧线航行的航线就称为大圆航线。由于大圆航线是两点之间的最短航线，故有时称为最经济航线。

能采用大圆航线是因为现在有卫星作导航，在15、16世纪，等角航线无疑是最科学、风险最小的航线。墨卡托的这一发明，无疑就是当时的导航。

墨卡托出生于尼德兰，但当时尼德兰的政局很不稳定。

尼德兰（Nederland）意思是洼地，指的是莱茵河下游的一块冲积平原。中世纪初，尼德兰是法兰克王国的一部分。法兰克王国分裂后，尼德兰分属神圣罗马帝国和法兰西。1516年，西班牙女王伊莎贝拉一世和国王费迪南二世相继死后，其外孙查理五世即位。查理五世原是神圣罗马帝国皇帝的儿子，父亲去世的时候，他继承了尼德兰这片土地。在查理五世当上西班牙国王之后，尼德兰也就成了西班牙的属地。在西班牙，查理五世又称查理一世。

尼德兰的自然条件并不好，因为是洼地，既不适合种植，也不适合畜牧，传统的封建领主在这里的统治相对薄弱，但尼德兰靠海，又有莱茵河伸入内陆，所以做港口贸易具有天然优势。早在14世纪，这里就出现了手工工场，16世纪得到迅速发展。比如尼德兰北部的荷兰省和西兰省，主要经营纺织和造船等行业；南部的佛兰德尔省和布拉奔省，主要经营纺织、冶金、制糖、印刷等行业。这些手工工场都带有资本主义性质，也就是说，他们不属于传统的封建领主控制的范围（封建领主大多是通过土地获取资源，手工工场是由一些小资本家投资建立的）。

尼德兰发展最快的是毛、麻纺织场，英国产羊毛和麻，同时也是消费市场，所以尼德兰和英国的关系紧密。同时，尼德兰属于西班牙的领地，西班牙有很多人在大航海时代发了财，形成巨大的消费能力，所以尼德兰的发展也离不开西班牙。

在宗教改革的浪潮中，路德、慈温利、加尔文等教派先后传入尼德兰。在尼德兰，新教很打动人心，追随者既有资产阶级的新贵族，也有广大劳动人民。新教与西班牙信奉的天主教格格不入，尼德兰人便借助新教的力量反抗西班牙的统治。

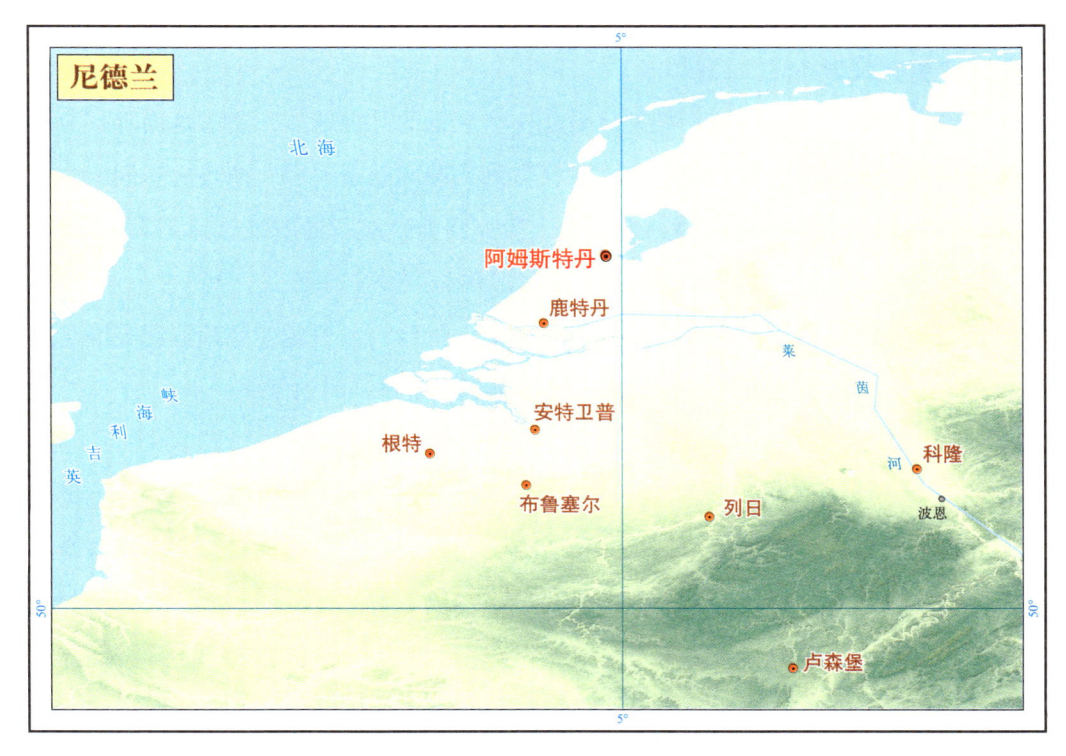

查理五世当选为神圣罗马帝国皇帝之后，成为欧洲权势最大的人。为了维护其统治，查理四处征战，耗费巨大，于是到处征税。当时的尼德兰最为富庶，查理把这里当成了提款机，从这里搜刮来的税收占了西班牙国库收入的一半，同时，查理还利用天主教打压这里的新教势力。

1550年，查理在尼德兰颁布"血腥敕令"，规定禁止传抄、私藏、散发、买卖路德和加尔文（John Calvin）等人的文集，并将这些文集打上"异端学说"的标签，凡传播异端学说者，男的杀头，女的活埋。在查理统治期间，有5万~10万尼德兰人死于宗教迫害，尼德兰人的反抗运动也此起彼伏。

1556年，查理退位，其弟费迪南（Ferdinand I, Holy Roman Emperor）继任神圣罗马帝国皇帝，其子腓力二世（Philip II of Spain）继任西班牙国王。腓力二世即位后，对尼德兰的高压统治变本加厉：排挤尼德兰的新贵势力，取消尼德兰商人直接与西班牙殖民地通商的特权，拒绝偿还国债，而债权人就是尼德兰的银行家；接着又提高羊毛的关税，使以羊毛为原料的尼德兰手工场遭受重创，许多工场倒闭，大量工人失业；在迫害新教徒方面，腓力二世更是青出于蓝，最终激起新教徒的武装暴动。

1566年8月，尼德兰的佛兰德尔省的市民爆发了起义，以反抗西班牙政府的暴政。这场运动很快席卷了尼德兰17个省中的12个，尼德兰谋求独立的资产阶级革命爆发。1年后，腓力二世派人前来平叛，许多革命人士逃亡国外，以海上游击队的形式继续革命。

1572年4月1日，一支海上游击队攻占了莱茵河口的布里尔港。到了夏天，荷兰省和西兰省已经摆脱了西班牙的统治。1573年底，尼德兰北方七省（荷兰、西兰、乌得勒支、格尔德兰、上伊塞尔、德伦特、格罗宁根）先后从西班牙的占领中获得解放。

1579年1月，南方十省首先认怂，承认腓力二世为尼德兰的合法君主，天主教是唯一合法宗教。月底，北方各省成立"乌得勒支同盟"，宣布独立。于是尼德兰南北分裂。尼德兰的南北分裂并非偶然，主要是因为尼德兰经济发展不平衡，没有出现全地区的统一市场所致。南北各省分别以安特卫普和阿姆斯特丹为中心，形成了两个彼此对立的经济实体，历来就存在着竞争，而南方十省的贸易对象主要是西班牙及其殖民地，因此无法割断与西班牙王国的经济联系。更重要的是，北方资产阶级多信奉加尔文教，南方贵族多信奉天主教。

1581年7月26日，"乌得勒支同盟"各省的三级会议正式宣布废黜国王腓力二世，成立"尼德兰联省共和国"。随后，英格兰和法兰西都宣布承认联省共和国，并给予支援，以对抗西班牙。

"尼德兰联省共和国"，中文译名是荷兰共和国，因为从地理上说，尼德兰包括了南北两部分，而尼德兰联省共和国只是北部，所以从这时起，我们就以其最大的省荷兰来代称北部联省共和国。其实一直到现在，荷兰的正式国名仍叫尼德兰王国，荷兰语为Koninkrijk der Nederlanden，英语为The Kingdom of the Netherlands，简称The Netherlands，而非Holland。之所以这么张冠李戴，是因为中国人最初接触到的尼德兰人正是来自荷兰省，后来干脆用荷兰代指整个国家。不过这种将错就错也没有坏处，在中文语境里，尼德兰更多的是个地理名词，包含了南北两部分，如果又用来单指北部这个国家很容易混淆。比如说，1815年维也纳会议后，原南部各省和荷兰合并为尼德兰王国，1830年南部脱离尼德兰独立，成立比利时王国，1839年《伦敦协定》承认卢森堡为独立国家。所以这里的尼德兰包含了今天的荷兰、比利时和卢森堡三个国家，而用荷兰单指北部地区，简单明了。

所以，严格来说，墨卡托并不是荷兰人，他出生于安特卫普附近，在当时是尼德兰的南部，在今天属于比利时。当然，墨卡托属于哪国人并不重要，重要的是他的成就为全世界的人类作出了贡献。墨卡托将数学基础引入地图学中，使欧洲的制图技术从古希腊的托勒密时代，一下子进入了近代地图学的时代。正是有数学作基础，今天的地图才能承载各种各样的信息，才能与天上的卫星联动，实现数字导航。在晚年，墨卡托写了一本名为《地图与记述》的书，是地图学界的巨著，一时轰动世界。这本书的封面上印有古希腊神话人物阿特拉斯（Atlas）的画像，于是后人就用"Atlas"作为地图集的代名词，并沿用至今。

第三十二章 海盗德雷克

在发现加拿大等地后，法国本来可以再接再厉，在北美洲有一番作为，但从1562年起，法国内部发生了一场天主教和加尔文教之间的战争，史称"胡格诺战争"。这场战争一打就是三十多年，法国无法从内战中抽身，于是这个机会又留给了英国。

1566年，英格兰勋爵吉尔伯特编写的一本名为《论发现去契丹的新道路》的小册子，开始在英国流行。这里的契丹指中国，欧洲的民族国家形成较晚，对中国的了解很少，在中世纪行将结束，欧洲人开始关注外面事物的时候，中国早过了影响深远的汉唐时期，进入了宋朝。无论北宋还是南宋，其版图都限定在传统的农耕区，最西也只是到达河西走廊，对西方的影响微乎其微。而契丹人原本是鲜卑人的一支，鲜卑人又来自东胡，长期生活在中国北方，从文化上讲已被彻底汉化，蒙古人（实际和契丹人同源）就认为契丹人和汉人没什么区别，把他们称为北方汉人。契丹人建立的辽国被金人灭亡后，残部在耶律大石的率领下进入西域，又建立了一个辽国，史称西辽。西辽完全仿照中原王朝的制度，虽远居西域，仍以汉语为官方语言。在这些契丹人心里，他们已经自认为是中国人，辽也就是个国号，就像以前的汉、唐一样，只是他们还没有统一中国、入主中原而已。西辽鼎盛时期，其统治范围不仅有西域，还包括中亚的河中地区，这是以前汉文化很少涉足的地方。1141年，西辽国击败了欧洲人痛恨的塞尔柱帝国，一下子声名远扬，于是欧洲人就把这个来自东方的强国称为契丹，他们并不知道当时的中国已经四分五裂。不只是英国，当时的葡萄牙、西班牙都称中国为契丹，甚至一直到今天，俄罗斯仍称中国为契丹——俄语里的中国（Китай）一词实际是契丹的音译。

在这本小册子里，吉尔伯特勋爵利用当时已知的资料得出结论：北美洲的北部是海洋，北美西北部与亚洲东北部是隔开的，因此西北航路必然存在。

这本书的影响很大，在卡波特父子寻找西北航道未果大半个世纪后，又燃起英国人对西北航道的兴趣。虽然这时英国已经学着像法国那样给海盗发放私掠许可证抢劫西班牙的船只，但终归不是长久之计，如果能自己开辟出一条新航路，则将会带来源源不断的财富。

何况，当海盗也是有风险的，比如接下来的两件事。

1568年，英国的6艘船只在约翰·霍金斯（John Hawkins）的带领下，本来已经获准停泊在墨西哥湾的维拉克鲁斯港外的胡安·德乌略亚岛，但突然遭到西班牙战舰的袭击，除了霍金斯和表弟弗朗西斯·德雷克（Francis Drake）各率1船逃脱外，其余4艘受损被俘，死伤数百人。很显然，这是西班牙对英国纵容海盗抢劫的报复。此后，霍金斯转投政界，致力于英国海军建设，而德雷克成为攻击西班牙最活跃的海盗。

1572年，德雷克率两艘海盗船共计70人袭击了巴拿马地峡的西班牙港口，抢了几船财宝。西班牙舰队反击，德雷克身受重伤，败退。

这两件事后，英国人就把重心又放到探索西北航道上了。

1576年，英国另一个著名的海盗马丁·弗罗比歇（Martin Frobisher），在一批官员和商人的资助下，带着3艘排水量为20吨～25吨的小帆船去寻找西北通道，船队一共几十人。6月，船队绕过苏格兰王国后驶入茫茫的大西洋。7月11日，他们在北纬61°看到了格陵兰岛南端海岸。在这里，一艘船不幸遇险沉没，船员无一生还，另一艘船见到这种情况后吓跑了，只有弗罗比歇坐镇的加布利尔号和23名船员仍然坚持前行。

8月20日，他们在北纬63°处发现了一个海湾，海湾很窄，深陷内陆，这让弗罗比歇误以为它是个海峡，没准就是西北通道的关键。于是他把它命名为"弗罗比歇海峡"（实际是巴芬岛东南部的弗罗比歇湾），想着以后可能和麦哲伦海峡一样留芳后世。然后，弗罗比歇一行沿着这条所谓的海峡朝西北方向前进了90多公里。在这次航行中，欧洲人第一次遇到了爱斯基摩人。

和印第安人一样，爱斯基摩人也是从亚洲跨过白令海峡到达美洲的黄种人。只是，他们比印第安人来得晚，在踏上美洲的那一刻，他们就遭到了印第安人的围追堵截和血腥屠杀。爱斯基摩人且战且退，最后退到北极圈以内。印第安人以为爱斯基摩人肯定被冻死，也就停止了追杀。没想到的是，爱斯基摩人奇迹般地活了下来，创造了人类在自然条件下生存的极限。爱斯基摩人这个称谓是印第安人起的，意思是吃生肉的人。他们很不喜欢敌人给的这个称号，更喜欢因纽特人这个称呼，但为了表述统一，我们暂且仍称其为爱斯基摩人。不过，印第安人也没说错，在极寒条件下，生火是极为困难的事，冰天雪地的北极要找到生火用的柴草也几无可能，所以他们为了适应环境养成了吃生肉的习惯。但或许是一种天意，北极没有蔬菜和瓜果（唯一的绿色植物是苔藓），生肉（包括动物内脏）能保留更多的维生素，所以爱斯基摩人并没有像欧洲水手那样得坏血病。

爱斯基摩人长着黄皮肤黑头发，脸比较宽，鼻子扁平，不论男人女人，身上穿的都是海豹皮，看起来很像鞑靼人（当时欧洲人对蒙古人的称呼，就像称中国人为

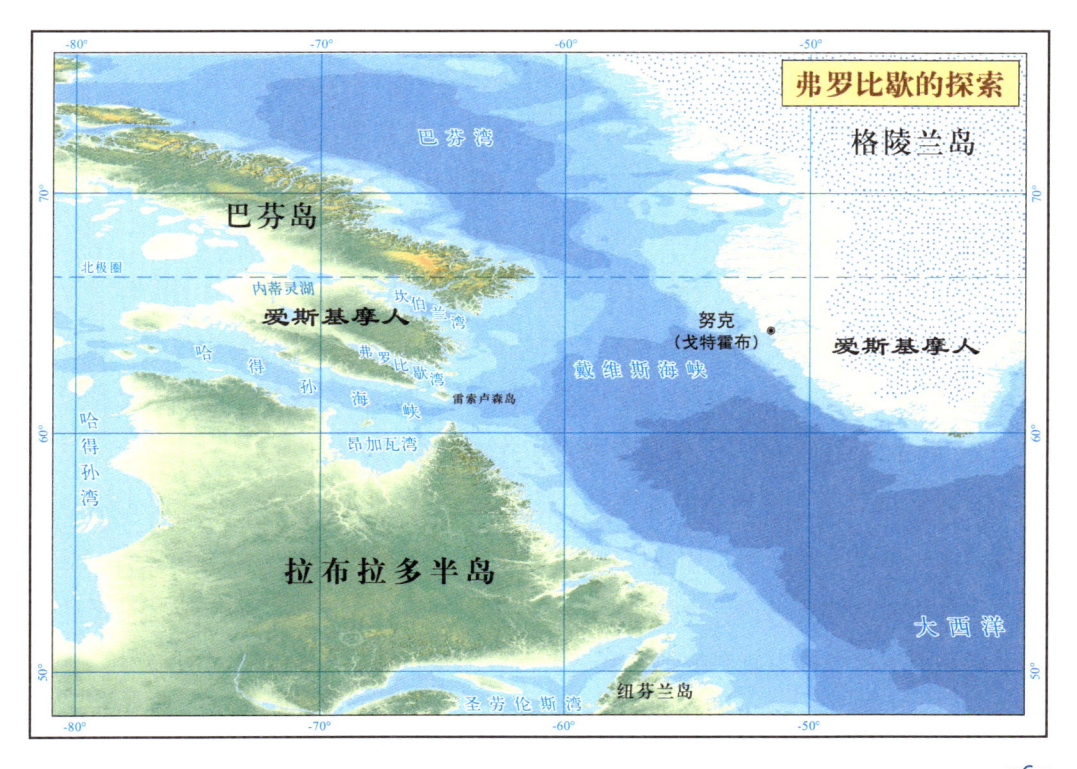

契丹人一样），这让弗罗比歇一行人以为快到中国了。

由于语言不通，英国人和爱斯基摩人进行了不对话的物物交换。意外的是，他们发现了一种闪着金光的黑色石头，弗罗比歇认定这是金矿石，兴奋不已。8月，有5名船员出去交换货物时失踪，有人认为是被当地土著抓了，但秋天即将来临，弗罗比歇下令返航，并带上一名爱斯基摩人。10月初，加布利尔号驶进泰晤士河。

英国人听说在北美发现了金矿，立即热情高涨，一些商人凑在一起，成立了"中国公司"，连伊丽莎白女王也入了股。随后，伊丽莎白加封弗罗比歇为"在中国发现的一切海洋、湖泊、陆地、海岛、国家和地区的元帅"，并动用公款装备了一艘200吨的中型帆船，并将这艘船和加布利尔号以及那艘中途逃跑的船一起组成一支船队，乘员约14人，准备新的一次远航。

1577年，弗罗比歇再次率队出发。这次的目标有两个：一是大船载满"金矿石"后立即返航，二是两艘小船由弗罗比歇率领继续探索到达中国的航道。

7月中旬，船队到达"弗罗比歇海峡"后，因为浮冰阻隔，再加上"金矿石"太诱人，弗罗比歇干脆把所有的船都装上"金矿石"后就返航了，9月下旬回到英国。

1578年4月底，弗罗比歇第三次出海寻找西北航道。这次大小船只共有15艘，任务有3个：第一，在"弗罗比歇海峡"附近建一个要塞，以防止其他海洋列强染指新发现的"金矿"；第二，开采"金矿"，把矿石运回国内；第三，用小型船探索西北航道。

6月初，一艘大船在"海峡"的入口处遭遇暴风雪，与海上的冰山相撞后沉没，所幸船上人员得救。随后，整个船队被暴风雪卷向南方，到了今拉布拉多半岛北部的昂加瓦湾。于是，弗罗比歇又发现了哈得孙海峡，而且顺着海峡向西北航行了300多公里才返回。他感觉，这条海峡才是去往中国的最佳通道。

暴风雪过后，弗罗比歇率队返回，在向东北航行的路途中，发现了雷索卢森岛等小岛。通过连日观察，弗罗比歇发现，冰山融化的水是淡水而不是咸水，这说明冰山并不是形成于大海，而是陆地，是在某种条件下滚入海中的。看似简单的道理，却让弗罗比歇成为研究冰山的第一人。

和上次一样，弗罗比歇既没建要塞，也没去寻找通往中国的航道，而是把所有船只都装满了"金矿石",然后返航。

但是,让人绝望的是,英国人并没有从这些矿石中提炼出哪怕是一丁点儿的黄金,这就是普通的石头,并不是金矿石。连续3次远航,耗费无数,没想到带回来的是一堆破石头,负责弗罗比歇探险的"中国公司"不久后就破产倒闭,董事长洛克因负债而入狱。再后来,人们发现"弗罗比歇海峡"不过是一个海湾而已,根本没有通路。

这3次远航是英格兰有史以来派出的规模最大的探险队,但结果一无所获。受此打击,弗罗比歇从此不再从事探险和发现,转入针对西班牙的海盗活动中,后来死于对法兰西作战的战场。

西北航道虽然一无所获,但在另一条线上,有一个英国人却收获满满,他就是著名的海盗德雷克。

1577年12月中旬,女王伊丽莎白派德雷克率船队出海南下,船队有3艘排水量约100吨的海盗船和2艘小型的补给船,乘员160多人。目的有两个,一是与南美洲的居民通商,二是寻找南太平洋中未知的陆地,其主要目的还是打击西班牙在南美一带的势力。可以说,这次远航就是给西班牙使坏,本身没抱什么大希望,没想到却是无心插柳。

1578年,船队从普利茅斯港启航,先沿旧大陆南下到佛得角群岛,然后斜渡大西洋,4月到达拉普拉塔河口,接着向南航行。在南纬47°的海岸,英格兰人得到了巴塔哥尼亚人的友好接待和帮助。

6月底,船队进入圣胡利安港,这是当年麦哲伦过冬的地方,麦哲伦还在这里处理过3艘船的叛乱。巧合的是,德雷克在这里也遇上一起叛乱,不过很快被他平息下去,为首的军官被处死。如果细究起来,其实这不全是巧合:圣胡利安港已接近南纬50°,而且又赶上冬季(北半球夏季),任何水手都会产生恐惧心理,叛乱的目的也是想放弃任务潜逃回国。水手们常说一句话:"40°以上没有法律,50°以上没有上帝。"意思是在高纬地带,满眼荒芜,严寒相逼,一切只能靠自己。

但德雷克没打算放弃,也没打算停留,为了减少负担,他把两艘给养基本耗尽的补给船扔掉,把旗舰鹈鹕号改为金鹿号,将船队缩编为3艘,继续前进。8月下旬,船队驶入麦哲伦海峡。1个月之后,船队刚驶出海峡就遭到暴风雨,这场暴风雨持续52天，一直到10月底结束。在这场暴风雨中，一艘船失踪，一艘船被逼回麦哲伦海峡，在那里等待1个月后被迫返航。剩下的唯一一艘船，也就是旗舰金鹿号被吹向南方，推移了5个纬度，到达合恩角一带。正是这个意外，让德雷克发现麦哲伦所说的"火地"并不是南美大陆的一部分，而是一个海岛，海岛之外，仍是海洋。300年后，人们发现了南极洲，才知道这里并不是海洋，而是海峡，于是把它命名为德雷克海峡。

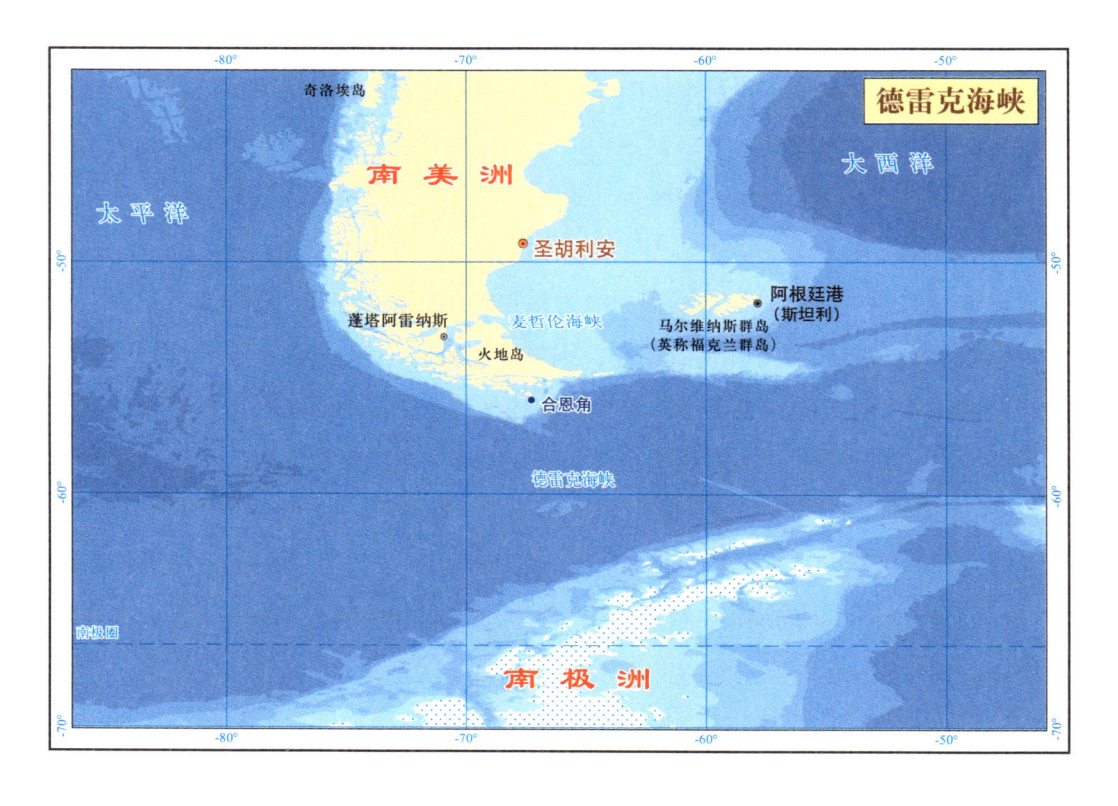

暴风雨过后，金鹿号按计划一路向北。11月底，到达南纬43°的奇洛埃岛。岛上的阿劳干人因为受尽西班牙人的暴虐统治而仇视白人，所以当德雷克一行上岸时，立即遭到当地人的攻击，两名水手被打死，德雷克只好返回船上继续北上。

幸运的是，在奇洛埃岛以北的智利海岸，英格兰人受到当地印第安人的友好接待，并得到一名引水员的帮助，顺利到达南纬33°的港口城市瓦尔帕莱索。

瓦尔帕莱索是西班牙人的移民城市，也是绕道南美大陆的船只在绕过麦哲伦海峡后的第一个中转站。德雷克本想在这里等另外两只船前来汇合，但没等到，于是下令海盗们洗劫了这座港口城市。

然后，德雷克继续北上沿途考察，发现西班牙人在地图上将智利西海岸的土地向西多画出了10万平方公里。此后，金鹿号在南纬27.5°的拜雅-萨拉达港停留一个月，一是维修船只，二是等待失散的同伴，但依然没有等到。

过了南回归线以后，德雷克又抢劫了一些西班牙的移民港口。至此，德雷克已基本完成了这次出航的目标。因为他是海盗，只要给西班牙人捣乱就行，地理发现只是顺带的事。

按道理，德雷克这个时候可以返航了。但是他猜测，如果按原路返回，损失惨重的西班牙人很可能在麦哲伦海峡等着收拾他（事实上他的猜测完全正确），于是决定冒险北上。他想，既然西北航道存在，那么他也可以从北美北部的海洋驶入大西洋，从北大西洋回国。如果能反向打通西北通道，那也能千古留名。

要反向打通西北通道，就要先找到阿尼安海峡（即后来的白令海峡），于是德雷克继续北上，途经尼加拉瓜和墨西哥海岸时，又抢劫了几个西班牙人的据点。1579年6月，金鹿号在北纬42°遭遇暴风雪，并伴有大雾。金鹿号顶风前行，到了北纬48°附近（今温哥华一带）后，德雷克感觉再往前走天气会越来越糟，于是下令返回。6月中旬，金鹿号回到北纬38°一带的圣弗朗西斯科湾（圣弗朗西斯科又译作三藩市，但华人更喜欢旧金山这个名字）。

在这里，英国人登陆休整，搭建营地，并与当地印第安人友好相处，互赠礼物，双方还达成了共识，当地居民以及土地全都归附英格兰王国。德雷克将这个地方命名为新阿尔比荣之地，并竖立石柱作为纪念和主权象征。

一个月的休整之后，德雷克有了新的打算，他有一个大胆的计划，就是横渡太平洋，直达摩鹿加群岛，从东方回欧洲。因为在德雷克看来，南归的路已经被西班牙堵死，北美洲西岸的气候远比东岸恶劣（受洋流影响），反向打通西北通道几无可能，不如赌一赌运气来一次环球航行。作为海盗，德雷克更喜欢这种不按常理出牌的方式。

7月中旬，德雷克离开新阿尔比荣之地（今旧金山）向西，驶入一望无际的太平洋。

在海上漂了两个多月后，9月底，他们发现了帕劳群岛。

帕劳群岛属于加罗林群岛的一部分，靠近菲律宾，离棉兰老岛800多公里。如果从旧金山到帕劳群岛拉一条直线，会发现这条线经过夏威夷群岛，在夏威夷登陆的话德雷克能早一点得到补给，横跨太平洋的风险也会大大降低。但德雷克并没有经过夏威夷群岛，原因是德雷克并没有沿直线航行，事实上，在太平洋上，这么远距离的航行就算想采用直线（也就是等角航线）条件也不允许。在风帆时代，远洋船只的动力是风以及洋流，从旧金山到帕劳群岛，如果利用信风航行的话，会先经过西风带，这是逆风；再经过副热带高气压带，这是无风带；最后才是顺风的东北信风带——利用信风显然不行，只能利用洋流了。德雷克正是先利用加利福尼亚寒流南下，进入北赤道暖流，然后漂到帕劳群岛。

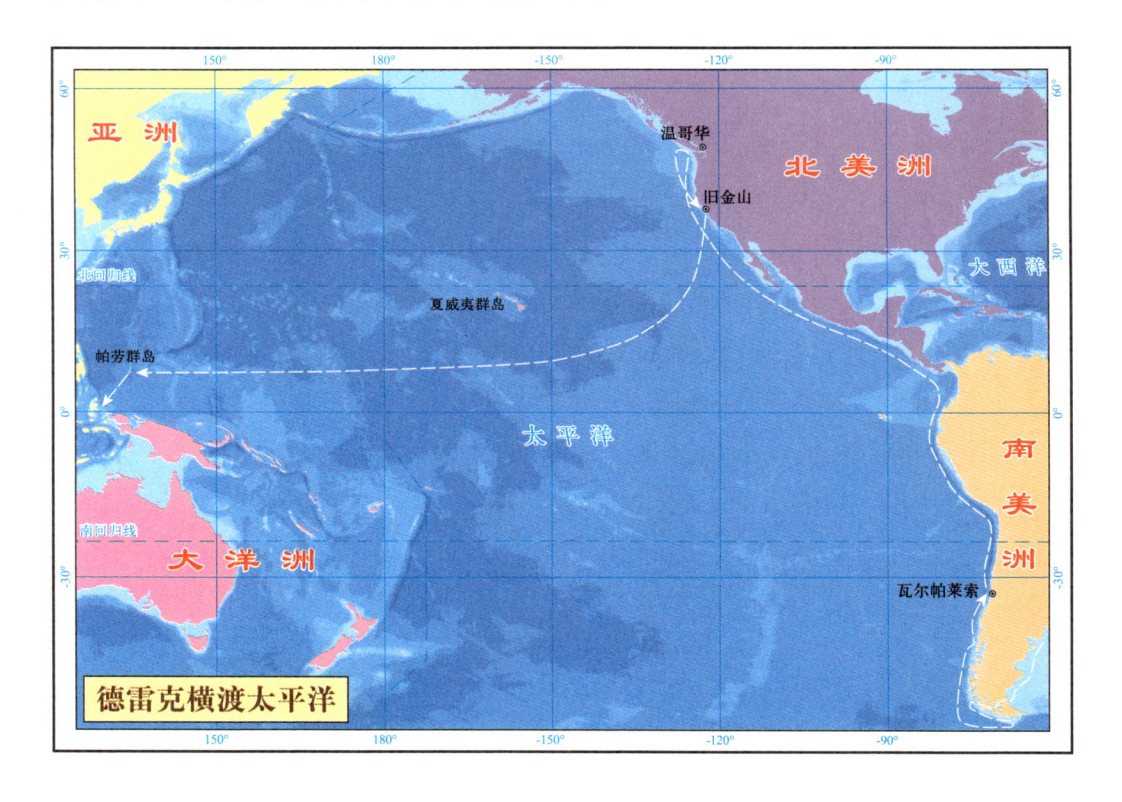

德雷克横渡太平洋

从帕劳群岛再到摩鹿加群岛，是往西南方向航行，可是在这一带，此时还是夏季，受季风影响，刮的是东南风，金鹿号只能顶风逆行，又用了一个多月，于11月初才到达摩鹿加群岛，也就是大名鼎鼎的香料群岛。

金鹿号在摩鹿加群岛的德那底岛停泊后，获得补给。这里的人正与葡萄牙人处于敌对状态，所以对英国人还算好。德雷克一行在这里买了几吨以丁香为主的香料，装满了船舱。由于连日的劳累，随后的一个月，金鹿号在苏拉威西岛以南的一个无人小岛上休整。又一个月，他们在苏拉威西岛、爪哇岛一带海域游荡，并尽量躲避葡萄牙人。虽然是海盗出身，但德雷克毕竟是有王室授权的，远航除了抢劫西班牙人以外，所到之处也要进行必要的考察，这些考察资料带回国内对英国海军大有用处。

1580年初，德雷克决定返航。和麦哲伦的船队一样，为了避开葡萄牙人，金鹿号从爪哇岛出发后，横渡印度洋，直奔好望角而去。

6月中旬，金鹿号绕过好望角，8月中旬越过北回归线，9月下旬回到普利茅斯港——人类历史上第二次环球航行完成了，全程历时25个月，去时160多人，回来时幸存56人。

金鹿号带回来的金银财宝和香料价值50万英镑，等于王室一年的收入，伊丽莎白亲自登船祝贺，封德雷克为爵士，并下令把金鹿号保存起来作为永久的纪念。

德雷克的这次行动是英格兰在海上争夺战中的转折点。本来英国人动手就晚，再加上无论是在西北航线还是东北航线，都屡屡受挫，收效甚微，航海信心受到很大打击。但德雷克的成就无疑激励了英国人：星辰大海，前途无量。

第三十三章 英国的崛起

在探索西北航道的同时，英国人对东北航道也没有放弃。

1580年5月，也就是德雷克在爪哇岛准备返航的同时，英格兰的莫斯科公司派遣彼特和本杰明两人率两艘满载货物的帆船去探索东北航道，目标是中国的汗八里城（今北京）和行在（今杭州）。两艘船总排水量只有70吨，成员20人。只能说，此时的英国志向远大，但实力太弱。

船队驶出泰晤士河口后，向北到达挪威王国海岸。6月23日，船队抵达瓦尔德港。因为本杰明的船需要修理，所以彼特独自向东，他们约定在瓦伊加奇岛会合。7月10日，彼特到达新地岛。7月24日彼特驶入喀拉海，然后沿海岸东行，到达拜达拉湾的入口处时，遇到了本杰明。两船在喀拉海的浮冰和迷雾中徘徊了3个星期，因迷路最终返航。但在回国的途中，因气候原因两船失散。彼特于12月返回英格兰，而本杰明被迫在挪威的一个港口越冬，一直到第二年的2月，与一只丹麦王国的船只同行，在驶往冰岛的途中一去不返。

这是英国人中断东北航线探索23年之后的再次尝试，结果不尽人意。从此以后，英国人基本放弃了对东北航线的探索，选择老老实实地和俄罗斯人做生意。毕竟英国花费九牛二虎之力探索的航路，都是俄罗斯人已经探索过的，况且这一路上都有王国势力，很难找到一块无主之地作为据点。

东北不行了，那就还是西北吧。

1583年，英国航海家约翰·戴维斯（John Davis）向女王伊丽莎白的首席秘书沃尔辛厄姆（Francis Walsingham）提出新的探索西北航道的计划，最终被伊丽莎白采纳。

于是在1585年，戴维斯在沃尔辛厄姆和一些伦敦商人的资助下第一次出海，目标是打通到中国的西北航道。戴维斯的船队只有两艘小型帆船，成员42人。

7月，船队到达格陵兰岛的东南海岸。北欧人对格陵兰岛并不陌生，但当时他们误以为这是另一个岛。船队沿着格陵兰岛海岸线向西南航行，在绕过格陵兰岛最南端后，到达今戈特霍布港。

戈特霍布是今天格陵兰的首府，也是格陵兰岛最适宜人类居住的地方。受北大西洋暖流的影响，这里冬季也不结冰，还形成了一些渔场，渔业是当地的特色产业。"戈特霍布"是丹麦语和挪威语发音，格陵兰语的发音是"努克"。最早进入格陵兰岛的是爱斯基摩人，他们借着加拿大极地群岛的岛屿作跳板，从北美渡海进入格陵兰岛。他们多次迁移，从公元前4000年起延续上千年，每次大迁移都带有不同时期的文化背景，因而形成了不同于北美大陆爱斯基摩人的独特文化。10世纪时，挪威人发现了这里，开始在这里殖民，戈特霍布就是其殖民地之一。13世纪，格陵

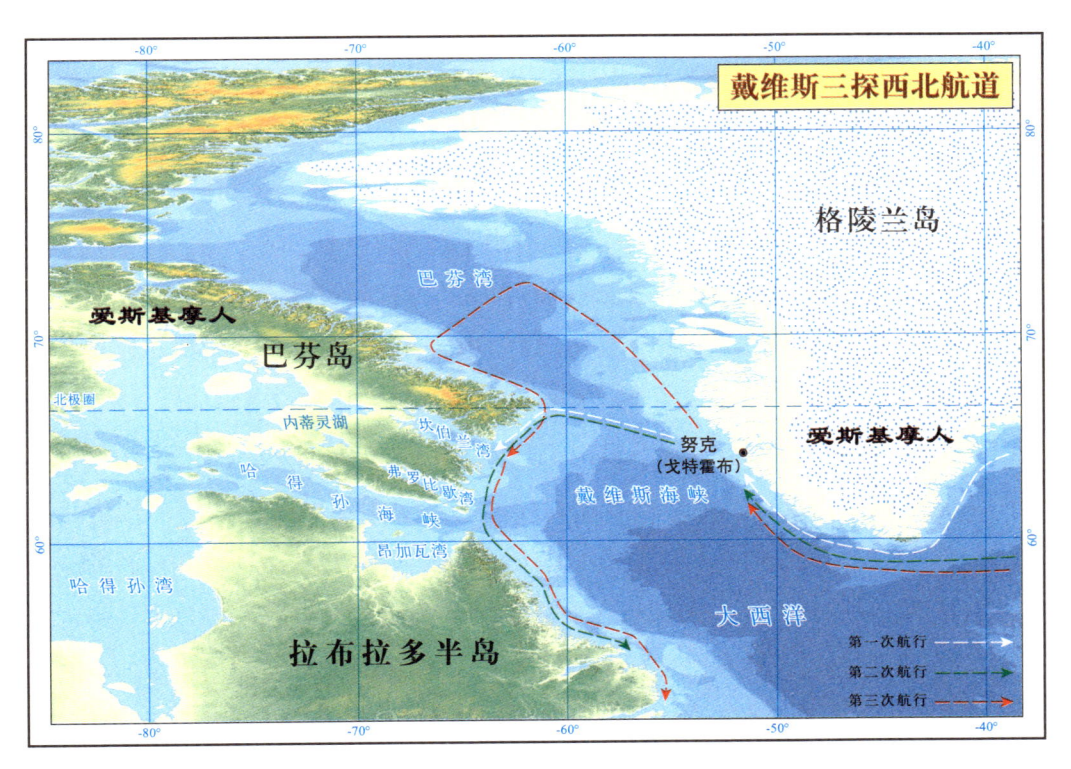

兰岛成为挪威王国的殖民地。1380年，丹麦与挪威联盟，格陵兰转由丹麦、挪威共同管辖，丹麦势力介入格陵兰。此后，丹麦、挪威分治，格陵兰归丹麦管辖。当然，这是后话。

在1585年，英格兰人戴维斯到达戈特霍布时，在那里遇到一些爱斯基摩人，并与他们进行了不对话的实物交换。8月初，天气温暖，海上没有浮冰，船队离开港湾后，向西北前进了约600公里（也就是斜渡戴维斯海峡），到达北极圈上的巴芬岛东岸。沿着曲折的海岸线南下，船队发现了坎伯兰湾。进入海湾后，向西北航行了200公里仍看不到尽头，和弗罗比歇一样，戴维斯以为这是一个海峡，是西北通道的关键所在，于是兴奋地返航了，准备下一次的探索。

1586年，戴维斯准备了4艘船，再度向西北方向进发。5月，船队来到戈特霍布，然后和上回一样，斜渡戴维斯海峡向对岸北纬67°一带（即北极圈附近）的巴芬岛前进，这也是从戈特霍布到巴芬岛的最短距离。但这回不一样的是，海上浓雾弥漫，一些船员因恐惧而不满。无奈之下，戴维斯先后打发了两艘船返航。8月初，他们终于到达北极圈一线的巴芬岛东岸，然后向南探索。经过哈得孙海峡入口和拉布拉多半岛东北端后，戴维斯又在北纬54°一带发现了很狭长的加弥顿湾。在北美的极地，这种峡湾似乎特别多，总让英国人以为是一条可以通往中国的海峡，但结果总是令人失望。

9月，秋天来临，天气转凉，戴维斯决定返航。10月中旬，船队回到英格兰，带回了满船的鳕鱼和500张海豹皮。

1587年，戴维斯第三次出发去寻找西北航道，这次共有帆船3艘。因为航线靠近极地，所以戴维斯每次都选择在夏季出发，并且先到戈特霍布港落脚，以最大限度降低远航的风险。在戈特霍布港，戴维斯命令两艘大船在这里猎捕鲸鱼和海豹，自己则驾驶一艘小船去寻找西北航道。

从戈特霍布出发，戴维斯向北航行了1100多公里，深入巴芬湾，到达北纬73°，这也是英国人当时能到达的最北点。在这里，戴维斯发现向北和向西都是大海，但浮冰和逆风阻止了他的前行，于是他折向西南横渡巴芬湾，7月中旬到达巴芬岛北海岸。然后，戴维斯沿巴芬岛东岸南下，到达第一次来这里时发现的坎伯兰湾。戴维斯依然把希望寄托在这里，进入坎伯兰湾向西北方向航行了两天，直到确定这里找不到前往太平洋的出口，才扫兴而归。

从坎伯兰湾出来，戴维斯继续南下考察，经过哈得孙海峡入口，又往南考察了拉布拉多半岛几乎全部的东海岸，一直到北纬52°贝尔岛海峡附近，进入英国人熟悉的领域才停止。9月中旬，戴维斯回到英格兰。

1588年，戴维斯准备第四次探索西北航道，但投资人拒绝了他的请求，因为几趟下来，投资人没赚到什么钱，戴维斯在地理发现上的成果很大，但难以变现，所得仅仅是几船鳕鱼或鲸鱼油，或者海豹皮，不够维持高昂的开支。虽然没能再去西北，但戴维斯随即参加了一次大海战，因为西班牙的"无敌舰队"打来了。

英国和西班牙的梁子，结了不是一两天。

自从开辟了从菲律宾到墨西哥的航线后，西班牙就致力于经营美洲和亚洲两条航线，除了1568年意外发现所罗门群岛外，在地理发现上鲜有成果。而英国方面，自从1558年伊丽莎白上台后，就把西班牙当作竞争对手，组织海盗抢劫西班牙黄金宝船。西班牙对此恨之入骨，但没有任何行动，反倒是把目光放在奥斯曼帝国身上，认为那才是他的敌人，英国还不足为患。1571年，雷班托大海战爆发，西班牙与威尼斯的联合舰队大败奥斯曼帝国海军，西班牙将势力范围深入地中海。1580年，西班牙吞并葡萄牙，正是如日中天的时候，没想到第二年治下的尼德兰宣告独立，而这背后离不开英国人的支持。作为大陆边缘的岛国，英国一向的政策是保持大陆各个势力的均衡，因为一旦有人称霸大陆，必然会向周边海岛扩张，所以在尼德兰独立这件事情上，英国全力支持，因为当时的西班牙在欧洲大陆一家独大，法国正陷入内战的泥潭四分五裂，难以与西班牙抗衡。

终于，1586年，西班牙忍无可忍，策划了一起谋杀案，目标是英国女王伊丽莎白。行动最终失败，执行者和参与此案的苏格兰女王玛丽·斯图亚特（Mary Stuart）都被处死，两国的仇怨摆到了桌面上。

1588年，戴维斯回国不久，西班牙派出著名的"无敌舰队"远征英格兰，打算好好教训一下英国人。

所谓的"无敌舰队"，顾名思义就是打遍世界无敌手。西班牙为了保障海上交通线及其在海外的利益，建立了一支拥有100多艘战舰、3000余门大炮、数以万计士兵的强大海上舰队。最盛时舰队有千余艘舰船，总排水量超过了现代美军的单支航母编队。这支舰队横行于地中海和大西洋,西班牙人骄傲地称其为"无敌舰队"。

1588年7月,远征英国的西班牙"无敌舰队"有重型军舰132艘、士兵20000多、大炮约3000门。这么大的阵势,看来是想一口把英格兰给吃下去。

英国方面,舰队首领正是大名鼎鼎的德雷克,英国海军原本只有三四十艘战舰,七拼八凑加上各种武装商船才达到100多艘,从实力上看简直不堪一击,结果却大大出人意料。

之前讲到海战时曾说过,欧洲人利用火炮技术,特别是侧舷炮的威力横行世界。但在攻打奥斯曼帝国海军的时候,西班牙发明了一种战术:先利用船头的撞角靠近敌船,然后派士兵冲上敌船的甲板短兵相接,利用人数上的优势取得压倒性胜利。这实际还是利用步兵作战,是冷兵器时代的战法,但雷班托大海战的胜利让西班牙人忘了这是一种倒退,以为这种战法无往而不利。

而英国人呢,没有西班牙暴发户那种又高又大的帆船,船体偏小,但速度快。于是英国人利用速度快这一特点,用侧舷炮猛轰西班牙的大帆船,西班牙人想靠近却又追不上,结果一败涂地。

海战持续了两周,西班牙的"无敌舰队"摸不着敌人,最终败退,途中又遭到暴风雨的袭击,损失惨重,仅剩53艘战船绕道北海逃跑回国。

"无敌舰队"的覆灭,对西班牙是个沉重的打击,初代"日不落帝国"从此一蹶不振。经此一战,英国开始树立在海上的霸权。从此,大航海的主角由葡萄牙和西班牙换成了英国和荷兰。

第三十四章 海上马车夫

荷兰的兴起，与西班牙的衰落有着必然联系，也与它独特的组织结构有关。

与欧洲别的国家以贵族立国不同，荷兰从一开始就是以商业立国。也就是说，欧洲列国是从封建制逐步过渡到资本主义制度，荷兰从一开始就是资本主义制度。这里没有传统的封建贵族，只有商人，我们可以把荷兰看成一个国家，也可以把它看成一个公司。在欧洲甚至全世界，还没有哪一个国家把商人放到如此重要的地位。

由于地理条件的限制，荷兰的农产品不足以自给，这让他们把商业看得比命还重要。因此，从独立那一刻起，荷兰人就积极参与到大航海的事业当中，一开始，荷兰人瞄准的也是东北航道。

其实早在1565年，尼德兰的航海家就开始了与俄罗斯的海上联系。到1577年，尼德兰与俄罗斯已经建立了稳定的贸易关系，这也是荷兰人对东北航道感兴趣的原因之一。

独立后，荷兰人正式开始探索东北航道。

1584年，荷兰国内的局势还不是很稳定，荷兰的航海家布鲁内尔（Olivier Brunel）受恩克惠森城市政府的委托，前往探索东北航道。布鲁内尔一直航行到瓦伊加奇岛，但一进入喀拉海就因为浮冰所阻返回了。第二年，布鲁内尔在伯朝拉河河口沉船遇难。

10年后（1594年），荷兰政府出面，由威廉·巴伦支（Willem Barentsz）率队出发探险，目的是开辟去往"中华王国和泰王国的海上通道"。由这句话可见，欧

北冰洋

斯瓦尔巴群岛

朗伊尔城

熊岛

巴伦支海

挪威海

哈默费斯特

塞尼亚岛

瓦尔德

那尔维克

摩尔曼斯克

博多

北极圈

科拉半岛

斯堪的纳维亚半岛

吕勒奥

奥卢

白海

厄斯特松德

于默奥

波罗的海

瓦萨

巴伦支三探东北航道

第一次航行
第二次航行
第三次航行

法兰士约瑟夫地群岛

新地岛

喀拉海

亚马尔半岛

瓦伊加奇岛

科尔古耶夫岛

卡宁半岛

奥克西诺　纳里扬马尔

沃尔库塔

萨列哈尔德

萨摩耶德人

伯朝拉河

鄂毕河

别列佐沃(1593)

又格尔斯克
格尔斯克

279

洲人虽然完成了两次环球航行，但对东方特别是中国的了解依旧很模糊。

船队共有3艘帆船，巴伦支任探险队队长兼旗舰船长，科·纳伊和捷特卡列斯分别担任另外两艘船的船长。船队到达科拉河河口后即兵分两路，科·纳伊和捷特卡列斯向东，巴伦支前往东北。

先说科·纳伊和捷特卡列斯，他们一路向东，在到达瓦伊加奇岛的时候听从俄罗斯航海者的忠告，从瓦伊加奇岛以南穿过，进入喀拉海。这里处于北极圈以内，到处都是浮冰，纬度每增加一点风险就大一些。途中，两船曾到达亚马尔半岛西海岸北纬71°处，8月中旬，寒冬将至，他们原路返回。

与此同时，巴伦支从科拉河河口往东北方向前进，试图从新地岛的北端绕过，找到一片不冻的海域。新地岛绵延1000公里，但其实它并不是一个完整的岛屿，中间有一条不到3公里宽的马托奇金沙尔海峡将它分为南岛和北岛。7月4日，巴伦支一行看见了新地岛北岛的干角（即新地岛北岛最西边的一个海角），然后继续前行，陆续发现一些小岛和俄罗斯船只的残骸。7月13日，船队遇到大量的浮冰，紧接着又遇到冰层，寸步难行。7月29日，巴伦支一行在北纬77°附近发现了新地岛最北端的海角，并将其命名为冰角（今卡尔谢纳角）。8月1日，他们在这一带发现一些小岛礁，但严寒逼人，水手们拒绝前行，巴伦支只好下令向瓦伊加奇岛驶去，与另外两艘船会合。最终在伯朝拉海的马特耶维耶夫岛，3艘帆船胜利会师。9月，探险队回到荷兰。

1595年，荷兰共和国再次组织探险队寻找通往中国的东北航道。这次探险队扩大到7艘帆船，科·纳伊出任探险队队长，捷特卡列斯出任副队长，威廉·巴伦支出任主舵手和其中一艘船的船长。

8月，船队绕过挪威王国最北部的诺尔辰角，又兵分两路：一路朝东南方向驶入白海，另一路继续向东，巴伦支在向东的一路。向东的一路在北纬70.5°附近还没到新地岛就遇到许多巨大的浮冰，只得转向南，试图从瓦伊加奇岛南边的尤戈尔海峡驶入喀拉海，然而尤戈尔海峡也结了冰。9月初，这支船队才穿过尤戈尔海峡进入喀拉海，很快被浮冰所阻，难以前行。船队在一个小岛上靠岸登陆，有两名船员遭熊击身亡，这次熊击事件是大航海时代以来首起野兽伤人事件。船队在小岛上召开了军官会议，除了巴伦支一人反对外，所有人一致决定返航。12月，探险队回到了荷兰，一无所获。

因为这次失败，荷兰政府决定不再亲自组织探险，把精力放到南方去抢占既有的航路。就像英国人把西班牙人当作目标一样，荷兰人主要把葡萄牙人当作竞争的对象。对于东北航道的探索，荷兰政府主要以高额奖金的方式，鼓励单位或个人继续参与。

1596年，荷兰的探险家再次出海探索东北航道，这次是由阿姆斯特丹市议会出资，装备了两艘帆船。两艘船的船长分别是黑姆斯克尔克（Jacob van Heemskerk）和扬·鲁普（Jan Rijp），威廉·巴伦支志愿在黑姆斯克尔克的船上担任领航员。在航行过程中，巴伦支很快与两名船长起了争执。作为经验老到的探险家，巴伦支主张走东北方向先到新地岛，而鲁普执意往北走——他认为北极的海域不会封冻，如果从北极直接到中国，路程会短很多，黑姆斯克尔克表示赞同。

少数服从多数，何况巴伦支只是个志愿者，船队按照鲁普的计划北上。6月9日，他们在北纬74.5°的地方发现了一个海岛，船员们在岛上见到一只死去的白熊，于是将该岛命名为熊岛（今属挪威），船队在熊岛停留了4天后继续向北偏西方向航行。6月19日，在北纬80°再次发现陆地，他们以为这是格陵兰岛的一部分，鲁普将之命名为斯匹次卑尔根，即今西斯匹次卑尔根岛。斯匹次卑尔根岛实际是斯瓦尔巴群岛中最大的岛屿。船队在该岛的西北海岸考察数日，最后被冰层阻挡，不得不折返南方。

7月1日，船队再次来到熊岛。这时，巴伦支与鲁普又发生了争执：鲁普主张从斯匹次卑尔根出发，找到它的东海岸，再寻找通往北极的无冰航道，进入不封冻的暖水海域，然后直奔东亚；巴伦支则认为，去中国的东北航路只能往东去寻找。这一次，黑姆斯克尔克也感受到北极的酷寒对行船的影响，赞成巴伦支的意见，于是两船分开，各行其是。

我们先来看一看鲁普的方案可不可行，这就要用到之前说过的方位投影地图，从北极的视角来看，这样便一目了然。鲁普的方案是从熊岛一直往北，直穿北极，然后到达亚洲。从地图上看，熊岛位于东经20°，白令海峡在西经170°，两者几乎成一条直线，方向是没错，问题是北极的冰层根本不可能穿过，况且以当时的条件，人在极低气温下也难以存活。巴伦支的意思是沿着欧亚大陆的边缘走，这样能

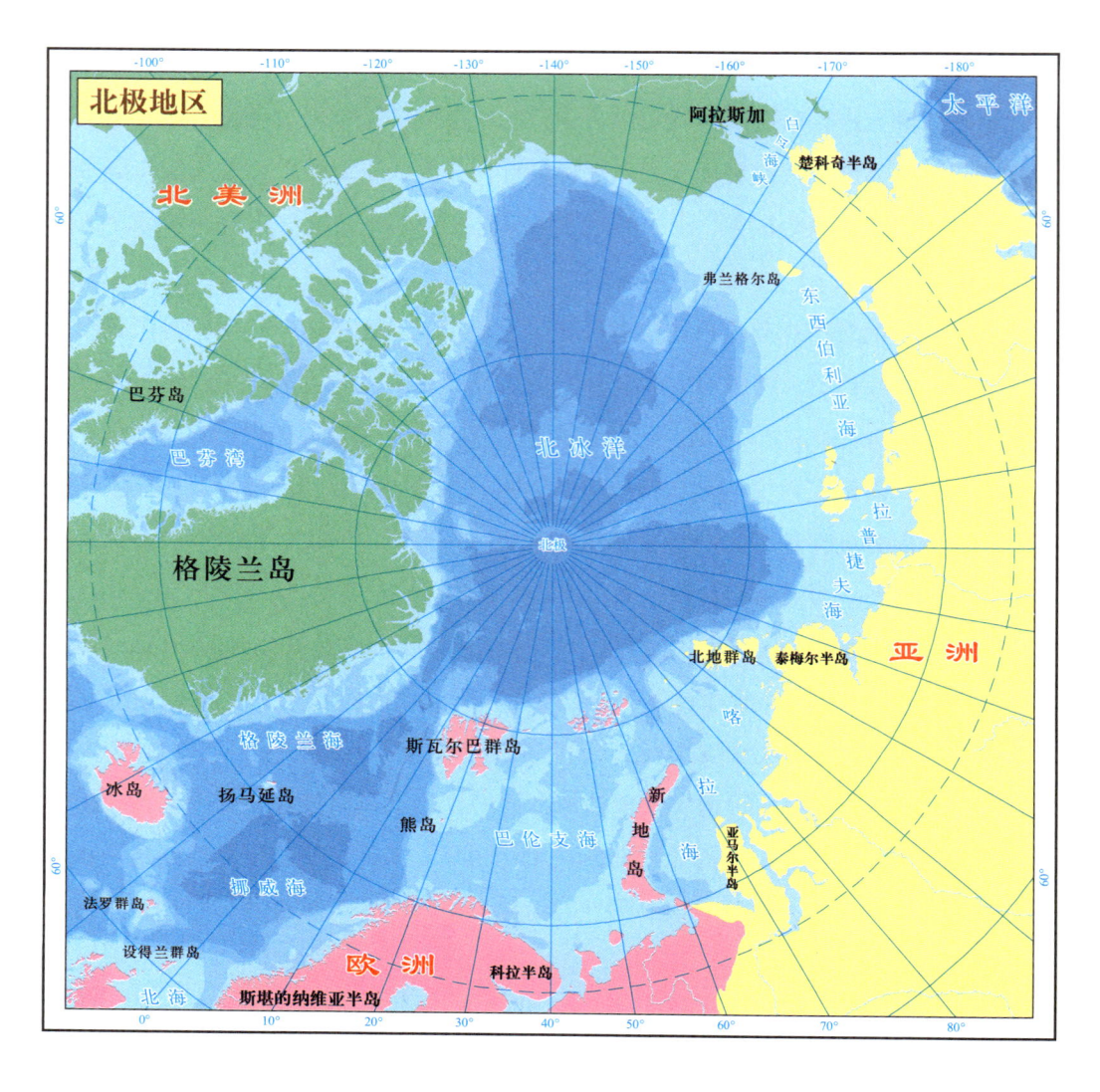

最大限度地降低纬度，避免冰冻和极寒带来的危害。但他还是低估了北极圈内的严寒，因为在他们刚绕过挪威海的时候，这里还受北大西洋暖流的影响，气温相对温和。事实上，这里的摩尔曼斯克后来之所以成为俄罗斯的不冻港，一是受北大西洋暖流的影响，二是斯瓦尔巴群岛和法兰士约瑟夫地群岛以及新地岛的护卫，阻挡了来自北冰洋的浮冰。一旦过了新地岛，进入喀拉海，气温骤降，风险重重，这也是巴伦支没有想到的。

事实和我们的分析差不多，鲁普在与巴伦支和黑姆斯克尔克分手后，继续向北探索，但只前进到斯匹次卑尔根的北海岸，就被冰层挡住，于是返航回国。

巴伦支和黑姆斯克尔克则径直向东。7月17日，他们在北纬73.5°靠近新地岛，折向北方，途中遇到很多浮冰。8月19日，船队到达新地岛北岛最北部偏东南的希望角。绕过新地岛，他们又向东南方向航行了一小段路程后，为浮冰和冰层所阻。8月21日，巴伦支和黑姆斯克尔克不得不停泊在新地岛北部偏东南的一个港湾，巴伦支将这里命名为冰港。当晚，港湾封冰，船被冻在了冰层里，他们只能在这里越冬，就地取材修建营地。

11月，北极的极夜来临，3个月不见太阳，气温降到了零下60℃，探险队靠猎捕野兽和融化冰雪勉强为生，坏血病逐步袭来，大多数人都得了坏血病，情况十分紧急。

巴伦支和黑姆斯克尔克及其队友共17人在新地岛度过整个冬天，有两人因坏血病死去。到了5月，冰层开始松动，但船被冻裂无法修复。于是船员们把大船拆了，用这些木料做了两只小船。6月中旬，他们开始返航，一路波涛汹涌，浮冰不断，前行缓慢。经过6天的艰苦航行，他们绕过了"冰角"。1597年6月20日，巴伦支和另外一名水手因坏血病相继死去。按照惯例，巴伦支的遗体被葬入大海。到19世纪，人们为了纪念这位伟大的探险家，把这片海域命名为巴伦支海，还有他参与发现的斯匹次卑尔根群岛东部的一个小岛被命名为巴伦支岛。我们看世界地图，会发现很多以人名命名的地名，凡是能把自己的名字留在地图上的，都是了不起的人。

巴伦支去世后，两艘小船沿新地岛西海岸继续南下。7月28日，船队抵达新地岛南岛的西海岸，遇到两艘俄罗斯船，得到了补给和帮助，随后一起驶向瓦伊加奇岛。中途又遇到了风暴和迷雾，他们不得不在一个小岛上停留4天。在岛上，他们发现一种匙形杂草可以治疗坏血病，剩下的船员算是得救了。可惜巴伦支没能等到这一天，否则他也能活下来。

随后，天气渐渐好转，荷兰人继续南下，到达伯朝拉海南岸后，接着西返，途中不断遇到俄罗斯的船只，得到补给和帮助。8月25日，船队到达科拉湾入口处附近的基利金岛。在这里，他们意外遇到了扬·鲁普。原来鲁普返航后，又被派到阿尔汉格尔斯克进行贸易，正准备返航。鲁普有3艘荷兰船，于是探险队放弃临时建造的小船，改乘鲁普的大船。9月16日，众人回到阿姆斯特丹。

在巴伦支死后，荷兰一时难以再组织人员探索东北航道。5年后（1602年），荷兰共和国东印度公司成立，这是一家由6个贸易公司联合组成的庞大商业机构，其资本是两年前英国东印度公司的十几倍。从名字可以看出，东印度公司的目标是在东印度，也就是东南航道，并不是东北航道。

不同于传统的封建王国，荷兰的特点是商业比工业发达，国际贸易比国内贸易发达，当时的阿姆斯特丹已经是欧洲最大的国际商港。荷兰人制造的船很特殊，不同于葡萄牙人喜欢用的克拉克帆船，也不同于西班牙人喜欢用的盖伦帆船，荷兰人的船又轻又快，甚至为了多装货物，他们的船上经常不装火炮，腾出空间来建货舱，因此贸易效率大大提高。到17世纪，荷兰的造船业居于世界首位，其商船吨数占欧洲总吨数的一半。那时候，荷兰的商船遍布世界各地，到处都有荷兰人繁忙的身影，人称"海上马车夫"。

第三十五章 哈得孙和西北航道

16世纪末至17世纪初，大海之上正是新旧两股势力交替的时候。一边是葡萄牙和西班牙的没落，一边是英国和荷兰的崛起。法国人也结束了内战，重返大海。

三股新兴势力之中，法国人继续向加拿大一带移民，荷兰人把目光放在了远东，而英国人除了向北美移民之外，主要精力仍是执着地探索西北航道。

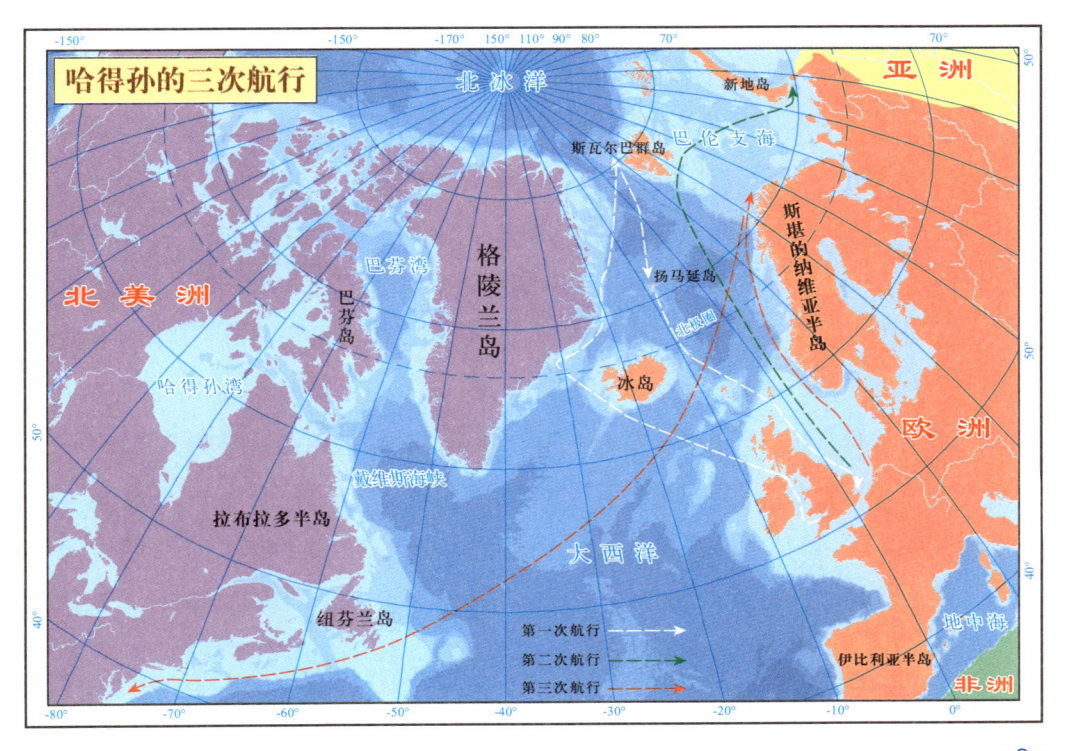

1607年，英格兰的莫斯科公司委派一位名为亨利·哈得孙（Henry Hudson）的航海家出海寻找西北航道，探险队只有一艘船，名为好望角号，排水量80吨，船员12人。

哈得孙从布里斯托尔启航后，直接向北，试图在格陵兰岛和斯匹次卑尔根岛之间找到一条通道。6月，好望角号到达北极圈以内格陵兰岛东南海岸，然后沿海岸北上，到达北纬73°后，由于浮冰阻隔，便转向东北，打算绕过斯匹次卑尔根岛。7月中旬，好望角号到达北纬80°23'，这是有史以来航海家到达的最北点。由于这里海水封冻，冰层阻隔，哈得孙只好下令返航，途中在北纬71°附近发现了扬马延岛。9月中旬，哈得孙回到伦敦。

第二年，莫斯科公司再派哈得孙率原班人马出海，这次的目标是东北航道。英国人感觉到，荷兰人已经从一个盟友变成了一个强有力的竞争者，所以他们想抢在荷兰人之前打通东北航道，当然不是为了分享，而是利益独占。

这一次哈得孙从伦敦出发，驶出泰晤士河后，先朝斯匹次卑尔根东海岸驶去，途中被浮冰和逆风阻挡，便折向东。6月中旬，他们到达新地岛西南岸，但还没有穿过喀拉海峡（瓦伊加奇岛与新地岛之间的海峡）就被冰层挡住。哈得孙只好返航，8月下旬回到伦敦。

本来英国派哈得孙探索东北航道让荷兰人紧张万分，没想到的是，两次探险失败后，英国人弃用了哈得孙，于是荷兰人把哈得孙请过来，让他替荷兰打通东北航道。

1609年，受荷兰共和国东印度公司委托，哈得孙又驾船出海。他先驶出艾瑟尔湖，绕过诺尔辰角后，在北纬72°附近驶入了巴伦支海。很快，由于浮冰所阻，他们只得退向西南，途中又遭到一场大风暴的袭击。于是，哈得孙临时改变计划，决定去西边寻找西北航道。在说服船员们后，哈得孙横渡大西洋，来到了北纬44°的北美海岸。在这里，哈得孙先是南下到北纬36°附近，然后再北上，一路考察。9月2日，他们在北纬40.5°处发现了一条河。这条河其实早在80多年前（1524年）就被法国人维拉扎诺（Giovanni da Verrazzano）发现了，只是维拉扎诺并没有深入考察，而哈得孙则花了3周的时间溯河而上240公里，仔细地考察了这条河，所以后人就把这条河命名为哈得孙河。

哈得孙以为这条河能通往太平洋，但最终结果令人失望，只好返航。

荷兰人雇佣哈得孙的行为着实让英国人吓了一跳，特别是这一次，哈得孙把荷兰人的势力带到了北美，这对英国人来说无异于釜底抽薪，于是他们又重新起用哈得孙。哈得孙本来就是英国人，作为航海家，只要有人赞助，让他去海上探险，为谁效力都不是问题。

于是在1610年4月17日，英格兰王国两家最大的公司——东印度公司和莫斯科公司，联合聘请哈得孙出马，去探索西北航道。公司给哈得孙提供了排水55吨的发现号帆船，船员23人。

在发现号驶出伦敦后，哈得孙根据英格兰探险家维茅斯的建议，打算到北纬62°一带寻找海峡和通道。英国人根据多次探险的成果分析，那里应该存在一条海峡，说不定能通往太平洋。

于是他们先到达冰岛，接着到达格陵兰岛的南端，然后继续向西、转南，到达拉布拉多半岛昂加瓦湾以东的小半岛。7月5日，他们终于在北纬62°处驶入了一条真正的海峡（即哈得孙海峡，因此次哈得孙的探索而得名）。7月11日，风暴来临，

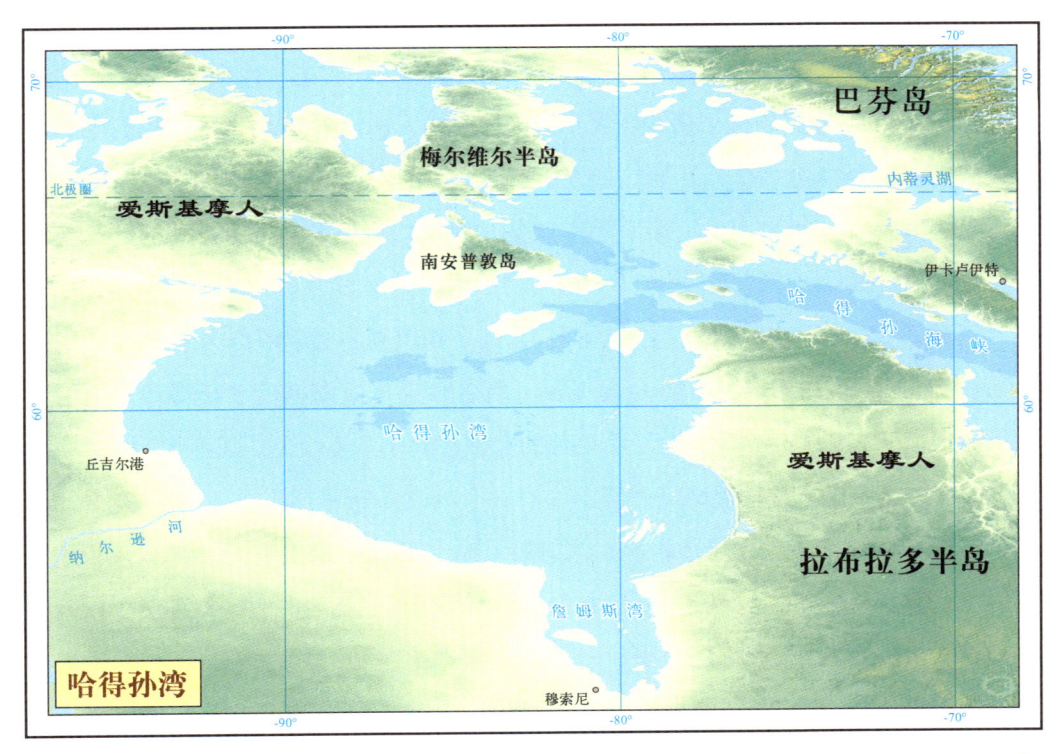

哈得孙湾

他们掉转船头向南行驶，再次发现了昂加瓦湾（1578年6月弗罗比歇曾被风雪卷到这里）。

从昂加瓦湾出来后，他们继续向西，完成了对拉布拉多半岛整个北海岸的探索。

8月2日，哈得孙在北纬63°23'处发现了一个"海角"（其实是索尔斯贝里岛）。8月3日，他们绕过"海角"向南，驶入一片辽阔而平静的海水。这里水面平静，太像太平洋了，而且没有浮冰，可以自由航行。

为了避开浮冰，哈得孙折向南方航行。

他们往南前进了1200多公里，于9月底到达哈得孙湾最南部的詹姆斯湾，这时詹姆斯湾还没有名字，哈得孙也不知道这是一片海湾，所以便沿着海岸继续探索。哈得孙觉得，如果能找到一条更低纬度的航线，那么将来跨越太平洋就容易多了。但船员们开始不满，因为冬季已经来临。

11月初，没想到在詹姆斯湾南岸，海水开始结冰，要知道这里已经是这片海水最南端了，越往北越冷。在北纬53°附近，船被冰层包围，为了避免船体被冻裂，水手们只能把发现号拖上岸，就地过冬。

这里荒无人烟，他们以捕鸟为生，因为哈得孙的执着，造成他们被困在这里，因此船员们对哈得孙一肚子怨气。

1611年，探险队熬过了最难的冬天。6月中旬，冰层开始融化，可以行船，于是大家把发现号拖进水里，开始往西北航行。哈得孙并没有打算立即返航，他想获取更多的信息，以便为下次远涉重洋作准备，他相信英国人心心念念的西北航道就要在他手里打通了。

但并不是每个船员都这么想，6月22日，叛乱终于发生了。为首的是格林（Henry Greene）和朱叶特（Robert Juet）两名水手，他们抓住了哈得孙和他的儿子，将父子两人以及另外8名忠于哈得孙的水手赶到一条小船上，既不给武器，也没留下食物，然后自己开着大船回去了。

或许是报应，不久之后，格林、朱叶特一伙和爱斯基摩人发生冲突被杀，水手罗伯特·拜洛特（Robert Bylot）带着剩下的9人返回了英国，而哈得孙父子以及另8名水手，则从此杳无音信。

在欧洲人探索西北和东北航道的过程中，因冰冻和极寒，经常发生主将折损的事，但哈得孙既不是死于冰冻，也不是死于极寒，而是死于自己人的背叛，尤其让后人唏嘘不已。或许正是这个原因，后人把哈得孙海峡、哈得孙湾、哈得孙河都冠上了他的名字。能在地图上留下这么多名字，除了哥伦布外，恐怕也只有哈得孙了，这也算是对他冤魂的一种慰藉吧！

当时的英国人并不相信哈得孙就这么死了，在发现号返回的当年，英国成立了"伦敦商人探寻西北通道公司"，第二年就派了两艘船出海探险，探险队长为托马斯·巴顿，一方面继续探索西北航道，一方面寻找哈得孙等人。这两艘船里就有一艘是哈得孙用过的发现号。

夏天，探险队穿过哈得孙海峡，先后发现了雷索卢森岛（弗罗比歇曾于1578年到过）和南安普敦岛，然后南下进入哈得孙湾，向西南方向前进。他们认为，沿着这个方向可以到达中国。可惜的是，在北纬60°40'处，他们发现了南北走向的海岸，这意味着这里并不通往太平洋，于是他们只好南下，看看还有没有其他的出口。在北纬57°附近，探险队长巴顿（Thomas Button）发现了注入哈得孙湾的纳尔逊河。这条河通向哪里？会不会连着太平洋？探险队还没来得及考察，秋天已经到了，海水结冰，返程的路被冰层堵死，巴顿只好下令在这里过冬。

一个冬天下来，许多水手因坏血病而死。因为人手不够，巴顿不得不抛弃一条船。

来年6月，港湾解冻，探险队起程返航。他们沿哈得孙湾西岸北上，在不远处发现丘吉尔河河口。随后，探险队在北纬63°发现了哈得孙湾的另一个出入口，即南安普敦岛和大陆之间的海峡。但巴顿只前进到北纬65°后，就下令走原路返航。9月下旬，探险队回到英格兰，没有找到哈得孙等人。

1615年，西北通道公司再派罗伯特·拜洛特（此人曾经参加过哈得孙第四次远航）率领发现号出海，探索西北航道。探险队里有位名叫威廉·巴芬（William Baffin）的水手，担任此次任务的领航员兼主舵手——此人将在航海探险事业上有一番作为。

5月30日，发现号在雷索卢森岛停靠，然后继续向西北航行，陆续发现一些小岛。7月10日，他们看到了南安普敦岛，沿该岛的西北岸航行，到达梅尔维尔半岛南岸。在这里，发现号遇到了浮冰，于是掉头返航，于9月上旬回到英格兰。

1616年5月，西北通道公司再次派遣拜洛特和巴芬，率领发现号和17人去寻找西北航道。这一次，他们调整航线，不走哈得孙海峡，而是沿戴维斯海峡东岸，也就是格陵兰岛的西岸北上。7月8日，他们到达北纬78°45'处（即史密斯海峡南部）。因浮冰阻隔，发现号只得转西再转南。他们沿巴芬湾西岸南下，先后发现了埃尔斯米尔岛的东南岸、琼斯海峡入口、德文岛东岸、兰开斯特海峡入口、巴芬岛东岸。但他们没能登上巴芬岛，因为从兰开斯特海峡起，陆地边缘全是冰，船只无法靠岸。就这样，发现号完成了环绕巴芬湾的航行，于8月底返回英格兰。为什么会用巴芬的名字命名这个大海湾和大岛呢？因为在这次考察中，巴芬绘制出了一份详细和精准的地图，并用这次探险赞助人的名字命名了北部的3个海峡，即史密斯海峡、琼斯海峡和兰开斯特海峡。由于这次考察的主要成果在巴芬，船长名不见经传，人们便以巴芬的名字命名了巴芬湾和巴芬岛。

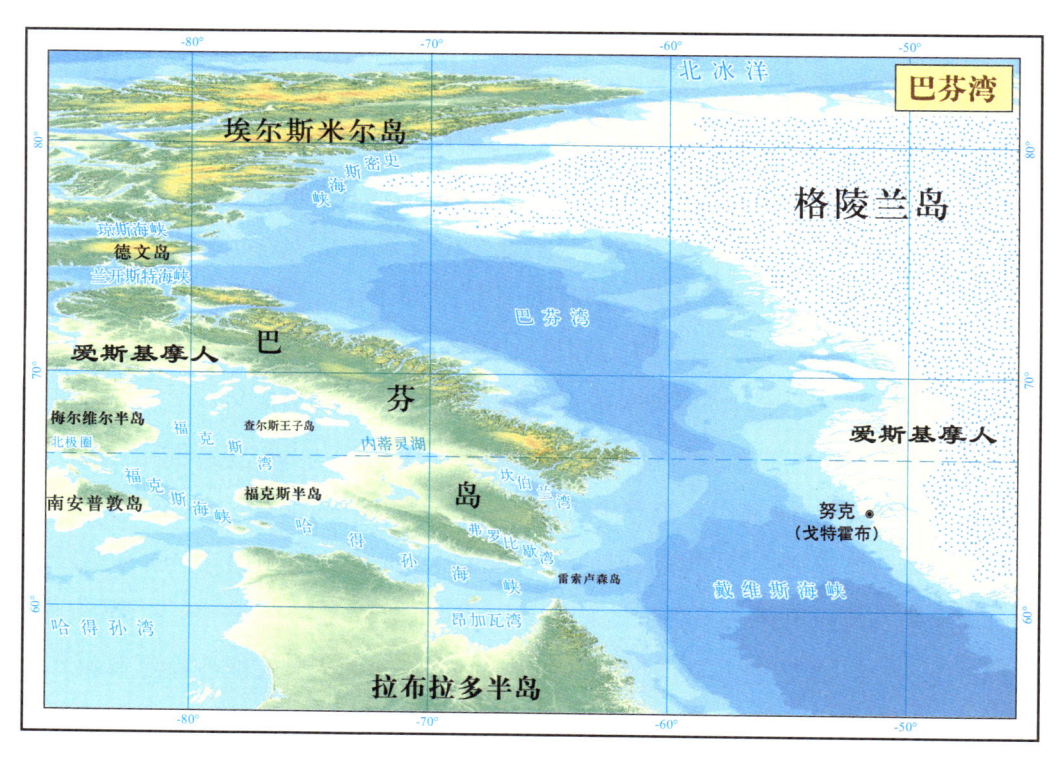

巴芬认为，戴维斯海峡北部水域（即巴芬湾）既没有通道可言，也没有找到通道的任何希望。人们对他的话深信不疑，不久，"伦敦商人探寻西北通道公司"宣布倒闭，探索西北航道的事业因此停滞了5年。

1631年，英格兰国王查理一世（Charles Ⅰ）亲自出面，派遣卢克·福克斯

（Luke Foxe）打通西北通道，探险队只有一艘船——70吨的金戈·奇尔斯号。出发前，福克斯与东印度公司签订了提供胡椒的合同，查理一世给了他几封致日本天皇的国书。离开伦敦后，福克斯一行于7月底到达哈得孙湾，他们发现南安普敦是一个很大的岛屿，发现了哈得孙湾西岸边的小岛马布尔岛，发现了纳尔逊河以东、詹姆斯湾以西的哈得孙南海岸。最终福克斯得出结论，哈得孙湾西岸没有西北通道。然后，福克斯驶出哈得孙湾，横渡了一条海峡（后来被命名为福克斯海峡），发现了巴芬岛往西伸出的半岛（后被命名为福克斯半岛），然后进入了一个大海湾（后被命名为福克斯湾）。9月22日，福克斯一行到达北纬66°35′分，也就是北极圈附近。在这里，他下令返航，10月底回到英格兰。

与卢克·福克斯同时，英国航海家托马斯·詹姆斯（Thomas James）受布里斯托尔商人的聘请，也驾船出海探索西北航道。詹姆斯从布里斯托尔出发后，7月中旬抵达哈得孙湾，先向西南前进，到达丘吉尔河河口，然后沿海岸南下。随后向东，发现了哈得孙湾南海岸（比福克斯早一点）。也就是在这里（西经83°处），他遇到了福克斯。分开后，詹姆斯继续向东，不久发现海岸急转南下。他沿着海岸下行，走过了全部西海岸抵达最南端，还发现了一些岛屿。这样，詹姆斯考察并确认了这里是个小海湾，后来这个海湾便以他的名字命名——詹姆斯湾，也就是哈得孙被困的地方。

和哈得孙当年一样，詹姆斯错过了返航的季节，只得在查尔敦岛（詹姆斯湾内的小岛）过冬，部分船员因坏血病而死。越冬期间，他们不忘登陆考察，发现了一片废墟，通过各种迹象判断，这极有可能是20年前哈得孙一行建造的临时住所，只是物是人非，他们早已不知所踪。10月，詹姆斯回到布里斯托尔。

詹姆斯之后，欧洲人寻找西北航道的探险活动基本停止。其实，以当时的技术条件，这是一项不可能完成的任务，但还是有无数的冒险家以生命为代价前赴后继，在人类前进的道路上一步步探索。直到1903年，挪威王国的极地探险家罗阿尔德·阿蒙森（Roald Amundsen）才完成了这一使命。阿蒙森用了3年的时间，乘一艘47吨的约阿号帆船，以仅6人的团队，最终完成了从大西洋到太平洋的航行，而此时距离约翰·卡波特首次探寻西北航道已经过去了400多年。

那么阿蒙森的航线是怎样的呢？

要了解阿蒙森的航线，就得先了解这里的地形。在北美洲大陆的北部，有一片由无数大大小小的岛屿组成的岛屿群，统称为极地群岛。极地群岛属于大陆群岛。也就是说这些岛屿原本与北美大陆是连在一起的，在第四纪冰期过后，由于海平面的上升，才与大陆分离。极地群岛所含的岛屿极多，但我们可以把它们大致分为3部分。

最北的一部分，从埃尔斯米尔岛到帕特里克王子岛，再到德文岛，大致呈三角形的这片岛屿，它们有一个统一的名称，即伊丽莎白女王群岛。伊丽莎白女王群岛中，埃尔斯米尔岛和德文岛都比较大，而西南一众破碎的小岛则可以统称为帕里群岛。

这部分岛屿绝大部分处于北纬75°以上，极度严寒，长年封冻，夏季最温暖的

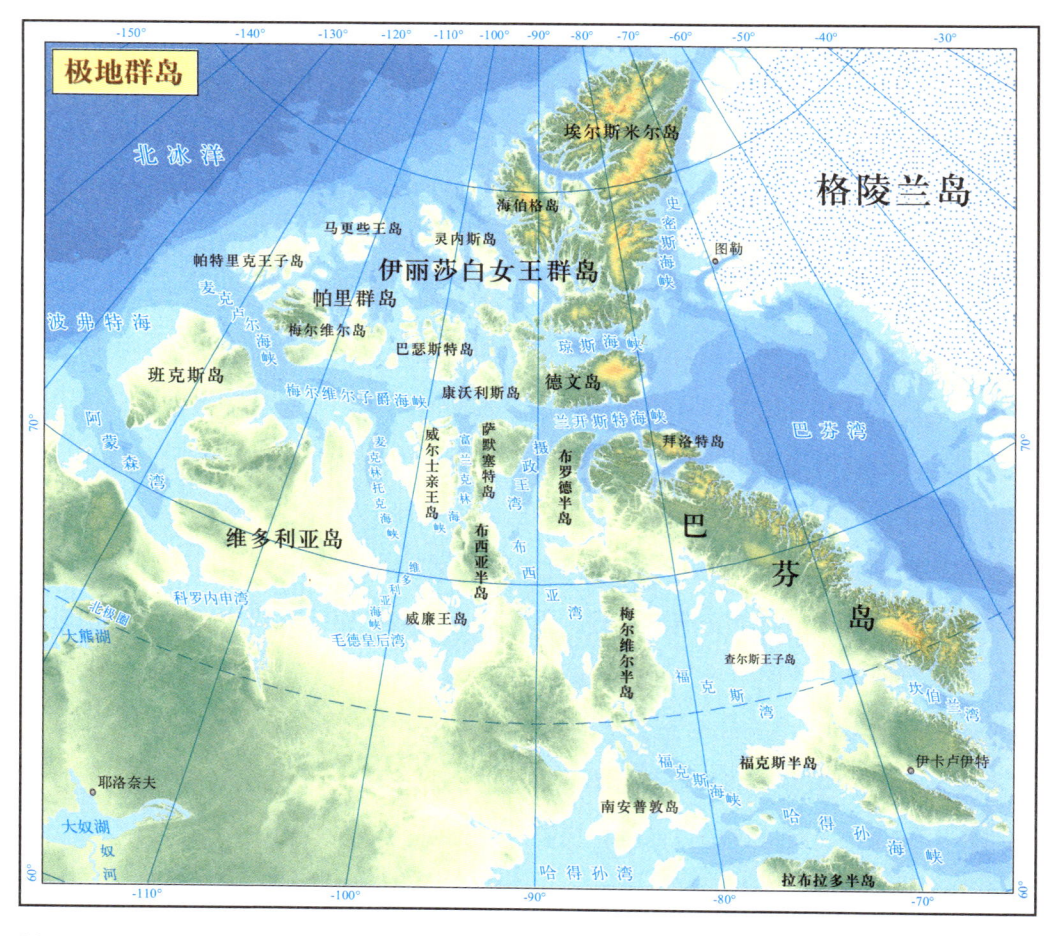

时候平均温度也才4℃，而且极度荒凉，除了爱斯基摩人，只有北极熊和海豹出没。

极地群岛的东南部分，包括巴芬岛、萨默塞特岛、威尔士亲王岛，它们和由北美大陆延伸过来的布西亚半岛、梅尔维尔半岛形成犬牙交错之状，其中面积巨大的巴芬岛占主导地位。这里因为靠近大西洋，在整个极地群岛中，算是气候最温和的一部分。

极地群岛的西南部分，主要由维多利亚岛和班克斯岛两大岛屿组成。这一部分纬度和巴芬岛相当，但因为靠近北冰洋，所以气温处于前两部分之间。

极地群岛的所有岛屿，除了巴芬岛的东南部外，都处于北极圈之内，存在极昼和极夜现象。如果要穿越这里，只能在夏季的极昼进行，冬季一来，就是无尽的极夜，海水封冻，不仅不能行船，还要把船只拖上岸，以防止船体冻裂。唯一能做的就是就近过冬，等到来年的夏季，海水解冻后才能继续前行。

了解了极地群岛的地形，就比较好理解阿蒙森探索出来的西北航道了。阿蒙森的线路是：从大西洋，先由戴维斯海峡进入巴芬湾，然后由巴芬岛和德文岛之间的兰开斯特海峡向西；到达摄政王湾后南下，从萨默塞特岛和布西亚半岛之间的海

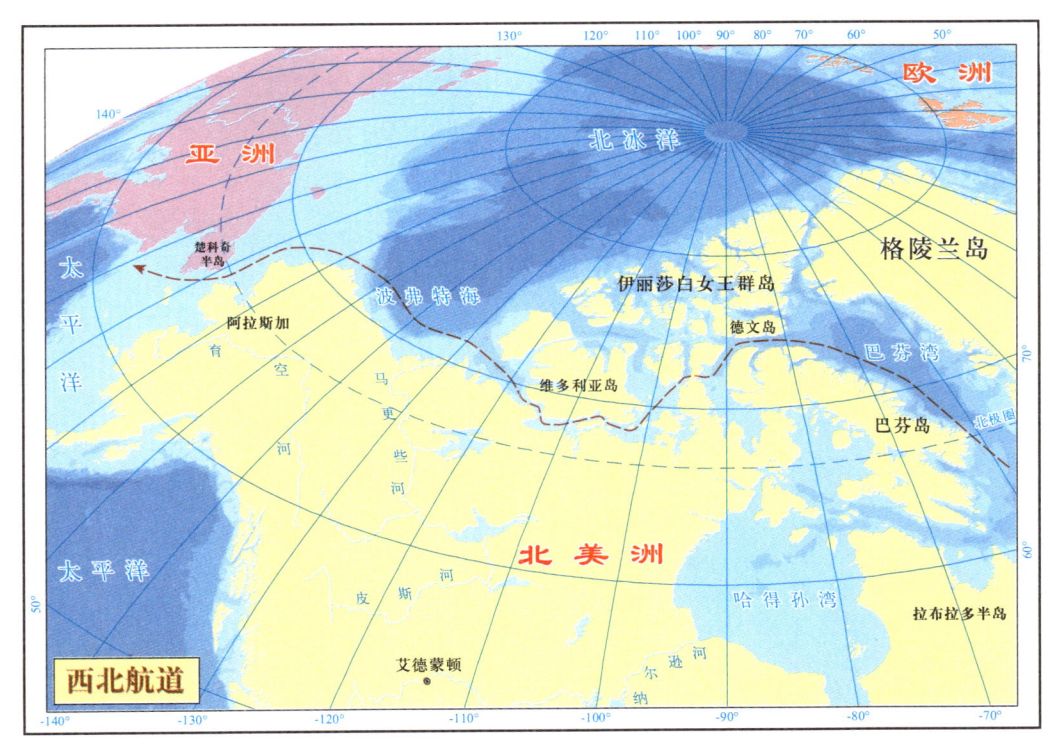

峡转入富兰克林海峡；一直南下，经维多利亚海峡后向西，过毛德皇后湾；继续向西，过科罗内申湾向西；进入阿蒙森湾，还是向西；由阿蒙森湾进入北冰洋，最终过白令海峡进入太平洋。这样就实现了由大西洋西北方向经海路到达亚洲的目的。

阿蒙森的线路不是一气呵成的，他们在威廉王岛上度过了两个冬天，又在马更些王岛上度过了一个冬天，经反复探索后得来的。

借助卫星探测技术，我们会发现阿蒙森的线路还有可改进之处，比如最开始那一段，可以不走巴芬湾，而是由哈得孙海峡经福克斯海峡和福克斯湾，然后再经巴芬岛和梅尔维尔半岛之间的海峡进入布西亚湾，最后从布西亚湾进入富兰克林海峡。这样的话，从哈得孙海峡到布西亚湾这一段，比原有线路的纬度低一些，气候也温和一些，风险也小一些。当然，本质上并没有什么改变，由于气候恶劣，这条路线直到今天也不能作为常备航道，更何况在17世纪。可想而知，即使英国人当时打通了西北航道，带来的效益也极其有限。但探索西北航道的意义不仅在于西北航道本身，更在于在探索的过程中，北美大陆的神秘面纱渐渐褪去，它在英国人眼里越来越清晰明了。

第三十六章 新法兰西

从16世纪70年代开始，一直到17世纪30年代，在这60余年的时间里，英格兰王国一面在寒带地区积极探索西北航道，一面往北美洲适宜居住的地区移民，建立了新英格兰殖民地。这无疑和法国人的扩张方向产生了矛盾。

法国人在内战中耽搁太久，在海上已经没有任何优势。当他们终于从内战中脱出身来时，才想起曾经开拓过的加拿大，也就是法国人眼里的新法兰西。

1600年，法兰西王国的探险家旁特格拉维（François Gravé Du Pont）带着一帮人到塔得乌沙克殖民。塔得乌沙克位于萨古恩来河与圣劳伦斯河的交汇处，是法国人发现加拿大这个地名的初始地，但因严寒加上坏血病，这次殖民以失败告终。

1603年，旁特格拉维再次来到塔得乌沙克。这一次，旁特格拉维先和印第安人中的蒙塔格拉斯人结成同盟。有了盟友，既可以得到一些必要的补给品，还能在遇到敌人时有个帮手，更重要的是能获取当地的一些信息。

然后，旁特格拉维派部下钱姆普林（Samuel de Champlain）逆河而上探索。钱姆普林带着一条小船，沿着圣劳伦斯河，经过了魁北克、蒙特利尔，到达一片急流、险滩、瀑布密布的地区。前行困难，钱姆普林便向当地的阿尔贡金人（印第安人的一支，也是法国人的盟友）打听，得到的消息是，从这里往西，有两个大湖，还有大瀑布，再往西就是一大片咸水区。咸水就是海洋，钱姆普林觉得那应该就是太平洋，于是回国后著书立说，说加拿大一带适合移民，而且经过那里的内河可以进入太平洋。

1604年，胡格诺派（新教加尔文教派在法国的称谓）想在北美开辟一块宽容、民主、自治的殖民地，钱姆普林领导了这一次的殖民活动。钱姆普林本身是天主教徒，但对新教持宽容态度。他们首先看中了芬迪湾一带，一番考察之后，把圣十字架岛选为据点。可是一个冬天之后，一半的移民（约40人）死于严寒和坏血病，直到第二年春天，从法国来的增援船队带来了补给品，剩下的人才得救。

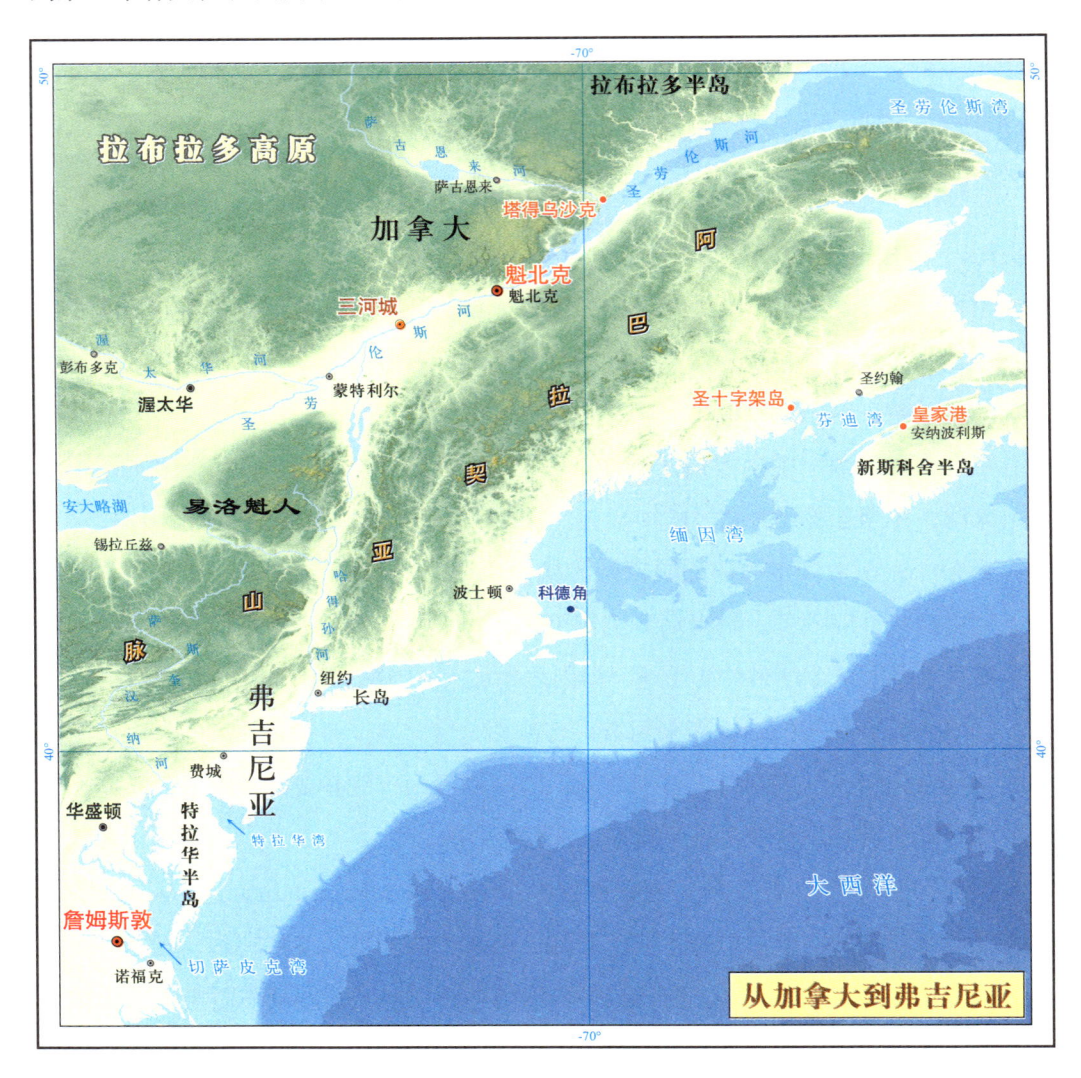

从加拿大到弗吉尼亚

孤岛上固然可以避免与土著的冲突，但不适合生存，于是钱姆普林把殖民点移到了芬迪湾的皇家港（今安纳波利斯）。皇家港位于一条狭长的谷地当中，可以种植农作物。钱姆普林倡导大家通过种植、捕鱼和狩猎相结合，实现自给自足。

这次移民新教徒的出资人是法国商人德·蒙茨（Pierre Dugua Sieur de Monts），很快他便从法王那里获得了北美毛皮贸易的垄断权，作为条件，他承担了建立永久性殖民地的义务。

于是德·蒙茨再派钱姆普林去圣劳伦斯河探险并建立殖民地。

1608年，钱姆普林率领一支32人的队伍来到圣劳伦斯河。7月，魁北克城建成。从这一刻开始，法国人才算真正在加拿大殖民。但仅仅是一个冬天之后，探险队只剩下9人——这里最大的敌人不是印第安人和野兽，而是严寒和坏血病。直到第二年春天，还是从法国来的补给船挽救了他们。

有了魁北克作为据点，法国人可以深入北美腹地。1609年夏，钱姆普林带着几名法国人和几十名阿尔贡金人开始溯圣劳伦斯河而上。他们此行还有一个目的，就是打击易洛魁人。易洛魁人是北美最强大的部落，一般泛指操易洛魁语的印第安部落，他们于1570年组成了易洛魁联盟，其中包括莫哈克、奥内达、奥农达加、卡尤加、塞内卡5个部落。休伦人也操易洛魁语，但并不算在内，反而是易洛魁人的死敌。法国人主要从休伦人手中收购毛皮，和他们结成了盟友。为了表示对盟友的支持，法国人把易洛魁人也当成了敌人。从另一方面来说，法国人要想在北美立足，联合众多的小部落攻击最大的部落也是一种战略需要。

钱姆普林一行人乘一艘大船沿圣劳伦斯河走了大约180公里后，进入南部一条支流黎塞留河，继续逆河而上，不久发现中游的一个小湖——尚普兰湖。在湖的南岸，他们遇到易洛魁人，双方交火，法国人战胜。这场战斗规模不大，但让易洛魁人从此恨上了法国人。

1612年，钱姆普林被法王路易十三（Louis XIII）任命为新法兰西的司令，从此他不用再替资本家打工了。

1613年，钱姆普林考察了渥太华河，从河口一直上溯到今彭布多克一带，这是在为进入加拿大腹地作准备。然而，也是在这一年，英国人拆除了法国人在皇家港的殖民地，还把那里的法国人赶走。

1615年，钱姆普林继续向北美腹地推进，在今彭布多克以西200多公里的上游，经渥太华河的上游马太华河，再向西经过一段河网地带，他们发现了尼皮辛湖。然后，他们沿着连通这个湖的一条河（法兰西河）顺流而下，进入一片巨大的水域。

297

这一路上，他们经常需要把小船抬上岸，走上一段陆路，然后进入另一条河。

钱姆普林发现这里的水是淡水，说明眼前的这面水域并不是太平洋。向附近的印第安人打听，才知道这是休伦湖。休伦湖附近的印第安人就是休伦人，休伦人不仅仅分布在休伦湖附近，他们的分布范围一直往东延伸到圣劳伦斯河沿岸，而圣劳伦斯河两岸的休伦人正是法国人一直以来的贸易伙伴。所以，这里的休伦人一见法国人也很亲切，请他们帮忙去打击易洛魁人，法国人"义不容辞"地答应了。

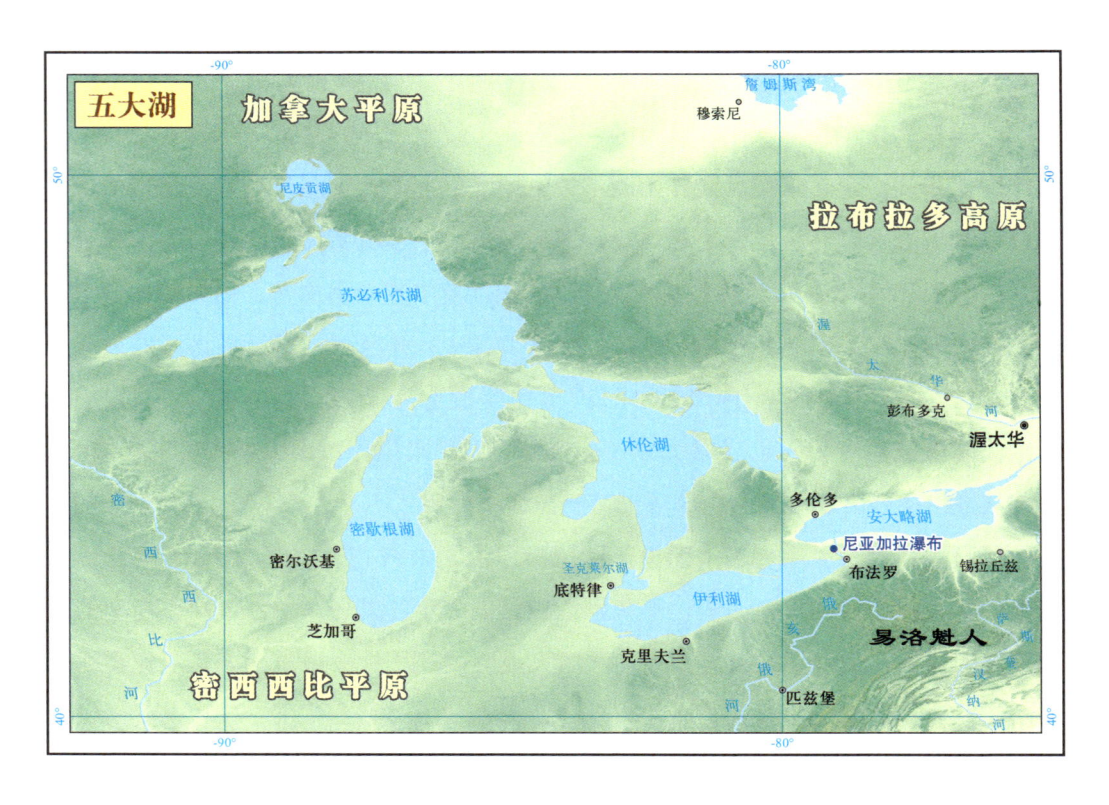

易洛魁人分布在休伦人的南边，钱姆普林率领着几百名休伦人，坐上印第安人的独木舟战船，先渡休伦湖到达东南岸；登陆后，一行人携带着独木舟穿过陆地，到达东南方的安大略湖；再渡过安大略湖，在今锡拉丘兹一带遭遇易洛魁人，交战。这一次，法国人大败，钱姆普林腿部受伤。休伦人撤回休伦湖，法国人走原路绕回。其实这次经过安大略湖的时候，钱姆普林已经了解到，圣劳伦斯河是从安大略湖的东北角流出去的，但他也知道，从安大略湖到蒙特利尔一带有很多险滩瀑布，不利于行船，所以没有抄近路，而是沿原路返回。

因为这次受伤，此后钱姆普林不再亲力亲为，探险的事就让手下人去干了。而且，他也放弃了寻找西北通道的希望，把精力放在殖民地的经营上。很难说这种做法的对错——自从大航海时代以来，没有海权的国家陆权也难以保障，法国人后来丢掉了北美的殖民地，正是因为在海上的优势不如英国。

这次失败对法国人来说并不算什么，因为他们的主要目的是探险，而且在这次远征易洛魁人时，在从休伦湖到安大略湖的路途中，他们还分出了一支12人的小队伍出去探险。这支小分队在爱丁·布留列（Étienne Brûlé）的带领下，从今多伦多一带进入安大略湖，往南渡过安大略湖的西端，穿越尼亚加拉瀑布以西的地峡后，进入伊利湖。在伊利湖的北端也是最东端，他们弃舟登岸，东行了300多公里，发现了萨斯奎汉纳河。于是顺流而下，航行了好几百公里，最后辗转驶入了切萨皮克湾，在这里，他们考察了特拉华半岛，直到第二年春天才开始返回，途中遇到易洛魁人，小分队被打散，流落四方，直到1619年才陆续回到魁北克。

布留列无论如何都没有想到，他无意之中竟闯入了英国人在北美的殖民地——弗吉尼亚。早在伊丽莎白时代，英国人就试图在北美殖民，但一直没成功。1603年，詹姆斯一世（James I）继位后，缓和了与西班牙人的关系，让西班牙人不再攻击英国人在北美的据点。1606年，英国政府特许成立了"伦敦城弗吉尼亚第一殖民地冒险家与殖民者公司"（简称伦敦公司或弗吉尼亚公司），专门从事在北美的殖民活动。1607年，弗吉尼亚公司在北美建立了第一个永久定居点，为了感念詹姆斯一世，取名詹姆斯敦（Jamestown，即詹姆斯城）。詹姆斯敦的位置，正位于布留列驶入的切萨皮克湾附近。很多人认为，詹姆斯敦是美国历史的开始，但如果从文化层面来说，13年后的"五月花号"才是真正的开始。1620年，一艘满载着清教徒的三桅帆船从英国的普利茅斯悄悄出发，在北美的科德角登陆。上岸前，他们在船舱内签署了一份《五月花号公约》，公约的核心内容是：要创立一个不同于欧洲的自治社会，在这个社会，管理者的权力来自人民，而不是某种权威。这种平等自由的精神为日后美国的建立打下了基础，成为美国文化的核心。简而言之，詹姆斯敦是旧大陆文化的延续，而由五月花号清教徒建立的平等自由文化才是一种前所未有的新文化。

英国人把他们在北美建立的第一个殖民地取名弗吉尼亚，法国人布留列到来之后，法属加拿大和英属弗吉尼亚由此而产生了联系。

1621年，钱姆普林派布留列去探察休伦湖一带，布留列这次最大的发现是圣玛丽河。圣玛丽河是连接苏必利尔湖与休伦湖的河，布留列在这里盘桓考察了7年之久。这期间，钱姆普林已由新法兰西的司令升为总督。

7年之后（1628年），布留列沿圣玛丽河而上，发现了一片广阔的水面，他一路航行，在到达北纬48°、西经90.5°时，发现了水域的西岸，这片水域就是苏必利尔湖。苏必利尔湖是世界上最大的淡水湖，布留列考察了它的东岸、北岸和南岸，却没有把这一重大发现写成详细的报告。

1632年，钱姆普林下令在圣劳伦斯河畔再建一城，它位于魁北克和蒙特利尔之间，取名三河城。第二年，一个不幸的消息传来，他的得力干将布留列死于休伦湖的印第安人之手。

1634年，钱姆普林派让·尼科列特（Jean Nicolet）去寻找印第安人所说的"西部海"。尼科列特花费4年的时间，先到休伦湖的圣玛丽河河口，然后往西南方向航行，穿过马基纳克湖峡，发现了五大湖中的最后一个湖——密歇根湖。

所谓的五大湖，就是北美洲的苏必利尔湖、密歇根湖、休伦湖、伊利湖和安大略湖等5个相连湖泊的总称，又统称为大湖，有"北美大陆地中海"之称。五大湖总面积24.52万平方公里，相当于50多个青海湖的面积；总蓄水量约228000亿立方米，约占全世界淡水湖总量的1/5。在整个加拿大地区，最适宜人类居住的地区就是五大湖的沿岸。如果从整个北美洲来说，从南至北，适宜人类居住的地方也就到五大湖为止了，再往北，气候太恶劣。

其实从这里可以看出，法国人正是通过圣劳伦斯河深入五大湖，绕过了阿巴拉契亚山脉，最终进入了北美的中部大平原，即后来的法属路易斯安那殖民地；英国人则主要在阿巴拉契亚山脉以东的沿海地带活动，其先后开发的13个殖民地即后来美国成立之初的13个州。以今天的眼光看，北美中部大平原是一块农耕宝地，但实际上，如果没有科技的支撑，特别是在人类社会的早期，这里布满沼泽和森林，并不适合人类居住。否则的话，印第安人也不至于跑到中美洲和南美洲，在那里发展出了阿兹特克、玛雅、印加三大古文明，北美的印第安人反而处于渔猎阶段。

北美洲的南部，即今天美国所在地，因为与中国纬度相当，面积相当，甚至地

北美大陆

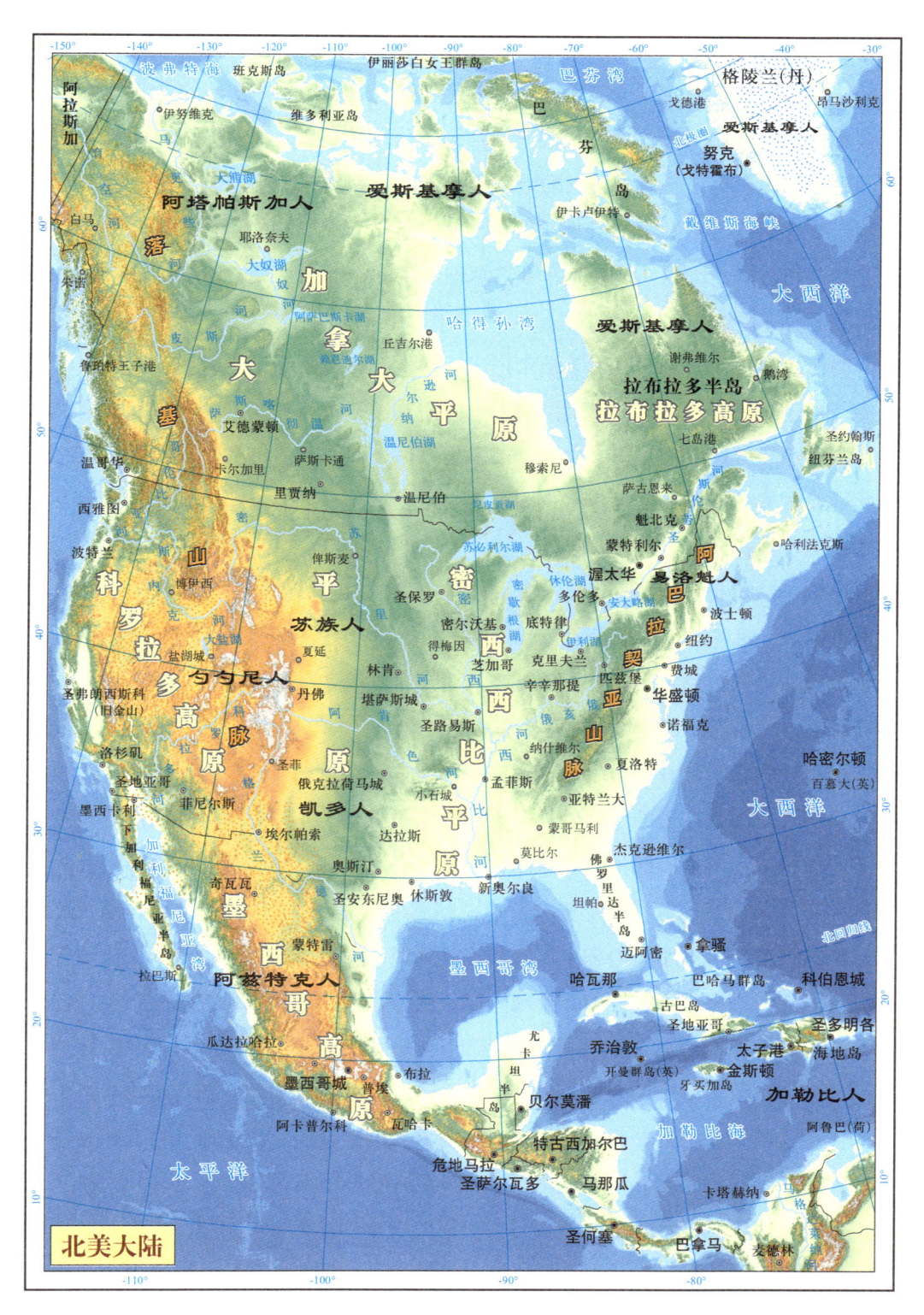

形看起来与中国也有点相似，因此很多人总喜欢拿美国的地理条件和中国的地理条件相比。且不说美国的科技如何发达，单是美国的农业，作为传统的农业大国，今天我们也只能望其项背。美国是农业出口大国，而我们却只能勉强养活自己。因此，有人就得出结论，认为美国的地理条件比中国好，这其实是个误解。在人类的发展历史中，不管什么民族，也不管这个民族曾经如何发达，始终要面对两个问题：吃饭和战争。因此，判断某个地方地理条件的好坏也主要看两个指标：物产和战略纵深。

物产主要指粮食产出，影响粮食产出的是地形和气候，具体来说，一是需要大平原，二是需要雨热同期。最典型的雨热同期气候是季风气候，中国绝大部分农耕区都属于季风气候，而美国大平原南部属于季风气候，北部则类似于中国西北的温带大陆性气候，气温较低，降水也少，对农业并不友好，但美国的平原面积比中国的大，所以两相抵消，不分伯仲。

当然，这里有个问题——在没有大山阻隔的情况下，为什么美国的季风气候只到北纬40°（相当于北京的纬度），而中国的季风气候一直覆盖到东北平原？主要是因为北美大陆的体量远不如欧亚大陆，大西洋也没有太平洋大，所以东亚的海陆热力差异更大，其产生的季风影响范围也就更广。

纵观整个美国的地形，就是两山夹一平原——东边是阿巴拉契亚山脉，西边是落基山脉，中间是广袤的平原。如果细分的话，中部平原又可以分为密西西比平原和美国大平原，落基山脉里又有盐湖城一带的科罗拉多高原，而中部平原南北两个方向没有任何山脉。这种地形极易形成"穿堂风"，不管是来自北极的寒潮，还是来自南方大西洋上的飓风，都可以畅通无阻，因此很容易出现极端天气，这种极端天气对农业的打击是毁灭性的。反观中国，西伯利亚的冷空气虽然十分强劲，但在南下中国时，首先会被蒙古高原挡一道，再往南又会被阴山山脉和燕山山脉挡一道，如果还不行，秦岭和大别山再挡一道，这样一来，华北平原和长江中下游平原的农田都受到了保护；在南方，如果有来自太平洋的台风（和飓风一样都属于热带气旋，名字不同而已），中国东南沿海连绵不绝的丘陵山区可以将其逐步消解，长江沿线的农地依旧安然无恙。

美国的两大山脉纵向排列还造成另一个问题：美洲大陆远比欧亚大陆小，按理说，美国两边都是大洋，全国应该都是气候温和的湿润地区，但事实并非如此。美国除了东南部雨水较多外，密西西比河上游降水并不多，在美国西部，所谓的大平原其实是草原，这正是因为缺水而形成的，而到了科罗拉多高原一带，甚至出现了大片的沙漠。

分析了这么多，其实哪里条件好，只需看看人口都往哪里跑。今天美国的绝大部分人生活在东西两个海岸，中部人烟稀少。一方面是因为中部以农业为主，另一方面是因为气候，东西两岸背山靠海，气候温和，对不需要耕地的城里人来说是最宜居的地方。

再说战略纵深，这个无须多言：美国的地形太单一，在强者手里可以四面出击，又因为隔着大洋，别人无法靠近；但如果在弱者手里，比如印第安人手里，那就是灾难——靠着两大洋，敌人可能从任何方向打过来。本土内部，美国中部一马平川，不利于防守；东部的阿巴拉契亚山脉不够高，体量也小，难以形成有力的屏障；西部的落基山脉体量够大，但本身自然条件恶劣，没有一个可以供养人口的山中盆地，因而也成为不了防守反击的基地。这种地形是北美印第安人面对殖民者入侵时毫无还手之力的原因之一。中美和南美的地形比北美复杂得多，殖民者如果搞种族清洗要付出多得多的代价，因此中美和南美幸存下来的印第安人数量远远多于北美。反观中国，我们有山西、关中、巴蜀甚至荆楚，每一个地理单元都可以成为防守反击的基地。试想一下如果日本侵华的时候，中国是和美国一样的地形，能坚持多久？又靠什么扭转战局？再试想一下八国联军侵华时，如果敌人从四面八方而来，结果更是不敢想象。美国的历史很短，不能因为他现在是世界最强大的国家就认为他的地理条件也是最好的。当然，和世界其他地方比，美国的地理条件很优越，但和中国比，美国的地理条件还是要稍逊一筹，特别是战略纵深这方面。毋庸置疑，老祖宗为我们打下的这片江山是全世界最好的，没有之一。

总体来说，美国的农业发达是因为有现代科技加持。在人类早期，北美洲并不适合农耕，所以这里的印第安人比中美和南美更落后。否则就算美洲大陆和旧大陆隔离不通，北美印第安人也该发展出较高的文明，至少比中美和南美高级，不至于仍处于石器时代。事实上，北美的印第安人并不以农业为主，哪怕是像土豆和玉米这样容易种植的农作物他们也没有太多兴趣。因为北美的人口本身就少，广袤的中央大平原上又生活着成群结队的野牛，这是北美印第安人的主要食物来源。

在北美，美国几乎把所有的好地方都占了，北面的加拿大除了五大湖地区外，几乎全是冰天雪地的冻土，不适宜人类居住，今天加拿大的绝大多数人也是居住在五大湖沿岸。试想一下，如果不是法国人率先进入五大湖，而是等英国人从大西洋沿海翻过阿巴拉契亚山脉而来，今天的加拿大可能连五大湖都没有了。

1635年，新法兰西总督钱姆普林在魁北克病逝。直到今天，他依然被视为加拿大这个国家的奠基者。

第三十七章 澳大利亚

和英国人对西北航线的执着不同，荷兰人没有在东北航线投入过多的精力，很快就把视线转移到葡萄牙的远东航线上。

1602年，荷兰东印度公司成立，第二年便在东南亚的爪哇岛上建立了商站，目标很明确，就是控制不远处的摩鹿加群岛。葡萄牙人当然不能眼看着荷兰人从自己

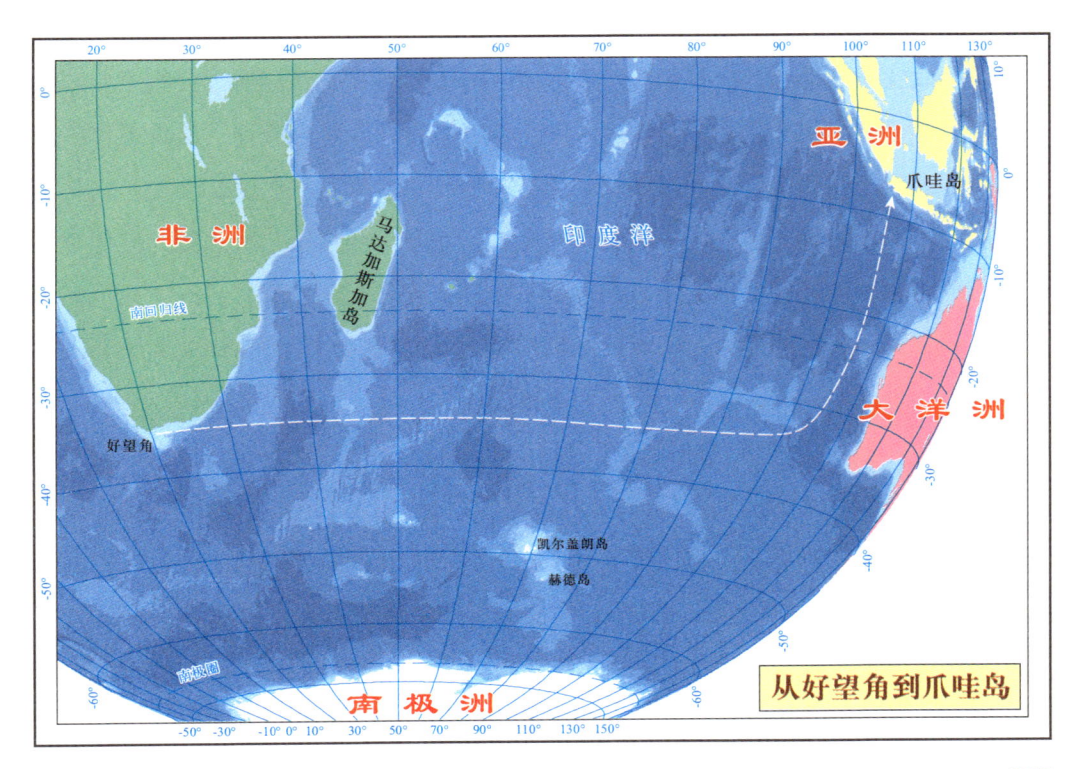

嘴里夺食，于是两国打起来了。1605年，摩鹿加海战爆发，荷兰人战胜葡萄牙人，控制了安汶岛。

到1611年，荷兰人布罗维开辟了一条从好望角直接到爪哇岛的航线。这条航线先从好望角往东，航行3000英里（约4828公里），再往北到爪哇。这条曲折的航线看似绕远，不如等角航线近，但实际上是充分利用了季风和洋流，走得更快。更重要的是，这条航线为日后发现澳大利亚提供了有利条件。

澳大利亚是文明社会尚未到达的最后一块有人居住的大陆，本来发现它的功劳应该记在西班牙人身上。

自从西班牙开通从马尼拉到阿卡普尔科的航线，一条完整的从亚洲到美洲的往返航线就形成了。此后，东南亚的香料可以顺利地到达美洲，再到欧洲，欧洲的小商品也可以顺利到达亚洲。但这不是最赚钱的，最赚钱的是中国的丝绸，价格贵、质地轻，又不像香料那样容易受潮腐烂，好保存。但中国人并不缺欧洲人的小商品，欧洲人有的那些东西，中国基本都有，或者有相似的替代品，因此西班牙人很难从丝绸贸易中赚钱。后来，西班牙人发现中国人喜欢白银，而西属秘鲁就有很多银矿，这下西班牙人的发财机会就来了。他们把美洲的白银运到马尼拉，通过那里的华商换取丝绸（也包括一些瓷器和工艺品，茶叶要到17世纪中叶才开始成为欧洲人的挚爱），然后把丝绸运回阿卡普尔科，再由墨西哥转运到欧洲，高价出售给欧洲的贵族。这条贸易线是当时最赚钱的路线，也称"丝银贸易"线。从此，从美洲来的商船络绎不绝地开往东南亚，开往马尼拉。正是美洲白银的大量涌入，使得白银真正成为中国的流通货币，一方面促进了中国民间贸易的发展，另一方面也削弱了政府撷取民间财富的能力，明政府晚期出现财政危机，与美洲白银的大量涌入有直接关系。

1568年，西班牙航海家门达那·内拉（Álvaro de Mendaña de Neira）从秘鲁前往东南亚，途中发现居住着黑人（其实是棕种人，20世纪初，棕种人才从黑种人里划分出来）的群岛，于是抛锚登岸，在岛上住了一些日子。当时他以为到达了《旧约》中所罗门王采买和搬运黄金的俄斐国（书中俄斐国位于南非，为黑人国），于是将这里命名为所罗门群岛。而且，他认为所罗门群岛是"南大陆"的一部分。

所谓"南大陆"，是欧洲人早在古希腊、古罗马时期就有的传说，他们认为，按已知的世界，绝大部分陆地都处于北半球，既然地球是圆的，为了保持平衡，那么在南方也必然存在一个大陆，这就是"南大陆"。

1595年，门达那·内拉再次出海探险，因为身体不好，这次他的妻子门达那·瑟诺拉（Isabel Barreto）同行协助。

不久，他们在海上发现了马克萨斯群岛。马克萨斯群岛位于普卡普卡岛的北部，普卡普卡岛正是麦哲伦第一次横渡太平洋时发现的第一个岛屿。由此可见，内拉走的航线还是麦哲伦开辟的那条航线。

他们在马克萨斯群岛登陆，与当地土著发生冲突，于是离开继续西行。快到所罗门群岛时，他们发现了圣克鲁斯群岛。这时，一些船员因争权而内讧，并引起暴动，所幸很快被平定下去。不久之后，内拉去世，妻子瑟诺拉接任，自封为女总督。

1596年2月，瑟诺拉率队抵达菲律宾。

1598年11月，经过4年多的探险，瑟诺拉回到墨西哥，去的时候4艘船，回来时只剩两艘——瑟诺拉成为世界上第一个指挥船队的女人。

瑟诺拉之后，1605年12月，航海家费尔南多·奎洛斯（本葡萄牙人，后效力西

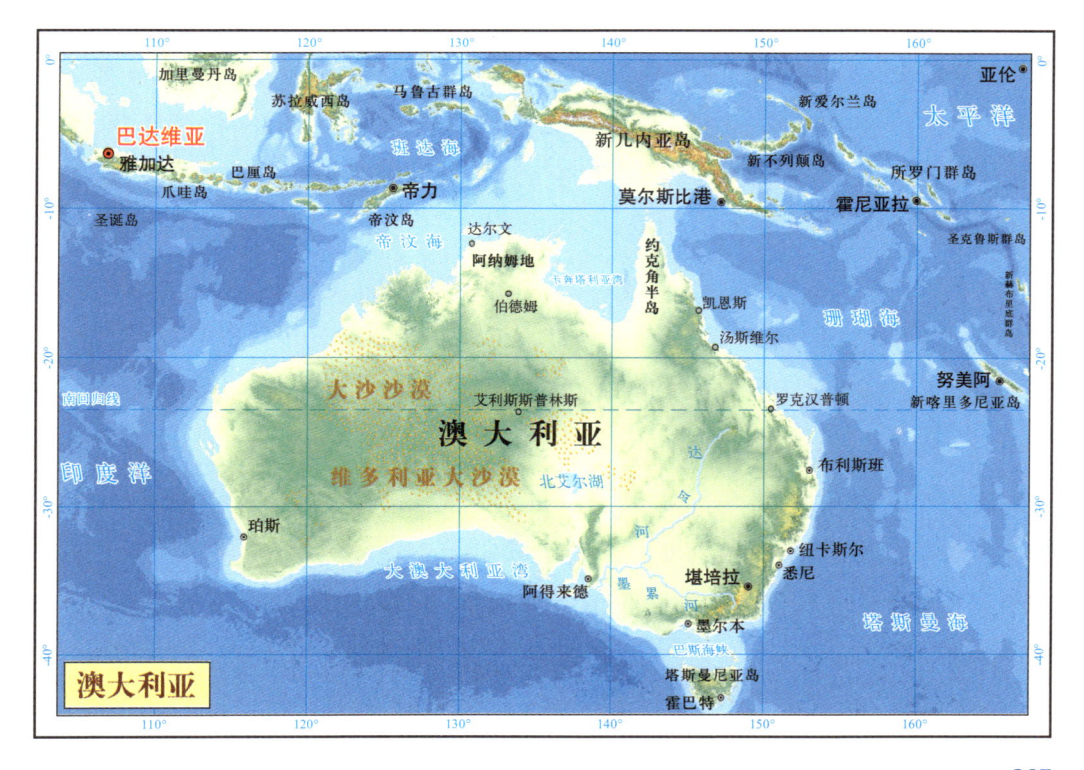

班牙）率领3艘帆船从秘鲁出发前往太平洋，寻找传说中的"南大陆"。

探险队有130多人，其中传教士6人。他们一路往所罗门群岛驶来，沿途发现了一些小岛，最终到达圣克鲁斯群岛中的达夫群岛。登陆后，当地酋长告诉他，南边还有一片广大的陆地。于是奎洛斯兴奋地向南驶去，果然发现有一片巨大的陆地，上面居住的也是黑人（棕种人）。奎洛斯认为他发现了"南大陆"，而且这片大陆一直延伸到南极，于是将它命名为"圣灵的澳大利亚"。

他们在这里竖起十字架，举行占有仪式，还修建了营地"新耶路撒冷城"。

5个星期后，奎洛斯悄悄离开船队，独自率旗舰抢先回到阿卡普尔科请功。可惜他高兴得太早，船队中一位名为巴埃斯·托雷斯（Luís Vaz de Torres）的船长仔细考察了这块新陆地，确认这不是"南大陆"，只是一个群岛的主岛而已，即圣埃斯皮里图岛。后来英国著名的库克船长（James Cook）给这个群岛命名为新赫布里底群岛，即今瓦努阿图所在地。

在接下来的日子里，托雷斯发现了一条海峡，并从东往西穿过了这条海峡。海峡的北岸是新几内亚岛，托雷斯在海岸看到了还处于原始社会的黑人（棕种人）；在海峡的南岸，他看到了澳洲的约克角半岛和阿纳姆地海岸。于是，托雷斯成为第一个看到澳洲大陆的欧洲人。后来，他向马尼拉的西班牙总督提出公布这一发现成果，但政府为了垄断这一发现，一直秘而不宣。直到18世纪中叶的7年战争期间，英国人攻占了马尼拉，才从西班牙的档案里发现这一秘密，于是公之于众，并将托雷斯穿过的那条海峡命名为托雷斯海峡。

但托雷斯终究没有登上澳洲大陆，西班牙在航海探险上也后继无人，这一机遇就留给了荷兰人。

1606年，就在托雷斯看到澳洲大陆的同一年，荷兰共和国的探险家威廉·杨茨（Willem Janszoon）受东印度公司的委派，也来这里寻找"南大陆"。

杨茨考察了新几内亚南部300多公里的海岸线，接着往南穿过托雷斯海峡，进入卡奔塔利亚湾，考察了约克角半岛西部的海岸线。这样一来，杨茨成为第一个登上澳洲大陆的文明人。但是，当时他自己也没意识到这一点，他以为这是新几内亚的一部分。

如果说杨茨登上澳洲大陆还是无心插柳的话，那么自从布罗维开辟了从好望角到爪哇岛的航线以后，澳洲大陆的神秘面纱就只等着荷兰人去揭开了。

1616年，荷兰航海家德克·哈托格（Dirk Hartog）沿着这条航线发现了澳洲西海岸。

1619年，荷兰航海家霍特曼（Frederick de Houtman）和埃德尔（Jacob Dedel）在澳洲西海岸发现了埃德尔地和埃德尔半岛。也就是这一年，荷兰人在爪哇岛上营造了巴达维亚城，即今雅加达。其实这个地方以前就叫雅加达，只不过荷兰人扩建的时候给它改了个名字，一直到1945年印尼独立时才改回雅加达这个名字。

有了巴达维亚这个远东基地，荷兰人在绕过好望角后，走布罗维航线就成为常态了。

1623年，荷兰航海家卡斯滕斯和梅里茨率两艘帆船到澳洲约克角半岛探险，他们沿着半岛的西海岸南下，到达南纬17°8'的斯塔滕河河口后登陆，立纪念木柱。

1627年，荷兰航海家皮切尔·涅伊茨发现了澳洲南部的大澳大利亚湾，以及这一带的海岸和岛屿。第二年，他又发现了澳洲西北的一段海岸。

1636年，荷兰航海家波尔和普捷尔斯到约克角半岛一带探险。波尔带着几个船员在登陆时被当地土著打死，普捷尔斯则发现了阿纳姆地。

至此，除了东海岸外，荷兰人几乎能在地图上把整个澳洲大陆的轮廓画出来了。但当时荷兰人并没有意识到这是一块未知的大陆，他们把发现的澳洲陆地命名为"新荷兰"。他们依然认为，新荷兰只是"南大陆"的一部分，"南大陆"应该很大，差不多要占据整个南半球才合理。到1665年，荷兰正式宣布将"新荷兰"并入版图。"新荷兰"音译就是"特拉"，"南方大陆"音译即"澳大利亚"，所以"特拉·澳大利亚"这个名字存在很久，直到1817年，英国殖民政府正式将澳洲定名为澳大利亚，意即"南大陆"。我们常说的"澳洲"是一种音意结合的俗称。

但对此时的荷兰人来说，发现澳大利亚给他们带来的并非惊喜，反而是失望。这里没有他们想要的黄金、珠宝，当地土著也极其原始野蛮。

生活在澳大利亚的土著是棕色人种，也叫澳大利亚人种，体型粗壮，皮肤呈棕黑色。一开始欧洲人把他们看成和非洲人一样的黑人，后来人们发现他们和非洲人的基因不同，外表更原始野性，才单独划分出一个棕种人的概念。欧洲人到来时，他们还处于中石器时代，也就是说，他们的生产力比印第安人还落后：他们的工具和武器都是木头或石头做的，仅在北部约克角半岛有人使用弓箭，当然箭头也是石头做的；他们以采集和狩猎为生，没有农业，更没有冶金、纺织等手工业，不会利用车轮；他们也没有驯化出任何一种植物，唯一驯化出的动物是狗。

荷兰人到来时，澳大利亚约有500个部落，操500种语言，没有文字。他们大部分处于母系氏族社会，没有完备的部落制度，更没有部落联盟。总之，他们就像人类刚刚走出非洲时一样，几乎没有进步。

如果从地理上看，澳大利亚确实缺乏产生文明的条件。副热带高气压带从大陆中部穿过，造成绝大部分地方干旱少雨，加上西海岸有寒流经过，使广袤的平原沦为沙漠，不具备农业开发的条件，文明也就无从谈起。北部受副高压影响较小，但纬度太低，属于热带气候，又缺少文明发展的动力。较适合人类居住的是东部沿海，处于亚热带季风区，这种气候在很多文明社会里都有，但是因为这里孤悬海外，与世隔绝，与旧大陆没有交流，所以在数万年的时间里，文明发展停滞不前。

后来，在1642年10月8日，荷兰共和国东印度总督范迪门（Anthony van

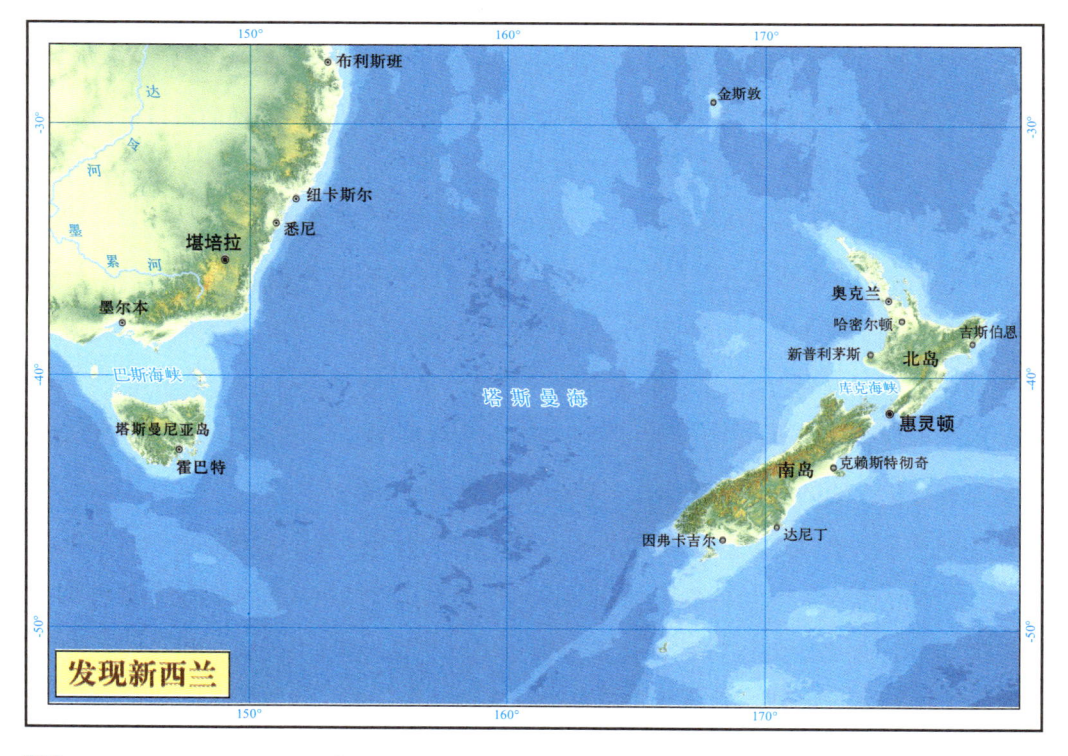

发现新西兰

Diemen）又派遣航海家塔斯曼（Abel Tasman）率领两艘帆船、110人再去探索"新荷兰"，希望找到黄金等一些值钱的东西，却无意中发现了新西兰。

塔斯曼的船队从非洲的毛里求斯起航，航线由西向东贯穿印度洋。11月24日，他们在澳洲南部发现了一个大岛，塔斯曼把它命名为"范迪门之地"。200年后，人们把它改名为塔斯曼尼亚岛。塔斯曼当时并不能确定这是个岛屿还是半岛，直到150年后，英国的航海家巴斯（George Bass）发现了巴斯海峡，这个问题才得以解决。12月3日，船队在塔斯曼尼亚岛的亨利湾登陆，竖纪念标，插奥兰治亲王旗，以示占领。12月中旬，塔斯曼在南纬43°看见了新西兰南岛的南阿尔卑斯山的西麓。他们沿海岸北行，驶入库克海峡，但当时他们以为这里是个海湾。在南纬40°30'的黄金港，他们一度抛锚停泊。塔斯曼并没有意识到新西兰是两个独立的大岛，他以为这是"南大陆"的一部分，并把这里命名为"我国之地"，返航后，荷兰政府将其更名为新西兰。同样，出于垄断考虑，荷兰政府对塔斯曼的发现秘而不宣，直到后来的库克船长揭开了这个秘密。

塔斯曼一行继续沿海岸线北上，于1643年1月到达新西兰北岛的北部海角。当他们试图上岸寻找淡水时，遭到当地土著毛利人的阻拦。荷兰人虽然有火器，但看到对方居然有金属武器，就没有强行登陆。

毛利人和澳大利亚的土著不同，他们属于波利尼西亚人。在太平洋上，特别是南太平洋上，星罗棋布着无数岛屿，这些岛屿又分属不同的群岛，但它们可以大致划分为3个岛群：波利尼西亚、密克罗尼西亚和美拉尼西亚。

这三大岛群上的居民主要来自马来群岛。在人类刚从非洲迁出的时候，最早到达马来群岛的是棕种人，也就是澳大利亚人，随后是矮黑人。矮黑人和非洲的俾格米人很像，但并没有遗传关系，中国唐朝时所说的昆仑奴，其实主要就是矮黑人。棕种人和矮黑人原本是马来群岛的土著，后来被马来人取代。那么马来人又从哪里来呢？有一种说法认为，马来人原本生活在中国南部广东沿海一带，北方的华夏族兴起后，挤压南方的百越人，引起连锁反应。百越人南迁再挤压马来人的生存空间，于是马来人迁到中南半岛，后来又受傣泰人、高棉人的挤压，再迁到马来群岛，而且还不停地向太平洋上的岛屿扩散。这样一来，原本生活在马来群岛的棕种人被迫迁徙：他们一部分到了澳大利亚，一部分跟着马来人远渡重洋，定居在太平洋各个岛上，还有一部分停留在新几内亚岛上。在迁徙途中，他们有的保持着原始的血统，有的与马来人融合。矮黑人因为身材矮小，战斗力更弱，部分钻入丛林里谋生，也有一部分逃到一些小岛上，还有一部分被这群迁徙大军融合。

进入南太平洋群岛上的这些人，根据距离的远近和混血程度的不同，可以大致划分为3个族群：波利尼西亚、密克罗尼西亚和美拉尼西亚。

离澳大利亚和新几内亚最近的是美拉尼西亚。美拉（mela）是黑的意思，尼西亚（nesia）就是群岛。从名字可以看出，这个族群的肤色是最黑的。按血统，他们是棕色人种的一支或者说旁支，和澳洲大陆上的土著同种不同支。按语言，美拉尼西亚由俾斯麦群岛、所罗门群岛、瓦努阿图群岛、新喀里多尼亚岛和斐济群岛等组成，除新几内亚外，都操美拉尼西亚语。这个族群里虽然马来人的血统最少，但因为马来人的文明程度高，所以语言也受到马来人的影响。新几内亚岛因为内陆地区地形复杂，与外界几乎没有交流，所以文化和语言没受马来人的影响，反而与澳洲接近。

跑得最远的是波利尼西亚人。波利（poly）是多的意思，这个族群覆盖的岛屿

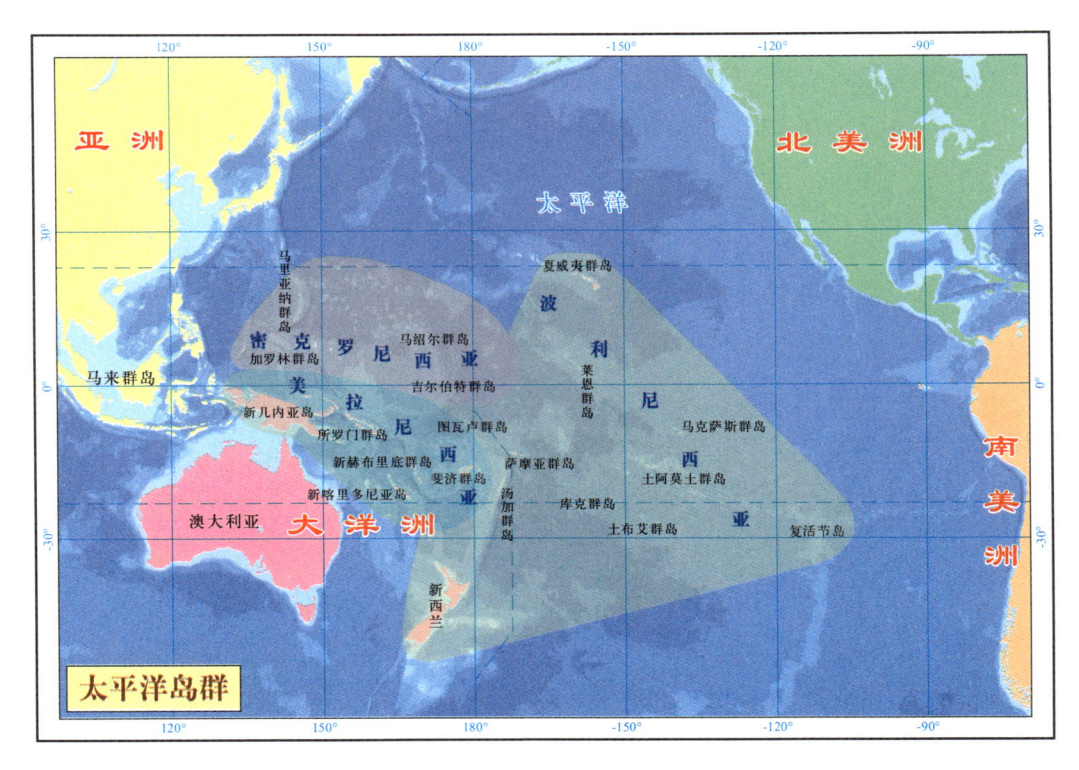

最多。波利尼西亚人外表上介于棕种人和黄种人之间，而且更偏向于黄种人。波利尼西亚人擅长航海，虽然他们的造船技术并不高超，但会使用平衡器（远航时在船上加两根横木，横木两头各绑一根与船体平行的木头，漂浮在水上，起到给船体平衡的作用），可以应对海上的风浪。他们经常几十条船排成扇形出海探险，这样更容易发现海上的小岛。波利尼西亚主要包括夏威夷群岛、图瓦卢群岛、汤加群岛、社会群岛、土布艾群岛、土阿莫土群岛、马克萨斯群岛、纽埃岛、萨摩亚群岛、托克劳群岛、库克群岛、莱恩群岛、菲尼克斯群岛、约翰斯顿岛、瓦利斯群岛、富图纳群岛、皮特凯恩群岛、贾维斯岛、迪西岛、复活节岛等。其中最远的复活节岛离南美洲只有3000公里，欧洲人到达这座小岛时，发现岛上种有印第安人特有的甘薯，这说明波利尼西亚人曾到达过南美大陆。欧洲的航海者做梦也没有想到，这些仍处于石器时代的人竟能漂洋过海跑这么远。

处于二者之间的是密克罗尼西亚。密克罗（micro）就是小的意思，说明这里是由一些小岛组成。密克罗尼西亚人表现出混合人种的体质特征：西部与马来人相近；愈往东愈接近波利尼西亚类型——直发或波状发、高身材、浅褐色皮肤；愈往南愈接近美拉尼西亚类型——卷发、矮个子、暗褐色皮肤；中部则为三者的混合，以加罗林人最为典型。密克罗尼西亚主要包括马里亚纳群岛、加罗林群岛、马绍尔群岛、瑙鲁岛、吉尔伯特群岛等，群岛分列为两弧，中间隔着马里亚纳海沟。

这三大族群都操着与马来语近似的语言，统称为南岛语系。南岛语系包括1200多种语言，分为四大语族：波利尼西亚语、美拉尼西亚语、密克罗尼西亚语、印度尼西亚语（马来语）。值得注意的是，中国台湾高山族的语言也属于南岛语系，于是我们看到一个奇特的现象：远在万里之外的新西兰，毛利人的语言、文化与中国台湾阿美族很相似。为什么会出现这种情况？按前文所述，南岛语系源自马来语，而马来人又源自中国大陆沿海，3000年前，中国南方广泛分布的是百越人，百越本身包含很多族群，我们也可以把马来人看成是百越的一支，而台湾的土著也是来自百越人，所以他们在语言和文化上接近，也是很正常的事。

所以新西兰虽然离澳大利亚很近，但两地的土著无论外貌还是语言都完全不同。至于波利尼西亚人手上的金属武器，应该是从马来人那里交易得来的，波利尼西亚人本身不具备制造金属工具的能力，他们仍处于石器时代。

塔斯曼从新西兰北上，又陆续发现汤加群岛、斐济群岛和所罗门群岛的一些岛屿。在所罗门群岛，他们用钉子换取土著人的椰子充饥。

1643年6月15日，塔斯曼一行回到巴达维亚。因为塔斯曼从澳洲大陆东部穿过，所以澳大利亚的范围基本可以确定，看来这片所谓的"南大陆"并不大。

东印度公司对塔斯曼的这次探险仍不满意，因为没有发现金银珠宝和香料。所以到1644年1月，他们又派塔斯曼去"新荷兰"探险。这次塔斯曼探索的成果有两个：一是查明卡奔塔利亚湾是个海湾，不是海峡；二是探明了澳洲北部及西北部一直到南回归线的海岸线。虽然依旧没找到金银珠宝和香料，东印度公司的官员很失望，但仍授予塔斯曼指挥官的头衔，以及巴达维亚司法委员会的委员身份。

荷兰人最初占据巴达维亚的目的，一方面是想控制盛产香料的摩鹿加群岛，另一方面就是瞄准了中国，并将势力侵入了台湾。

第三十八章 台湾

今天的台湾地区包括台湾岛、澎湖列岛、金门岛、马祖，即常说的台澎金马，以及附近的兰屿、绿岛、钓鱼岛等附属岛屿。

历史上，台湾有很多名字。春秋战国时期称台湾为"岛夷"；秦朝称"瀛州"；三国时期称"夷洲"；隋唐时称"流求"；宋朝时称"流求"或"琉求""毗舍邪"

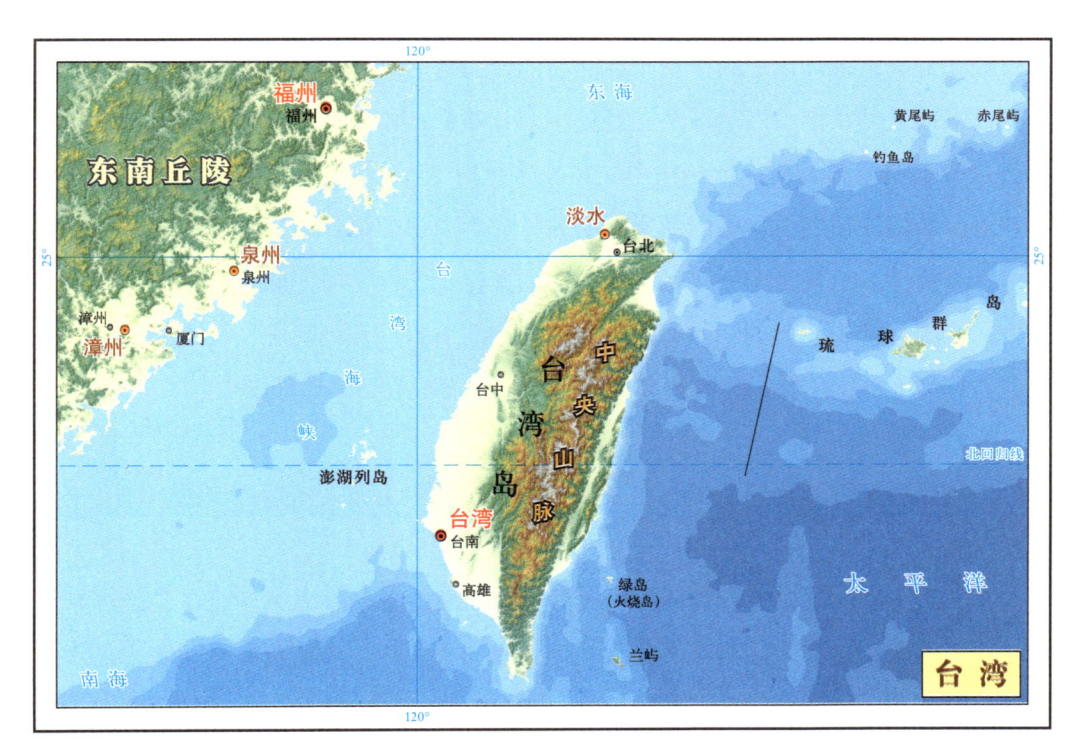

（指台湾屏东地区的少数民族）；元朝时名"琉求"或"瑠求"；明朝洪武年间称"小琉球"，因为东边还有个真正的琉球国。明朝中期以后民间对台湾的称呼很多，如"鸡笼山"（指台湾北部）、"北港"（台湾西部沿海的通称）、"大员""台员"，而1558年的明朝官方文书《明神宗实录》中称台湾为"东番"。郑成功改称"东都"，后郑经改为"东宁"。清朝更名为"台湾"，并设置台湾府，隶属于福建省，这是台湾的正式定名。

远古的时候，台湾岛和大陆是连在一起的。后来由于地壳运动，出现了台湾海峡，形成台湾岛，但是在台湾与大陆之间，仍然存在一条可以徒步通行的跨海通道，即所谓的"东山陆桥"。正是在此时，一批跋山涉水的先民历尽艰辛从大陆来到台湾，成为这里最早的居民。他们就是台湾的土著，但这些人并不是汉人，而是生活在闽浙一带的百越人。那时华夏族也还是个雏形，他们生活在黄河一带，还没有进入南方。

秦始皇征服百越时，有大量的越人避居"海外"，这个"海外"主要就是台湾岛，还有南洋的马来群岛。按照正常的逻辑，当台湾岛的人口足够多的时候，为了拓展生存空间，他们会继续向琉球群岛扩散，形成那里的先民。

顺便说一下琉球。不同于属于大陆岛的台湾岛，琉球群岛属于火山岛，火山岛很容易形成天然良港，而琉球又正好处于东北亚和东南亚之间，转口贸易是其天然优势，所以琉球开发得远比台湾早。早在宋朝时期，琉球人就建立了自己的政权。明朝时，琉球遣使纳贡，受明朝皇帝册封，成为中国的藩属国。自此琉球开始以汉字为官方文字，且使用明朝年号，从制度和文化上全面学习明朝。明亡后，琉球奉清为宗主国，使用清朝的年号，接受清朝皇帝的册封。直到晚清，日本趁清朝自顾不暇，逐渐掌控了琉球，最终废弃琉球国号，改设冲绳县，琉球国亡。

说回台湾。

三国时期，孙权称帝后，就派卫温、诸葛直率甲士万人抵达过台湾，据《三国志》记载：

"（黄龙）二年春正月，魏作合肥新城。诏立都讲祭酒，以教学诸子。遣将军卫温、诸葛直将甲士万人浮海求夷洲及亶洲。亶洲在海中，长老传言秦始皇帝遣方士徐福将童男童女数千人入海，求蓬莱神山及仙药，止此洲不还。世相承有数万家，其上人民，时有至会稽货布，会稽东县人海行，亦有遭风流移至亶洲者。所在绝远，卒不可得至，但得夷洲数千人还。"

黄龙是孙权称帝时的年号，黄龙二年即230年。这一年，魏国建造了合肥新城，新城远离淝水，让东吴很难再兵临城下。吴大帝孙权也下诏，要设立一个都讲祭酒的职位，给孩子们教书。也是在这一年，吴国派将军卫温和诸葛直乘浮海大船去寻找传说中的夷洲和亶洲。出海目的没有明说，但看下文就明白，下文特意解释了亶洲，说亶洲是秦始皇寻找长生不老药的所在，徐福曾带数千童男童女前往，到了那里后没回来，世代繁衍，后代有几万户。下文还说，从亶洲来的人，有时会到会稽郡来买布；会稽人出海时，也有随风飘流到达亶洲的；亶洲很远，轻易到达不了。

由此可见，孙权的主要目标是亶洲，目的和秦始皇一样，是寻找长生不老的仙药，但秦始皇是暴君，吴大帝是明君，所以史书不能明说，只能含糊其辞。两人带着上万甲士没找到亶洲，只到了夷洲，待了一年多，最后因水土不服，回来时只有几千人，其中还包括从夷洲带回来的一些土著。所以到最后，孙权因二人"违诏无功"将其诛杀。

亶洲在哪里？普遍的观点是在日本。但日本当时还很落后，没有一个统一的政权，各个岛上邦国、部族林立，所以亶洲具体指哪里并不明确。

但夷洲的指代却没有什么异议，那就是台湾岛。同时期的丹阳太守沈莹在《临海水土志》中记载：

"夷州在临海郡东南，去郡二千里。土地无霜雪，草木不死。四面是山，众山夷所居。山顶有越王射的，正白，乃是石也。此夷各号为王，分划土地，人民各自别异，人皆髡头，穿耳，女人不穿耳。作室居，种荆为蕃鄣。土地饶沃，既生五谷，又多鱼肉。舅姑子父，男女卧息共一大床。交会之时，各不相避。能作细布，亦作斑文。布刻画，其内有文章，好以为饰也。"

其他都好理解，只有"山顶有越王射的，正白，乃是石也"比较费解。"射的"就是射箭之的，也就是箭靶，如果是画布做的，就称为"正"，如果是皮质的，就称为"鹄"。所以这里说的是山顶上有越王的箭靶，是白色的，但并非画布做的，而是石头。这里的越王，指的是当地土著首领，当时东吴的辖区内还有很多尚未同化的越人（山越），沈莹称他们的首领为越王，更说明他们是古越人的一支。《临海水土志》当中还记载了诸多当地人的习俗，比如断发文身，春秋战国时吴越人就有这种民俗，更说明他们之间有千丝万缕的联系。

虽然孙权最终没有找到长生不老药，但从此拉近了台湾和大陆的关系，海峡两岸的来往也越来越多（这种来往更多是民间来往）。此后中原战乱频繁，很多人渡海来此谋生，这时候来的就是汉人了。

整个台湾岛绝大部分被山地覆盖。这些山地除了东部沿海的海岸山脉外，主体就是中央山脉，中央山脉可以细分为中央山、雪山、玉山、阿里山4条小的山脉。总体来说，山地占据台湾东部，剩下的西部、北方以台地和丘陵为主，南方才有平原，平原地区又大多处于热带。

汉人最先到达的是澎湖列岛，宋元时期才开始向台湾岛发展。到明清时期，进入本岛的汉人越来越多，朝廷开始在这里设置官府。从这时开始，居住在本岛平原地区的土著逐渐被汉化，而仍居住在深山的土著，则仍保持着原始的民风。1945年抗日战争胜利后，政府对台湾土著进行民族划分，把那些汉化的土著称为平埔人，把仍在山地中的土著称为高山族。高山族其实是个统称，包括泰雅、赛夏、布农、邹族、鲁凯、排湾、卑南、雅美、阿美等十几个部族。这种笼统的称呼源于不了解，所以，现在台湾基本不用"高山族"这个称呼，称之为原住民。

荷兰人一开始的目标并不是台湾，而是葡萄牙人占据的澳门。此时西班牙还没有正式承认荷兰的独立，而葡萄牙已经被西班牙吞并，西班牙镇压荷兰人的经费有很多来自葡萄牙的殖民地，所以打击葡萄牙的殖民地能有效缓解荷兰国内来自西班牙的压力。

当然，作为生意人，荷兰人一开始也没有想打仗，眼看着葡萄牙人在澳门大发横财，他们也想像葡萄牙人一样，从明朝政府手里租借一块地做生意。当然，和当年葡萄牙人遇到的问题一样，明朝一概拒绝。和葡萄牙这种混入了柏柏尔人血统的欧洲人不同，荷兰人算是比较纯种的日耳曼人。表现在外貌上，就是南欧人黑发居多，而日耳曼人金发碧眼比例很高。当然，金发碧眼也是概述，真正金黄色头发的人也不多，倒是那种偏黄棕或者偏赤棕发色的人比较多。中国人第一次见到这种怪异的发色，并不觉得美，反而称他们为"红毛"；又觉得他们不在朝贡国之列，不知道是来自哪里的蛮夷，所以称他们为"红毛夷"或"红毛番"。由此，荷兰人带

台湾岛

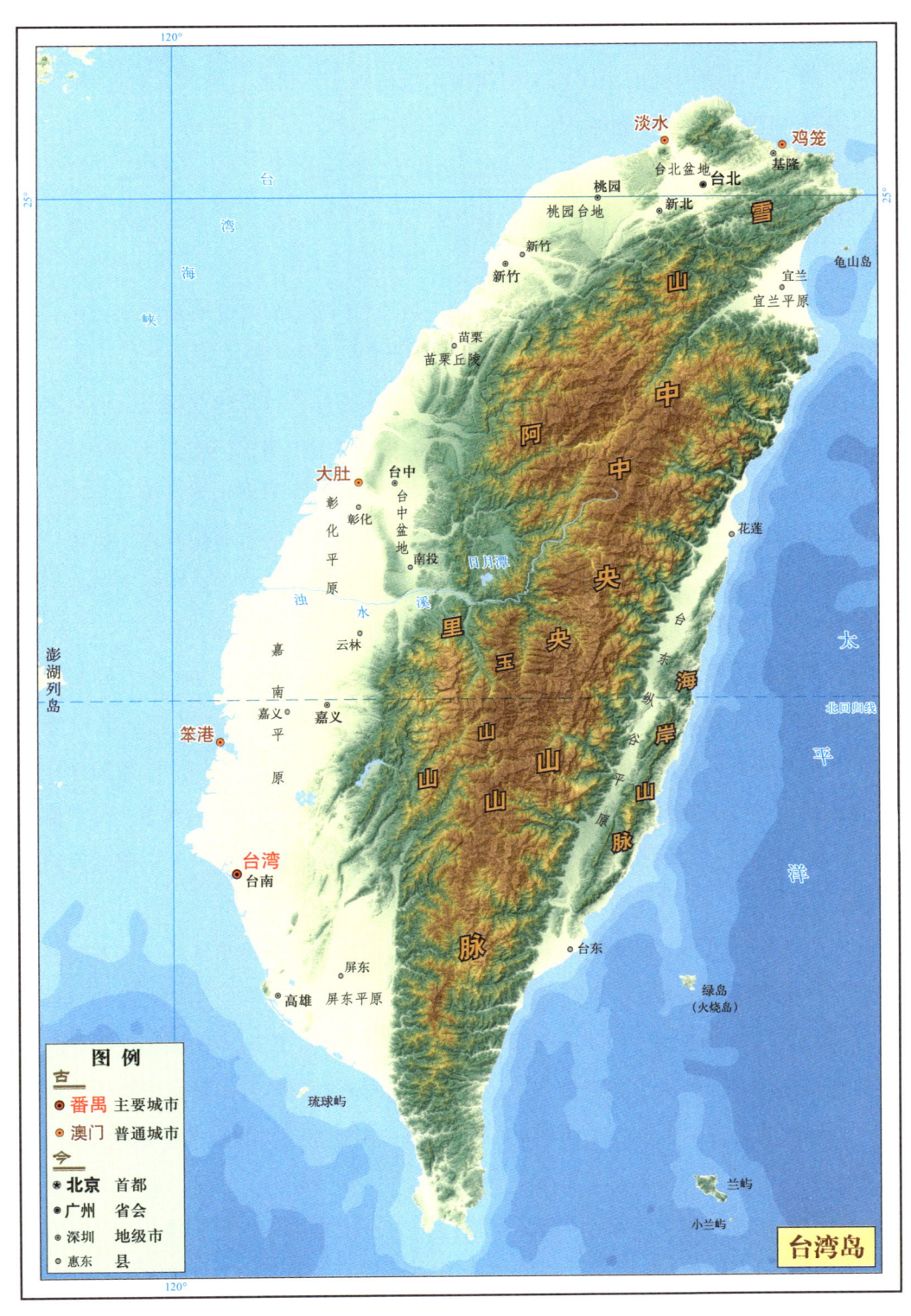

来的前装加农炮自然就被称为"红夷大炮"。这种大炮的后膛呈纺锤形,能装填更多的火药,产生更大的威力,后来被明军大量仿制。清朝时,满族人对这个"夷"比较忌讳,于是改名为"红衣大炮"。

明朝不肯租借,于是荷兰人打算从葡萄牙人手中硬抢。

1601年,荷兰人向澳门进攻,被葡萄牙人击退,还有数名荷兰人被俘,随后被处死。

1604年7月,不甘心的荷兰人再次来到澳门。不凑巧的是此时刮起了台风,把他们吹到了澎湖列岛。

荷兰人一看澎湖列岛也不错,于是在这里伐木造房,打算建立据点。但荷兰人没有想到的是,早在元朝时中国就在这里设立了澎湖巡检司,明朝继承,中间虽然因为海禁政策一度废除,但在1563年(明嘉靖四十二年)已经恢复。也就是说,这里是大明的地盘,不是什么人想占就占的。当时驻守澎湖的将领沈有容,以集结在金门的武力作后盾,逼退了荷兰舰队。至今澎湖马公镇还存有"沈有容谕退红毛番韦麻郎碑",韦麻郎(Wybrand van Warwijck)是当时荷兰舰队的司令。

看来明朝不好惹,那就还是打葡萄牙人的主意吧。

1622年6月22日,荷兰人又一次从巴达维亚来到澳门。这次的舰队由12艘帆船(其中两艘是英国船)组成,士兵有上千人,准备一举拿下澳门。而葡萄牙守军只有50人,加上城里的居民也才150人,看来毫无悬念。结果双方激战3天,葡萄牙人一炮击中荷兰人的火药桶,荷兰人乱作一团,最终大败。这一仗,荷兰人约有130名士兵阵亡、126人受伤、40人被俘,可谓损失惨重。

看来葡萄牙人也不好对付,荷兰人又想起美丽的澎湖湾。于是他们也不回巴达维亚了,拖着残兵败将直接来到澎湖列岛。

荷兰人一开始也想走正规渠道,请求地方政府开市贸易。但福建的官员比广东的官员还保守,结果也是徒劳。于是荷兰人强占澎湖列岛,还封锁了漳州的出海口。就像欧洲人曾在非洲和美洲所做的那样,任何从这里过往的船只都会受到他们的攻击。

他们还在岛上建立要塞,打算永久居住下去。建要塞需要大量的人力,他们又用武力从中国沿海掳掠大量人口来此给他们当苦力。到1623年,要塞宣告完成,有近1300名从福建掳掠来的劳工因缺衣少食而死，剩下的数百人也被送到巴达维亚当奴隶出售。这样一来，福建地方官员再也不能无动于衷了。

1623年，时任福建巡抚的南居益邀请荷兰人到厦门谈判。荷兰人不知道这是"鸿门宴"，欣然前往，结果整个代表团全部被抓，明军趁机烧毁沿海的荷兰战船。剩下的荷兰人虽然只有900多人，但依托澎湖的要塞，并没有打算退却。

1624年2月，南居益登临金门，亲自坐镇。总兵俞咨皋、守备王梦熊率船200艘、兵10000人出击。荷兰人的要塞其实是一座军事城堡，这种城堡不同于中国古城那样四四方方，它呈五角形或六角形，敌人每攻其一角，就会进入另一角或两角的射程范围，非常利于防守。荷兰本土是一片洼地，在军事上没可利用的地形，于是发明了这种要塞战法，让敌人很难突破。

明朝方面，火器还是100年前的佛郎机炮和鸟铳（火绳枪），而欧洲的火器一直在改进，此时燧发枪已经问世，红夷大炮也比佛郎机炮射程远、威力大；但荷兰人只有一座孤城，食物和弹药的补给都是问题。于是双方形成了僵局：明朝水师仗着人多，将荷兰人的要塞围住，却攻不下城堡；荷兰人凭借城堡坚守，却无法突围。

到了8月，双方都扛不住了。首先是荷兰这边，没有后勤支援，守城的人迟早饿死；明朝这边，因为动用的人员、船只太多，旷日持久的围城战已经让官府消耗了177000两白银。双方都希望尽快结束这场战争，这就需要一个居中调停的人，这个人就是中国东南沿海的海盗头子李旦。

李旦是泉州人，最开始在菲律宾经商，后因与西班牙人不合，就去了日本的九州，并在那里定居，成为当地华侨领袖。在日本海盗的帮助下，李旦迅速崛起，成为大陆、台湾、日本、东南亚一带最大的海盗贸易集团头子，据说德川家康统一日本的时候，就接受过李旦的资助。明政府请李旦出面调停正是看中了他在各个势力中的影响力。值得注意的是，当时李旦还随身带了一人，此人精通闽南语、南京官话、日语、荷兰语、西班牙语、葡萄牙语。他的名字叫郑芝龙，既是此行的翻译，也是李旦的义子。

由李旦牵线搭桥，南居益与荷兰人达成的结果是，让他们去大员，那里没有朝廷派驻的官府。南居益还答应，福建的商船可以到大员与荷兰人交易，荷兰人担心的货源（主要是生丝）问题也得以解决。

大员，原指今台南市安平区，是一个海岸沙洲，后来泛指台湾。就这样，荷兰人来到了台湾。明朝也从这次海战中看到了红夷大炮的威力，于是开始仿造。

此时的台湾虽然没有纳入中央朝廷的管辖范围，但并非权力真空。16世纪中期，也就是葡萄牙进驻澳门时，台湾原住民巴布拉族、猫雾拺族、巴则海族和一部分洪雅族成立了"跨族群准王国"，其实是一个部落联盟，共主称为大肚王，或大肚番王。其控制范围包括今天的台中县、彰化县和南投县的一部分，也就是台西中部地区，这个王国一直到清雍正时期才灭亡。

荷兰人到台湾1年后，李旦在日本平户去世。李旦一直是荷兰人的贸易伙伴，没有李旦，荷兰人就拿不到大陆的货源，南居益的承诺显然是缓兵之计，海禁政策不是一个地方官员说改就能改的。好在这时郑芝龙渐渐崛起，于是荷兰人转而与郑芝龙合作。

第三十九章 海盗郑芝龙

郑芝龙出生于泉州南安，早年因生计艰难到澳门投靠舅父。其舅父在澳门做生意，经常接触葡萄牙人，郑芝龙因此学会了葡萄牙语。他还到过马尼拉，为了做生意方便，他加入天主教，和葡萄牙人、西班牙人打成一片。1623年，舅父派他去日本长崎，认识了李旦。此后，郑芝龙便投靠在李旦门下，以父事之。凭着自身的能力，郑芝龙很快获得李旦的赏识，开始独当一面。

当时李旦年事已高，处于半退隐状态，郑芝龙以华商首领的名义去拜见前幕府将军德川秀忠，献上药品。秀忠厚赏了郑芝龙，将他安排在长崎宾馆。随后，时任幕府将军也召见了郑芝龙，从此日本人对郑芝龙刮目相看。

此时，有人给他介绍了平户藩家臣田川昱皇的女儿——田川松。

田川松嫁给郑芝龙后，很快有了身孕，这个孩子就是郑成功。郑成功出生时，郑芝龙并不在身边，他正和李旦帮着荷兰人跟明政府谈判。

同年，旅日侨领颜思齐因不满德川幕府的统治，密谋造反。一个华人为何要参与日本的谋反呢？原来，颜思齐虽是华人，但在日本已被平户当局任命为甲螺（头目），也算是个小小的地方官，有一定号召力。再加上德川幕府结束了日本的战国时代，引起诸多原大小领主的不满，因此颜思齐打算和日本人一起反抗德川家族。天启四年六月十五日（即1624年7月29日，郑芝龙去澎湖之前），颜思齐与杨天生、陈衷纪、郑芝龙等28人结拜为兄弟，准备起事，众人推举颜思齐为盟主。不想事情败露，颜思齐带着大家分坐13条船仓皇出逃，到达九州岛西边的洲仔尾时，陈衷纪建议去琉球（台湾），以此为基业，再图将来。

天启四年八月二十三日（即1624年10月5日，此时郑芝龙已完成澎湖之战的翻译工作），颜思齐率众抵达台湾，在笨港（今北港）靠岸，伐木、辟土、筑寨。与此同时，颜思齐派杨天生到漳州、泉州一带招募移民来拓荒，前后共计带来3000多人。颜思齐将这些人分成十寨，发给银两和耕牛、农具，让他们开荒种地。农耕从播种到产出毕竟需要时间，于是他又组织人到海上捕鱼、到山里狩猎，以解决眼前的物资短缺问题。这当中，不可避免地会与当地土著发生冲突，颜思齐派人进行安抚，最终和土著商定了疆界，互不侵扰。

颜思齐开展了台湾最早的大规模垦荒活动，被人称为"开台王"。他带来的移民影响了台湾的人口结构。今天的台湾，主要有三大族群：一种叫"原住民"，是最早到达这里的土著，他们是百越人的后裔，语言为南岛语系印度尼西亚语族；第二种叫"本省人"，是从颜思齐开始，明清时期移民台湾的汉人，以福建人居多，操闽南语，还有一部分客家人，是清朝康乾时期从广东移入的，说客家话；第三种叫"外省人"，是1949年跟随国民政府退守台湾的军队和家属（约200万人），他们来自全国各地，讲国语。这当中，本省人占了绝大多数（共84%，其中闽南人70%，客家人14%），原住民最少（约2%，也有人说占3%，因为很多平埔人被划归为汉人），外省人比例并不多（14%），但对台湾现代的政治和文化产生了重大影响。

天启五年九月（1625年10月），颜思齐因病去世，众人推举郑芝龙为盟主，继承颜思齐的事业。郑芝龙招兵买马，下设参谋、总监军、督运监守、左右谋士等，建立了初具规模的郑氏地方政权。

同年，李旦去世，于是李旦在台湾的产业也归了郑芝龙。

有了颜思齐在岛上开拓的陆地产业，再加上李旦在海上的武装贸易船队，郑芝龙想不发达都难，崛起是迟早的事，所以荷兰人要找他合作。

几乎是同时，荷兰人也在大员开始对台湾的开发。大员其实是汉人的音译，因为这里是平埔族的台窝湾社（Teyowan）。平埔族是居住在台湾平野地区的原住民，台窝湾社的人是最早与外界联系的原住民，大陆沿海的渔民就用他们的社名代指地名，按闽南语，台窝湾（Teyowan）既可以翻译成"大员"，也可以音译成"台湾"，郑成功占据这里后，逐渐用"台湾"取代了"大员"这个名称。

荷兰人从澎湖退出后，来到大员，开始在这里修建城堡。一开始命名为"奥伦治城"，1627年改为"热兰遮城"。热兰是荷兰的一个省名，也译作泽兰省。热兰遮城一直到1632年才完成第一期工程，它成为荷兰人在台湾的第一个据点。随后，他们又在大员湾的东岸建造了普罗文遮城（赤嵌城）。

如果看一下地图就会发现，整个台湾岛东部都是山区，那里生活着原始的土著人，以狩猎采集为生，能开发的是西部不到三分之一的地方，而荷兰占据了其中最好的一块地方（今台南），从这里可以辐射到屏东平原和嘉南平原的南部；往上，是郑芝龙占据的笨港一带；再往上，就是大肚国的势力范围；过了大肚国，地形就以台地和丘陵为主了，不适宜开发。所以说，同样是台湾西部，南部比北部好。

自从荷兰人在台湾落脚，西班牙人坐不住了——台湾海峡控制着从日本和福建到马尼拉的航线，如果任由荷兰人在此发展，对马尼拉的发展是个极大威胁。早在李旦死之前，郑芝龙就帮着荷兰人截获从闽浙一带驶往马尼拉的商船，使马尼拉的贸易遭受重创，于是西班牙人也把目光放在了台湾岛上。既然南部被荷兰人和郑芝龙占据，那么他们只好往北寻找合适的地点了。

西班牙人找到的第一个据点是鸡笼（闽南语音译，后改为基隆）。1626年，西班牙人在这里发现一个港口，并派军侵占。他们在这里修建了一座城堡，名为"圣萨尔瓦多城"。两年后，他们顺着淡水（台湾河流名）来到海边，发现这里离大陆最近，是个建港口的绝好场所，于是又在这里修建了一座城堡，名为"圣多明戈城"。就这样，西班牙人控制了台湾岛的北部。

但北部的开发难度超出西班牙人的想象。在南部，由于气候适宜，土地肥沃，又多是平原，荷兰人很容易从东南沿海招到大量汉人来种植开发。而北部多山地，汉人不愿意去，基本上都是土著，这些人没有受过文明的洗礼，西班牙人很难让他们驯服，不管是用金钱还是武力。退一步讲，就算西班牙人不考虑在此开展种植业，仅仅是维持一个普通港口的运转，也需要修船的、做饭的、酿酒的、运送淡水的、搬运货物的，甚至理发的、搓澡的，哪怕是一些基本的服务业，土著人也难以胜任。汉人不愿意来，西班牙人的数量又极其有限，所以，西班牙人在台湾北部经营了十来年，发展十分缓慢，对马尼拉的总督来说，这是一桩很不合算的买卖。

1637年，马尼拉的总督下令拆除淡水的圣多明戈城，只保留鸡笼一处港口。因为鸡笼的港口条件较好，它本身是修在离岸不远的和平岛上，与陆地有一道海水作屏障。而且在和平岛的外围不远处，还有一个鸡笼屿，在鸡笼屿上修建炮台，既可以作为鸡笼港的前哨，还可以作为鸡笼港的屏障。此外，淡水港因在淡水的出海口，天长日久容易因泥沙堆积而导致航船搁浅，鸡笼则没有这个困扰，这里凭山负海，是天然的深水港——这样的港口实在难得，西班牙人也舍不得拆，只拆除了鸡笼屿上的一些防守堡垒，驻军则缩减到百多人。

荷兰人得到这个消息后，认为将西班牙人赶出台湾的时机已经成熟。1641年，荷兰人重建了淡水城，命名为"安东尼堡"。他们还招募汉人来此拓垦，因为汉人称荷兰人为"红毛"，所以他们把这个新城称为"红毛城"。

1642年，荷兰一面从巴达维亚派出增援部队（虽然最终没赶上），一面命大员的荷兰人再次进攻鸡笼。荷兰派出的士兵有396人，还带了1000名淡水原住民拿着弓箭助阵（虽然没起什么作用）。西班牙的百多人只抵抗了6天就投降了。从此，西班牙人彻底撤出台湾，马尼拉的总督因此坐了4年牢。

就这样，荷兰人在台湾有了两个据点——大员和淡水，鸡笼暂时没有外部势力介入。但也仅仅是据点而已，台湾的实际控制权在郑芝龙手上。

从1626年开始，郑芝龙就以笨港为基地，在福建及广东沿海劫掠，让明朝水师疲于奔命又无可奈何，于是想到招安。郑芝龙不为所动，纵横台海，来去如风。到1627年，郑芝龙的武装商船已有700艘，无论是明朝官方，还是驻守台湾的荷兰人，都望尘莫及。郑芝龙虽身为海盗，但并非无恶不作。当时的同安知县写给福建巡抚的信中就说，郑芝龙虽然到处劫掠，对沿海百姓却很好，不但不杀人，还经常救济穷人，威望比官府还高，官府有什么动静，百姓都给郑芝龙通风报信。

明廷意识到这支力量的可怕，于是起用蔡善继任泉州巡海道，招抚郑芝龙。郑芝龙率众到泉州，见到蔡善继。郑芝龙的弟弟郑芝虎、郑芝豹认为朝廷没有诚意，这次招安不了了之。

1628年，崇祯继位。这一年闽南大旱，饥民甚众。郑芝龙在福建巡抚熊文灿的帮助下，再次招募了漳州、泉州数万灾民到台湾垦荒，每人给三两白银，三人给一头牛。如果说颜思齐是开启了往台湾移民的先河的话，郑芝龙则是往台湾大规模移民的首倡者。

这次合作让郑芝龙感到了熊文灿的善意，于是在年底熊文灿再度派人招抚的时候，郑芝龙同意了。朝廷给他的头衔是"海防游击""五虎游击将军"。郑芝龙给朝廷的承诺是"剪除夷寇，剿平诸盗"，为明廷守备海防。此时郑芝龙的手下有3万部众，船千余艘。虽然名义上归顺朝廷，但郑芝龙吸取了汪直的教训，始终没有远离自己的舰队，牢牢把控着自己的旧部和势力范围。其实郑芝龙的目的很简单，就是想做海上贸易，打破明廷的海禁政策（"隆庆开关"开放的港口有限，还有诸多限制，远远满足不了民间的商贸需求），招安前后所做的事没变，只不过从此以后合法了，由海盗转变成官军。随后，郑芝龙就把自己的大本营搬到了泉州老家。

有了官方的金字招牌，郑芝龙很快平定了李魁奇、钟斌等其他海上武装力量，声望日隆。在这些战斗中，荷兰人帮了郑芝龙不少忙，但等郑芝龙完全垄断了东亚的海上贸易时，荷兰人不高兴了。

当年荷兰人退出澎湖，地方官员曾承诺，福建和大员之间可以直接贸易。荷兰人显然不了解中国的国情——所谓承诺只是托词，这种事情只有朝廷能作主。当他们在大员建立基地之后，才发现船只能停留在漳州湾的海上，不能靠港，如果想收货，只能找人帮忙，其实就是走私。当然，荷兰人也短暂地尝过甜头，就是在许心素当福建把总的时候，他们能直接从官方拿到大量的生丝，不需要经过民间二道贩子。

许心素曾是李旦的拜把子兄弟，当李旦在日本打拼时，许心素就在厦门（属泉州府）一带构建货源网络，然后将李旦所需的丝绸等商品运到台湾，再转于李旦之手，许心素因此成为当时台海贸易的大海商。荷兰人从澎湖退往大员时，半信半疑，官府于是让许心素当向导和人质，让他带着荷兰人前往大员。正是这次机会，让许心素结识了荷兰人，并建立了信任关系。李旦死后，海上小海盗众多，抢劫变得很随意，航行不安全，许心素的生意一落千丈。

很多人可能不明白，李旦本身不也是海盗吗？为什么他在的时候没有人抢劫？其实不是没有抢劫，而是抢有抢的规矩。所谓盗亦有道，像李旦这种大海盗，自身有一支武装船队，保护自己是没有问题的，但一般的小商贩养不起一支武装舰队，与其被抢，不如给李旦交点钱，插上李旦授权的旗子，一路上也就没人敢打劫了。这其实和官府的收税是一个道理，你给我钱，我保证你的安全。而对于不交钱的，当然可以打劫，劫到他交钱为止，否则生意别做。郑芝龙后来也是干同样的事，他投降官府后，改为收税，和以前收保护费没什么区别。从长远来看，收保护费的效益比打劫更持久和稳定，试想一下，如果大海盗都靠打劫为生，那就没人敢做贸易，最终也就无劫可打。这其实是一种维护贸易秩序的方式，打劫是竭泽而渔，收保护费是细水长流，有实力的海盗都会选择后者。

李旦刚死时，郑芝龙还没有成长起来，海上群龙无首，一片混乱。为了保护自己的利益，许心素决定投身官府，以官府的力量保护自己。

成为官商之后，许心素作为地方官府与荷兰人的中间人，成为唯一一个获得与荷兰人贸易许可的商人。有了这块金字招牌，许心素垄断了荷兰东印度公司与中国官方的全部生意，特别是生丝贸易。郑芝龙崛起之后，两人就成了竞争对手。不同于李旦把经营重心放在日本，郑芝龙的重心在台海两岸，许心素垄断了大陆一端生丝的出口，郑芝龙自然必欲除之而后快。许心素也曾想联合荷兰人除掉郑芝龙，荷兰人没答应，于是双方摩擦不断。1628年，在归顺朝廷前，郑芝龙突然反击，在厦门除掉了许心素，完全垄断了台海贸易。

为了搞好关系，荷兰人帮了郑芝龙不少忙，但郑芝龙对荷兰人并不像许心素那么上心，荷兰人能拿到多少货完全看他的心情。这其实不能怪郑芝龙，郑芝龙的业务范围比许心素大得多，他的眼里不仅仅是荷兰人，因此就算有货，他也不能全给荷兰人。荷兰人不管这些，郑芝龙给不了货，他们就提出自由贸易的要求。这更不是郑芝龙所能决定的了，他的官位仅仅是个"游击将军"，国与国之间的贸易别说他不能左右，就连提建议的资格都没有。

崇祯三年三月（1630年4月），新任福建巡抚邹维琏对郑芝龙无视禁海令的贸易行为很不满，于是发布禁令：只许持有许可证的福建人下海，不许外国人到福建贸易。禁令发布后，第二年发放的许可证只有6张，大员的贸易顿时陷入停顿。

荷兰人终于失去了耐心，巴达维亚的决策者决定以武力逼迫中国答应他们的要求，战争一触即发。

第四十章　金门海战

这场战争发生在金门岛附近海域，因此被称为金门海战。具体地点是金门岛南部的料罗湾，所以也称料罗湾海战。战争的主角是郑芝龙和荷兰人。郑芝龙已经归顺明廷，代表的是明朝官军；荷兰人代表的是东印度公司。东印度公司不是普通的公司，它具有国家职能，可以自建军队，可以发行货币，可以与他国签订条约，实际上代表的是荷兰政府。所以，这场战争是国与国的战争，不是民间的纠纷。

1633年（崇祯六年）6月2日，6艘荷兰战船从巴达维亚起航，乘东南季风向中国进发，沿途不停有各地巡逻船加入。他们一路劫掠来到中国，并与新任大员长官普特曼斯（Hans Putmans）的舰队在南澳会合。

7月12日，普特曼斯带着荷兰舰队进入厦门港。厦门守军毫无防备，当时港内停泊着几十艘明廷和郑芝龙的待修船只。厦门守将张永产正在泉州操办军械，郑芝龙也忙着在宁德一带剿匪。荷兰人击沉了港内三十来艘大船和二十来只小船。厦门的商人一时蒙了，到傍晚才跑到荷兰人的船上问怎么回事。

然后，荷兰人开始在厦门一带劫掠。除了抢夺食物，他们还迫使厦门、金门、烈屿（小金门岛）、鼓浪屿，以及附近的村落每周提供25头猪、100只鸡、25头牛。随后，他们封锁附近的航道，威胁明朝政府开放贸易。

7月14日，郑芝龙得到消息后，给荷兰人写了一封信，要求释放被扣留的中国商人，并说明攻击的原因。荷兰人毫不理会，继续在浯屿一带劫掠，连过往船只也不放过。

7月24日，郑芝龙派代表前往荷兰舰队，说只要荷兰人撤回大员，他可以派商船到大员和荷兰人贸易。26日，荷兰人回复，提出的要求是：中国方面立即停止同西班牙、葡萄牙等国的贸易，只能与荷兰人贸易，否则将再度开战。中国方面的回复是：荷兰人先赔偿战争损失，退回大员，才有谈判的可能。

这种皮球踢来踢去，最终毫无结果，于是荷兰人再度进攻厦门。这一回中国方面不再毫无准备，张永产和同安知县熊汝霖迎击，荷军败退，10余名荷兰士兵被杀。明军乘胜追击，到了深海，因风向不利，撤回。败退的荷兰人在海上游弋了20多天，不敢再攻厦门，于是来到料罗湾，临近海澄县境。海澄知县梁兆阳率兵夜渡浯屿，攻破荷兰舰队，焚小船3艘，获大船5艘。

荷兰人没想到连败两场，于是找了两个盟友：一个是刘香，一个是李国助。刘香原是郑芝龙的结拜兄弟，因拒绝降明与郑芝龙决裂；李国助是李旦的儿子，因郑芝龙侵占了李旦在台湾的资产而成仇。普特曼斯给两个海盗头子开出的条件是：荷兰人的大员、巴达维亚及其他要塞，他们都可以在那里停靠，自由贸易。两人欣然应允，凑了50艘船前来助阵。

荷兰人信心十足，29日正式向大明递交宣战书，其中的要求有：

一、在漳州河（今九龙江）、安平、大员、巴达维亚自由贸易的权利；

二、在鼓浪屿建立贸易据点；

三、可派遣代表至中国沿海城市收购商品，船只可在福建沿海自由停泊；

四、不准任何中国船只前往马尼拉；

五、荷兰人在中国享有与中国人同等的法律权利。

别说五条，就是其中任何一条，明朝政府都不会答应，而是利用这个机会积极备战。8月3日，明军开始动员，郑芝龙动用江湖上的规矩，在朝廷的赏赐之外，另加赏格：凡参战者每人赏银2两；若战事延长，再额外加5两；烧掉一艘荷兰船只赏银200两；取得一个荷兰人头赏银50两。当时一个七品官的月俸也不过5两，杀掉一个荷兰人的赏赐相当于一个七品官近一年的俸禄，可见这个赏格之高。荷兰人听到这个消息后，心惊胆战。

此后，双方集结兵力，互寻战机，摩擦不断，各有胜负。

10月22日黎明，明军得到可靠消息，荷兰人和刘香的联合舰队主力正停留在金门岛南部的料罗湾，于是率主力悄悄进入，金门决战一触即发。

开战之前，我们先来了解一下双方的军力。

首先是荷兰方面，有13艘军舰，其中12艘是盖伦船，1艘中国式帆船（西方人称戎克船）。盖伦船拥有两层或多层甲板，排水量在1000吨左右，每船装有20～30门加农炮（即红夷大炮）。

刘香有50艘海盗船，是一些老旧中国式帆船，具体火力情况不明，但拥有十几门红夷大炮。

明朝方面，全是中国式帆船，总数150艘，数量上绝对占优势，船只大小不一。其中100艘为明朝海军原有船只，普遍较小，战斗力弱。剩下的50艘是郑芝龙当海盗时的战舰，作战能力较强，火力配备是：佛郎机炮6座、碗口铳3个、喷筒60个、鸟嘴铳10个、烟罐100个、弩箭500枝、粗火药400斤。

佛郎机炮的射程和精准度远不及红夷大炮，郑芝龙也想在船上加装红夷大炮，但因中国式帆船结构限制，只能在船头和船尾各装一门。因为船头和船尾不能同时朝一个方向作战，所以50艘船就相当于50门红夷大炮，与荷兰的200多门侧舷炮相比还是差得远。

所以在火力上，明朝并不占优势，但在数量上占有绝对优势。

再说战术方面。

荷兰方面，采用欧洲人常用的方式，将战舰拉成一条纵线，依靠侧舷炮的威力，绕着圈打击敌人。而明朝方面，还是传统的先将战船与敌船靠近，然后跳上甲板，以肉搏取胜。之前介绍葡萄牙人与印度、阿拉伯联军作战时说过，因为阿拉伯船矮小，即使靠近了也爬不上敌人的甲板，导致大败。郑芝龙长年和欧洲人打交道，船只也在不断改进，所以船只并不小，不存在这个问题。但我们也知道，西班牙无敌舰队与英国人作战时，用的也是肉搏战，但英国船根本不让西班牙船靠近，靠着侧舷炮大败无敌舰队。所以，明朝方面要取胜，硬拼肯定不行，必须采取策略。

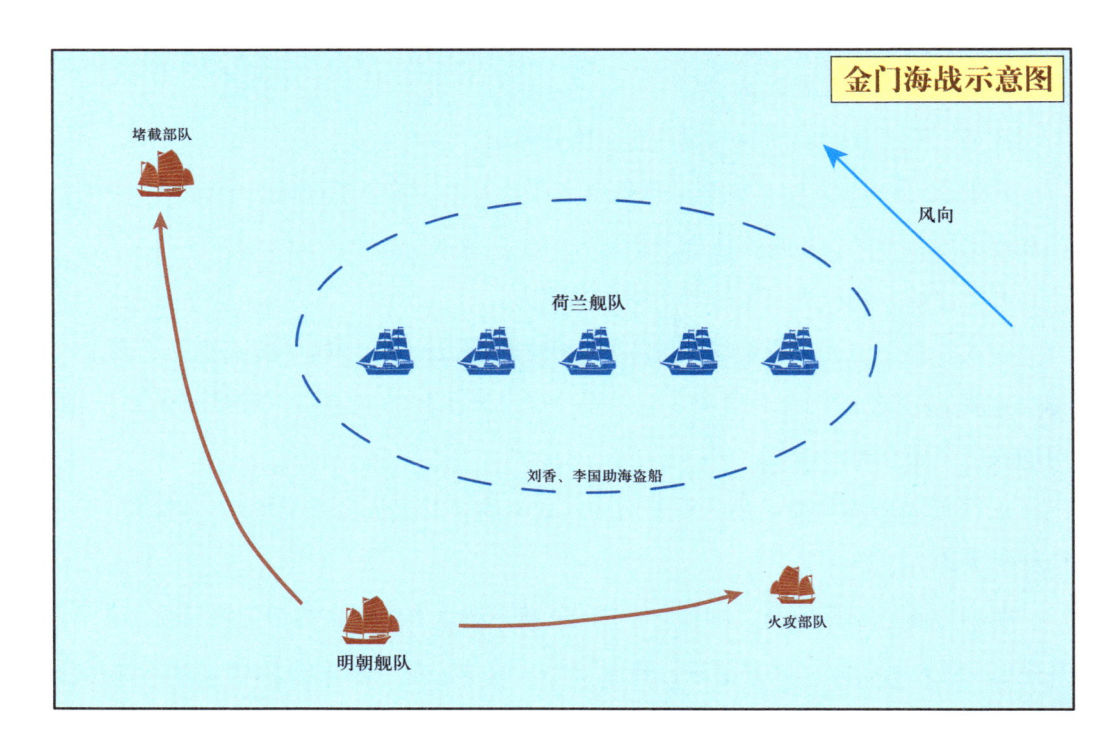

战斗一开始，荷兰人果然摆出一字长蛇阵，刘、李的50艘海盗船四散成一个圆圈，将荷兰船护在其中。这时，如果郑芝龙的明军强行进攻，会遭到刘香海盗船的阻击，同时遭到荷兰战舰红夷大炮的远程打击，结果可想而知。

郑芝龙的战术可没那么简单，他采用了一种中西结合的战术。他知道问题的关键在荷兰的12艘盖伦船，刘、李不过是见利起意，完全不用放在心上。所以，他早有准备,将50艘船加装红夷大炮,作为主力与荷兰人周旋。

10月份(农历九月),正是东南风盛行的季节。看到东南风,是不是想到了赤壁之战?是不是想到了火攻?没错,郑芝龙也是这么想的——他将100艘小船改造成了火船。

傍晚,明军开始进攻,郑芝龙立即兵分两路:一路是100艘火船抢占上风口从正面突击,只留一部分的战船与刘、李的海盗船纠缠,其余的穿过刘香防线迅速向荷兰船靠近,借风放火;另一路是郑芝龙的主力战舰,顺着东南风,借着夜色,绕到荷兰舰队的侧后方,用火炮攻击荷兰舰队,因荷兰舰队的侧舷对着南方和北方,所以这个位置不会遭到荷兰人的炮火攻击。

荷兰人从没见过这种打法,一时顾此失彼,阵形大乱。没多久,荷兰舰队的一艘盖伦船被点燃,随后沉没,接着另一艘被击沉。郑芝龙一看时机已到,留了一支小分队拦截逃跑的敌船,其余的战船一拥而上,与敌人短兵相接。刘香、李国助一看荷兰人不行了,立即逃离战场。

战斗的结果是,荷兰人除了4艘战船逃离外,其余全部被摧毁,100人被俘。明朝最终取得战斗的胜利,但也付出了86人战死、132人负伤的代价。

金门海战之后,往来于东亚海洋的商船都挂郑氏令旗,交保护费。郑芝龙一时成为东亚海域的王者,其通商范围遍及大泥(马来半岛上一个城邦古国)、浡尼(加里曼丹岛北部文莱一带的古国)、占城、吕宋、笨港、大员、平户、长崎、孟买、万丹(位于爪哇岛最西部)、旧港、巴达维亚、马六甲、柬埔寨、暹罗。手下的兵员有汉人、日本人、朝鲜人、马来人、台湾原住民、非洲黑人等各色人等,共计20万,大小船只3000多艘。

有了郑芝龙的保驾护航和优厚条件,更多福建移民开始涌入台湾。此时的福建移民基本覆盖台湾全岛,仅大员的汉人就有好几万。

1644年,中国政局发生巨变。李自成攻入北京,崇祯帝自缢煤山,吴三桂引清兵入关。一时城头变幻大王旗,江山易主。清军占领北京后,南京的文武大臣拥立福王朱由崧称帝,改元弘光,史称南明,此时南明还占有淮河以南的半壁江山。同年,弘光帝册封郑芝龙为南安伯、福建总镇,负责福建全省的抗清军务。但很快,清军南下,攻破江南门户扬州。不久南京陷落,弘光帝被俘。第二年,郑芝龙、郑鸿逵（郑芝龙异母弟，排行第四）在福州奉唐王朱聿键为帝，改元隆武，郑芝龙被册封为南安侯。隆武帝一改弘光帝"联虏平寇"的方针，采取"联寇抗清"的策略。这里的"虏"指的是清兵，"寇"指的是李自成、张献忠领导的农民军。弘光帝原本想借清兵的势力消灭农民军，结果自己被清兵所灭。隆武帝反其道而行之，联合农民军，共同抗击清军。事实上，这一政策绝非权宜之计那么简单，张献忠的干儿子李定国后来成了抗清的中流砥柱，就是这一政策产生的作用。

占领南京后，清军继续南下。隆武二年（清顺治三年，1646年）六月，浙江鲁王兵败，逃亡海上。随后，清军兵分两路由仙霞关、分水关进军福建。镇守仙霞关的施福、郑鸿逵闻风而逃，清兵占据仙霞岭，隆武帝逃往汀州，后被俘，绝食而死。隆武二年九月十九日，清军占领福州，随即向郑芝龙招安，承诺让他当闽粤总督。

海盗出身的郑芝龙，骨子里其实是个商人。商人做任何决定，都是从利益出发的。之前做海盗，郑芝龙赚得盆满钵满，但与投降明廷之后相比，也只是九牛之一毛。从这件事上，郑芝龙体会到背靠官府的好处。另一方面，做为明廷招安的海盗，朝廷一开始也并没有重用郑芝龙的意思，只是剿灭不成才改用了折中政策，目的是让郑芝龙和其他海盗黑吃黑，只是没想到郑芝龙越吃越大，还替朝廷打败了荷兰人。而郑芝龙呢，本意也是利用官方的招牌赚更多的钱，扩充自己的实力。本质上说，郑芝龙投降明廷只是一种交易，并无忠心可言。所以在清廷递来招降书时，郑芝龙答应了。在郑芝龙的眼里，明廷也好，清廷也罢，只要不妨碍他做生意赚大钱就行。但他忘了，他拥立过隆武帝，这在政治上是一个大忌。

郑成功的政治觉悟显然比父亲高，他死命劝阻郑芝龙别随清军北上。郑芝龙不听，郑成功说："若父亲一去不回，孩儿将来自当为父报仇！"

第四十一章 英雄郑成功

郑成功原名郑森，正是日本人田川松所生。田川松生下郑森后一直待在日本。直到郑森6岁，郑芝龙被明廷招安后，母子俩才被接回泉州府安平镇（今晋江市安海镇）。从这时开始，郑森就在此读书、应试，接受传统的中国教育。

1645年，郑芝龙把儿子引荐给隆武帝。一是出于对郑森才华的欣赏，二是出于对郑芝龙拥立的感激，隆武帝把当朝最尊贵的姓"朱"赐给了郑森，并把他的名字改为成功。从此，郑森的名字成了朱成功。朱是国姓，从此人们称他为"国姓爷"。因为习惯，我们还是称他为郑成功。

从1646年起，郑成功开始领兵，多次奉隆武帝之命在闽、赣一带与清军作战，很受隆武帝器重。但他权力不大，领兵的数量有限，真正大权掌握在郑芝龙手上。事实上，仙霞关的守将施福（又名施天福，是施琅的同族叔叔）弃关而逃，就是郑芝龙的授意。

郑芝龙投降后，郑成功劝阻不成，只好带着部分士兵出走金门。郑芝龙带着其他几个儿子到达福州后，就被胁迫北上，清军乘机出兵攻打郑芝龙的故乡南安。战乱中，田川松自缢身亡，郑成功由此更加坚定了抗清的决心。

隆武帝死后，桂王朱由榔在肇庆称帝，改元永历，并与张献忠的大西军余部联合，在西南一带抗清。与此同时，郑成功在东南沿海招兵买马，收编郑芝龙的旧部。永历元年（1647年）一月，郑成功在小金门以"忠孝伯招讨大将军罪臣国姓"之名誓师反清。这一东一西，搞得清军顾此失彼，反清活动一时进入高潮。

但对郑成功来说，刚开始的反清活动并不顺利。1647年，他先攻打海澄县失败，后攻打泉州府，又失败。

永历二年（1648年），郑成功一举攻克同安。五月，围攻泉州。七月，清军来了个围魏救赵，直接攻击同安。同安守军不敌，泉州援军已到，郑成功只好班师，退兵海上。同年，江西总兵起兵反清，广东提督也投诚永历帝，反清声势一时大涨。但这几股反清势力都是各自为政，彼此没有协同，于是清军各个击破。不久，江西和广东的反清势力都被打压下去。

郑成功看出问题所在，于1649年奉永历帝为正统。永历帝随即册封他为延平王（郡王），从此亦有人称他为"郑延平"。这时的永历帝，名义上控制了云南、贵州、广东、广西、湖南、江西、四川七省，还包括北方山西、陕西、甘肃三省一部分，再加上福建和浙江两省的沿海岛屿，看似占据了半壁江山。但实际上，真正有决心并有实力抗清的，是西南的李定国（大西军首领）和东南的郑成功。

此时的郑成功实力还很不够，他虽能召回很多父亲的旧部，但没有一块稳定的根据地。在福建的几次战斗中，郑成功的城池得而复失，最终也没有据有一城一府，于是他把目光放到离此不远的潮州。潮州附近有块小平原，可以产粮，而且这里山地环抱，比较好防守，或者可以作为根基。

顺治七年六月（1650年），郑成功进抵潮州府。潮州守将郝尚久原本也打出反清的旗号，但实际上想拥兵自立。他不但拒绝和郑成功合作，还袭击过郑成功手下的施琅、郑鸿逵等部。这次郑成功兵临潮州府，揭阳、普宁、惠来等县都已拿下，郝尚久退入府城坚守。不久，清军再次攻入广东，郝尚久再次降清，引清兵进入潮州城，一同抵抗郑成功。郑成功围城三月不克，士气低落，粮草又不济，只好退兵回闽南。

厦门其实更适合作为郑成功的根据地，但厦门的实权掌握在其族叔（一说族兄）郑彩和郑联的手里。这时的郑成功还是个26岁的后生，早在他入仕之前，郑家的产业就被这些同族的长辈们瓜分了。除了家产矛盾，郑成功与郑彩、郑联政治立场也不同。当年唐王在福建称帝（隆武帝）的时候，鲁王也在绍兴监国，与隆武帝争位。后来清军占领南京，顺势入浙江，鲁王逃亡海上，后至舟山。隆武帝死后，郑彩、郑联迎鲁王到厦门，想学当年郑芝龙拥立隆武帝以谋得权位。而郑成功一直忠于隆武帝，不接受鲁王。这次取潮州不成，施琅献计，称可以乘机除掉二人，夺取厦门。于是郑成功乘郑彩离开厦门之际，前往拜访郑联，借机杀了郑联。郑彩得知弟弟的死讯，走投无路，回到厦门就交出了兵权。

就这样，郑成功不但收编了郑彩、郑联的大部分军队，而且有了厦门和金门作为根据地。同时，他也容纳了鲁王在金门养老。鲁王一直到4年后才恋恋不舍地取消了监国身份，终老于金门。

同年十一月，清平南王尚可喜、靖南王耿继茂率数万铁骑攻入广州，身在肇庆的永历帝急召郑成功南下勤王。郑成功留叔父郑芝莞留守厦门，十二月进抵广东揭阳，与郑鸿逵会合。郑鸿逵自两年前占据揭阳就驻扎在此，他还在郑芝龙投降清廷时帮助郑成功逃离厦门。两人一番商量，都很担心厦门的防务，于是决定让郑鸿逵移师厦门协防，郑成功则继续南下。

顺治八年（1651年）正月，郑成功抵达南澳。二月，舰队在盐州港附近遭遇暴风雨，郑成功的旗舰险些解体，船上所有器物丢失一空。直到第二天下午，风雨才渐歇，郑成功回到岸边与主舰队会合。三月，舰队抵达广东大星所（今惠东）。

不出两人所料，清军得知郑成功主力南下后，趁虚攻击厦门。郑芝莞未战先怯，载满金银财宝逃亡。清军轻松占领厦门，将郑家洗劫一空。郑成功的妻子董夫人和长子郑经，慌乱之中只带着祖宗牌位逃难于海上。清军占领了厦门，却没打算长驻，而是满载战利品返回陆地，路上正好赶上郑鸿逵回防。郑鸿逵将清军围困在海上，清军拿郑芝龙和他母亲的性命相威胁，郑鸿逵只好放了他们。

郑成功得知厦门的消息后，原本坚持南下勤王，无奈将士们因家乡遭劫，归心似箭，只好班师。回到厦门后，郑成功将郑芝莞斩首，放走清军的郑鸿逵也被剥夺兵权，从此不再过问政事。

同年，施琅擅杀郑家旧部曾德，于是郑成功拘捕了施琅和他的父亲以及弟弟。结果施琅伺机跑回大陆，那里是清廷的管辖范围。郑成功怒不可遏，就处死了施琅的父亲和弟弟。施琅从此对郑家怀恨在心，一心投靠清廷。

接下来的两三年，是郑成功和清廷在厦门沿海的拉锯战。1651年的下半年，郑成功在小盈岭、海澄一带，攻克了平和、漳浦、诏安、南靖等地。年底，又有定西侯张名振等人来投。顺治九年（1652年）正月，海澄投降。二月，攻占长泰，随即围攻漳州，漳州府的府城比一般县城坚固，久攻不下。清军又使围魏救赵之计，募集百艘战船攻厦门。郑成功派水师迎击，大胜。九月，漳州城中弹尽粮绝，饿死者不计其数，但仍据城死守。而此时，清军万人大军已到泉州府，郑成功只得暂解漳州之围以待敌军，结果伏击不成，反遭大败。郑成功退守厦门，保海澄，清军趁机收复南靖、漳浦、平和、诏安四县。次年，清军进攻海澄，以火炮开路，郑军损失惨重。五月，郑成功得知清军火药不继，诱敌深入，突袭制胜，海澄得以保全。

清廷没想到郑成功这么难打，于是提议招降，封郑成功为"海澄公"。郑成功没有接受封号，但借议和的时机休整，同时筹措粮饷。年底，顺治帝再度敕封，并承诺把泉州府给郑成功安置部属，郑成功没接受。

顺治十一年（1654年），投降过来的张名振见清军兵力集中在福建，料定江苏、浙江等地的防务必然空虚，于是向郑成功请兵，率百艘战舰北上，图谋江南。张名振先沿海路到长江口，然后逆长江而上，一直打到金山寺，威逼南京城。可惜最后粮草不济，只好回师。这次远征虽没成功，却给郑成功提供了一种思路，清军在陆地上骁勇善战，在水上的战斗力却不行。

二月，清廷再遣使者与郑成功议和，承诺把兴化、泉州、漳州、潮州四个府的地方给郑成功，郑成功却说，兵马太多，没有几个省放不下。这明显是在拒绝，但清廷仍不死心，八月再派使者来商议，使团里包括郑成功的亲弟弟郑渡和郑荫。这明显是提醒郑成功，别忘了他们手里有人质。但郑成功认为清廷没有诚意，只要他不受诏，父亲在北京反而高枕无忧。

同年，远在大西南的李定国终于与郑成功取得联系，希望从东西两个方向合力进攻广东，将南明的势力连成一片。此时广东大部已经被清廷占据，永历帝被孙可望劫持到了贵州，李定国正在反攻广东，已经收复了廉州（合浦）、雷州（海康）、高州。于是二人约定先合力攻打广州，再平定全广。约成之后，郑成功派林察、周瑞领军西进，但因故错过了约定日期，导致李定国孤军奋战，虽收复肇庆，却在广州城外大败而回。

还是这一年，漳州协守刘国轩向郑成功投降，引郑军进入漳州府城，总镇张世耀见大势已去，也只好投降。至此，郑成功终于得了一个府城，随即分兵进击，拿下同安、南安、惠安、安溪、永春、德化等县。

顺治十二年（1655年），永历帝因与郑成功相隔太远，中间的广东又被清廷占据，消息难通，于是特准郑成功设置六官及察言、承宣、审理等官，方便施政；同时允许他委任官员，武官可达一品，文职可达六部主事。虽然如此，郑成功每次拜封官员，都请宁靖王朱术桂等明朝宗室在旁观礼，以示尊重。同时，郑成功还将厦门改名"思明州"，以示对明朝的忠心。

九月，清定远大将军、郑亲王世子爱新觉罗·济度率3万大军入闽，会同驻闽清军，准备进攻厦门。郑成功一面巩固厦门、金门的防务，一面分兵骚扰敌人的后方：一路北上浙江，一路南下广东。清军首尾受敌，一时难以集中军力。到顺治十三年（1656年）四月，济度终于将各路水师集结妥当，准备进攻厦门。郑成功早有准备，在围头湾给予清军迎头痛击，清军大败而归。

再说李定国回云贵后，把永历帝接到昆明，礼遇有加。孙可望不能挟天子以令诸侯，怀恨在心，投降了清廷，并献出西南地区的地图，将大西军的布防全都告诉了清军，清军于是大举进攻贵州，李定国大败。郑成功看到了战机，于是联络浙东的张煌言，大举北伐。

两人的分工是：张煌言走陆路，攻取清军的府县；郑成功走水路，从长江打到南京。顺治十五年（1658年）六月，张煌言等人开始攻打温州府下的瑞安县，而郑成功在温州地区征集完粮草，随即北上。清廷一面加强浙江防务，一面从河南、江西、山西、山东抽调兵马驰援。

八月初九，郑成功舰队由舟山进抵洋山（今大洋山），突然遭到一场暴风雨，郑成功的6位妃嫔以及第二、第三、第五个儿子都被淹死，兵将、船只、器械损失巨大。军中的北方士兵也被这场暴风雨吓坏，纷纷逃走。

郑成功回师舟山，稍作休整，由于岛上太荒芜，随即南下。他一面在途中攻克台州、海门卫、黄岩县、磐石卫、乐清县等浙江沿海要地，一面整顿队伍，制造器械，修补舰船，筹集粮饷，准备明年再战。

到次年二月，郑成功基本完成了战前的部署，于是召各路人马到磐石卫听令。

这一次，郑成功改变了策略。他先集中兵力和张煌言一起猛攻定海城。此举一为解除北伐的后顾之忧，二为给清军制造一个假象，吸引江苏和浙江的清军来援。

四月底，联军夺下定海城，焚毁清军水师战船一百多艘。五月十九日，郑成功

郑成功势力范围

图例

古
- 🔴 广州　主要城市
- 🟠 澳门　普通城市

今
- ★ 北京　首都
- ● 广州　省会
- ○ 深圳　地级市
- ○ 惠东　县

- 郑成功曾经占领的地区
- 郑成功军队影响的范围

舰队抵达吴淞口，派人秘密联络清朝苏松提督马逢知，相约出兵。但马逢知心怀观望，按兵不动。六月初一，郑军进至江阴，郑成功接受诸将建议，没有攻打这个太小的县，继续西进。十六日，进攻长江上著名的渡口瓜洲（位于今扬州市邗江区），破敌数千，截断清军用铁链和船只连接而成的锁江防线"滚江龙"，焚毁浮营3座，夺大炮数十门。至此，清军苦心经营的长江防御工事全部瓦解，瓜洲被攻克。

六月二十二日，在镇江银山大破江宁巡抚蒋国柱、提督管效忠派来的援兵，镇江守将高谦、知府戴可进献城投降。郑成功调高谦的兵马随主力攻打南京。

六月二十六日，张煌言带领一支为数不多的舰队先行抵达南京城下。七月初七，郑军主力也到达南京城北的观音门外。初十，郑军大队人马上岸，在南京内外城郭的观音、金川、钟阜、仪凤、江东、神策、太平等门外扎营，共立83座营寨。各处营寨都安设有大炮，并准备了云梯、藤牌、竹筐、铁锹、凿子等攻城器械。从图上可以看出，郑成功把兵力都部署在南京城的北部，离江水比较近的地方，这符合郑军擅长水战不能离水太远的特点，但在接下来的十几天，郑成功并没有下令立即攻城。这是郑成功犯的第一个错误。

清廷方面，顺治帝立即派遣安南将军达素、固山额真索洪、护军统领赖塔等人率八旗军由北京南下，前往南京增援；又任命江西提督杨捷为随征江南左路总兵官、宁夏总兵刘芳名为随征江南右路总兵官，各率手下人马由江西、宁夏赶赴南京。

本来南京城里的清军万分紧张，百姓也是家家闭户，不敢出门。八旗指挥官喀喀木担心城中的百姓为郑成功充当内应，想大开杀戒，以绝后患。经两江总督郎廷佐劝阻，他才打消了这个疯狂的念头。后来清军看到郑军并没有立即攻城，于是一边焦急地等待援兵，一面加紧防务。郎廷佐下令把城外靠近城墙的房屋烧毁，扫清视野；把近城十里之内的居民全部迁入城中，以免资敌；贴出安民告示，稳定人心；强令商家出售粮食，以免百姓因缺粮饿死。与此同时，他还允许百姓进出水西门和旱西门两座城门，购买生活所需，另一方面也严密查访，以防内应。这样一来，百姓不紧张了，官方也抓紧时间储备粮草，置办武器，搜集船只，为应战作准备。

七月中旬，清军援兵陆续到达南京。由于郑成功的兵力都部署在北部的城门，所以清军援兵很轻易地就从南部的城门（比如正阳门）进城。这是郑成功犯的第二个错误。

当然，我们可以理解为郑成功的兵力不够，不足以将南京城团团围住，但封锁通往南京城的各个要道是可以的，或者围城打援也可以，但这些都没有。于是一个奇怪的现象出现了，郑成功陈兵南京城下，"围"而不攻，清军的援兵却源源不断地从南门进城，先是江苏的，随后是浙江的，然后附近长江上下游的援兵也都赶来了，双方的力量对比开始逆转。

七月下旬，郑军"围"而不战，士卒散漫，有的士兵竟然闲得到江边捕鱼。二十日晚，清军认为时机已到，由汉人绿营兵打头，梁化凤率骑兵出仪凤门、管效

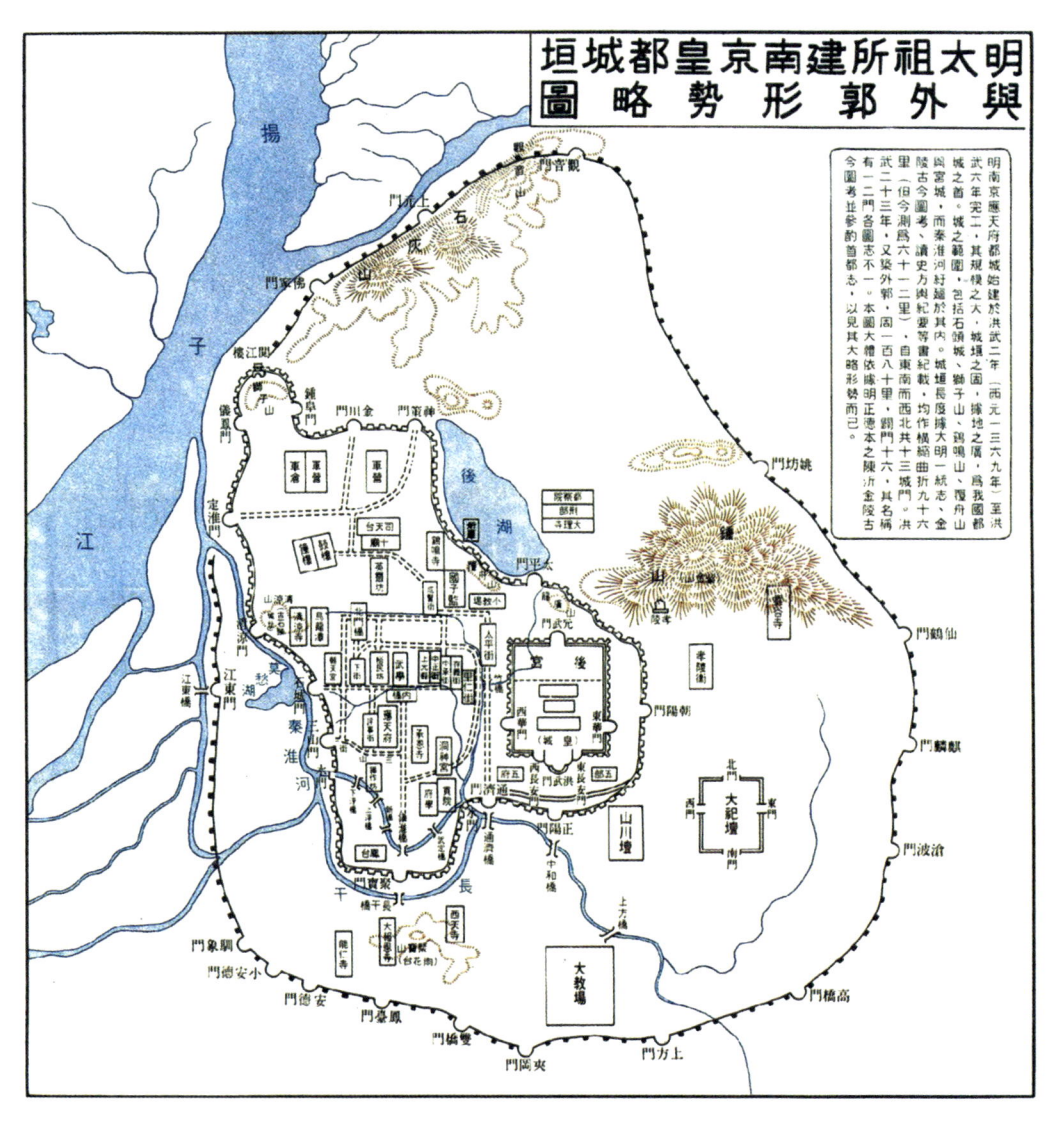

忠领兵出钟阜门，对郑军营帐发起突袭。郑军人不及甲、马不及鞍，一败涂地。清军初战告捷，出城扎营。

郑成功只好重新部署兵力，将部队集结在观音山一带，准备与清军决战。他将四支兵马屯于山上，两支兵马埋伏在山谷，还有两支列于山下迎敌，自己带了两支兵马在观音门策应。这是郑成功犯的第三个错误，本来是水战，先变成攻城战，现在又变成了阵地战。郑军水战有优势，攻城战不擅长，阵地战则完全不是八旗兵的对手。

二十四日清晨，清军从观音山后方分兵直取山上的四支郑军。四支郑军虽奋力抵抗，终因兵力不敌全线崩溃，观音山顶遂被清军占据。郑成功立即派手下的两支兵马前往支援，但为时已晚。清军居高临下，将郑军布阵一览无余，立即扑向山谷中的两支伏兵，两支郑军被团团围住，要么被杀，要么被俘。此时，列于山下的两支郑军也全军覆没，其他各处的守军亦遭遇惨败。

郑成功见陆军全线崩溃，只能率亲随到江边调水师。但大势已去，水师既要保护随军家属，还要为撤退留下本钱，不能拼尽全力。

败局已定，郑成功只好收拾残兵撤退，原先占据的瓜洲、仪征、镇江等地也不得不放弃。清军一开始还在后面追赶，但终因缺乏战船，也就放弃了。

八月初八，郑军舰队到达崇明岛附近，郑成功决定先夺取崇明县城作为根据地，再派人去厦门调兵，以图再攻南京。初九，郑军2000余艘战船上的士兵，分20路登岸。守城的清军只有绿营3000人，用火炮、弓箭还击，郑军伤亡惨重。后来清军又主动出击，抢走了多门红夷大炮。郑成功眼看士气低落，只好撤军，沿海路南下，九月初七回到厦门。

南京兵败，郑军的损失至少在2万人以上，还失去了提督、镇将等高级将领多人。这场失败让郑成功意识到自己在陆战方面的短板。此后，他也不再把大陆视作进军的主要方向。恰在此时，一个叫何斌的人从大员投奔而来，说可以打台湾。

第四十二章 收复台湾

何斌是郑芝龙的旧部，也是同乡，早年随郑芝龙到台湾拓荒。后郑芝龙归降明朝，移居大陆，何斌和几位好友去福建投奔，结果遭遇海盗李魁的袭击，同行者都战死，只有何斌逃回台湾，做了荷兰人的通事（翻译）。

1655年，郑成功禁止大陆沿海港口以及过往的外国商船与荷兰人通商。大员港口一时门前冷落，货物奇缺，物价高涨，荷兰总督没办法，第二年便派何斌来找郑成功。

何斌来到厦门问郑成功禁航的原因，郑成功说，他想在台湾征收关税。何斌带着消息又回了一趟台湾，荷兰人说，如果关税不损害荷兰东印度公司利益，他们没有异议。一番讨价还价之后，荷兰人答应每年向郑成功交纳白银5000两、箭10万支、硫黄千担——这些金钱和物资都成了郑成功抗清的资本。

公事谈完，郑成功招待何斌吃饭，顺便了解台湾的情形。自从郑芝龙移居大陆后，台湾完全被荷兰人把控，何斌对荷兰人任意欺负、屠杀台湾同胞早就不满，所以他把台湾各方面的情况，包括荷兰人的兵力部署情况，统统告诉了郑成功，还劝郑成功出兵收复台湾。那时郑成功的重心还在大陆，这事就没提上日程。

到了1659年，何斌因被告勾结郑氏集团，私自征税，被荷兰人撤职，还罚了一大笔钱，走投无路，再次来到大陆。这又是怎么回事呢？原来何斌耍了个心眼，或者说两头骗，他这么做倒不是为了私利，也是出于无奈，因为其中还牵扯到主权的问题。一直以来，郑氏集团认为台湾是自己的，收税就是行使主权的象征，早在郑芝龙时代，郑氏集团就在台湾收税，只是后来忙于大陆事务，再碰上改朝换代，没人管这事了。虽然没主管，但在郑氏集团眼里收税是自己的权利，不收是自己的恩情，并不等于不要这块地方了。至于荷兰人，不过是一些蛮夷，到这里来做点生意，给他们几个据点也是暂时的。可荷兰人却认为台湾是他们的，所以他们有权在台湾征税。荷兰在台湾的人手有限，收税的方式是承包，何斌就是一个大承包商，名下有人头税、稻米税、乌鱼税等。荷兰人的税种花样繁多，不同物资征收的税率不一样。比如乌鱼税，就是向捕乌鱼的渔夫征收的一种税，原来占了近一半，后来降到20%；人头税和稻米税则都是10%。此外，税种里还有进出口税、房屋交易税、槟榔税等，只要荷兰人想得出来，万物皆可税。相反，郑成功收的税就少得多，某种程度上只是象征意义，所以何斌满口答应，还说这是荷兰人称臣纳贡的表示。但何斌也知道，荷兰人不会答应这些条件，更不明白什么叫称臣纳贡，所以何斌就瞒着荷兰人私自征税，再转交给郑成功。这样一来，有人就要交两份税。时间一久，就被人告发了。

何斌从腰缠万贯一下子变得负债累累，在台湾难以立足，于是逃到厦门投奔郑成功，再次劝说郑成功收复台湾。

这时郑成功刚刚在南京吃了败仗，正是感觉前途黯淡的时候，何斌的到来无疑让他眼前一亮。自从在小金门起兵抗清以来，郑成功转战浙、闽、粤等省份，多次帮助明朝宗室和百姓渡海定居台湾以及东南亚各地，他还让华商领取郑府令牌和"国姓爷"旗号，以保证海路的安全，但十多年来，郑军一直没有一块较大的根据地，几万大军要么挤在一个小岛上，要么漂在海上，难以施展拳脚，再加上北伐南京失败，元气大伤，士气低落，粮草也成问题。郑成功觉得，何斌的出现，仿佛是上天安排，有意给他指出一条明路，如果有台湾作为基地，这些问题都好解决了。据说，何斌在逃离台湾之前曾经暗中派人测量了进入大员湾的鹿耳门水道，到达厦门后，他不仅给郑成功献上了这份秘密地图，还自告奋勇地充当向导，这让郑成功收台又多了几分把握。

何斌于1660年到达厦门，在他的劝说下，郑成功下定决心攻台，于是传令各营大修船只。谁料此时清军又来攻取厦门，这次郑成功将清军引至海上，大败清军。料定清军短时间内不会再兴兵，郑成功便将攻台计划提上日程。

顺治十八年（1661年）正月，郑成功开始战前准备，召众将议事。当时也有人反对，主要是担心水土不服，怕染上热带病，但这些理由已经不能阻止郑成功收台的决心。

从地图上可以看出，荷兰人的聚集地在厦门的东南方，如果要攻台的话，最好的选择是乘西北季风出发，顺风顺水，若赶上东南风起，逆风逆水，攻台就变得困难了。时间到了二月份，正是季风变换的时节（南方比北方早），郑成功立即率领众将士在金门"祭天""礼地""祭江"，举行隆重的誓师仪式。一切准备就绪，舰船集结于料罗湾，只等哪一天西北风起，就乘风出发。

郑成功收复台湾路线

三月二十三日，西北风起，郑成功率将士25000人、战船300艘从料罗湾出发，向东南驶去。

一天后，部队陆续到达澎湖列岛。郑成功在岛上巡视一番，觉得澎湖的战略位置很重要，于是留了4位将领把守，亲率大军继续东征。从澎湖到大员虽然只有90多公里，但此时已是三月底（农历），唐诗有云"二月春风似剪刀"——此时如果刮起东南风，前进就变得十分困难。二十七日，舰队驶抵柑橘屿（今东吉屿、西吉屿）时，海面突然刮起暴风，舰队只好返回澎湖。一连几天大风不止，郑军携带的粮食所剩无几。如果就此等待下去，动摇军心是一方面，更关键的是不能按预期抵达鹿耳门。

荷兰方面，自从何斌逃往厦门，大员地区便盛传国姓爷要来打台湾的风声。随后，荷兰人又发现，当地华商陆续将财产转移到大陆，而前来大员贸易的华商船只急剧减少，于是经各方打听，荷兰人断定郑成功将在来年三月底出兵。

时任大员长官揆一（Frederick Coyett）紧急备战，一方面加强各处侦察与武装，一方面禁止华人在赤嵌城买卖粮食，并把所有华人头家和士绅软禁在台湾城中以免通敌。不仅如此，荷兰人把田间的稻谷，不管熟的没熟的，一律焚毁，同时还向巴达维亚总督报告，请求援军。

1660年7月，巴达维亚总督派范德兰（Jan van der Laan）率12艘船，共1453人前往大员增援。总督还指示，如果郑成功没有攻打大员，不能白跑一趟，必须攻打澳门找回点损失。范德兰抵达台湾后不久就要去打澳门（他认为郑成功不会打来），于是与大员的官员发生争执。为此，大员方面派使者到厦门会见郑成功，想一探虚实。使者带回一封郑成功的信，信中言辞恳切，否认即将攻台。大员方面的官员表示不信，范德兰大为恼火，第二年就带着两艘船和所有军官返回了巴达维亚，其余的船也大都被分派到了别的地方，只给大员留下了4艘船和不到600名士兵，连个军官也没有。到这时，荷兰方面在大员的总兵力是1500人。

荷兰人在大员的兵力虽不多，却有一套堪称完美的防御体系。沧海桑田，从今天台南的卫星图上，已很难看到当年古战场的样子，但好在荷兰人当时绘制了这里的地图，我们得以借之一窥原貌。

300年前，在今台南的西边，有一个潟[xì]湖，称为台江内海，简称台江，也就是俗称的大员湾。台江内海是由一堆离岸沙洲围成，其中最大的两个沙洲是北线尾岛和大员岛。大员岛最早称大鲲身，鲲是大鱼，大鲲身的意思是露出水面的鱼背。从大鲲身往南，有7个小岛相连，依次称为大鲲身（或一鲲身）、二鲲身、三鲲身、四鲲身、五鲲身、六鲲身、七鲲身。这7个小岛在落潮时连成一片，涨潮时又分开，状如串联的珍珠。后来，随着泥沙增多，7个小岛终连成一片，就用大鲲身代指整

台江内海

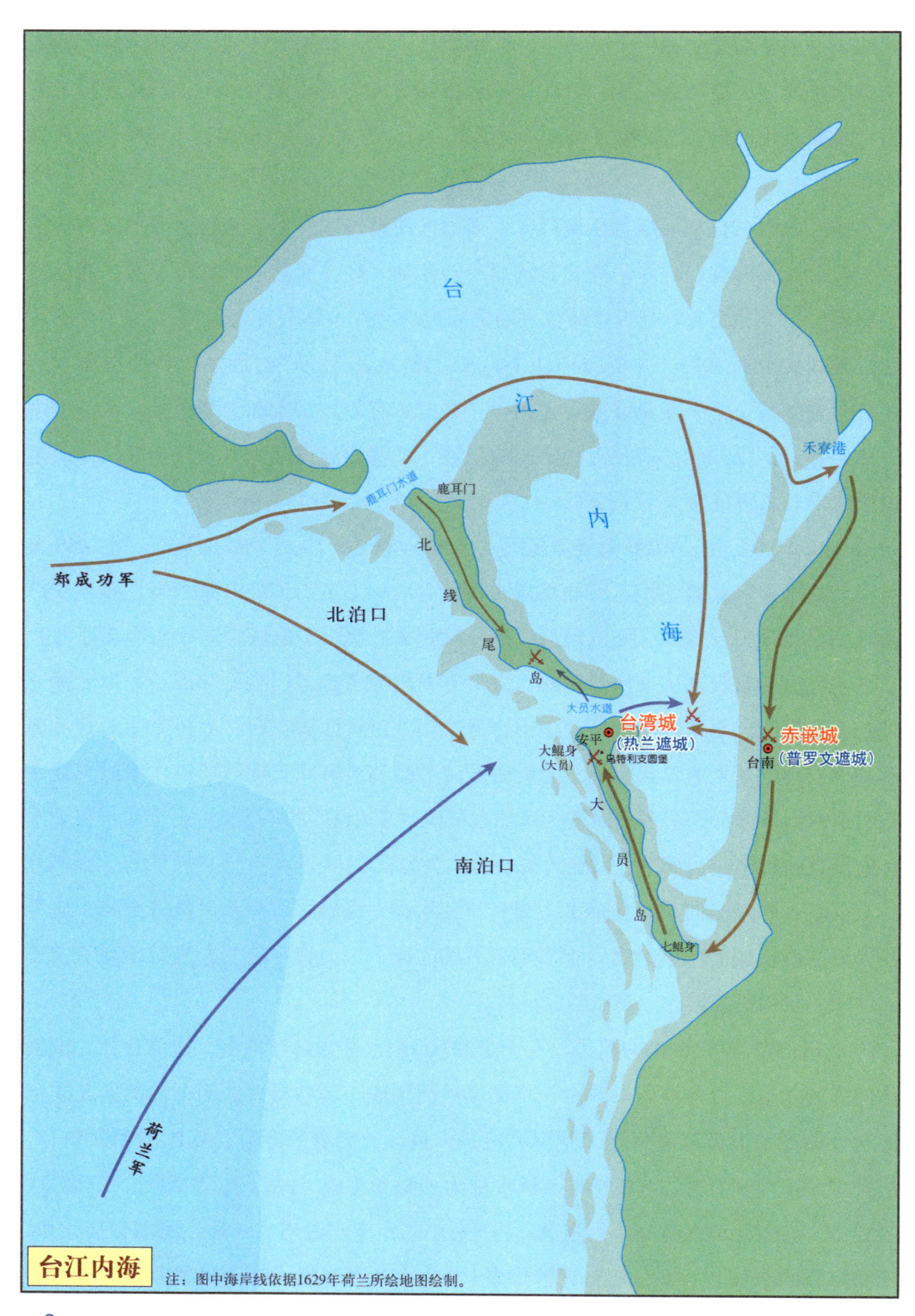

注：图中海岸线依据1629年荷兰所绘地图绘制。

个岛屿，也就是大员岛。这就是大员（或台湾）最早的来源。所谓潟湖，就是在大海的边缘地区，由于海水受不完全隔离或周期性隔绝，引起水质的咸化或淡化，从而形成不同水体性质的湖。这里起隔离作用的是一群沙洲，沙洲是由泥沙堆积而成的，泥沙则来自流入此处的淡水河。台南一带的平原本是由来自阿里山的河流冲积而成，这些河流在流入大海时携带了大量的泥沙。在当时，这些泥沙形成了台江内海、北线尾岛和大员岛，以及周围许许多多的浅滩。在日后，这些泥沙终于把台江内海填平，以至于今天台江内海不复存在。

前文提到过，荷兰的殖民者最早在这里建立的据点是热兰遮城，汉人称它为台湾城（或大员城，都是闽南语的音译）。当时的台湾城位于大鲲身的中心位置，扼守大员水道，三面环水，易守难攻。随后，荷兰人又在台湾城以东的陆地建了普罗文遮城，汉人称它为赤嵌城。赤嵌城与内陆交通方便，是人员、物资的集散地，建立在孤岛上的台湾城的物资也需要由赤嵌城提供。荷兰人修建赤嵌城主要是从商业价值考虑，而台湾城则是军事需要。其实，沙洲并不是修建港口的理想场所，因为沙洲附近海水浅，而且随着时间的推移，海岸线会往外推移，使原本的港口变成内陆。理想的港口是建立在岩石或火山岛上，稳固而水深，比如鸡笼港那样。但考虑到与大陆的距离，以及附近土地的耕种条件，在台湾岛的西部，还找不到一个比大员更好的地方。因此，荷兰殖民者到这里建立据点，既有商业的考虑，又有军事的考虑——台江内海的存在恰好满足了他们这两个要求。

假设郑成功从大陆过来时，直攻台湾城，台湾城出于军事目的修建，城墙很坚固，城楼有炮台，附近的港口有军舰支援，最后的结果可能就是陷于胶着战，不分胜负。而此时，赤嵌城会源源不断地给台湾城提供物资，时间一长，远道而来的郑成功只能无功而返。所以，郑成功想要拿下台湾城，最好先拿下防守薄弱的赤嵌城，切断台湾城的物资来源，如此一来台湾城就陷于孤立无援的境地，投降是迟早的事。

要拿下赤嵌城，就需要进入台江内海。而进入台江内海的通道有两个：一个是位于大员岛和北线尾岛之间的大员水道，另一个是位于北线尾岛北端的鹿耳门水道。其中大员水道深，是主要通道，鹿耳门水道浅，只能走一些小船。荷兰人修建台湾城正是为了扼守大员水道，除了台湾城，水道两岸还修建了炮台。荷兰人原本于1627年在北线尾岛的北端也修建了堡垒，后来发现没什么用，1656年堡垒坍塌后就废弃了，也不再派人把守。通常来说，武装帆船的船体比较大，吃水深，所以走大员水道成了唯一的选择。从经济上考虑，精明的荷兰人觉得没必要再花钱守卫鹿耳门水道了。

但是，何斌却发现了其中的漏洞——每逢初一和十六，海水涨潮，鹿耳门水道可以通行大船。荷兰人把防守的重心都放在台湾城，而鹿耳门没有派兵防守，如果趁涨潮的时候，完全可以从这里进入台江内海。

再说郑军方面。三月底，郑成功被暴风雨困在澎湖，心急如焚，因为他想赶在四月初一这天到达鹿耳门，趁涨潮时从鹿耳门水道进入台江内海。如果错过，又要等待半个月。为了不贻误战机，郑成功当机立断，冒雨强行渡海。

三月三十日，郑军冒着暴风雨，同风浪搏斗了半夜，终于在四月初一拂晓到达鹿耳门水道外海。

郑成功先换上小船，亲自登上北线尾岛察看地形，同时派出精兵潜水进入台江内海侦察。

中午，鹿耳门果然潮水大涨，郑军大船立即开入鹿耳门水道，兵分两路：一路进入台江内海，一路登陆北线尾岛。进入台江的舰队是主力，抢占北线尾岛既是为了控制鹿耳门水道，也是为了保障主力后方的安全。

荷兰方面对郑军的到来并非一无所知，他们以为郑成功必然会从大员水道进入，所以将火力全部集中在大员水道两岸，没想到郑成功出其不意，打了他们个措手不及。

进入台江内海后，郑军舰队又是兵分两路：一路往南，切断台湾城和赤嵌城的联系；一路往东，在禾寮港抢滩登陆。

此时附近的汉人和原住民听说国姓爷来收拾荷兰人，争先恐后地出来迎接，帮助郑军登陆。据荷兰方面记载，大约有2.5万壮劳力参与了这次协助。

在禾寮港登陆后郑军立即南下，目标是包围赤嵌城。

驻守在赤嵌城的荷军士兵只有400人，另1100人在大员长官揆一的带领下驻守在台湾城。荷兰人的4艘船是两艘战舰和两艘小艇，也都在台湾城附近海域。荷军兵力虽少，但毫不示弱，分三路迎敌：一路是战舰，向沿台江南下的郑军舰队发起进攻；一路是陆军，由贝德尔上尉（Thomas Pedel）率240人进入北线尾岛南端，目标是夺回北线尾岛；还有一路也是陆军，由阿尔多普上尉（Joan van Aeldorp）率200人增援赤嵌城。

先说贝德尔这一路。此时欧洲军队已经开始普及燧发枪，燧发枪的效率比火绳枪高很多，还不受天气影响，但装填弹药的方式没变，依然慢，所以他们一般是三排一组，轮流射击，这样火力不会间断。通常拿弓箭的对手看到火枪的威力时首先从心理上就被震慑了，因为火枪可以穿透任何盔甲，虽然准头差点儿。荷兰人觉得中国人也是这样，所以贝德尔上岛后，将荷军12人一排，分成20排，向郑军轮番射击。他以为只要打死前面冲锋的几排人，后面的人就会吓跑。但郑军不是没见过火枪的人，他们常年在海上和各色人等打交道，不仅见过，而且经常使用，还知道火器的短处在哪里。贝德尔一面放枪一面逼近郑军，没想到对面的郑军不但没退却，反而积极迎战，从侧面包抄，然后他们看到郑军的羽箭像雨点一样落了下来，连天空都变黑了——贝德尔全军覆没。

再说阿尔多普这一支，任务是援助赤嵌城。郑成功发现后，出动"铁人军"（铁甲兵）对抗，200名荷兰士兵只有60人爬上岸，其余全被消灭。

荷兰人最有可能扳回一局的是海军，但偏偏数量太少，只有两艘战舰和两艘小艇。荷兰战舰都属于盖伦型帆船，船体大，一艘船能装载几十门火炮，威力很大。郑成功不敢掉以轻心，以60艘大小战船将荷兰舰队包围其中，然后展开炮战。一艘荷兰战舰被击沉，其他的战舰准备逃跑，郑军团团围住不放。由于炮战不是郑军的优势，于是郑军组织部分大船贴近荷兰舰，登上甲板打肉搏战。最终，荷兰人有一艘战舰和一艘小艇受重创逃脱，另一艘小艇跑回巴达维亚报信。

至此，荷兰人在海上的火力被清除，台湾和赤嵌成了两座孤城。下一步就是完成对赤嵌城的包围，逼降荷军。

驻守赤嵌城的荷兰司令官描难实叮（Jacobus Valentyn）手下只有400人，不足为惧，但赤嵌城不容易打。这座城周长45丈，高3丈6尺，城墙上有4座炮楼，郑军又不擅攻城，强攻必会损兵折将。四月初三，郑军在城外抓到描难实叮的弟弟和弟媳。郑成功对他们晓以利害，让他们回去劝降。接着，郑成功又派人向荷兰人承诺保障他们的生命安全，并表示他们可以带走自己的私产。四月初四，台湾人切断了赤嵌城的水源，描难实叮眼见救兵无望，挂白旗投降。

就这样，在登陆4天后，郑成功就收复了赤嵌城。有了赤嵌城为基地，等于给远渡重洋的郑军吃了颗定心丸。剩下的台湾城，就是时间问题了。

台湾城虽然没有赤嵌城高大，但它是专为军事目的修建的，所以更难打。为避免损失，郑成功让描难实叮去劝降，遭到揆一的严词拒绝。郑成功觉得，不给荷兰人点颜色看看，很难让他们投降服输。

由于台湾城上有数十尊大炮，站得高，射得远，单靠战船很难靠近。于是郑成功派人从大员岛的南端即七鲲身处登陆。荷军得知消息后，担心郑军主力登岛，派兵出城清剿。到了七鲲身，还没来得及列阵，即被郑军伏击，死伤过半，余者退回城中。郑军在七鲲身立栅栏、设炮台，以此作为攻打台湾城的据点。

四月底，郑军调集28门大炮猛击台湾城，城墙遍体鳞伤。荷军立于城头集中火力还击，还出动军队抢夺郑军的大炮，但被郑军的弓箭手击退。

台湾城实在太坚固，荷军又负隅顽抗。郑成功知道，如果强攻，必然造成大量伤亡，干脆不着急了，打持久战，敌人弹尽粮绝自然投降。于是他一面派兵分驻各地屯垦，一面到原住民四大社（新港、目加溜湾、肖垅、麻豆）巡视，拜访各部族首领。

五月二日，6000郑军援兵从厦门到达台湾，还带来了补给。得到补给的郑军从五月五日开始，在所有通向台湾城的道路上筑起栅栏、挖了壕沟，断绝一切城内与外界的联系，以此围困荷军。此外，郑成功还三番五次地写信给揆一，让他投降。而揆一始终在等待巴达维亚的援兵，拒绝投降。

五月二十八日，巴达维亚总督得知台湾的消息后，匆忙拼凑了700名士兵、10艘战舰，经过38天的航行，于七月十八日到达台湾。

这支荷兰援军在到达台湾附近海面后，一看郑军的架势，畏缩不前，在海上停留了将近1个月之后，才有5艘战舰敢靠近停泊，其中有一艘慌乱之中触礁沉没，船员被郑军俘虏。郑成功从俘虏口中得知荷军的虚实后，觉得这是个围城打援的好机会。

七月二十一日，荷军决定反攻，分水、陆两军向郑军发起进攻。水路，荷兰舰队企图迂回到郑军侧后，结果反被郑军包围——郑军战船隐藏在岸边，只等敌舰进入埋伏圈，然后万炮齐发。1个小时后，郑军击毁荷兰战舰两艘，俘获小艇3艘，其余战舰跑回了巴达维亚。陆上，荷军往七鲲身反击，也遭失败。

至此，荷军士气低落到极限，不愿再战。

十月，揆一仍不死心，想联络清军夹击郑军。荷兰使者到达福建后，清军要求荷兰人先帮他们打下厦门，他们才肯帮荷兰人解台湾之围。揆一没办法，就派漂泊在海上的那5艘战舰去帮清军打厦门。但领队的已经被郑军打怕，中途由暹罗跑回巴达维亚，这个计划也泡汤了。驻守在台湾城的一些士兵看不到希望，就自己出城投降了。

勾结清军这招可真是让郑成功生出一身冷汗，当他从这些投降的荷兰士兵口中得知消息后，决定马上进攻台湾城。为此，他又修建了3座炮台，挖了许多壕沟，务求尽快拿下台湾城。

在台湾城的南方不远处有一个小山包，也是大鲲身的制高点，荷兰人在上面修建了乌特利支圆堡。如果先拿下乌特利支圆堡，居高临下，台湾城就不在话下了。

于是郑成功下令，集中火力炮轰乌特利支圆堡。两个小时之内，郑军发射了2500发炮弹，终于打开了一个缺口。当天占领了这个堡垒后，郑军立即在这里改建炮台，向台湾城发起猛烈攻击。揆一在城上督战，看到城防已被突破，手足无措。此时郑成功再派通事李仲入城劝降，李仲对揆一说：

"此地非尔所有，乃前太师练兵之所。今藩主前来，是复其故土。此处离尔国遥远，安能久乎？藩主动柔远之念，不忍加害，开尔一面：凡仓库不许擅用；其余尔等珍宝珠银私积，悉听载归。如若执迷不悟，明日环山海，悉有油薪磺柴积垒齐攻。船毁城破，悔之莫及。"

前太师指的是郑芝龙，藩主指的是郑成功。大意是：这个地方不是你们的，以前就是我们的，今天不过是收回来而已。我们藩主仁慈，不想要你们的命，你们可以把私人的东西带走，但公家的东西不许动。如果还不同意，改天我们就放火烧城，到时后悔都来不及。

此时台湾城已经被围困了将近9个月，弹尽粮绝，疾病流行，荷军已经死伤1600人，能战斗的仅剩600人，荷兰的殖民评议会因此召开一个紧急会议，觉得这样下去没好果子吃，揆一别无选择，只好出城投降。

1662年2月6日（顺治十八年十二月十八日，南明永历十五年），荷兰东印度公司驻台湾长官揆一签字投降，荷军交出了所有城堡、武器和物资。然后，揆一带着剩下的900名荷兰人（包括伤病人员），乘船离开台湾。

郑成功收复台湾后，在这里建立了第一个汉人政权，大量的汉人从东南沿海慕名而来，在这里拓荒、生产、贸易。以台湾为基地，郑成功原本可以和清廷好好较量一番，但接二连三的坏消息让他忧愤成疾。

第一件，"迁海令"。清廷下令从山东到广东沿海所有居民内迁50里，沿海50里以内的房屋全部焚毁，田园废弃，舟船也付之一炬，片板不得下海。郑成功的主要经济来源就是海上贸易，清廷的这一招无异于釜底抽薪。但如果把这件事放在整个大航海时代的背景下看，清廷不积极备战，发展水师，而是反其道而行之，且不说给沿海的百姓带来多少灾难，单是造船、航海技术，又不知后退了多少年，所以到200年后英国人来的时候，清廷毫无还手之力也就不足为怪。

第二件，郑芝龙之死。清廷本想拿郑芝龙这颗棋子胁迫郑成功投降，没想到郑成功的抗清决心这么大，于是这颗棋子也就没什么价值了，留着还是个麻烦。终于，顺治十八年十月初三（1661年11月24日），清廷在菜市口将郑芝龙和几个儿子斩杀。

第三件，长子郑经太不正经。郑成功攻打台湾时，让郑经镇守厦门，调度沿海各岛。这段时间里，郑经和郑成功四子郑睿的乳母陈氏（昭娘）私通，还生了个儿子，取名郑克臧。虽然两人没有血缘关系，但从尊卑名分上讲，也是乱伦。

没有经济来源，父亲和兄弟惨死，儿子不成器，一连串的打击让郑成功心力交瘁，于永历十六年（清康熙元年，1662年）五月初八急病而亡，死前大喊"我无面目见先帝于地下"，年仅39岁。

第四十三章 英国三战荷兰

丢掉台湾并不算太大的损失，对荷兰人来说，这只是他们衰落的开始，更大的威胁来自英国人。

17世纪的上半叶，是海上马车夫荷兰人最风光的时候。他们征战四海，全面开花，不仅将势力伸入东南亚、中国，还在1622年进入美洲，在哈得孙河河口建立了

一个殖民据点——新阿姆斯特丹。

这个位置正是今天的纽约所在地,以长岛为依托,有天然的港湾,北可到科德角,南可至詹姆斯敦。然而,科德角是五月花号的登陆地,詹姆斯敦是英国在北美建立的第一个据点,荷兰人此举无疑是在英国的北美殖民地中间插入一根钉子,让英国人很不爽。

1623年,荷兰人进入巴西,抢占葡萄牙人殖民地。葡萄牙在1640年脱离西班牙之后,直到1661年才把荷兰人赶出巴西。

1648年,西班牙终于认清现实,正式承认荷兰独立。同年,荷兰人把葡萄牙人在好望角一带的势力清除出去,因为这太妨碍他们去东方了。4年后,他们在此建立殖民地"海角之村","海角之村"后来发展成"海角之城"(Cape Town),音译过来就是开普敦。

这样一来,从非洲到亚洲,再到美洲,都有荷兰人的殖民地,荷兰人的足迹遍布世界各地,一时成为海洋的霸主。荷兰人风头正劲的时候,英国人看不下去了。

虽然荷兰在争取独立的过程中,英国帮了不少忙,但这并不是说英国有多喜欢荷兰,而只是出于岛国安全的考虑,无论大陆上谁想当老大,英国都会想办法破坏。当时西班牙太强大,帮荷兰独立就是削弱西班牙的实力,目的还是消除西班牙对英国的威胁。但当荷兰逐渐强大起来之后,英国发现荷兰竟也是个威胁,于是将矛头转向荷兰。

1650年,英国在事实上已经征服了苏格兰和爱尔兰。免却了陆地上的后顾之忧后,公然抛出了一个《航海条例》,主要内容有:

只有英国或其殖民的船只可以运载英国殖民地的货物。某些殖民地的产品只能贩运到英国本土或英国殖民地,包括烟草、糖、棉花、靛青、毛皮等。其他国家的产品,必须经由英国本土,而不能直接运销殖民地,殖民地不得生产与英国本土竞争的产品,如纺织品等。

这个条例毫无疑问是针对荷兰的,因为荷兰的主要经济来源就是靠做中间商吃差价。荷兰人断然拒绝,要求英国废除这个条例。双方剑拔弩张,战争一触即发。

1652年5月,一支英国舰队在多佛尔海峡巡逻,与一支荷兰舰队不期而遇。多佛尔海峡位于英吉利海峡的东北端,是英国与欧洲大陆距离最近的地方。自从13世纪以来，英国人要求，凡是经过这里的他国船只，必须向相遇的英国军舰行礼，以示承认英国的主权，其他国家也照做。但这一次，荷兰人正在气头上，拒绝行礼，英国舰队就开炮轰击，荷兰人反击。双方互射了4个多小时，荷兰人损失了两艘战舰，英国舰队的旗舰被打了70多个窟窿。第一次英荷战争拉开序幕，7月28日，双方正式宣战。

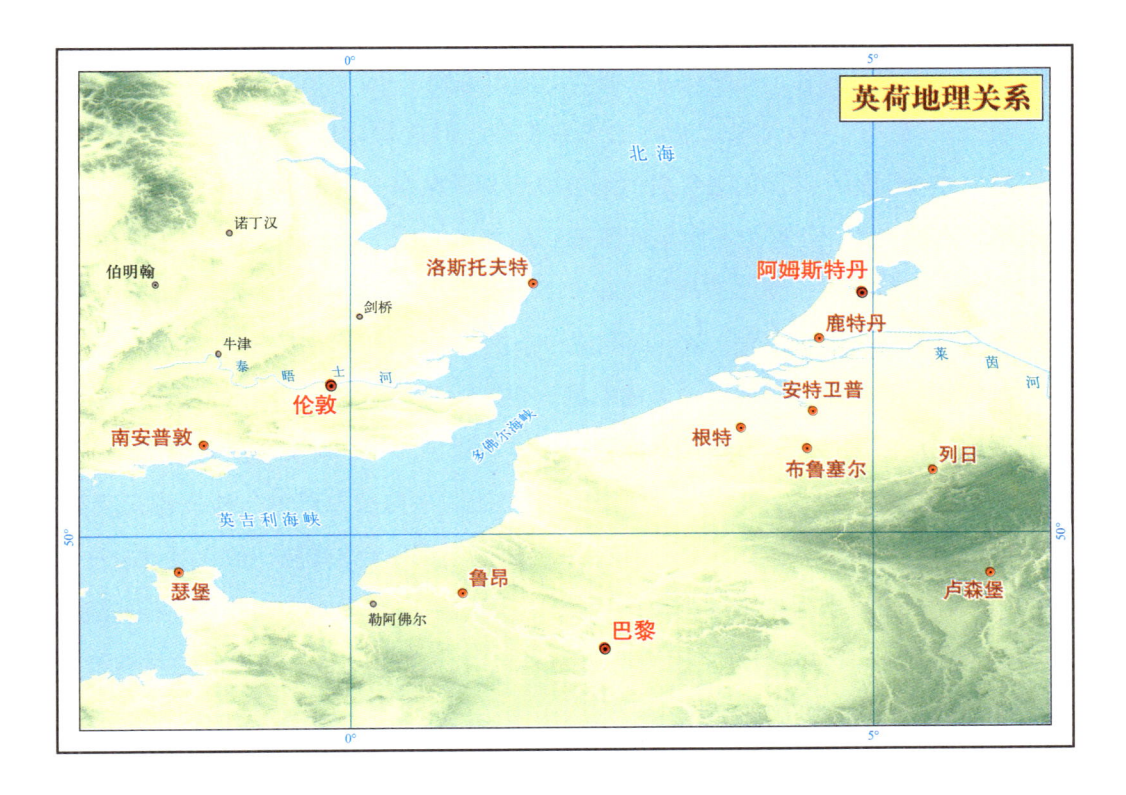

第一次英荷战争的战区主要有两个，一个是多佛尔海峡，另一个是地中海。英国的战略是打击荷兰的经济，荷兰靠外贸生存，一旦切断荷兰的外贸航线，荷兰终将失败。所以，英国方面首先集中了强大的舰队，拦截一切过往多佛尔海峡的船只，然后派出几支舰队，分别到苏格兰北部袭击荷兰的运银船、到北海打击荷兰的渔船，甚至进入波罗的海破坏荷兰和北欧、东欧的海上贸易。多佛尔海峡几乎是荷兰船只通往外面世界的必经之地，可以说是经济命脉。荷兰无奈之下，用舰队护送商船，强行通过多佛尔海峡，为此和英国多次交火。靠军舰护送终归不是常态，荷兰的贸易量急剧下滑，经济大受影响，导致恶性循环，眼看要撑不住了，幸而在地中海的两场战斗取得胜利，让荷兰人有了谈判的筹码。

原来，为了保护本国贸易，英国和荷兰都在地中海部署了一支规模不大的舰队。荷兰通过厄尔巴岛海战、里窝那之战的胜利，使英国在地中海的贸易完全陷入瘫痪，英国人也承受不起这种损失，最终同意和荷兰和谈。

1654年4月15日，英荷两国签订了《威斯敏斯特和约》。根据和约，荷兰承认英国在东印度群岛拥有与自己同等的贸易权，同意支付27万英镑的赔款，同意在英国水域向英国船只敬礼，并割让了大西洋上的圣赫勒拿岛。

至此，第一次英荷战争以荷兰的失败告终。但这并非是两国矛盾的终点，相反，它只是个开始。英国的最终目的是要取代荷兰在海上的霸主地位，而荷兰也不甘心第一次的失败，正磨刀霍霍地准备第二次战争。

在第一次战争中，荷兰的战舰数量并不比英国少，但最终荷兰人发现，英国人的战舰速度快，火炮威力大，战斗时列成一条纵线，他们管这种战舰叫"战列舰"。

战列舰是因用法而非船型命名的军舰。在这次战斗中，英国海军首次对海上作战的舰队队形有了明确的规范和规定。根据这些规定，作战时英军所有战舰以一定间隔排成一个纵队，战斗开始，第一艘战舰用侧舷炮向敌人射击，其余各舰准备；第一艘舰射击完毕后，第二艘舰接着射击，第一艘趁机装填弹药，依次类推。这种打法可以让一支舰队保持连续火力没有间断。于是，这些采用纵列队形进行作战的主力战舰开始被称为战列舰。因为此时是风帆时代，所以准确的说法是风帆战列舰，它是后世铁甲战列舰的鼻祖。

风帆战列舰实际上还是以盖伦船为主，不过在原有的基础上做了些改进，船更狭长，这样速度更快，火炮更多，这样威力更猛。传统的盖伦船以贸易为主，兼顾海战，而战列舰是专为战斗而生，装载货物的能力大大降低。

第一次英荷战争失败后，荷兰也加紧制造战列舰。而这时的英国内乱不止，给了荷兰大好的时机。

正是在这期间，驻守台湾的荷兰人被郑成功驱逐。当然，驻台的荷军舰船和人数都很少，不能代表整个荷兰的实力。负责台湾事务的是驻守巴达维亚的东印度公司，能动员的力量也有限，荷兰的主力都在欧洲，以随时面对英国人的挑战。但荷兰人并没有就此对台湾死心，1663年，他们帮助清军打下厦门和金门，使郑家孤守海岛。随后，荷兰人进驻西班牙人弃守的鸡笼港。但因为清廷更严厉的海禁政策，鸡笼港入不敷出，荷兰人只好放弃。当时的台湾和荷兰一样，既没有特产，也没有市场，主要靠转口贸易生存。也就是把中国的货物运到台湾，再转运到日本或南洋，或者把日本的货物运到台湾，再转运到中国或南洋。中国商品丰富，又有质轻价高的丝绸，是主要的产品出口地，当这个货源地禁海后，台湾的贸易也就一落千丈。

荷兰人在本土面临同样的问题，英国的产品是羊毛、纺织品，英国在北美的殖民地产棉花，荷兰的产品也是纺织品，但如果没有英国的羊毛和北美的棉花，纺织品就成了无米之炊。另外，荷兰国土狭小，多是洼地，人口少，市场也小，如果不做转口贸易，荷兰将难以生存。据说在英国封锁荷兰船只的那几年里，阿姆斯特丹的街道上杂草丛生，乞丐遍地，有将近1500所房屋无人居住。所以，英国的《航海条例》，荷兰是不可能真心接受的。更何况，英国还在1660年对《航海条例》作了更新，条件更为苛刻，这是要把荷兰逼上绝路，荷兰也只能绝地反击。

到1664年，荷兰海军已拥有103艘大型战舰、火炮4869门、官兵21631人。这个数量已经与英国海军不相上下，反击指日可待。

1664年4月，一支英国远征队占领新阿姆斯特丹，并将其改名为纽约。这给了荷兰一个很好的出兵借口。

1665年2月22日，荷兰正式向英国宣战，第二次英荷战争爆发。由于当时是冬季，不适合海战，所以一直到春季两国才真正开打。

和上次一样，英国先派出舰队封锁英吉利海峡和北海，使荷兰的贸易陷入停滞。但英国仅仅坚持了两个星期，因补给不足，舰队退回了泰晤士河河口。荷兰因此得以整军备战。

1665年6月13日，两国的舰队在洛斯托夫特东部的海面上相遇。英国舰队占据了上风位（海战中占据上风位犹如陆战中占据高地），荷兰舰队大败，损失了17艘军舰和5000名士兵。

然后，英国舰队北上，企图俘虏停泊在挪威卑尔根港的70艘荷兰商船，却被荷兰人击退。靠着海军的护卫，荷兰恢复了部分海上贸易。

随后，冬季再度来临，双方再次休战，只等来年春季再战。但让英国人万万没想到的是，曾经肆虐于14～15世纪的黑死病再度来袭。伦敦城中四分之一的人口——约10万人死于这场灾难，英国立即陷入一片混乱。

荷兰这边，从1661年开始，先后联络法国和丹麦结成反英同盟。法、丹两国当然也不愿意看到英国称霸海上，于是给荷兰提供各种援助。英国称霸和荷兰不同，荷兰只做中间贸易，对别国的威胁小，也不是靠武力称霸，而英国靠的是武力，又把控着原料产地和消费市场，会给别国带来极大威胁。这样一来，英国就很被动。

然后荷兰开始反击，双方连续展开了5次海战，各有胜负，战斗空前激烈，英国逐渐处于下风。

1666年6月1日，荷兰派出有84艘战舰、4600门大炮和2.2万名官兵的主力舰队出战，英国出动了有78艘战舰、4500门火炮、2.1万官兵的舰队迎战。本来英国的战舰比荷兰的数量多，但因为情报错误，误以为法国人要来帮忙，于是派出20艘军舰出去拦截，结果参战军舰反而比荷兰少了。双方激战3天，英国损失了17艘舰船（包括3艘旗舰），阵亡和被俘官兵达到8000名（一说阵亡8000人，被俘3000人），其中有2名将军和12名舰长阵亡；荷兰方面仅损失6艘战舰，伤亡2500名官兵（一说2000名），其中包括3名将领。此役是第二次英荷战争中规模最大的一次海战，也是英国皇家海军历史上少有的几次败仗之一。

7月，凭借着强大的生产能力，英国舰队又出现在海洋上。双方激战两天，英国损失10艘军舰，死伤1700多人，被俘2000余人；荷兰损失很小。

8月，荷兰组建了一支海军陆战队（世界上第一支海军陆战队），由10艘福路特船和2700名海军陆战队员组成，意图配合法国一举摧毁英国梅德韦地区正在整修的舰队，关键时刻法国人掉链子，原本答应配合，结果没来，加之天气不利于登陆，任务失败。

8月4日，两国舰队在多佛尔海峡相遇。双方兵力相当，最后英国取胜，双方伤亡都不大。8月8日，英国舰队的一支小分队突袭荷兰弗利兰岛，无意间发现了大批藏身其中的荷兰船只。小分队随即放了一把火，烧毁了150多艘荷兰船只，这是在整个战争期间英国给荷兰造成的最大损失，不过这些船只不是军舰，而是商船。

9月2日，可能是巧合，伦敦一家面包铺失火，一阵大风将火吹到大街上，接着吹到泰晤士河北边的仓库里。很快，大火蔓延到整个城市，连续烧了4天，总计87间教堂、44家公司，以及13000间民房尽被烧毁，伦敦城被毁掉三分之二。大火让英国损失惨重（800万～1000万镑，超过了两次与荷兰战争的费用），英国开始不断派人与荷兰人接洽，要求和谈。不过，祸福相倚，大火也消灭了黑死病。

荷兰人对和谈的愿望没有那么强烈，他们对英国人焚烧商船的事耿耿于怀。他们一边虚与委蛇，一边暗中准备，试图一招制敌。

1667年6月19日，一支荷兰舰队（24艘战列舰、20艘小型船、15艘纵火船）趁夜色来到泰晤士河河口，又趁着海水涨潮（战列舰体积大，需要利用潮水才能驶入内河，不然容易搁浅），进入泰晤士河。他们一路炮击，很快占领了希尔内斯炮台，夺取了存储在这里的四五吨黄金和大量木材、树脂等物资。然后一路寻找战舰出击，一些较好的战舰被荷兰人拉回国内当作战利品。22日，荷兰舰队长驱直入到达查塔姆船坞，这里停泊着18艘千吨级以上的巨舰。荷兰舰队先打哑了岸上的炮台，然后登陆纵火，英国6艘巨舰被毁。荷兰人在伦敦城里横行三天三夜后，又封锁了泰晤士河河口长达数月。英国已无力再战，只好投降。

1667年7月31日，两国签订了《布雷达和约》，和约规定：英国归还战争期间抢占的荷兰在南美的殖民地苏里南，荷兰割让包括新阿姆斯特丹在内的北美殖民地给英国，并承认西印度群岛为英国的势力范围；英国修改《航海条例》，让出部分商贸利益给荷兰，放弃荷属东印度群岛的权益。这个和约实际是重新划分了英荷双方势力范围：东印度群岛归荷兰，西印度群岛归英国。当然，这也只是暂时的，最后还是要用实力说话。

除此之外，英国还被迫和荷兰、瑞典结成三国同盟，共同向刚兴起的法国施压，要求法王路易十四（Louis XIV）退还大批领土给西班牙（1667～1668年法国在产权转移战争中打败西班牙）。

正是这个附加条件，又引发了第三次英荷战争。法国一直想称霸欧洲大陆，最大的一块嘴边肉就是荷兰，上次假意参战但最终没有出兵也是这个原因。英国的气势被打下去之后，法国就开始图谋吞并荷兰。据说，为了拉英国做帮手，法王路易十四给了表哥英王查理二世（Charles II）40万镑的贿赂。查理二世本来就想找荷兰人报仇，于是在没有经过国会同意的情况下私自答应了法国的请求。

1672年，法国对荷兰宣战，英国立即退出了与荷兰、瑞典组成的三国同盟，援助法国对荷作战。

同年，英国在没有宣战的情况下突袭了一支荷兰商队，第三次英荷战争爆发。

法国从陆地出兵，很快占领了荷兰60%的领土。英国从海上出兵，攻击荷兰舰队。万分紧急之下，荷兰人的爱国热情被点燃，一面从陆地阻击法国人的进攻，一面派舰队拒英国人于海上。在四次海战中，荷兰人连连获胜。在陆战中，荷兰先与西班牙、奥地利、普鲁士等国结盟，迫使法国人在陆地上举步维艰，再重金游说英国国会，迫使英国从水上撤兵。原来英王接受法王贿赂的时候，曾答应让英国人重回天主教，荷兰人正是利用这个制造舆论，激发英国人对天主教和法国的恐惧。一时之间，英国国内反法情绪高涨，国会也反对与法国结盟，并停止拨款，查理二世本就理亏，此时只好罢兵。1674年，英国退出战争，保持中立。荷兰则继续在陆地上和法国对垒，而且有越来越多的欧洲国家卷入这场战争，战争从海上延续到陆地。1674年5月28日，德意志诸邦逐渐对法宣战，奥地利紧跟其后。丹麦看到瑞典倒向法国之后，匆忙与德意志合作，派出了15000人的军队。最终，在德意志诸邦中只有巴伐利亚、汉诺威和符腾堡仍与法国保持同盟关系。这样一来，几乎所有的欧洲国家都参与了这场战争。

但在海洋上，英国通过三次战争大大损耗了荷兰的海上贸易和海军实力，世界海洋的霸权逐渐从荷兰人手里转移到英国人手里，英国终将成为那个真正的"日不落帝国"，世界也由此出现了第一个全球性霸权国家。

第四十四章 基辅罗斯

最后我们来看一看东北通道。之所以说是通道而不是航道，是因为自从哈得孙探索东北航道中途折返美洲后，欧洲人基本放弃了从东北方向寻找通往中国的水上通道，而俄罗斯却最终从陆地上到达了中国。严格来说，俄罗斯在远东的扩张并不属于大航海，但这件事是在欧洲各国海洋扩张的背景下产生的，而且和中国息息相关，所以我们很有必要了解一下。

首先要澄清一个误解。我们都知道，俄罗斯是当今世界上国土面积最大的国家，又因为与我国相邻，所以我们总是不自觉地拿它和中国作比较。从世界地图上看，俄罗斯的面积巨大，仿佛是中国的三四倍，但实际上，俄罗斯的陆地面积是1709万平方公里，中国的陆地面积是960万平方公里，还不到两倍。之所以造成这种错觉，是因为我们的世界地图常用圆柱投影，或者像国内出版的世界地图那样常用多圆锥投影。无论是哪种投影，在世界地图上，两极均被拉成了一条线，而实际上极地只是一个点，这就造成越靠近两极的地方面积变形越大，所以从视觉上看，靠近极地的国家面积看起来比实际大很多。我们在制作中国地图时，通常使用圆锥投影，这种投影最适合表示中纬度地区国家的版图，能让各方面的变形达到均衡。当然，像俄罗斯这种国家的地图，我们也可以用圆锥投影表示，但俄罗斯的纬度太高，而且东西跨度太大，在圆锥投影的地图上东西两端在方向感上容易产生错觉。另外，如果用圆锥投影把俄罗斯和中国绘制在一张地图上的话，由于中国的纬度跨度大，我们又会发现，中国和俄罗斯的图上面积相差无几了，这也是一种失真。所以，在比较两国国土面积的时候，我们要采用方位投影，把投影的中心点放在中俄之间的东经100°、北纬45°之处，这样双方的变形比例相当，所得出的平面地图更接近二者的真实比例。但同时我们也看到了，在这张地图上，离中心点越远的地方，变形越大。为了兼顾各个地理版块之间的关系，也为了大家在看地图时更好地把握方向感，我在后面的讲解中将仍以圆柱投影为主，只是需要提醒大家的是，俄罗斯属于高纬度国家，在本书下文所涉及的地方，在地图上看起来是存在变形的，在面积上是夸大的。

和中国比起来，俄罗斯的历史非常短，短到中国都进入明朝了（1368年），俄

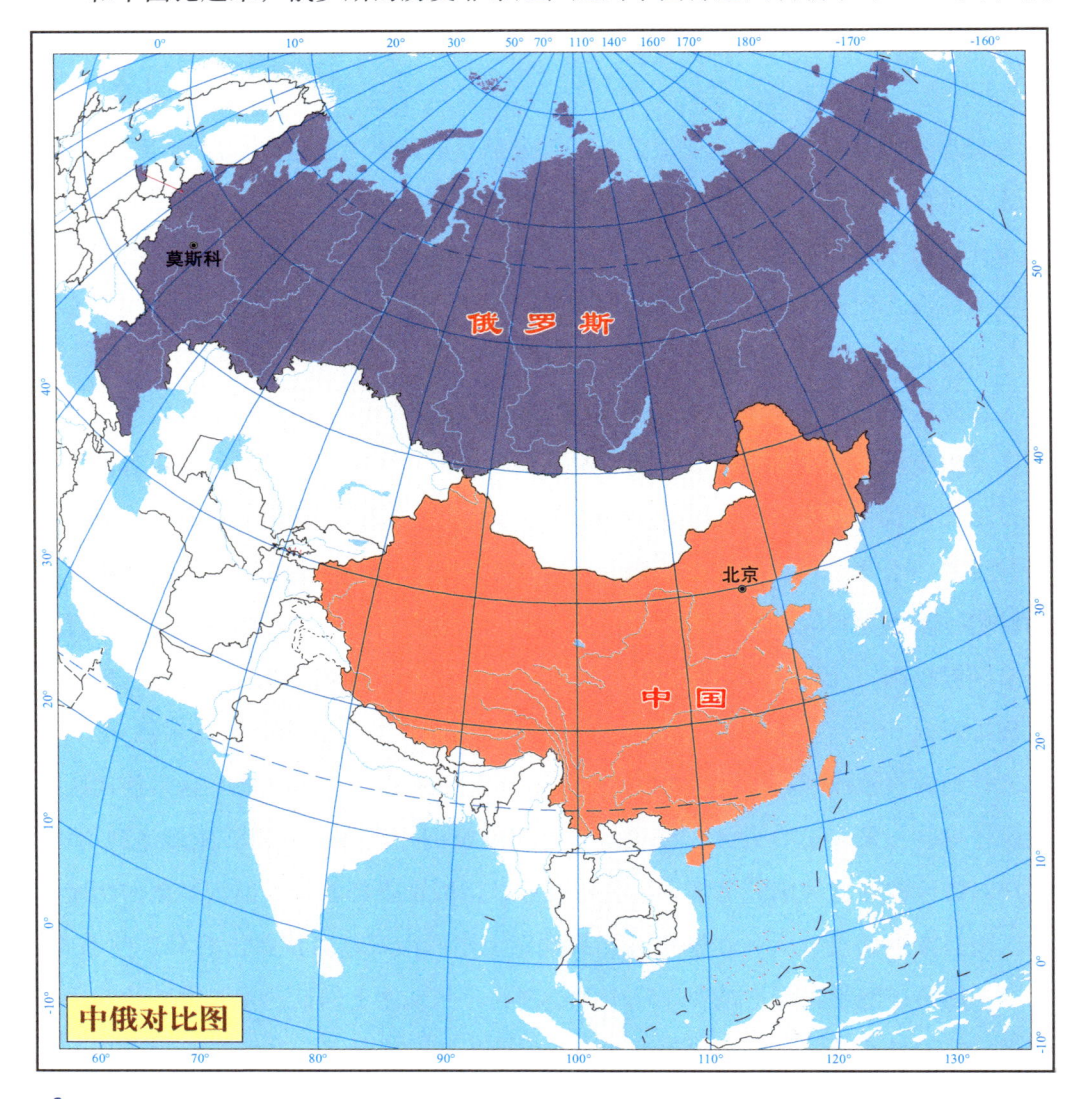

中俄对比图

罗斯作为一个独立的国家还不存在。

但俄罗斯民族的历史并不短。欧洲北部很早就生活着三大蛮族：凯尔特人、日耳曼人和斯拉夫人。按后来的分法，斯拉夫人又分为三支：生活在中欧地区的西斯拉夫人，包括波兰人、捷克人、斯洛伐克人、索布人；生活在东欧地区的东斯拉夫人，俄罗斯人就是其中一支，东斯拉夫人还包括白俄罗斯人、乌克兰人、卢森尼亚人；还有一支生活在东南欧和巴尔干半岛一带的南斯拉夫人，包括塞尔维亚人、黑山人、克罗地亚人、斯洛文尼亚人、马其顿人（指现代马其顿人，古马其顿人属于古希腊人）、波斯尼亚人、保加利亚人。除保加利亚外，这几支南斯拉夫人曾在一战后建立了一个貌合神离的国家——南斯拉夫。1992年南斯拉夫解体，2006年黑山独立，原来的南斯拉夫最终分裂成六个国家：塞尔维亚、黑山、克罗地亚、斯洛文尼亚、北马其顿、波斯尼亚和黑塞哥维那（即波黑）。

斯拉夫人最早生活在今波兰一带，后逐渐向东南和东北方向扩散。4世纪，匈奴人从草原进入欧洲，引起连锁反应，欧洲的游牧民族开始大迁徙。正是在这个时候，斯拉夫人分为了三支。6世纪，南斯拉夫人开始侵入东罗马帝国的属地巴尔干半岛。7世纪，西斯拉夫人在今捷克地区建立了最早的国家，号称萨摩公国。随后，南斯拉夫人在巴尔干地区建立了保加利亚王国。9世纪初，西斯拉夫人建立大摩拉维亚国（亦称大摩拉维亚波希米亚公国），这是萨摩公国的升级版。东斯拉夫人最落后，一直到9世纪末期才开始建立国家，但并不是东斯拉夫人自己建的，而是维京人建的。

维京人来自斯堪的纳维亚半岛，严寒的气候造就了他们强壮的体魄。但这里的土地实在太贫瘠，几乎没有任何东西出产，于是维京人划着龙船四处劫掠。在古英语中，vikinger是"在海湾中的人"，而wicing代表"海盗"，冰岛土语中的vikingar是"海上冒险"的意思，所以，"维京"二字等同于北欧海盗。维京人以挪威、瑞典和丹麦为基地，逐渐控制了波罗的海的大部分海岸，然后四处出击：向西，他们进入大西洋，侵入英国和法国的诺曼底；往南，他们进入地中海，侵入西西里岛、意大利半岛南部；再往东，他们侵入东岸的巴勒斯坦地区。如果论地理发现的话，维京人最早发现了冰岛，而且在那里定居。然后，他们发现了格陵兰岛，并在那里殖民。还有证据表明，维京人早在10世纪就到达过纽芬兰岛，并踏上过北美的土

斯拉夫人和基辅罗斯

地，这比哥伦布早了500年。

整体上说，维京人基本不从事生产，以劫掠为生，在欧洲文明人眼里，他们是野蛮、冷血的代名词。一开始，维京人主要抢夺牲口和谷物，有金银财宝当然也不会放过，杀人越货是他们的看家本领。随着维京人游走各地，到达的地方越来越多，有时他们需要销赃，有时他们需要购物，慢慢地，他们发现，做贸易的收成远比抢掠来得稳当，而且可持续发展。于是有的维京人开始定居，有的维京人开始经商。

从波罗的海沿岸的北欧出发，如果要选一个贸易终点站的话，东罗马帝国的君士坦丁堡无疑是不二之选。北欧人可以拿着他们狩猎的副产品（动物皮毛）到拜占庭换取食盐等生活必需品。但是从北欧到君士坦丁堡并不近，如果走传统海路的话，需要经北海，过英吉利海峡，渡比斯开湾，从直布罗陀海峡入地中海，再穿越漫长的地中海才能到达，全程约8000公里。且不论路途中的风险，单是这遥远的路途，对经商的人来说就成本太高，无利可图。但如果我们仔细观察一下地图就会发现，君士坦丁堡的经度与波罗的海的东海岸经度相当，如果从东海岸开拓出一条商路，就会近得多。事实上维京人就是这么做的，他们从芬兰湾往东，通过涅瓦河进入拉多加湖，然后经沃尔霍夫河一直南下，中间经过一小段陆路转运后进入第聂伯河，直达黑海，进入拜占庭。这条路线只有2000多公里，不到海路的三分之一，既节约了成本，也大大促进了沿线城镇的发展，诺夫哥罗德就是在这种情形下发展起来的。

诺夫是新的意思，哥罗德是城池的意思，这是一个因商贸而新兴的城市，城市的主体是东斯拉夫人，维京人不过是这里的过客。但东斯拉夫人很不团结，内部部族林立，谁也不服谁，于是在9世纪，他们请了一位名叫留里克（Rurik）的维京人来主持公道，维京人就成了这里的最高统治者。

其实，"维京"是盎格鲁-撒克逊人对这个种族的称呼，在拉丁语中，这支活跃在东欧平原上的维京人被称为罗斯人（也有人认为罗斯一词源于芬兰语），所以留里克建立的这个国家就被称为罗斯王国。当然，称王国有些夸大其词，实际上这个初创小国连个公国都不算，顶多算个部落联盟。这个罗斯王国的主体是东斯拉夫人，罗斯人虽然占据统治地位，但因为人数少，后来逐渐被斯拉夫人同化了。但当地的斯拉夫人对罗斯人还有另一个称呼——瓦良格人。瓦良格(Varangian)和维京

(Viking)其实是近音,指的都是这支来自斯堪的纳维亚半岛的或商或盗的北欧人。所以前面我们所说的那条商路就叫"瓦希商路",意思是瓦良格到希腊的路;或者说,来往于这条商路上的商人主要是瓦良格人和希腊人。可以说,正是这条商路孕育了后来的俄罗斯。商贸一旦繁荣起来,经营的就不仅仅是生活必需品了,北欧的羊毛织品、琥珀、羽绒,还有奴隶,罗斯人本地所产的皮毛、松脂,等等,都可以运往君士坦丁堡卖个好价钱;而在君士坦丁堡除了可以买到生活必需品外,还有绘画、玻璃球、刀具等手工艺品,如果出得起价钱,还可以买到来自东方的香料和丝绸。

东斯拉夫人生活的地方布满森林、沼泽、湖泊,其间又有河道纵横交错,地理上的碎片化造成东斯拉夫人一盘散沙,但罗斯人却靠着统一的贸易市场逐步将东斯拉夫人整合了起来。

879年,罗斯人开始沿着瓦希商路南征,先后占领了斯摩棱斯克和波洛茨克两大战略要地。斯摩棱斯克扼守着第聂伯河南下的咽喉,而波洛茨克既是洛瓦季河南下的中转站,也是经西德维纳河西入波罗的海的必经之地。882年,他们占领了第聂伯河中游的重镇——基辅城。

基辅地处东欧平原、草原、森林的交会地带,又扼守着第聂伯河这条大动脉,其战略位置不言而喻。所以在占领基辅后,罗斯人就把首都迁到了基辅。从这时起,我们就称其为基辅罗斯。

在随后的一个世纪里,基辅罗斯征服了周围众多的东斯拉夫人公国和部落,版图几乎囊括了所有东斯拉夫人居住的地区。这时的罗斯人这个概念也变了,其含义已经包括了东斯拉夫人,因为瓦良格人已经完全被同化。

基辅罗斯的版图从波罗的海一直延伸到黑海,如何统治这么一大片国土?单靠武力是不行的,还得有统一的信仰——罗斯人反复比较了基督教、伊斯兰教、犹太教等众多大宗教,最后选定了东正教。988年,基辅罗斯的弗拉基米尔一世(Vladimir Sviatoslavich)迎娶了拜占庭帝国的安娜公主(Anna Porphyrogenita)为妻,随即宣布东正教为国教,强令全体国民接受东正教的洗礼。东正教和西欧的基督教派一直在争夺正统地位,这也是后来俄罗斯一直不容于西方社会的原因之一。

宗教促进了罗斯统一民族的形成，但并不能解决权力的分配问题。11世纪，基辅罗斯陷入封建割据时代，最终分裂为基辅、斯摩棱斯克、切尔尼戈夫、梁赞、诺夫哥罗德、弗拉基米尔等10多个小公国。各公国彼此征伐，混战不休，再也没有人能将它们统一起来。一直到13世纪，蒙古人来了，罗斯诸国的历史被彻底改变。

1240年，成吉思汗的孙子拔都率部西征，灭掉了基辅罗斯，其余的罗斯公国望风而降。

1242年，拔都建立金帐汗国。金帐汗国的都城一开始在伏尔加河下游的萨莱城（今阿斯特拉罕），后迁至新萨莱城（今伏尔加格勒）。因为这一带被称作钦察草原，原本有个钦察国，生活着许多钦察人，所以人们也把这个蒙古人建立的汗国称为钦察汗国。又因为拔都的帐篷是金色的，附近的王公前来述职或上贡都在金帐里参拜这位蒙古可汗，所以他们也把这个蒙古汗国称为金帐汗国。鼎盛时期，金帐汗国西起诸罗斯，南至里海和黑海，北到北极圈附近，东达阿尔泰山脚下。

金帐汗国对罗斯诸国采取的是一种松散的统治，主要是征税，对原有的罗斯统治结构并没有改变，原有的王公贵族都有保留，只不过多数成了傀儡，实际上成为蒙古人的税收代理人。

1263年，金帐汗国指定的代理人、罗斯诸公国的实际统治者、诺夫哥罗德大公亚历山大·涅夫斯基（Alexander Nevsky）将两岁的小儿子丹尼尔·亚历山德罗维奇（Daniel of Moscow）封为莫斯科国公。

1276年，15岁的亚历山德罗维奇到莫斯科就藩，建立了莫斯科公国。在基辅罗斯时期，莫斯科只是弗拉基米尔公国的一座小城。莫斯科公国建立之后，几任莫斯科大公励精图治，扩充势力，罗斯诸公国的经济、政治中心逐渐从基辅转移到莫斯科。基辅地处草原的边缘地带，蒙古的骑兵随时可以来往，在蒙古的铁蹄统治之下，基辅难有抬头之日；相反，莫斯科已进入森林地带，蒙古骑兵要往来这里没那么容易，所以，罗斯人开始把重点放在了莫斯科。

在金帐汗国的冲击下，原罗斯人逐渐分化成三部分：在西南边境，一些公国幸免于难，没有陷入蒙古人的奴役，这些地区被称为"乌克兰"，在罗斯语中，"乌克兰"就是"边界地区"的意思；在西北地区，一些罗斯人由于离欧亚草原太远，蒙古人势力难以企及，被并入立陶宛大公国（波罗的海人），后来独立出来就是白俄罗斯人；而被蒙古人统治的这部分占绝大多数，他们自认为代表着罗斯人的正统，仍称自己为罗斯人。在蒙古语里，由于发音习惯的问题，辅音前必须加元音，所以他们把罗斯（Rus）称为俄罗斯（Orus）。汉语里的俄罗斯正是根据蒙古语转译过来的，元代一般翻译为"斡罗思"；明代是直译，称作"罗刹"；清代又以蒙古语为媒介，译作俄罗斯，延续至今。

2018年3月，白俄罗斯驻华大使馆发表声明，要求将他们国家的中文译名改为"白罗斯"。这种说法有没有道理呢？当然有。白俄罗斯人认为，他们直接传承自基辅罗斯，而白代表纯洁，所以应该称为"白罗斯"，而"白俄罗斯"看起来似乎是俄罗斯下面的一个分支，让人容易误解。但这一提议并没有得到中国官方的响应，因为在中文语境里，"俄罗斯"等同于"罗斯"，"白俄罗斯"就是"白罗斯"，如果"白俄罗斯"改为"白罗斯"的话，那"俄罗斯"是不是应该改为"罗斯"？这就像俄语中把中国称为"契丹"一样，虽不准确，但流传太久，已约定俗成，和其本意关系不大了。

按白俄罗斯的理由，"白"字的意思是"独立的，自由的，不属于鞑靼蒙古的桎梏"——背后的意思就是，他们没有被蒙古人混过血，是纯种的罗斯人。历史上也的确是，在200多年的统治里，为了更好融入当地，蒙古的王公贵族不停地与俄罗斯的贵族结亲，所以西方有句谚语："剥开一个俄国人的皮，就会看到皮下蒙古人的血脉。"这是俄罗斯不被西方世界接受的另一个原因。事实上，俄罗斯人的面貌已经和西欧的白种人有所区别，多少留下了蒙古人的影子，比如我们熟知的列宁（Vladimir Lenin），就有四分之一的蒙古血统。当然，从整体上讲，俄罗斯人的蒙古血统比例并不高，毕竟当初西征的蒙古人数量有限。比血统更重要的是文化，俄罗斯的文化深受蒙古人影响，他们好斗，喜欢扩张，被世人称为战斗民族，更是源自蒙古人的天性。

金帐汗国是蒙古四大汗国之一，另三个是察合台汗国、窝阔台汗国、伊儿汗国。中国元朝是四大汗国的宗主国，元朝加四大汗国合称蒙古帝国。在元朝和四大汗国之间，只是名义的宗藩关系，并无实际的上下级差别。与元朝不同，四大汗国采用的是蒙古人传统的君主封建制，这种制度不会改变当地的文化和政治结构，可以快速地扩张土地。但这种制度也有一个问题——原有的贵族势力仍在发展，总有一天会反水。另外，在征战过程中新晋的贵族会在战后受封一部分土地，而且世袭罔替，又会削弱帝国的实力。还有，在扩张的过程中，征服中央集权制的国家比较容易，只要把皇帝拉下马，老百姓不太关心谁来当新皇帝，反正在谁手下都差不多；而在封建制的国家，几乎每个城邦都是独立自主的，要一个一个地征服太难，最好的办法就是让他们的首领称臣纳贡，交税就可以。所以，在经过200多年后，俄罗斯的王公贵族不但没有消失，反而在金帐汗国的羽翼下发展壮大，而汗国内部的一些贵族，也学当地人的样子，发展成了事实上的独立公国。

1312～1340年是金帐汗国的鼎盛时期，一度建立了中央集权（相对而言，不同于元朝的中央集权）。

14世纪末，金帐汗国开始衰落，花剌子模、克里米亚、保加尔人慢慢独立出去，南面新起的帖木儿帝国还在不停地袭扰。

到15世纪时，金帐汗国先后分裂出西伯利亚汗国、喀山汗国、克里米亚汗国、阿斯特拉罕汗国等独立国，中央只剩下有限的疆土，金帐汗国变成了一个小国，蒙古人的光环不再，从此也被人称为大帐汗国。

与此同时，莫斯科公国在1328年成为蒙古人的税收代理人之后，依靠着财政大权和蒙古人的政策支持，开始兼并周围的小公国，逐渐成为诸罗斯公国的领袖。

更关键的是，莫斯科公国一转身，突然发现原先强大的金帐汗国已经弱小得还不如自己，于是拒绝再向蒙古人纳税。

第四十五章　莫斯科公国

1472年，莫斯科大公伊凡三世（Ivan III of Russia）迎娶了东罗马帝国末代皇帝的侄女索菲娅·帕列奥罗格（Sophia Palaiologina）为妻，哪怕东罗马帝国已于1453年被奥斯曼帝国灭亡。伊凡三世此举的目的就是向世人表明：莫斯科从此继承了罗马帝国的正统。本来，欧洲人（主要是西部欧洲人）一直都不愿意承认东罗马帝国是罗马帝国的继承者，所以一直称其为拜占庭帝国，但无奈拜占庭帝国和罗马帝国是一脉相承的，有拜占庭帝国的存在，位于罗马城的教廷总觉得自己来路不正，现在倒好，斯拉夫人不仅接过东正教的大旗，还号称是罗马帝国的继承者，这是西欧社会最不能容忍的事情。东正教和基督教不一样，它是要服从罗马皇帝管理的，而西欧社会没有皇帝，教皇至高无上，各世俗权力只能称王。其实，以日耳曼人为主体的西方社会也曾试图恢复罗马帝国的荣光，即"神圣罗马帝国"，但最终只是一个有名无实的松散联盟，既不神圣，也和罗马没关系。

1476年，刚刚平息内乱的金帐汗国派来使者，要求莫斯科公国像过去一样缴纳税赋。伊凡三世做事一向谨慎，但这次他断然拒绝了蒙古人的要求。使者很生气，说莫斯科公国是金帐汗国的奴才，奴才怎么能拒绝主人的要求呢？伊凡三世大怒，撕毁国书，斩杀使者。

1478年，莫斯科公国正式吞并诺夫哥罗德共和国。诺夫哥罗德是罗斯人形成的源头，虽然诺夫哥罗德也有王公，但实际是共和制，权力掌握在贵族议会手里，这也是当初为什么他们会请一个瓦良格人来当执政官的原因。多少年来，诺夫哥罗德是东斯拉夫人的精神家园，现在莫斯科人将其吞并，这标志着俄罗斯人开始由分散联邦走向中央集权。这一步同样离不开金帐汗国的影响：在蒙古人的统治下，普通的罗斯人遭殃，贵族却凭着充当蒙古人的打手获取不少好处，包括从蒙古人那里学会了政治、军事的组织方式。

1480年，在忐忑不安中等待的莫斯科人终于得到消息，金帐汗国的阿合马汗亲领大军正向莫斯科杀奔而来，伊凡三世只好出城迎敌。从1240年开始，整整240年的统治，让俄罗斯人对蒙古人的恐惧已经深深地刻在骨子里，战争一开始，莫斯科军队连连败退。更可气的是，伊凡三世居然带着少量随从跑回了莫斯科。阿合马的军队因此杀到离莫斯科不到200公里的奥卡河南岸，与莫斯科大军隔河对峙。

为避开锋芒，阿合马移师西进，绕到乌格拉河南岸，发现对岸又有莫斯科大军防守。蒙古人以骑兵为主，没有渡河工具，阿合马就地扎营，一面等待河水结冰，一面派人向盟友立陶宛大公国请求援兵夹击莫斯科。

10月26日，乌格拉河终于结冰，但立陶宛公国的援军却没有到，他们被克里米亚汗国的军队给缠住了，脱不开身。对岸的莫斯科军队还是很害怕，后撤30公里，准备决战。11月11日，立陶宛的援军还是没到来，阿合马踌躇再三——他很明白自己的军队数量远远少于对方，强攻的后果不堪设想，于是长叹一声后，下令撤兵。

这场战役就这么虎头蛇尾地结束了。它标志着金帐汗国对罗斯诸公国长达240年的统治结束了。

阿合马从乌格拉河撤退后，返回金帐汗国的途中，无意中遭到西伯利亚汗国军队的阻击，战败被杀。不久后金帐汗国因为内斗又分裂成几个小国，奄奄一息。1502年，克里米亚汗国攻占金帐汗国的首都新萨莱，国祚262年的金帐汗国彻底消亡。

摆脱蒙古人的统治之后，莫斯科公国立即开始他的扩张之路。

环顾莫斯科周围，四面都是一马平川，理论上讲，他们可以往四个方向扩张，但实际上莫斯科的选择并不多。西面，是立陶宛和波兰组成的克雷沃联邦，单是一个立陶宛或波兰，莫斯科都不敢轻举妄动，更何况是两者的强强组合；南面，有金帐汗国以及由其分裂出来的一众小国，莫斯科对金帐汗国从心理上就畏惧，即使是金帐汗国弱到不堪一击，俄罗斯人依然不敢轻举妄动；北面，有出海口，这时的葡萄牙已经探索到非洲的黄金海岸，西班牙刚刚统一，正在摩拳擦掌。按理说，莫斯科要想成为一个海洋国家，就应该走北面，从海洋上扩张。可是俄罗斯人比谁都清楚，莫斯科公国在北冰洋的海岸，除白海沿岸外，都在北极圈内，一年的绝大部分时间里都处于封冻状态，而从白海出发，远洋航行又必经北冰洋，所以北方实际上等于没有出海口。这个时候，俄罗斯人还没有发现摩尔曼斯克是个不冻港。那里虽然地处北纬69°，但受北大西洋暖流的影响，终年不封冻。

如果往西北方，从克雷沃联邦的北面进入波罗的海呢？这里纬度不高，气候适宜，离莫斯科又近，按说是最好的出海口。可事实是，俄罗斯人进入波罗的海容易，想从波罗的海进入大西洋就难了，这里扼守着丹麦、瑞典、挪威三个王国，都是维京海盗出身的国家，想从他们眼皮底下做贸易赚钱简直是虎口夺食。所以，对莫斯科的俄罗斯人来说，风险最小的是从莫斯科往东。那里虽然有喀山汗国、西伯利亚汗国，但都是从原金帐汗国里分裂出来的，历来都是金帐汗国统治最薄弱的地方，或许是最好的选择。而且，俄罗斯人很清楚，蒙古人从东方来，曾经占领过大片的土地，现在蒙古人败落，这些地方群龙无首，正是抢占地盘的好时机。

1483年，莫斯科军官乔尔内与特拉维率领一支远征队进入西伯利亚汗国，从彼得姆地区的乌斯秋克出发，往东越过乌拉尔山脉（当时俄罗斯人称为"石带"），然后沿塔夫达河而下，经过今秋明附近后，继续向东，依次到达托博尔河、额尔齐斯河、鄂毕河。在原金帐汗国范围内，西伯利亚汗国占据的是最苦寒的地方，这里除蒙古人和突厥人之外，土著人还处于石器时代。所以俄国人到这里基本没有对手，一路击败多支土著军队，还抓获了不少俘虏。这一趟下来，许多沃古尔人和汉提人（鄂毕河一带原住民）的部落归顺了莫斯科。10月，远征队回到乌斯秋克。

但后方并不稳定，一些小公国蠢蠢欲动。伊凡三世得知特维尔大公和立陶宛大公来往甚密后，打算先收拾特维尔公国。1484年，莫斯科军队攻入特维尔，特维尔向立陶宛求救。立陶宛不想和莫斯科发生冲突，于是特维尔投降，并保证不再和立陶宛来往。但是，第二年伊凡三世就抓到了特维尔派往立陶宛的信使，于是再度发兵。特维尔不敌，大公出逃立陶宛，特维尔城请降并宣誓效忠。伊凡三世封长子为新特维尔大公，此后特维尔便逐渐被并入莫斯科的版图。

伊凡三世打算把所有的罗斯公国都纳入自己的版图，但有些罗斯公国在立陶宛的统治之下。为了避免和立陶宛正面冲突，伊凡三世宣布，只要这些罗斯公国承认

巴伦支海
摩尔曼斯克
那尔维克
萨米人
科拉半岛
北极圈
白海
吕勒奥
奥卢
阿尔汉格尔斯
斯堪的纳维亚半岛
于默奥
北
德
维
瓦萨
库奥皮奥
卡尔马联盟
彼得罗扎沃茨克
奥涅加湖
拉多加湖
耶夫勒
图尔库
赫尔辛基
克克斯霍尔姆
斯维里河
涅瓦河
纳
芬兰湾
圣彼得堡
沃尔霍夫河
苏霍
瑞典
斯德哥尔摩
塔林
沃洛格达
利沃尼亚联邦
诺夫哥罗德
伊尔门湖
罗斯诸公
普斯科夫共和国
普斯科夫
洛瓦季河
雅罗斯拉夫尔
伏
特维尔
里加
西德维纳河
波罗的海
下诺夫哥罗
莫斯科
波洛茨克
维尔纽斯
格但斯克
加里宁格勒
条顿骑士团国
斯摩棱斯克
第聂伯河
明斯克
图拉
梁赞
马佐维亚公国
波兹南
华沙
布列斯特
梁赞大公
神圣罗马帝国
切尔尼戈夫
沃罗涅日
弗罗茨瓦夫
克雷沃联邦
顿河
金帐汗
克拉科夫
基辅
利沃夫
哈尔科夫
克里米亚汗国
伏尔加
布拉迪斯拉发
维也纳
布达
多瑙河
摩尔达维亚公国
顿涅茨克
布达佩斯
克卢日-纳波卡
雅西
基希讷乌
敖德萨
罗斯托夫
匈牙利王国
奥斯曼帝国
萨格勒布
黑海
克里米亚半岛
贝尔格莱德
奥斯曼帝国
贝尔格莱德班内特国
瓦拉几亚公国
奥斯曼帝国
奥斯曼帝国
切尔克斯人
20°
30°
40°
60°
50°

罗斯诸公国(1500年)

- 科尔古耶夫岛
- 奥克西诺
- 纳里扬马尔
- 伯朝拉河
- 沃尔库塔
- 亚马尔半岛
- 萨列哈尔德
- 萨摩耶德人
- 鄂毕河
- 推切格达河
- 瑟克特夫卡尔
- 乌拉尔山脉
- 汉特-曼西斯克
- 额尔齐斯河
- 基洛夫
- 卡马河
- 彼尔姆
- 西伯利亚汗国
- 托博尔斯克
- 图林斯克
- 叶卡捷琳堡
- 秋明
- 托博尔河
- 喀山
- 伏尔加河
- 车里雅宾斯克
- 库尔干
- 鄂木斯克
- 喀山汗国
- 彼得罗巴甫洛夫斯克
- 瓦剌
- 扬诺夫斯克
- 萨马拉
- 奥伦堡
- 乌拉尔河
- 阿斯塔纳
- 萨拉托夫
- 阿克纠宾斯克
- 卡拉干达
- 诺盖汗国
- 哈萨克汗国
- 阿斯特拉罕汗国
- 古里耶夫
- 阿特劳
- 杰兹卡兹甘
- 阿斯特拉罕
- 里海
- 咸海
- 锡尔河
- 克孜勒奥尔达
- 巴尔喀什湖
- 东察合台汗国

377

莫斯科为首都，自愿削去公国的藩号，并入莫斯科的版图，那么，莫斯科也只需要这些公国的国防和外交权，原来大公的领地和财产不受侵犯。这一招兵不血刃却非常奏效，西部和西北部的许多罗斯公国纷纷来投。莫斯科也只向这些地方派驻少量的军队和官员进行管理。这样一来，各个公国的独立性慢慢丧失，权力向莫斯科集中，一群松散的公国逐渐演变为一个以莫斯科为首都的中央集权国家。

在前往东方的道路上，还有两个障碍：梁赞大公国和喀山汗国。梁赞大公国早在基辅罗斯时期就存在，比莫斯科的历史还早，是莫斯科的竞争对手；喀山汗国比较好办，本身内讧不断，有一部分人就是亲莫斯科的。1487年，莫斯科攻入喀山，扶持亲莫斯科的穆哈默德·阿明（Möxämmädämin of Kazan）为汗，从此与喀山汗国相安无事。

接下来，伊凡三世开始向乌拉尔山西部地区渗透，相继征服彼尔姆、沃古尔（鄂毕河下游）、维亚特卡（今基洛夫）。短短十几年里，莫斯科从一个小公国一跃成为东欧平原的大国，去往东方的道路上再也没有强劲的对手。

莫斯科的快速崛起引起了欧洲人的注意。1489年，神圣罗马帝国皇帝派来特使，要册封伊凡三世为王。当然，这需要伊凡三世先提出请求，神圣罗马帝国皇帝再同意即可。之前提到过，在当时的欧洲（主要是中欧、西欧和南欧，不含东欧，一般情况下也不含北欧），神圣罗马帝国的创立是为了继承罗马帝国的荣光，除了罗马帝国有皇帝，其他国家君主最高只能称为王，而且必须得到皇帝的册封，这个王才算合理合法。不管这个神圣罗马帝国是不是有名无实，但在法统上，大家还是愿意去走一下这个流程，否则人人称王就乱了套。可伊凡三世却不吃这一套，在他眼里，拜占庭帝国才是罗马帝国的继承者，现在拜占庭帝国亡了，莫斯科继承了拜占庭的正统，那么他才是真正的罗马皇帝，干吗还需要这个神圣罗马皇帝来册封？那不是直接给自己降级吗？但鉴于西欧各国都在表面上承认这个神圣罗马帝国，伊凡三世也不好和他翻脸，于是婉拒。

正当莫斯科如日中天的时候，上天又给了他一个向西拓展的机会。

1492年，兼任波兰国王和立陶宛大公的卡西米尔四世（Casimir IV Jagiellon）去世，两个儿子瓜分了波兰和立陶宛，本来强大的克雷沃联邦一下子在军事上失去了优势。伊凡三世看到了战机，立即联络南方的克里米亚汗国，从一北一南联合进攻立陶宛。莫斯科军队一路攻城略地，梅晓夫斯克、谢尔佩伊斯克、维亚济马、梅采茨克等城邦公国相继陷落。立陶宛大公求和，承认莫斯科对梅晓夫斯克等城邦的主权，伊凡三世勉强同意，双方停战。

1493年，哥伦布从西印度群岛回国，极大地刺激了欧洲人的神经。莫斯科公国不甘寂寞，派了一支船队到北冰洋探险。与西欧人的船只不同，莫斯科的船只呈卵形，没有棱角，非常适合在冰海里航行。这一次远航，俄罗斯人发现了斯匹次卑尔根岛。

1495年，莫斯科又派了一支船队到西北海域探险。船队从北德维纳河起航，经白海，绕过了摩尔曼斯克角。返航的途中，船队在科拉半岛的东北海岸停靠，迫使当地的土著拉普兰人归顺了莫斯科。

1496年，伊凡三世派探险家格里高里·伊斯托马出使丹麦王国。使者团从北德维纳河出发，经白海，过巴伦支海，绕过斯堪的纳维亚半岛，先后到达了挪威王国的特隆赫姆和丹麦王国的首都哥本哈根。后来，英国人也是通过这条航线与俄罗斯建立了贸易关系。

海上探险收获寥寥，莫斯科公国把目光再度转向陆地，或者说陆地上的内河。1499年春，伊凡三世再派探险队远征鄂毕河地区。探险队从莫斯科以北400公里处的沃洛格达出发，先沿苏霍纳河往东北航行，再沿维切格达河往东到达伯朝拉河的上游，然后顺河而下，在河口建立了一个据点奥克西诺。11月21日，远征队开始向乌拉尔山脉进发，两周后抵达山下。然后，俄罗斯人兵分两路，一路奔向尤格拉（汉特-曼西斯克），然后顺鄂毕河而下到达别列佐夫（别列佐沃），迫使当地奥布多尔人和尤戈尔人归顺莫斯科；另一路在里亚平河地区，里亚平河在乌拉尔山脉以东、鄂毕河以西，注入索斯瓦河之后再注入鄂毕河，这一队占领了30多个村镇，俘虏千余人。这样一来，鄂毕河下游地区从此被并入了莫斯科公国。1500年秋，远征队班师，1501年4月回到莫斯科。

莫斯科并没有忘记同时向西扩张，所以和立陶宛之间的和平是短暂的。1500年，双方终于爆发全面战争。莫斯科还是拉克里米亚做盟友，克里米亚也格外卖力。立陶宛两头受敌，节节败退。就连乌克兰地区的公国也纷纷向莫斯科投诚。

1502年，伊凡三世病重，瓦西里三世（Vasili III of Russia，伊凡三世和拜占庭公主索菲娅之子）继位，兵锋继续向西推进，立陶宛的国土丢掉了三分之一，包括19个城邦、70多处领地、22个城镇和13个乡镇。

1503年，立陶宛再度求和，双方再次签订和约，切尔尼戈夫、普季弗利、戈梅利、布良斯克等城邦并入莫斯科的版图。这时莫斯科的版图在西线达到了一个相对理想的状态：西线正面是要塞斯摩棱斯克，离立陶宛首都维尔诺（今维尔纽斯）400多公里；北线以诺夫哥罗德为依托，与普斯科夫形成一道防线。一旦有变，两线夹击，立陶宛插翅难逃。

和伊凡三世生于忧患不同，瓦西里是含着金汤匙出生，从小习惯了一呼百应，很少考虑别人的感受。在国事上，他更喜欢直接动武，不像他父亲那样擅长用外交手段，这样一来，就和原来的盟友克里米亚渐行渐远了。

西线稳定了，瓦西里三世把目光转向了东方。

喀山汗国本来已经臣服，甘心当小弟，但瓦西里三世不满足，他想把喀山直接纳入莫斯科的版图。1506年，瓦西里三世借口喀山汗国违反此前签署的和约，发兵喀山汗国，结果出师不利，铩羽而归。从此，喀山汗国和莫斯科反目成仇，还拉来克里米亚汗国、立陶宛大公国一起对付莫斯科。一时间，莫斯科三面临敌，很是被动。

恰在此时，立陶宛大公亚历山大（Alexander Jagiellon）去世，新大公是他的弟弟。新大公继位之后第一件事就是要求莫斯科归还此前占领的土地，双方再一次爆发战争。临阵之际，立陶宛一位名为米哈伊尔·格林斯基（Michael Glinski）的贵族反水，立陶宛立即陷入被动，只得向盟友喀山汗国和克里米亚求助。两国袖手旁观，谁也不出兵。立陶宛只好又一次求和，承认此前莫斯科占领的土地。

立陶宛的反复让瓦西里三世意识到有必要巩固一下西线的防御。1509年至1510年间，瓦西里三世花了很大的精力才把普斯科夫吃掉，这里原本是他的封地，现在变成了莫斯科公国的一部分。还有边疆重镇斯摩棱斯克，瓦西里准备一举拿下。1512年，正当瓦西里三世率兵亲征时，背后传来一个坏消息——克里米亚大举入侵，已经深入到莫斯科的腹地。

第四十六章 俄罗斯帝国

克里米亚汗国的主体是鞑靼人。鞑靼这个名字使用得很宽泛，在不同时期、不同地区，代表的含义不一样。

很多人经常把鞑靼和蒙古混淆，其实鞑靼的历史比蒙古久远得多。早在南北朝时，中国的史书里就有鞑靼的记载。但鞑靼并不单指某一个民族，一般认为，其最早指的是蒙古高原上柔然的残部。柔然本身也是各种部族杂处，当柔然败落后，残部逐渐融合在一起，成为一个独特的部族。突厥人兴起后，这个部族又融合一部分突厥人，并逐渐被突厥化，中央王朝称他们为鞑靼。这时鞑靼人的势力还很小，经常被突厥人欺负。突厥败落后，鞑靼人又被新起的回鹘汗国欺负。一直到回鹘人败落，并西迁阿尔泰山，草原上出现权力真空，鞑靼人才得到快速发展。这时的鞑靼人已经广泛分布在大漠南北，有的还进入长城以南，比如后唐太祖李克用就曾招募了数万鞑靼人替他打仗。

其实，当时草原上不仅有鞑靼，还有别的部族，但因为鞑靼分布最广，中原人便经常用鞑靼泛指这些草原游牧民族。

北宋时期，鞑靼人臣服辽国，但经常反叛。后来，辽被金灭，金国把精力放在南宋身上，无暇北顾，不止是鞑靼人，蒙古草原上各个部族都得到空前发展，这其中就有蒙古部。

蒙古人也是柔然的残部。柔然败落后，主体逃回大兴安岭，分为两支，北支称室韦，南支称契丹。室韦中有一支称蒙兀，就是蒙古。所以，在某种程度上，蒙古人和鞑靼人有血缘关系，但历经几百年的演化，他们已经属于不同的部族。

在回鹘人撤离后，蒙古人从大兴安岭进入蒙古高原，由渔猎改为游牧。到12世纪下半叶，蒙古高原上已是部族林立，其中塔塔儿部最强。塔塔儿就是之前所说的鞑靼。这个时候，所谓的蒙古人仅指乞颜部、泰赤乌部和札答兰部，而塔塔儿人是突厥化的混合部族，有说突厥语的，有说蒙古语的，还有说通古斯语的。篾儿乞人据说是原西伯利亚人（叶尼塞人）和通古斯人，可从他们的部落名字看又像说蒙古语；克烈部和乃蛮部都是操突厥语的游牧民族；漠南的汪古部也是操突厥语的混合部族；还有一个吉利吉思部，实际是吉尔吉斯人。铁木真统一蒙古高原后，这些部族就统称为蒙古人。

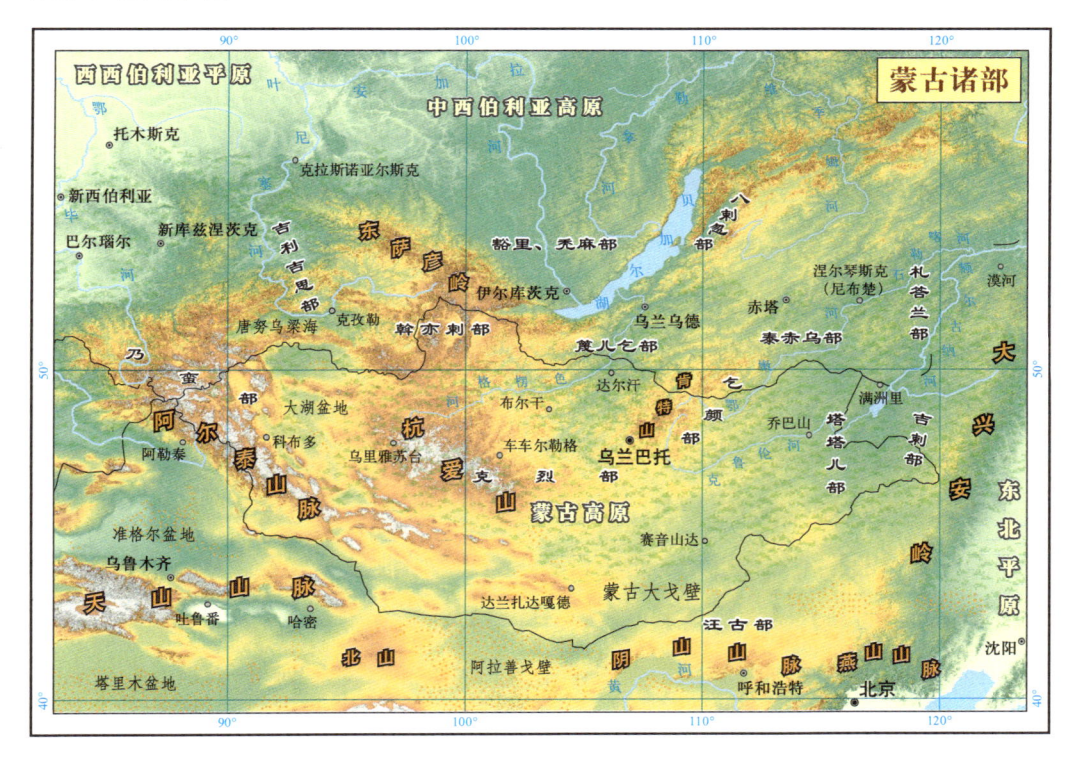

由于蒙古高原的变化实在太快，民族又复杂，宋朝的汉人根本分不清，于是简而化之，还是把他们统称为鞑靼人；又根据他们离汉地的远近、文化的高低等不同，分为黑鞑靼、白鞑靼、生鞑靼。黑鞑靼就是漠北各部，白鞑靼就是漠南的汪古部，至于生活在深山老林里、以狩猎为生的、最原始的那些部族，就称为生鞑靼。

这是中国古籍里的鞑靼（先后有达怛、达靼、塔坦、鞑靼、达打、达达等译法）一词的含义，到了国外，情况又有变化。

蒙古人西征，随征的队伍里不仅有蒙古人，也有原来的鞑靼人。由于鞑靼人的名号远比蒙古人古老，更为人们所熟知，再加上蒙古人在西征途中，有很多操突厥语的游牧民族（如保加尔人和钦察人）被征服后加入，就连自己最终也被突厥化，所以欧洲人更分不清他们之间的区别，干脆都叫鞑靼人。后来，在金帐汗国统治的200多年里，又有很多西亚和东欧的白种人加入，他们也被称为鞑靼人。所以在欧洲，鞑靼人属于黄白混血人种。

经历过元朝后，中原人对蒙古人有了比较明确的认识。到了明朝，鞑靼专指东蒙古政权，代表正统的蒙古人。至于今天中国的塔塔儿族，则又和俄罗斯有关。19世纪后，大量的鞑靼人迫于生存压力，开始回迁中国。那时的满族官员对明显带有华夷之辨色彩的鞑靼二字颇为敏感，就改用了塔塔儿这个比较中性的称谓。但为了区别，我们将国外特别是俄罗斯境内的这个族群仍翻译为鞑靼。

说回克里米亚汗国，他们就是一个由鞑靼人组建的国家。说是国家，其实他们并不从事生产，以前在金帐汗国手下的时候，还有俄罗斯人替他们收税上贡，所以不需要考虑生存的问题。等金帐汗国垮台后，他们只能自谋生路，谋生还是用蒙古人的传统方式——四处劫掠。打劫的对象主要是立陶宛公国、乌克兰诸公国和莫斯科公国。而南边的奥斯曼帝国，克里米亚是不敢动的，不仅不敢动，早在1475年，克里米亚就成了奥斯曼的小弟，并皈依伊斯兰教。至于旁边其他的鞑靼汗国，克里米亚自认为是金帐汗国的继承者，当然有理由保护他们。正是仗着背后有奥斯曼帝国撑腰，克里米亚经常派出大队的轻骑兵，深入敌境腹地数百里，然后兜个圈子折返，沿途劫掠而回。蒙古骑兵来去如风，这些国家根本来不及反应。克里米亚汗国将这些波兰人、乌克兰人和俄罗斯人抢来后，就当作奴隶卖到奥斯曼帝国。据说，从14世纪立国到16世纪末，克里米亚汗国共贩卖了300万名奴隶，其中大部分是俄罗斯人。

上一章说到，1512年，克里米亚突然偷袭莫斯科公国的后路，并不是克里米亚跟莫斯科有仇，而是克里米亚鞑靼人见钱眼开。立陶宛被俄罗斯人攻击后，立陶宛大公花了15000枚金币，说服克里米亚的蒙哥吉雷汗出兵。瓦西里三世来不及回防，蒙哥吉雷汗很快占领梁赞，兵临莫斯科城下。莫斯科守城军队顽强抵抗，蒙哥吉雷汗也根本没想打仗，于是大肆劫掠一番后退兵。从此以后，莫斯科大公国和克里米亚汗国就算彻底翻脸了。

而此时的瓦西里仍在斯摩棱斯克苦战，亲自冲锋陷阵也没拿下。无奈之下，瓦西里下令围城。两年后，城中弹尽粮绝，斯摩棱斯克投降。但随后，城里的教会和贵族不服，暗通立陶宛。立陶宛开始反攻，双方战端重启，一时陷入胶着。莫斯科经过艰苦奋战，才最终保住斯摩棱斯克。

斯摩棱斯克的攻防战让莫斯科与立陶宛的矛盾越来越深，就连神圣罗马帝国派特使前来斡旋都无济于事。双方一直僵持到1520年，最终达成和解，签订了为期五年的停战协定。协定里，立陶宛并没有承认莫斯科对斯摩棱斯克的主权，但莫斯科既然事实上占领了斯摩棱斯克，就有办法将这里变成莫斯科公国的一部分。此后，瓦西里三世不再向这些新占领的地方派遣督军，而是移民：他将普斯科夫、斯摩棱斯克的居民大批迁往莫斯科，再将莫斯科的居民填补进来。时间一长，这些地方就和莫斯科公国的其他地方一样，由俄罗斯人占主导，想反叛都难。

1521年，克里米亚汗国再度入侵，很快占领南方的门户梁赞，兵临莫斯科城下。瓦西里连遭败绩，喀山汗国也见机而动，驱逐了莫斯科扶持的傀儡，从克里米亚迎接了一位王子继位，随后陈兵边境，策应克里米亚的军事行动。

鞑靼人本来就擅长掠夺，不擅长攻城。克里米亚军队在莫斯科城下久攻不下，后方又有梁赞公国袭其后路，于是大肆劫掠一番后撤兵。

莫斯科四周一马平川，没有任何山川险阻可以抵挡，游牧骑兵想来就来，想走就走，这让莫斯科很头疼。但强大的克里米亚汗国背后又有奥斯曼帝国撑腰，莫斯科也一时无计可施，只好把矛头放在东方相对弱小的喀山汗国身上，拿他开刀。在随后的两年里，莫斯科集中兵力东征喀山汗国，几经攻伐，终于让喀山汗国俯首称臣，再次扶持了一位亲莫斯科的可汗，并让这位可汗的几个儿子到莫斯科为人质。

莫斯科的一系列行动，让我们很容易想到一个词——远交近攻。对于普鲁士、丹麦、瑞典、法国，甚至是印度，瓦西里三世不停地派出使者结好；对于立陶宛，瓦西里三世在使之孤立后伺机攻伐；对于梁赞等小公国，瓦西里三世的手段毫不掩饰，直接下令让他们的大公来莫斯科，然后宣布接管他们的领地——对方如果态度比较好，就在别处赏一块小封地过日子，如果反抗，该杀的杀，该关的关。即使是自己的亲戚，瓦西里三世也毫不留情。几年的时间，沃罗茨科耶、卡卢加、乌戈利茨、梁赞、谢维尔斯科耶、诺夫哥罗德等公国相继并入莫斯科的版图，一个以莫斯科为首都的俄罗斯雏形开始显现。

这个时候麦哲伦已完成环球航行，英法开始探索西北航道，于是莫斯科也明确了从东北方向的内河抵达中国的战略构想，下一步，就是逐步蚕食金帐汗国的遗产，打通去往中国的道路。

1533年12月，瓦西里三世病逝，3岁的幼子伊凡（Ivan the Terrible）即位，史称伊凡四世。因为年幼，暂由母亲叶莲娜（Elena Glinskaya）摄政。叶莲娜是金帐汗国蒙古贵族的后裔，所以伊凡四世也有蒙古人的血统。

1547年1月，伊凡四世加冕为沙皇，国号由莫斯科公国改为俄罗斯帝国。要明白伊凡四世此举的意义，就得先明白"沙皇"这一词的含义。

沙皇一词来自于拉丁语Caesar，就是凯撒的意思，转到俄语里后就成了царь，如果用罗马字母拼写就是Tsar，发音是"沙"，意思是皇帝，中文半音半意译为沙皇。这样看来，沙皇就是皇帝了，但事情没这么简单，我们还得从源头上捋一捋。

凯撒（Julius Caesar）是罗马共和国的最后一任执政官，也是一位独裁者。正因为他的独裁，罗马的共和制遭到瓦解。屋大维（Gaius Octavius Thurinus）建立罗马帝国后，后续的皇帝经常用"凯撒"的名号，这个时候，"凯撒"不再是一个名字，而是皇帝的代称。但是，凯撒毕竟只是罗马帝国的奠基者，真正的开创者是屋大维，他的封号是奥古斯都（Augustus），所以后来的皇帝也喜欢用"奥古斯都"的名号。如此一来，"奥古斯都"也成了皇帝的代名词，而且比"凯撒"还要高一级。所以在罗马帝国时期，基本形成一个惯例：皇帝的称号是"奥古斯都"，继承人的称号是"凯撒"。这么看来，"凯撒"有点像皇子或者王的意思。但之前说过，罗马帝国的皇帝不同于中国的皇帝，所以这个"凯撒"未必是皇帝的儿子，只是个继承人，叫皇储更合适。罗马帝国分裂前，是四帝共治时期，东西帝国各有两个皇帝，正皇帝是"奥古斯都"，副皇帝是"凯撒"，而且"凯撒"是"奥古斯都"的继承人。罗马帝国分裂后，这个惯例也没有变。所以笼统来说，"凯撒"是皇帝的代称，但又不是至高无上的皇帝。

我们称罗马帝国这些最高统治者为皇帝，是因为这些统治者的权力和皇帝无二，实际上他们的职位是首席执政官，只是为了彰显自己的权力，又加了一些诸如"终身保民官""大元帅""大祭司长"等头衔，也包括"奥古斯都"和"凯撒"这些头衔。但还有一个头衔是皇帝专用的，那就是Imperator。这个词在王政时代指的是军事指挥官，在共和时代成为战功卓著的将领的荣誉称号，在帝国时代就仅限于皇帝使用了。因此，Imperator也成为皇帝的代称，法语的Empereur（皇帝）和Empire（帝国），以及英语的Emperor（皇帝）和Empire（帝国），都是来自这个拉丁词语。西罗马帝国灭亡后，东罗马帝国的皇帝在拉丁语中的称号就是Imperator，后来神圣罗马帝国皇帝的称号除了"奥古斯都"外，也有Imperator。所以，在后来的欧洲人眼里，Imperator才是真正的皇帝，高于"凯撒"。

但是，在俄罗斯人的心目中，"凯撒"就是至高无上的统治者，他们曾称拜占庭帝国的皇帝为"凯撒"，也曾称金帐汗国的大汗为"凯撒"。在他们眼里，"凯撒"就是皇帝。一直到1721年，彼得一世（Peter the Great）打败瑞典后称帝，那时俄罗斯人才意识到欧洲人心目中的皇帝是Imperator而不是"凯撒"，俄罗斯官方才把伊凡四世之后的俄罗斯定性为王国，彼得一世之后的俄罗斯定性为帝国。但这是事后的修正，并非伊凡四世立国时的初衷。俄罗斯如果仅仅是想做个王国的话，早在瓦西里三世时就可以接受神圣罗马帝国的册封，没必要另起炉灶。之所以有这种修正，正是源于俄罗斯与西欧的隔阂，对欧洲文化的一知半解。所以，后来人们就把伊凡四世到彼得一世之间的俄罗斯称为沙皇俄国，把彼得一世加冕为帝到1917年尼古拉二世（Nicholas II of Russia）退位的俄罗斯称为俄罗斯帝国。但实际上，在伊凡四世加冕为沙皇后，俄罗斯就是帝国，沙皇就是俄罗斯人心目中的皇帝。也因此，彼得一世之后，俄罗斯人仍习惯称俄罗斯皇帝为沙皇。

总之，伊凡四世加冕为沙皇，意味着俄罗斯人正式对外宣称，他们继承了拜占庭帝国的正统，他们也常自称莫斯科为"第三罗马"。从此，俄罗斯不再是东欧平原上一个不起眼的小公国，他们已跻身欧洲大国行列了。

但此时俄罗斯还没有波罗的海的出海口，与欧洲各国之间仍有隔阂。恰好此时英国正在开辟东北航道，与俄罗斯取得了联系，俄罗斯因此获得了欧洲的先进武器，与西欧各国的差距越来越小。俄罗斯最大的目标就是逐步蚕食以前金帐汗国的领土，建立另一个蒙古帝国。

1552年，伊凡四世派15万大军围困喀山，两个月后，喀山汗国终被征服。

1554年，伊凡四世派3万俄军进攻阿斯特拉罕汗国，推翻了雅姆古尔切伊汗，扶持捷尔维什·阿里上台，阿斯特拉罕汗国变为俄罗斯的藩属。1556年伊凡四世派兵驱逐阿里汗，正式吞并阿斯特拉罕汗国。

至此，在俄罗斯的南方，除了克里米亚外，原金帐汗国的势力被一扫而空。按道理，俄罗斯该进攻克里米亚汗国，但克里米亚汗国背后有奥斯曼帝国撑腰，恐怕没那么好对付。而此时，在和英国的贸易中，俄罗斯人尝到了甜头，因此急需开拓一条更近的通往西欧的航道。

此前俄罗斯与英国的贸易，都是走白海，入北冰洋，绕过斯堪的纳维亚半岛，不仅路途长，而且沿途一半的航程在北极圈内，有浮冰，风险大。如果开通从波罗的海到北海的航程，不仅距离近，气候也适宜。所以，伊凡四世想打通波罗的海的出海口。

从俄罗斯到波罗的海，最近的入海口是芬兰湾的涅瓦河入口处。正因此处的战略位置显要，后来的彼得大帝才在这里修建了圣彼得堡这座城市。但在伊凡四世时期，控制芬兰湾的是位于南岸的利沃尼亚骑士团，也称圣剑骑士团。

骑士团是十字军东征时期的产物，在东征时期，有许多骑士并没有参加东征，而是趁机抢占地盘。12世纪下半叶，有不少日耳曼人来到了波罗的海东岸，这其中既有商人，也有传教士。随后，一群十字军骑士也来到这里，但不是来传教的，而是来打家劫舍的。1202年，里加主教阿利别尔特（Albert of Riga）把波罗的海沿岸的骑士们组织起来，仿照巴勒斯坦的骑士团的形式，组建了圣剑骑士团。从此，芬兰湾南岸，也就是利沃尼亚地区，就被圣剑骑士团控制。俄罗斯要想打通波罗的海的入海口，圣剑骑士团是绕不过去的一个坎儿。

1558年1月，俄罗斯借口圣剑骑士团与立陶宛大公国联合反对俄罗斯，对圣剑骑士团宣战。这就是历史上的利沃尼亚战争，前后持续了25年。一开始，俄罗斯很顺利，很快攻陷了芬兰湾南岸的纳尔瓦（今爱沙尼亚境内）等城市，包围了里加主教区。圣剑骑士团抵挡不住攻势，主教们纷纷寻找保护伞，有的投靠立陶宛，有的投靠瑞典。1561年，圣剑骑士团瓦解，波兰、立陶宛、丹麦、瑞典立即插手利沃尼亚，都想从中分得一杯羹。但伊凡四世想独吞利沃尼亚，于是与四国为敌。这一决策后，形势很快发生了逆转，先是俄罗斯内讧，然后是克里米亚趁机洗劫了俄罗斯的南方，奥斯曼帝国也把军队开进了伏尔加河流域。俄罗斯一时四面楚歌，难以招架，最终不得不求和。1582年，俄罗斯和波兰签订协议，将利沃尼亚大部分地区和波洛茨克划归波兰；次年，又和瑞典签订停战协议，将纳尔瓦和芬兰湾全部海岸划归瑞典。俄罗斯劳民伤财，在利沃尼亚打了25年，却以失败告终，原先吃进去的土地被迫全部吐了出来，等于白忙活一场。

这场旷日持久的战争让俄罗斯意识到，全面开花的结局很惨，西边的邻居不好欺负，于是一心一意往东扩展，目标自然是西伯利亚汗国。

第四十七章 西伯利亚

要对付东扩路上的敌人，俄罗斯人最担心的还是蒙古鞑靼骑兵。蒙古人虽然败落，但那只是他们的组织能力和政治水平不行了，单兵的战斗力却没有下降。而实际上，俄罗斯自己也有这样勇猛善战的骑兵，这就是哥萨克人。

哥萨克不是一个独立的民族，而是一个特殊的族群。13世纪开始，一些斯拉夫人为了逃避金帐汗国的统治，流落到第聂伯河、顿河和伏尔加河下游的草原上。15、16世纪，俄罗斯从一个小公国逐步走向中央集权，最倒霉的还是底层百姓，许多农民沦为农奴。一些不愿成为农奴的俄罗斯人和乌克兰人就迁徙到俄罗斯的南部，这里曾经是金帐汗国的核心地带，金帐汗国瓦解后这里成了无主之地。他们在这里结群而居，不受任何人的管束，被附近的鞑靼人（说突厥语）称为"自由人"，音译过来就是"哥萨克"。

哥萨克人虽出身农民，但到了草原之后，经常要面对鞑靼人的抢劫，又要防止俄罗斯王公贵族的抓捕，长久以来养成了下马种地、上马打仗的生活习俗，变得英勇善战、残暴无情。除了俄罗斯人和乌克兰人之外，这个群体里也有白俄罗斯人、波兰人、鞑靼人、高加索人、格鲁吉亚人、卡尔梅克人和土耳其人等，以俄罗斯人为主体。总之是一些为生活所迫的人，来到这个四战之地，过着刀口舔血的日子。这里曾经是传统的东欧到中亚的商贸路线，哥萨克人也时常出去打劫，所以名声并不好。

对于俄罗斯来说，有这样一个群体存在，可以暂时阻挡南方奥斯曼土耳其人的北侵，但对国家政权来说，他们不受约束，终归是个隐患——可如果善加利用，或许能为国家建立奇功伟业。在俄罗斯广袤的国土上，并不缺这样有远见卓识的人。

早在1556年，沙皇伊凡四世就召见了与西伯利亚汗国毗邻的豪族斯特罗甘诺夫家族，询问了一些边境情况后，即授权他们抵御西伯利亚汗国。伊凡四世令他们在西伯利亚汗国边境处构筑工事堡垒，招募军队，添置武器，伺机侵占西伯利亚汗国的土地。1574年，沙皇再次下令，准许斯特罗甘诺夫家族在乌拉尔山东侧一直到鄂毕河及其支流图拉河、托博尔河和额尔齐斯河等地建城募兵。

斯特罗甘诺夫家族居住在卡马河上游一带，靠近乌拉尔山脉，位于俄罗斯抵挡西伯利亚汗国的最前线，也是当地数一数二的大富商。对于沙皇的命令，斯特罗甘诺夫家族当然愿意，既为国家拓展疆土，也能扩充自己的领地。但斯特罗甘诺夫家族也明白，仅凭自己的力量对付蒙古鞑靼骑兵很难取胜，于是联系哥萨克首领叶尔马克·季莫费耶维奇（Yermak Timofeyevich），鼓动他入伙，一起去征服西伯利亚汗国。

叶尔马克原本跟着顿河哥萨克首领在俄罗斯南部草原一带流浪，因为抢劫伏尔加河一带过往的商人和外国使臣遭到俄罗斯官方的打压。1579年，伊凡四世派兵将其击溃，叶尔马克遭到通缉。叶尔马克眼看走投无路，斯特罗甘诺夫家族的鼓动让他眼前一亮，于是迅速入伙，开始招兵买马。

1581年，双方组建了一支800多人的远征队，其中540人是叶尔马克带来的哥萨克人。9月初，远征队从奥列尔镇出发，拉开了征服西伯利亚汗国的帷幕。

西伯利亚这个名字我们很熟悉，每到冬天，天气预报就会说："一股来自西伯利亚的冷空气……"今天它泛指俄罗斯乌拉尔山脉以东这片广袤的土地，如果细分的话，又可以分为三部分：西西伯利亚平原、中西伯利亚高原和东西伯利亚山地。西伯利亚这个名称正是来源于当年的西伯利亚汗国。也有人认为，西伯利亚这个名字来自鲜卑，是"鲜卑利亚"的变音。这个说法很勉强，俄罗斯人进入西伯利亚之前，鲜卑人早已消失近千年；而且鲜卑人生活在蒙古高原，发源地在大兴安岭，离乌拉尔山还远得很。所以，这个名称只能先是西伯利亚汗国鞑靼人的自称（Sib Ir），然后进入俄语（Сибирь），再进入英语（Siberia），我们翻译成中文就是西伯利亚。按发音，西伯利亚汗国也译作失必儿汗国。

西西伯利亚平原地图

地名	年份
新地岛	
喀拉海	
叶尼塞湾	
亚马尔半岛	
鄂毕湾	
瓦伊加奇岛	
诺里尔斯克	
沃尔库塔	
曼加泽亚	1601
北极圈	
鄂毕多尔斯克（萨列哈尔德）	
图鲁汉斯克	
伯朝拉河	
乌拉尔山脉	
萨摩耶德人	
别列佐沃	1593
西西伯利亚平原	
鄂毕河	
叶尼塞河	
苏尔古特	1594
鄂毕城（汉特－曼西斯克）	1585
卡马河	
额尔齐斯河	
纳利姆	1596
图林斯克	
托博尔斯克	
叶尼塞斯克	161?
彼尔姆	
秋明	1586
托木斯克	1604
叶卡捷琳堡	
塔拉	1594
克拉斯诺亚尔斯克	
乌法	1586
库尔干	
鄂木斯克	
新西伯利亚	
车里雅宾斯克	
彼得罗巴甫洛夫斯克	
库兹涅茨克	
新库兹涅茨克	
巴尔瑙尔	1738
阿斯塔纳	
巴甫洛达尔	
谢米	
西萨	
哈萨克丘陵	
阿克纠宾斯克	
卡拉干达	

西伯利亚西部

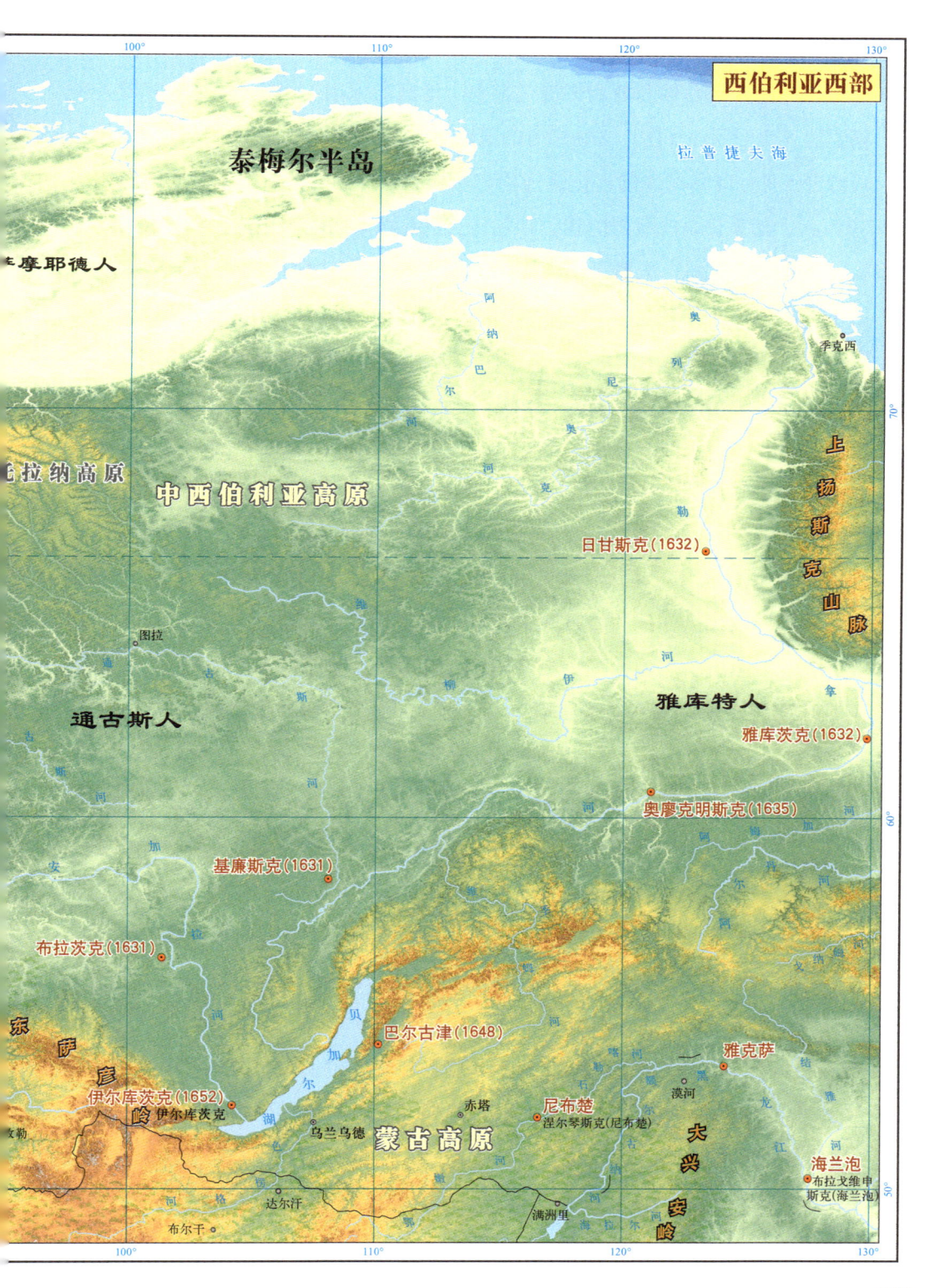

- 泰梅尔半岛
- 拉普捷夫海
- 萨摩耶德人
- 季克西
- 中西伯利亚高原
- 拉纳高原
- 上扬斯克山脉
- 日甘斯克(1632)
- 图拉
- 通古斯人
- 雅库特人
- 雅库茨克(1632)
- 奥廖克明斯克(1635)
- 基廉斯克(1631)
- 布拉茨克(1631)
- 巴尔古津(1648)
- 雅克萨
- 东萨彦岭
- 伊尔库茨克(1652)
- 赤塔
- 尼布楚
- 涅尔琴斯克(尼布楚)
- 漠河
- 大兴安岭
- 乌兰乌德
- 蒙古高原
- 海兰泡
- 布拉戈维申斯克(海兰泡)
- 达尔汗
- 布尔干
- 满洲里

在16世纪，西伯利亚汗国是整个西伯利亚地区唯一的文明国家，剩下的全是一些原始部落（这也是西伯利亚后来能代指整个地区的原因）。因此，对俄罗斯人来说，只要消灭西伯利亚汗国，去往东方的道路上就再也不会碰到强大的敌人。

1582年5月，叶尔马克的远征队开始与西伯利亚汗国的军队交锋。西伯利亚有将近20万人，如果仍是冷兵器时代，叶尔马克这几百人完全不是对手，但俄罗斯人手中有欧洲先进的火器，火器是传统骑兵的克星；此外，西伯利亚汗国是个封建国家，底下有大大小小的领主，西伯利亚库楚姆汗（Kuchum）真正能动员的兵力有限。所以一仗下来，叶尔马克的军队大胜，摧毁了西伯利亚汗国西境重镇耶潘奇寨堡。后来，俄罗斯人在这里重建了一座城市——图林斯克。

但西伯利亚鞑靼人显然不会在正面等着挨打，他们有自己的作战方式。

1584年8月5日，俄罗斯远征队在瓦加伊河与额尔齐斯河汇合处宿营，西伯利亚军队乘夜偷袭，全歼150人，叶尔马克在败逃时溺水而死。

偷袭、来去如风，正是鞑靼骑兵作战的特点。西伯利亚的鞑靼人虽以牧业和农业为本，但游牧民族作战的特点并未改变。俄罗斯人意识到，这里地广人稀，气候寒冷，鞑靼人来去飘忽，行踪不定，如果打游击战，即使是哥萨克人也难以占上风。于是从这时开始，俄罗斯采取了一项措施：一边找合适的地方筑城作为据点，一边蚕食鞑靼人的土地。这种方式成为他们后来征服整个西伯利亚的基本模式。

1585年，俄罗斯人在额尔齐斯河和鄂毕河的汇合处修建了鄂毕镇，后升级为鄂毕城。这是俄罗斯人在乌拉尔山脉以东建立的第一个殖民点，之后的殖民点就像雨后春笋般冒了出来。

1593年，又在鄂毕河下游西面支流索西瓦河河岸修建了别列佐沃要塞。

1594年，在鄂毕河中游北岸修建了苏尔古特城。

1595年，在鄂毕河下游修建了鄂毕多尔斯克城（今萨列哈尔得）。

1596年，在鄂毕河中上游修建了纳利姆城。然后，他们沿着鄂毕河中上游东岸的支流，经旱路越过分水岭，再通过尼塞河的西岸支流，进入了叶尼塞河。

至此，俄罗斯人已完全穿过西西伯利亚平原地带，到达中西伯利亚高原的边缘。更重要的是，俄罗斯人已经在西伯利亚汗国的北方建起了一条断续的城镇线，这些城镇成为俄罗斯远征队的生命线，不仅能提供后方补给，还能源源不断地为前方补充兵源。在天寒地冻的西伯利亚，特别是冬季缺吃少穿的情况下，俄罗斯人已经完全把握了战争的主动权。

1598年8月，离第一次开战16年后，俄罗斯军队在鄂毕河东部支流别尔德河河口附近击败了最后一支300多人的西伯利亚军队，库楚姆汗逃亡到诺盖汗国，后来在那里被杀。至此，西伯利亚汗国灭亡。

西伯利亚汗国的首府原本在成吉-图拉，16世纪初移居卡什雷克城。俄罗斯人摧毁了这两座城，在原址附近分别修建了秋明和托博尔斯克两座城。

随后，俄罗斯人占领了西伯利亚南部的伊希姆草原，这是西伯利亚汗国最好的地方，与哈萨克汗国接壤。

1601年，俄罗斯人在塔兹河中下游建立了曼加泽亚要塞。

至此，整个西西伯利亚平原完全被俄罗斯人控制。俄罗斯在托博尔斯克设立督军一职，统管西伯利亚事务，称为西伯利亚督军。

1604年，俄罗斯西伯利亚督军派遣卢卡率领一支探险队考察西伯利亚北方的海岸线。探险队顺鄂毕河而下，到了夏天，他们驶出鄂毕湾进入大海，然后向东航行。在经过格丹湾后，他们在叶尼塞湾入口处发现了奥列尼岛和西比良科夫岛，随即进入叶尼塞湾，但很快就掉头退回大海，然后继续向东。不久，他们发现泰梅尔半岛的西部和皮亚西纳河河口，继续沿海岸向东探索了一段距离后，船队返航。在叶尼塞河河口，他们与另一支陆上探险队会师。原来这支探险队是督军派来接应他们的，这支探险队经过普托拉纳高原西北边缘山地的时候，发现了银矿。不久，卢卡队长因故去世，两支探险队各自沿原路返回。

同年，俄罗斯人在鄂毕河中上游修建了托木斯克城。日后，托木斯克成为西伯利亚最大的城市。

相对西欧人对中国的一无所知，俄罗斯人对中国的了解还是比较多的。他们知道已经离中国不远了，而且中间还隔着蒙古人。此时他们迫切地想与富庶的中国建立联系，于是从托木斯克派了一支哥萨克探险队，去寻找蒙古人的阿勒坦汗，希望蒙古人能从中牵线搭桥。

中国的史书里也有一位阿勒坦汗，又称俺答汗，俺答也译作安达，在蒙古语里的意思是朋友、兄弟。中国史书中，阿勒坦汗是成吉思汗的十七世孙，蒙古土默特部的首领。土默特部的根基就是土默特平原，历史上有名的敕勒川，今呼和浩特一带。不过，俺答汗已于1582年去世，俄罗斯人寻找的阿勒坦汗并不是我们所说的俺答汗，而是另有其人，具体原因稍后解释。

俄罗斯的使者并没有找到阿勒坦汗，但他们从叶尼塞河上游的吉尔吉斯人那里得到了一些有关中国的情报。如果看今天的地图，我们会发现以吉尔吉斯人为主体的吉尔吉斯斯坦位于中国西边的伊塞克湖一带，在中国境内，还有他们的同族兄弟，称为柯尔克孜族，也是生活在这一带。其实，贝加尔湖以西，叶尼塞河上游的东、西萨彦岭一带是吉尔吉斯人传统的游牧地带。中国对他们的历史记载很早，至少在秦汉时期，吉尔吉斯人就已经生活在这里，那时中国人称他们为"鬲昆""坚昆"，此后又有"契骨""纥骨""黠戛斯""辖戛斯""吉利吉思""乞儿吉思""布鲁特"等称呼，和贝加尔湖一带的回鹘人是邻居。比较有名的称呼是"黠戛斯"，因为他们打败了强大的回鹘汗国。实际上，吉尔吉斯人并不强大，先后被兴起于蒙古高原的匈奴、突厥征服，也归属过唐朝，蒙古人兴起后又臣服于蒙古（当时称吉利吉思部）。总体来说，归附蒙古时吉尔吉斯人的处境还算可以，等蒙古帝国瓦解，各部族长年混战，吉尔吉斯人的处境就变得艰难了。1439年，瓦剌首领绰罗斯·也先率军对吉尔吉斯人发起突袭。面对突如其来的灾难，一部分不甘屈服的吉尔吉斯人向西南迁移，经阿尔泰山脉辗转来到天山山脉西部伊塞克湖一带，这是吉尔吉斯人的第一次大规模西迁。后来，正是因为俄罗斯人的到来，17世纪40年代，蒙古准噶尔部为避免吉尔吉斯人与沙俄发生冲突，强令吉尔吉斯人从叶尼塞河上游西迁到伊塞克湖一带，这是吉尔吉斯人历史上最大规模的一次迁徙。这次迁徙的吉尔吉斯人与上一支会合后，又融入一部分中亚人和蒙古人，最终形成今天的吉尔吉斯人。和回鹘人一样，吉尔吉斯人是黄白混血人种。不同的是，回鹘人一开始是黄种人，进入西域后，开始融合当地人成为混血人种；而吉尔吉斯人一开始是白种人，在历史上先后融入了匈奴人、突厥人、葛逻禄人、契丹人、蒙古人的血统，最终成为混血人种。这其中还包括一些汉人，因为唐朝的史料中就写道：坚昆中有黑发人，这些人通常自称是李陵的后裔。李陵是汉将李广的孙子，后投降匈奴。在匈奴人混入吉尔吉斯人的时候，部分汉人也裹挟其中，也不算什么奇怪的事。

所以吉尔吉斯是个传承数千年的民族，与中国相隔虽远，但彼此早已知道对方的存在。俄罗斯人从吉尔吉斯人那里了解到中国的一些情况后，知道要到达中国没那么容易，还要费些周折。

在这期间，俄罗斯人的探险和开拓殖民地的活动不仅没有停止，而且开始向中西伯利亚高原挺进。

1607年，俄罗斯人在叶尼塞河下游修建了图鲁汉斯克，作为越冬的中转地。

1610年5月底，天气转暖，俄罗斯商人康特拉迪·库罗奇金（Курочкин）带领一支探险队从图鲁汉斯克出发寻找海兽栖息地。6月底，船队沿叶尼塞河而下，航行到河口，由于巨大的浮冰阻拦，他们在河口停留了5个星期。8月初，东南风起，浮冰被吹入深海，探险队穿过叶尼塞湾，沿海岸东行。两天后，船队驶入皮亚西纳河，在这里，他们发现有人类留下的足迹。库罗奇金推测，这些足迹是德意志人（这里泛指西欧人）留下的，他们从欧洲的海岸出发，先穿过北冰洋到达阿尔汉格尔斯克，再沿北冰洋海岸到达叶尼塞河口，这说明从从阿尔汉格尔斯克到叶尼塞河口的海上航路已经有人开辟了。这个消息让俄罗斯当局大为震惊，因为有人证实，年年都有许多俄罗斯的商人带着德国（泛指西欧，同前文）人的货物，从阿尔汉格尔斯克乘船到叶尼塞河口。于是俄罗斯当局下令禁止俄罗斯居民从海上前往叶尼塞湾，违者处死，以防有外国人知道和利用这条航路。

1611年，俄罗斯人继续沿叶尼塞湾往东，发现了泰梅尔半岛南部的哈坦加河上游。

1612年夏天，俄罗斯探险家舍斯坦科·伊万诺夫和儿子驾着雪橇船，从鄂毕湾绕过亚马尔半岛，一直航行到白海的港口城市阿尔汉格尔斯克，这条航线总算打通。雪橇船是一种船底装有滑板和冰刀的雪地水上两用船，在陆地或水上行驶时都可以挂上风帆借助风力，这种船在西伯利亚这种冰雪世界里用起来再合适不过。

探险和殖民都需要经济支撑，但西伯利亚的产出实在有限，除了猎捕野兽、获取兽皮贩卖外，似乎找不到别的经济来源。因此，俄罗斯急需找到中国，如果能建立一条通往中国的贸易线，那么经济来源将不是问题。

1616年，托博尔斯克督军同时派出两个使节团（兼探险队）去寻找蒙古各部：瓦·丘缅涅茨寻找土默特部，托·彼得罗夫寻找卡尔梅克部。这一次俄罗斯人志在必得。土默特部前文已经简单介绍过，卡尔梅克部听起来很陌生，因为这是俄罗斯人的叫法，我们称之为土尔扈特。

　　土尔扈特部是克烈部的后裔，属于瓦剌的一支，严格来说并不算蒙古人。蒙古人统一高原后，把征服的各个部族统称为蒙古人，这是广义的蒙古人，但部族之间还是有差别。北元退回大漠后，在明朝不停地打压下，以成吉思汗家族为核心的黄金家族威信日益降低，位于高原西部的卫拉特部兴起。卫拉特在明朝时称为瓦剌，其下有四大部落：和硕特部、准噶尔部、杜尔伯特部、土尔扈特部，他们属于广义上的蒙古人。但在当时，瓦剌人并不认为他们是蒙古人，与蒙古人是合作关系，所以在上层一直保持通婚来维持这一关系。其实明朝人也这么认为，并没有称他们为蒙古，而是瓦剌；而黄金家族控制的东部地区，按传统习惯称为鞑靼。明朝有意利用瓦剌的崛起打击鞑靼，以免北元东山再起。瓦剌曾一度统一过蒙古高原，还在土木堡之变中打败过明朝。只是首领也先死后，瓦剌开始衰落，鞑靼崛起，并恢复了对瓦剌的控制。但这只是昙花一现，到明朝末年，蒙古高原上又是部族林立，仿佛又回到成吉思汗出现之前的状态。只是这时的瓦剌已经完全融入蒙古族，人们不再称他们为瓦剌和鞑靼，而是西蒙古和东蒙古。

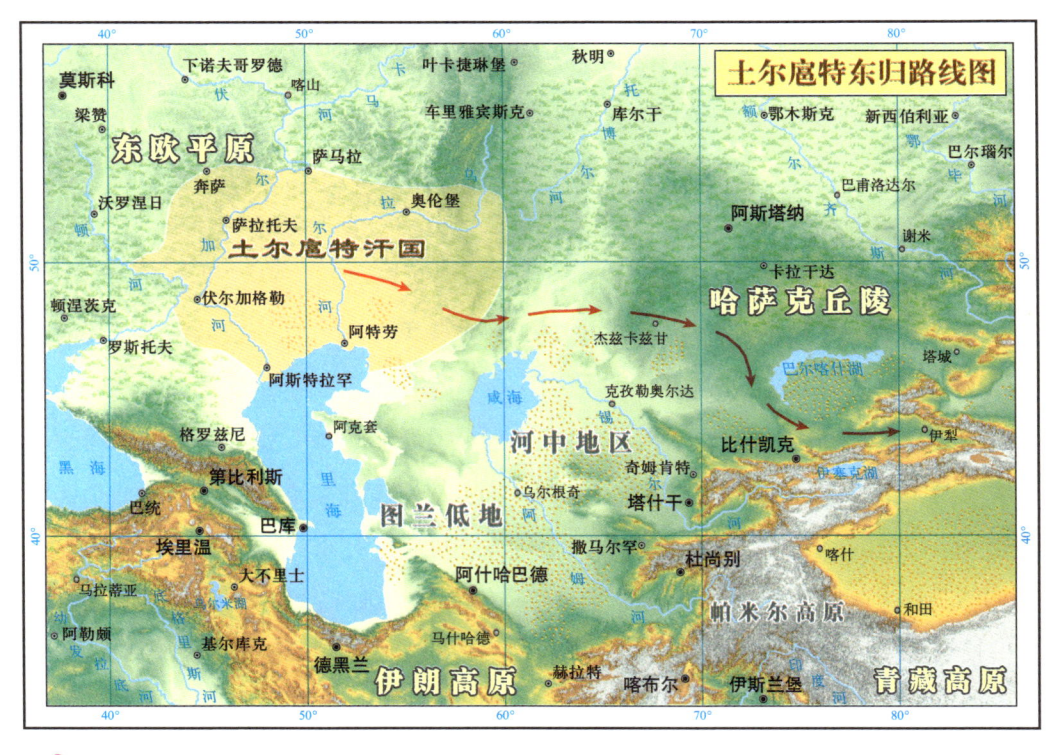

土尔扈特部原本在塔城地区一带游牧，这里东邻准噶尔盆地，原本也没有迁徙的打算。但到17世纪，准噶尔部兴起，土尔扈特部与准噶尔部不和，于是其首领率领族人和一部分杜尔伯特部、和硕特部的牧民西迁，经过了两年的时间，最终到达人烟稀少的伏尔加河下游地区，也就是当年金帐汗国的核心区域。这是1628年的事，随后俄罗斯人的势力也逐步扩展到伏尔加河下游地区，开始对土尔扈特百般奴役。到1771年，已经在这里生活了140多年的土尔扈特终于不堪忍受，在大汗渥巴锡的带领下，冲破沙俄的重重阻拦，历尽艰辛，半年后回到了中国。乾隆皇帝十分高兴，将他们安置在新疆的伊犁，这个地方水草丰美，条件比塔城更好。有一部电影叫《东归英雄传》，讲的就是这段历史。他们启程的时间是1月，本来想和伏尔加河西岸的人一起走，不巧的是当年是个暖冬，河水一直不结冰，消息传递不过去，于是西岸的人就永远地留在那里了，这就是俄罗斯境内的卡尔梅克人。当然，这是后话。

1616年，是明朝末年，俄罗斯人向西伯利亚进发的时候，正是蒙古高原部族林立的时候，土尔扈特部属于西蒙古，土默特部属于东蒙古。而明朝，已经退居到了长城以南。

这一次，两个使节团都成功地到达了目的地，俄罗斯人口中的阿勒坦汗也同意了，表示俄罗斯的使节可以从他的地盘过境去中国。

俄罗斯人终于松了一口气——他们眼看就要找到中国了。

第四十八章 通古斯人

此时的中国的北方正在上演一部"三国杀"：一方是大明王朝，一方是女真，还有一方就是蒙古各部。

三者中蒙古的情况最为复杂，这也源于蒙古高原复杂的地形。在蒙古高原的中部，即今中蒙边境线一带，有一大片沙漠戈壁，统称为蒙古大戈壁，俗称大漠。大漠往东一直延伸到大兴安岭，往西直接阿尔泰山脉，成为一道天然的屏障。正是这道屏障，把蒙古高原分为漠南和漠北。当然，在漠南地区，比如黄河的南岸和鄂尔多斯高原，依然有大片的沙漠存在；在漠北，因为纬度高，气候干寒，沙漠戈壁更是无处不在，所以古人也经常把漠南和漠北统称为大漠。总体上讲，漠南以富庶的河套平原为核心，历来都是游牧民族眼中的肥肉；而漠北虽然面积大很多，但因为气候恶劣，人烟稀少；也正是因为气候恶劣，所以能孕育出一个又一个英勇善战的民族。

蒙古人原本兴起于漠北的鄂嫩河，统一各部族建立强大的蒙古族也是在漠北。如果一直在漠北，蒙古人的战斗力会一直强悍下去。但自从南下入主中原后，蒙古人的战斗力就急剧下降，作为统治阶层的黄金家族也不愿再回到那个风沙肆虐的漠北。即使是气候温和得多的漠南，蒙古人也不愿多待，他们还时时想着杀回中原。当然，第一步是要将蒙古各部统一起来，集中力量才能对付南边的大明。

达延汗作为蒙古帝国第32位大汗、成吉思汗的第15世孙，几乎完成了第一步，但很不稳固。

注意，这里的蒙古帝国是从成吉思汗时代就建立的，与元朝是并列存在的，元朝虽亡，但蒙古帝国仍然存在。但对于明朝人来说，他们并不愿意面对这个事实，仍习惯称之为鞑靼，表示他们只是一个地方割据政权。作为鞑靼部的首领，达延汗几乎统一了漠南和漠北，而瓦剌被挤压到阿尔泰山及以西地区，因为在大漠以西，所以也称漠西蒙古。

达延汗在位的时候，把属地划分为左翼三万户和右翼三万户，左翼是察哈尔，右翼是土默特。一个万户就是十个千户，三万户即三十个千户。千户制是成吉思汗的发明，是集军事和政治于一体的组织方式。这种组织方式对游牧民族非常合适，无论是生产、收税还是打仗，千户是最基本的方式。千户的首领是世袭，就好像欧洲的封建领主一样。千户制最大的作用是打破了原来部落和氏族之间的天然隔阂，让草原上的游牧民族不再是以血缘聚集，而是以军政组织为单位。这也是成吉思汗能同化各部、建立蒙古族的原因。在千户制的重组下，血缘变得模糊了，民族融合更容易了。从管理的角度，千户以下还有百户、十户。千户以上的万户，代表着一个更大的领主，一般只有黄金家族的人才能担任。

土默特三万户居于河套一带，察哈尔三万户居于大兴安岭南部。蒙古大汗也居察哈尔，所以，某种程度上察哈尔代表着蒙古帝国。此时东蒙古基本处于漠南，一是因为这里气候温暖、水草丰美，二是便于他们陈兵大明边境，随时准备入主中原。

达延汗死后，土默特和察哈尔各自为政，开始走向分裂。察哈尔三万户里有一个万户名为喀尔喀部，其下又有十二部，其中有五部南迁，后归附后金，而另七部开始向漠北迁移，这就是后来的喀尔喀蒙古，也称漠北蒙古，原来的土默特和察哈尔统称为漠南蒙古。漠北蒙古面积虽大，但人口只有半个万户，也就是大约六千户，而漠南蒙古有五个半万户，人口是漠北蒙古的十倍。漠北蒙古因地处偏远，人口又少，无意染指中原，与漠南蒙古渐行渐远。喀尔喀蒙古的范围大致相当于今天蒙古国的范围，也就是我们通常所说的外蒙古。外蒙古后来之所以能够独立，除了沙俄的人为干涉外，地理和历史也是原因之一。

土默特部后来向明朝纳贡，身为正统的察哈尔部于是与之为敌，以统一漠南为己任。漠南蒙古就是今天内蒙古的雏形。

中国北方局势（1618年）

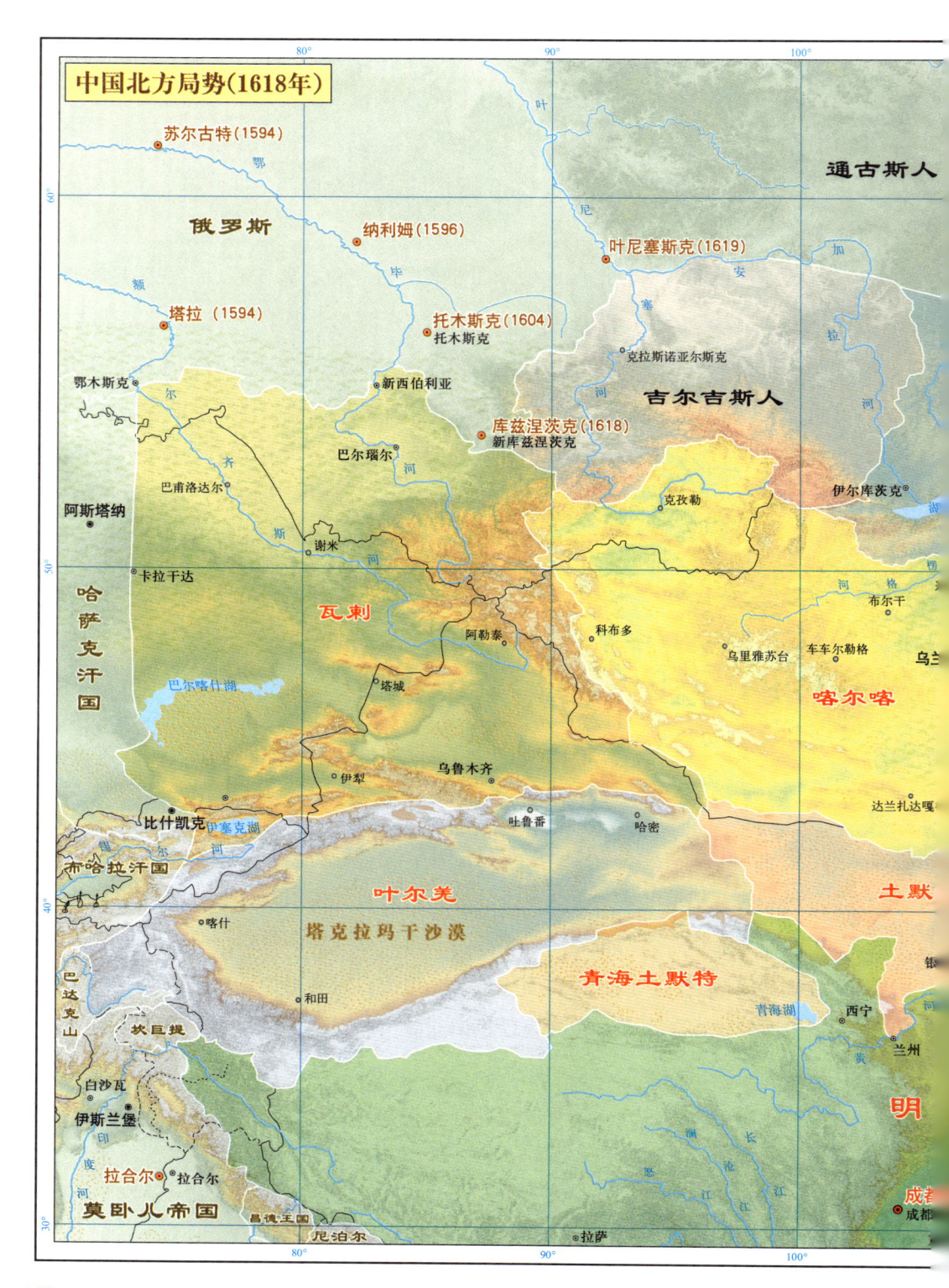

- 苏尔古特 (1594)
- 纳利姆 (1596)
- 叶尼塞斯克 (1619)
- 塔拉 (1594)
- 托木斯克 (1604)
- 库兹涅茨克 (1618)

俄罗斯

通古斯人

克拉斯诺亚尔斯克

吉尔吉斯人

鄂木斯克　新西伯利亚　托木斯克　新库兹涅茨克　伊尔库茨克

阿斯塔纳　巴甫洛达尔　巴尔瑙尔　谢米　克孜勒　布尔干

哈萨克汗国　卡拉干达　瓦剌　阿勒泰　科布多　乌里雅苏台　车车尔勒格　乌兰

喀尔喀

巴尔喀什湖　塔城　伊犁　乌鲁木齐　吐鲁番　哈密　达兰扎达嘎

比什凯克　伊塞克湖　土默

布哈拉汗国　叶尔羌

喀什　塔克拉玛干沙漠　青海土默特

和田　青海湖　西宁　兰州

巴达克山　坎巨提　明

白沙瓦　伊斯兰堡

拉合尔　昌德王国　长江　怒江

莫卧儿帝国　尼泊尔　拉萨　成都

402

地图

东北亚地区历史地图

主要标注：

民族/政权：
- 尤卡吉尔人
- 雅库特人
- 布里亚特
- 野人女真
- 察哈尔
- 后金
- 虾夷人
- 朝鲜
- 日本

城市/地点：
- 雅库茨克
- 鄂霍次克
- 赤塔
- 尼布楚（涅尔琴斯克）
- 雅克萨
- 漠河
- 庙街
- 海兰泡（布拉戈维申斯克）
- 满洲里
- 乔巴山
- 赛音山达
- 伯力（哈巴罗夫斯克）
- 萨哈林岛（库页岛）
- 南萨哈林斯克
- 齐齐哈尔
- 哈尔滨
- 长春
- 海参崴（符拉迪沃斯托克）
- 札幌
- 北海道岛
- 沈阳
- 清津
- 青森
- 呼和浩特
- 北京
- 天津
- 石家庄
- 大连
- 新义州
- 平壤
- 元山
- 秋田
- 仙台
- 太原
- 济南
- 青岛
- 开城
- 汉城
- 首尔
- 朝鲜半岛
- 本州岛
- 东京
- 郑州
- 开封
- 釜山
- 济州
- 京都
- 名古屋
- 横滨
- 合肥
- 南京
- 上海
- 长崎
- 福冈
- 广岛
- 大阪
- 四国岛
- 武昌
- 武汉
- 杭州
- 宁波
- 九州岛
- 南方群岛

水域：
- 鄂霍次克海
- 日本海
- 黄海
- 东海
- 渤海
- 太平洋

403

综上，此时的蒙古人分为三部分：漠西蒙古、漠北蒙古和漠南蒙古，而漠南蒙古又分为两支：察哈尔和土默特。此外，在喀尔喀以北，也就是贝加尔湖周围，还生活着一支布里亚特人，他们不算蒙古人，但已经被蒙古人同化，说蒙古语。他们保持着原始的生活习性，祖上很可能和扶余人、丁零人有关，在演化的过程中又融入其他的族群。蒙古人称他们为"林中百姓"。被蒙古人征服后，他们逐渐被蒙古化。喀尔喀部称霸漠北的时候，他们又臣服于喀尔喀，所以也称布里亚特蒙古。

正是因为蒙古各部一盘散沙，女真人才得以发展壮大。1616年，努尔哈赤在东北自立。之前的女真人曾建立过一个金国，所以努尔哈赤的国号用了现成的，还是叫金，为了区分，我们称之为后金。后金对蒙古各部的政策是拉拢一部，打击一部，分化瓦解，逐步蚕食。后金先是拉拢科尔沁部，打击察哈尔部。在察哈尔部统一土默特部后，后金黄雀在后，趁机西进，统一了漠南，随后喀尔喀部也纳贡称臣。当然，这已经是20年后的事了，那时皇太极已经继位，将国号改为大清，女真改为满洲。本来，山海关易守难攻，满洲人很难进入中原，于是想借道蒙古高原，从两面夹击明朝。虽然最终因吴三桂开闸放水，引清兵入关，满洲人并没有取道蒙古，但在征服蒙古各部的过程中，满洲人不但壮大了自己的实力，也为日后南下中原免却了后顾之忧。

还是说回1618年，此时后金刚刚建立，蒙古各部占据高原，尤以喀尔喀蒙古面积最大。

俄罗斯人所称的阿勒坦汗正是喀尔喀蒙古的第三代可汗硕垒·乌巴什，阿勒坦在俄语里是黄金的意思，黄金汗指的是黄金家族的蒙古大汗，除瓦剌外，察哈尔、土默特、喀尔喀的可汗都来自黄金家族。俄罗斯人设想有两条路可以通往中国，一条是由土尔扈特部引领，经叶尔羌到达中国；一条是由喀尔喀部引领，经土默特部到达中国。第一条路要经过准噶尔盆地，而土尔扈特部与准噶尔部素来不和，难以成行。而且从准噶尔盆地去南疆，还要经过吐鲁番盆地，此时的吐鲁番一直不服叶尔羌的统治，经常造反，路途不顺，危险也大。所以第一条线路不可取，看来只有第二条路线了。

1618年5月9日，托木斯克督军奉俄罗斯沙皇之命，组建了一个使团出访中国。使团以伊凡·佩特林（Ivan Petlin）为正使，安德烈·马多夫（Andrei Mundov）

为副使。5月19日，使团到达吉尔吉斯地区。5月25日，到达阿巴坎河（发源于西萨彦岭）。6月3日，到达克姆齐克河。6月6日，到达乌布苏湖（今蒙古国境内最大湖泊），然后使团沿特斯河东进。6月21日，到达特斯河上游，见到了"阿勒坦汗"。随后，在"阿勒坦汗"所派的毕克力图喇嘛等12人的陪伴下，佩特林一行继续在蒙古地区旅游考察，经过了许多王公的领地，最后来到漠南的板升（蒙古语，明朝称之为归化，今呼和浩特）。

然后俄罗斯使团进入大明国境。先后经过张家口、宣化、怀来、南口、昌平5座中国城市后，9月1日，使团到达北京，被万历皇帝朱翊钧安置在宏大的国宾馆里。

从进入板升开始，佩特林一行就大开眼界，边贸城市的繁华、长城的威严、北京城的宏大是他们闻所未闻的。但他们显然忘了一件重要的事，既然是使团，就应该手持沙皇的国书，如果按中国的规矩，还需带上贡品。但他们一样也没带，空着手来，所以不能面见皇帝，在北京城里玩了几天，明朝官员就打发他们回去。

9月5日，佩特林一行踏上归程。10月10日，他们离开了明朝辖境。1619年5月19日，使团回到托木斯克，并带回万历皇帝致俄罗斯沙皇的国书，内容如下：

尔等既为通商而来，则通商可也。归去后仍可再来。在此世上，尔为大国君主，朕亦为大国皇帝也。愿两国之间道路畅通无阻，尔等可常相往来。尔等进贡珍品，朕亦以优质绸缎赏赐尔等。而今尔等即将归去，如再来，或大君主派人前来，应携带大君主之国书，届时朕亦将以国书作答。尔等如携有国书前来，朕即命以上宾相待。因路途遥远，且语言不通，朕不便遣使访问贵大君主，现谨向贵大君主致意。一旦朕之使者有路可去尔大君主处，朕将遣使前往。基于吾人之礼教，朕不能亲自出访他国，且目前亦不能派遣使臣及商人出国。

这封国书在中国文献里没有记载，也可能它只是相关接待官员代拟的普通便笺，不是正式的国书，所以没有记入正史。而俄罗斯方面只有翻译后的俄文本，原件遗失，上文即是俄文再转译回来的，所以看着不像中国皇帝的口吻。因此，这个所谓的"国书"存疑，不是怀疑它的存在，而是怀疑它是否为国书，内容是否有改动，是否出自中国皇帝之手。因为以当时的大明皇帝看来，中国是天朝上国，对其他的君主都是以皇帝对臣子的口气说话，不会如此客气谦卑。

事实上，当时俄罗斯人是由蒙古人带来的，中国人也不懂俄语，都是由蒙古人在中间翻译。使团的主体是哥萨克人，与蒙古人有些习俗相当，所以中国方面很长一段时间都把俄罗斯人当成蒙古人，或者是蒙古某个偏远的部落（蒙古人曾征服过各种势力，各种长相的人都有）。而俄罗斯方面，也没有一个懂汉语的人，带回的"国书"一直放在那里，一直等到多年之后，他们才找到人把它翻译出来，但那时明朝都亡了。

所以这次俄罗斯人千里跋涉出使中国，结果却不了了之。原因不奇怪，因为双方信息不对称，中国方面以为他们是来朝贡的，但又不懂规矩，没带国书，更没带贡品，所以不能见皇帝。至于贸易方面，中国此时正要面对新兴的女真人，还真没那个心思，对国外的商品也不稀罕。而俄罗斯方面，因为一直没把文本翻译出来，也就不知道中国方面的态度，此事也就不了了之。

但从历史的角度来说，这是俄罗斯第一个访问中国的使团，也是基督教国家来华的第一个世俗使团（以前他们都是牧师带队）。从地理发现的角度来说更是意义重大，标志着俄罗斯人终于打通了从欧洲到中国的通道，只是其中的贸易要等到多年以后才能正常展开。

看来与中国的贸易不是那么容易，俄罗斯继续向东推进。不过他们没有忘记在这次出访的要道上修建一座城市，即库兹涅茨克。这里已经到达蒙古高原的边缘，俄罗斯此举既是为了抢占战略节点，也是为了巩固日后与中国的商贸要道。库兹涅茨克曾在苏联时代改名为斯大林斯克，俄罗斯联邦成立后改回原名。顺便说一下，在俄语里，斯克和格勒都是城市的意思，格勒比斯克大，斯克也译作茨克（或次克）。还有用得极少的"堡"，是从德语里引进的，也是城市的意思。

俄罗斯人的下一步是中西伯利亚高原，作为前进的基地，俄罗斯人先在叶尼塞河上游修建了叶尼塞斯克据点。

从叶尼塞河往东，俄罗斯人开始遭遇通古斯人。

通古斯人也是渔猎民族，会养鹿、养猪，平时以捕鱼狩猎为生，和早期生活在白山黑水之间的满洲人极为相似。更重要的是他们的语言和满语相近，这个语言群体统称为满-通古斯语族。因此有人推断，满洲人的祖先是从西伯利亚迁移过来的，但这种说法很不符合常理。

北纬40°是建州女真的大致南界，我们就以北纬40°为起点往北看，显然，越

女真人和通古斯人

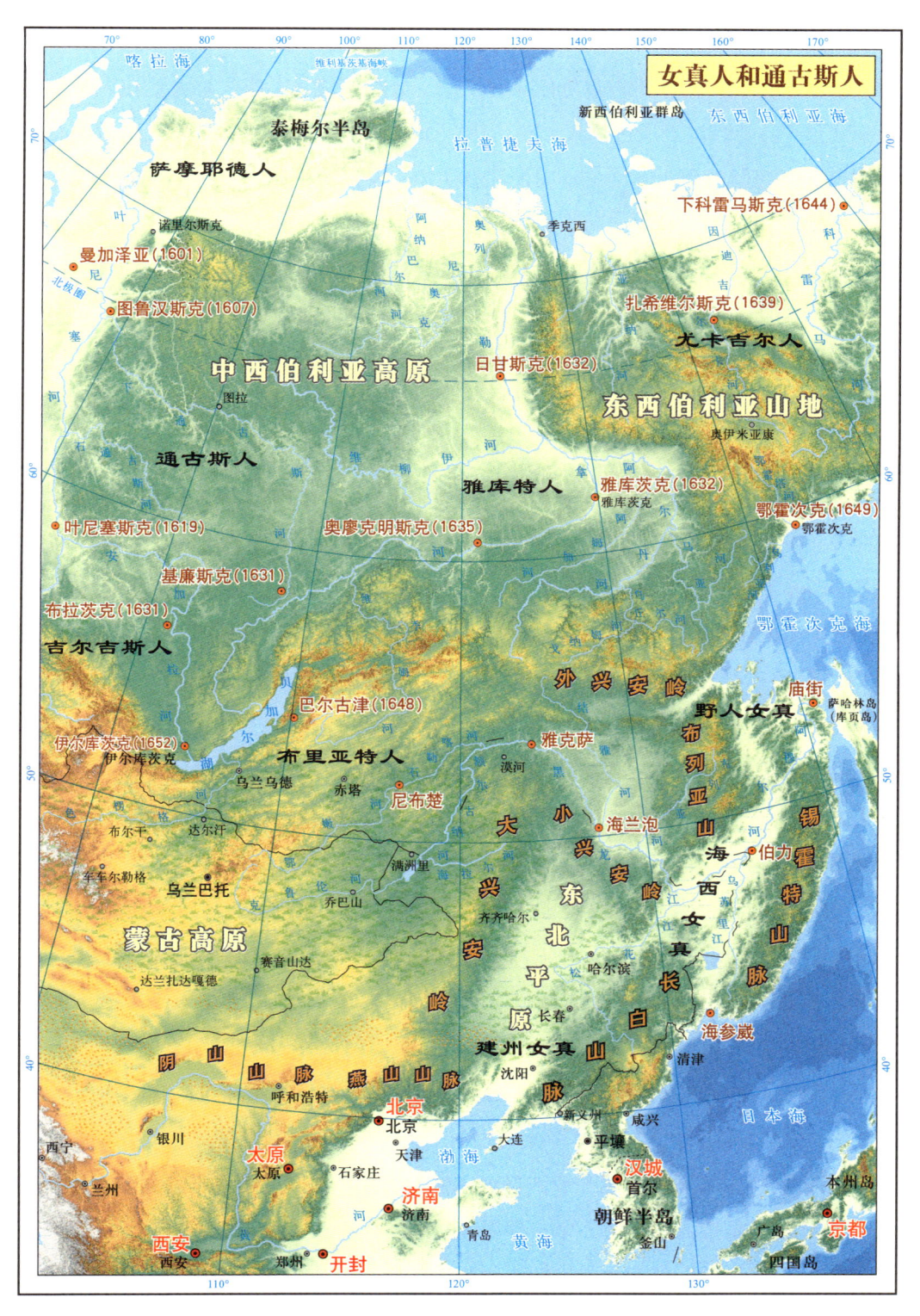

地理区域与民族

- 喀拉海
- 泰梅尔半岛
- 萨摩耶德人
- 维利基茨基海峡
- 新西伯利亚群岛
- 东西伯利亚海
- 拉普捷夫海
- 北极圈
- 诺里尔斯克
- 阿纳巴尔
- 奥列尼奥克
- 季克西
- 因迪吉尔卡
- 科雷马
- 下科雷马斯克(1644)
- 曼加泽亚(1601)
- 图鲁汉斯克(1607)
- 中西伯利亚高原
- 扎希维尔斯克(1639)
- 尤卡吉尔人
- 图拉
- 日甘斯克(1632)
- 东西伯利亚山地
- 奥伊米亚康
- 通古斯人
- 雅库特人
- 雅库茨克(1632)
- 雅库茨克
- 鄂霍次克(1649)
- 叶尼塞斯克(1619)
- 奥廖克明斯克(1635)
- 鄂霍次克
- 基廉斯克(1631)
- 布拉茨克(1631)
- 鄂霍次克海
- 吉尔吉斯人
- 巴尔古津(1648)
- 外兴安岭
- 庙街
- 萨哈林岛（库页岛）
- 伊尔库茨克(1652)
- 伊尔库茨克
- 布里亚特人
- 雅克萨
- 野人女真
- 布列亚山
- 乌兰乌德
- 赤塔
- 漠河
- 尼布楚
- 大兴安岭
- 小兴安岭
- 海兰泡
- 伯力
- 锡霍特山脉
- 布尔干
- 达尔汗
- 车车尔勒格
- 满洲里
- 东北平原
- 海西女真
- 乌兰巴托
- 乔巴山
- 齐齐哈尔
- 哈尔滨
- 蒙古高原
- 赛音山达
- 长春
- 长白山脉
- 海参崴
- 达兰扎嘎德
- 建州女真
- 沈阳
- 清津
- 阴山山脉
- 燕山山脉
- 呼和浩特
- 北京
- 北京
- 新义州
- 咸兴
- 日本海
- 西宁
- 银川
- 太原
- 太原
- 天津
- 大连
- 平壤
- 汉城
- 首尔
- 本州岛
- 兰州
- 石家庄
- 渤海
- 朝鲜半岛
- 京都
- 济南
- 济南
- 青岛
- 黄海
- 金山
- 广岛
- 西安
- 西安
- 郑州
- 开封
- 四国岛

往北生存条件越严酷。通常情况下，一个民族南迁，要么是自身发展壮大了，像游牧民族南下那样，南下抢占更好的生存空间；要么南边是无主之地（这在人类早期是有可能的）。但对于通古斯人来说，这两个条件都不具备。通古斯人生活在北极圈附近，生存条件极为恶劣，渔猎民族的生产力又极度低下，几乎不可能发展出更多的人口，更谈不上壮大。另一方面，早在先秦时期，中国史书就记载，肃慎人生活在长白山到黑龙江一带。无论人口规模还是文明程度，肃慎都比通古斯强，与其说通古斯人南迁到长白山，倒不如说是肃慎人北迁到西伯利亚。

然后我们来说说这个肃慎，汉晋时称挹娄，南北朝时称勿吉，隋唐时称靺鞨，元明时期称女真。名称的变化只是因为他们的统治阶层换了人，就像我们的元、明、清一样，主体都是中国人。满族的演化也正是这样，今天所说的满族来源于明末清初的满洲，而满洲人来源于女真，女真可以一直上溯到肃慎。先秦时期，肃慎就生活在白山黑水之间，那时候中原还有很多未开发的蛮荒之地，北方的游牧民族还很弱小，如果那个时候通古斯人就生活在西伯利亚的话，没有人会去抢占他们的生存空间，他们也没必要冒着被灭族的危险跑到一个比他们发达得多的地方去，因为四周空地多得是，至少蒙古高原上还没有出现强权，贝加尔湖一带照样可以渔猎，更没必要舍近求远。

所以我更相信，不是通古斯人南迁形成了满族，而是恰恰相反，他们应该是从东北迁出的一支肃慎人，只不过被西方殖民者命名为通古斯人，所以有了先入为主的概念。通古斯人这个名称来自附近雅库特人对他们的称呼，意思是"养猪的人"。雅库特人之所以这么称呼通古斯人，是因为他们自己只养马，养猪对他们来说是一件很奇怪的事。众所周知，猪是中国人最早驯化出来的，而通古斯人几乎生活在一个与世隔绝的环境，竟然会养猪。原因只能是从中原或受中原文明洗礼的地方带过来的，而这个地方最大的可能就是东北一带。事实上，除了满族人以外，在东北一带还分布着锡伯族、赫哲族、鄂伦春族、鄂温克族。锡伯族分布在辽宁沈阳一带（新疆的锡伯族是清朝时后迁入的）；赫哲族主要分布在黑龙江、松花江、乌苏里江交汇构成的三江平原一带；鄂伦春族主要分布在内蒙古的呼伦贝尔和黑龙江的北部，也就是黑龙江上游一带；鄂温克族和通古斯人的语言习俗最接近，也居住在黑龙江上游一带。这些操通古斯语的民族的分布范围仿佛描绘出了一幅肃慎人的扩散图：他们最早在长白山和黑龙江（即白山黑水）之间的森林和水边渔猎，采集野果，后来逐步发展，一些人走向平原，吸收汉文明，建立国家，并有许多人融入了汉人；还有一部分人仍习惯在森林中捕猎，于是沿着黑龙江两岸的山地北上，逐渐扩张到黑龙江的上游；还有一部分人，越过外兴安岭，进入勒拿河流域，后来受到雅库特人的挤压，又西迁到通古斯河一带。这种迁移，有时是主动的，有时是被动的。在肃慎人发展到女真人的过程中，有无数的政权起起伏伏，被打败的部族举家搬迁，逃离原来的栖息地并不是什么稀奇的事。特别是在这当中，出过一个强大的渤海国，曾经是东北的霸主，在被契丹人灭国后，渤海国人四散逃离，或遁入山中，或远走他乡，都很正常。所以我们看到，在明末时，野人女真和通古斯人的属地实际是连在一起的。

由于俄罗斯人沿袭雅库特人的称呼，把这些人称为通古斯人，又因为西方人率先提出通古斯语族这个概念，所以就有了先入为主的概念，以致把满语归为通古斯语族，这实在是本末倒置。西伯利亚的环境至今都是人类生存的极限，不可能成为某个民族的发源地，只能成为某些族群的避难所。无论是过去还是现在，如果不是受到生存的压力，人类都会向温暖的地方迁徙，而不是相反，这无关种族和文化，只是一种本能。

第四十九章 黑龙江和库页岛

在东扩的过程中，俄罗斯人始终是水陆并进，只是情况有好有坏。

1620年，俄罗斯的一批航海家沿着中西伯利亚的北冰洋海岸向东探险。他们绕过泰梅尔半岛的北部，穿过半岛北端切柳斯金角和布尔什维克岛（属北地群岛）之间的维利基茨基海峡。不幸的是，在切柳斯金角东南约130公里的海上，船被冻住了，船员们被迫在北纬77°的法捷伊群岛北部的一个岛上过冬，并在群岛对面大陆边缘的西姆斯湾建了一座房子。冬季来临，这里的平均气温为−40℃，最冷时为−70℃。最后，所有船员全部冻死，无一幸免。维利基茨基海峡是人类居住世界最北的海峡，然而发现者却没有留下姓名。

这是海上的情况。在陆上，俄罗斯人收获满满。

同年初夏，俄罗斯曼加泽亚富商平达（Demid Pyanda）率领一支由40余名渔猎手组成的探险队从图鲁汉斯克乘船，前往通古斯河。一般来说，先有河名，然后才有附近居民的族名，通古斯河恰好相反，它的名称正是来自通古斯人。通古斯河包含两条河：下通古斯河和石通古斯河。下通古斯河全长2000多公里，上游距离勒拿河不到30公里。所以，通古斯人最早应该先到达勒拿河，然后从勒拿河的上游进入通古斯河。

俄罗斯人沿下通古斯河向东航行，这里的地形并不平坦，许多时候需要登岸或跨越瀑布。在上游，俄罗斯人发现河流忽然折向南方，河中堆满了树杈。显然，这是通古斯人所为，通古斯人并不欢迎俄罗斯人侵入他们的领地。但凭着手中的火器，俄罗斯人没有退缩，越过被阻河段后，他们一边沿河探索，一边收购毛皮，还在沿途建了一个名为"下平达"的越冬地。因为西伯利亚的夏季很短，冬季很快来临。通古斯人趁机攻击越冬地，被俄罗斯人的火器击退。

一个冬天之后，1621年夏，探险队继续沿下通古斯河逆流而上。行至北纬62°处，冬天又来临，他们建了一个名为"上平达"的越冬地，等待下一个夏天。

1622年初夏，俄罗斯人在下通古斯河刚解冻就出发，往南航行了几百公里。到达北纬58°时，已经接近河流的源头，前方无路可走，冬天也到了，他们就地过冬，并与这里的通古斯人进行了交换。

1623年春，平达领着探险队，把船只拉上陆地，由于这里到处都是冰雪，所以没怎么费力气就把船拉到了勒拿河上，等河冰融化，他们就沿着勒拿河东去。一路上，探险队发现了许多注入勒拿河的支流，其中包括维季姆河和奥廖克马河。到了勒拿河中游的低地，他们发现河流折向北方。俄罗人事先就了解到，北方这一带是雅库特人的地盘。雅库特人是游牧民族，比较强悍，平达不想与他们冲突，于是掉转船头往上游去了。

探险队没有沿原路返回，而是顺着勒拿河一直航行到达其源头。这里位于北纬54°，距离贝加尔湖只有140公里。探险队弃舟登岸，向西走了150多公里。秋季，探险队到达安加拉河上游，就地打造了几只轻型小船，然后顺流南下，沿途发现了奥卡河等支流，渡过好几个瀑布后，又发现安加拉河急转向西。11月，河水封冻，队员们制作了雪橇，沿着封冻的安加拉河河道向西滑行。第二年（1624年）初，他们到达叶尼塞斯克，然后继续乘雪橇沿着叶尼塞河滑行，最终回到出发地图鲁汉斯克。

这次探险，平达的探险队总共花费了三年半的时间，航行7000多公里，步行几百公里，滑雪橇1700多公里，基本完成了对中西伯利亚南部的探索和发现，并为俄罗斯继续东进打下了基础。

1632年，俄罗斯人在勒拿河中游西岸修建了雅库茨克要塞，雅库茨克很快成了俄罗斯探险队和远征队新的前进基地。随后，俄罗斯人又在勒拿河下游修建了日甘斯克要塞。

1633年夏，托博尔斯克和叶尼塞斯克上百名哥萨克人和商人组成了一支探险

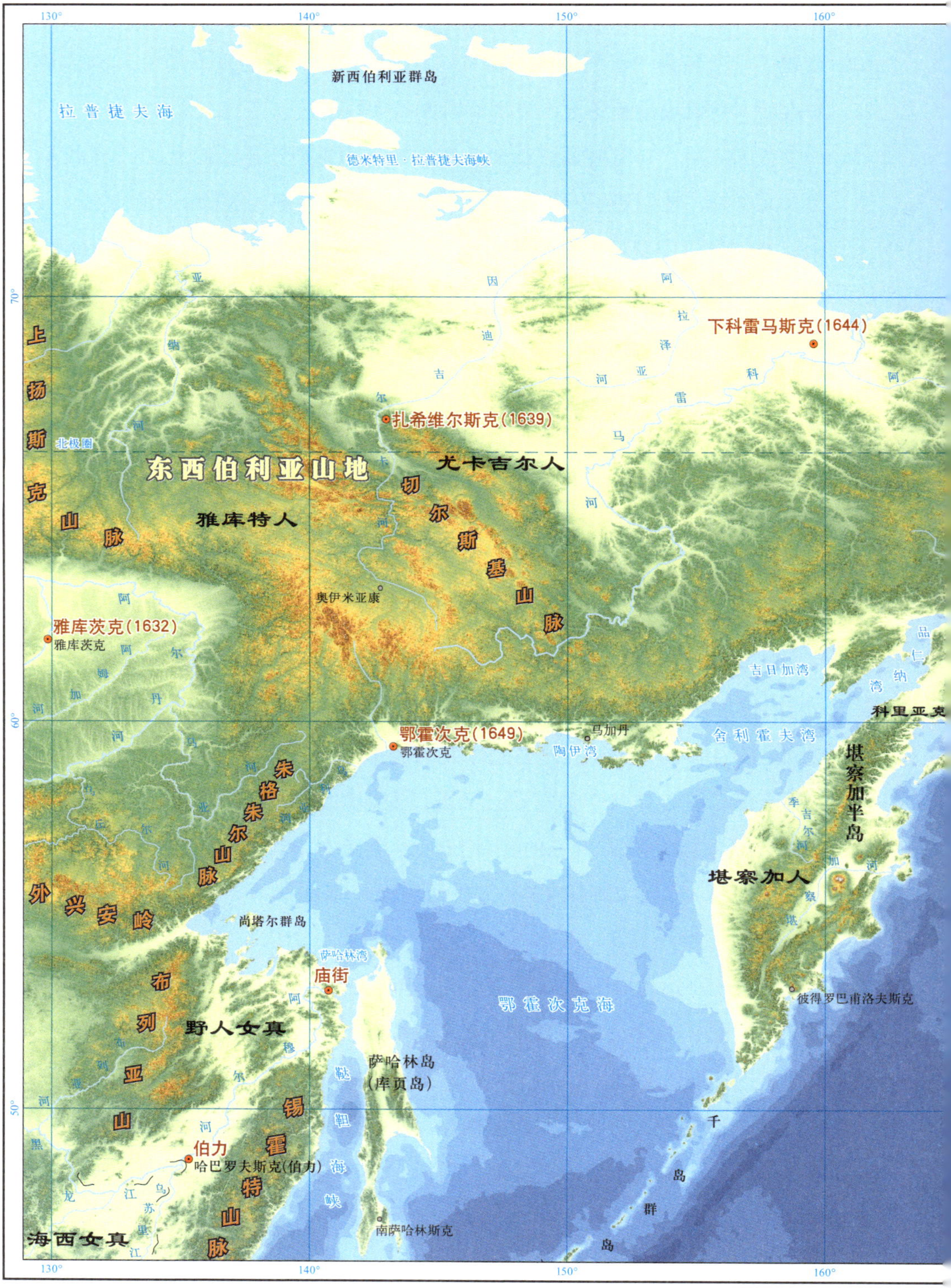

新西伯利亚群岛
拉普捷夫海
德米特里·拉普捷夫海峡
下科雷马斯克(1644)
扎希维尔斯克(1639)
北极圈
东西伯利亚山地
尤卡吉尔人
雅库特人
上扬斯克山脉
切尔斯基山脉
奥伊米亚康
雅库茨克(1632)
雅库茨克
阿尔丹河
吉日加湾
品仁纳湾
科里亚克
鄂霍次克(1649)
鄂霍次克
马加丹
陶伊湾
舍利霍夫湾
堪察加半岛
朱格朱尔山脉
外兴安岭
堪察加人
尚塔尔群岛
萨哈林湾
庙街
布列亚山脉
野人女真
鄂霍次克海
彼得罗巴甫洛夫斯克
萨哈林岛
(库页岛)
锡霍特山脉
鞑靼海峡
伯力
哈巴罗夫斯克(伯力)
千岛群岛
南萨哈林斯克
海西女真
130°
140°
150°
160°
70°
60°
50°

西伯利亚东部

队，队长是彼菲里耶夫（Ilya Perfilyev）。他们从日甘斯克出发，沿勒拿河顺流而下，直到河口的三角洲。在这里，他们兵分两路：雷布诺夫（Ivan Rebrov）率队往左，彼菲里耶夫往右。

先说往左的这一支，一年后他们发现了奥列尼奥克河。雷布诺夫率队逆河而上，在接下来的三年多时间里，他们一直住在那里，并向沿河地区的通古斯人征收毛皮税。

再说彼菲里耶夫，他们往东后不久，发现了亚纳湾和亚纳河，随即逆河而上。两年后（1635年）他们到达亚纳河的上游，在那里修建了魏霍杨斯克要塞，并向当地的雅库特人征收毛皮税。雅库特人原本发源于蒙古高原和贝加尔湖一带，10世纪时，为躲避布里亚特人北迁至勒拿河一带，赶走了那里的通古斯人。和之前提到过的涅涅茨人一样，他们也是高车人的后代，又融合了一部分鄂温克人与埃文人（二者很相近，都属于通古斯语族）。在整个西伯利亚，雅库特人是战斗力很强的部族，他们曾在一年前围攻雅库茨克要塞，虽然集结了上千人，但仍被200名哥萨克守军击退。一年后，为巩固对勒拿河中游的控制，俄罗斯人在东经120.5°、北纬60.5°处建立了奥廖克明斯克要塞。

与此同时，俄罗斯派出的一支哥萨克骑兵也进入了亚纳河上游地区。他们从雅库茨克出发，渡过勒拿河的支流阿尔丹河，进入上杨斯克山区。越过上杨斯克山脉后，便进入雅库特人的游牧区，于是他们停了下来。此时的雅库特人正与尤卡吉尔人打仗，为了得到哥萨克人的帮助，他们愿意加入俄罗斯国籍，并告诉探险队，从亚纳河的支流可以到达因迪吉尔卡河。夏季，哥萨克骑兵从亚纳河中游到达因迪吉尔卡河中游，在那里建立了征收毛皮税的越冬地。当时的尤卡吉尔人还处于石器时代，哥萨克骑兵不费吹灰之力就击败了他们，然后就地取材，造了一艘小船，沿因迪吉尔卡河逆流而上，向两岸的尤卡吉尔人征收毛皮税。再然后，队长波斯尼奇本人返回雅库茨克，在随后的两年（1638、1639年），他两次往返于雅库茨克和因迪吉尔卡河之间。

接着说彼菲里耶夫的探险队，他本人于1638年回到了勒拿河，让雷布诺夫继续向东探索。秋季来临之前，雷布诺夫完成了对亚纳湾东部的发现，接着向东穿越了德米特里·拉普捷夫海峡，进入东西伯利亚海。他们沿海岸航行，随后发现了因迪吉尔卡河的入口。雷布诺夫率队逆流而上,前行600公里,到达因迪吉尔卡河的支流乌杨迪纳河的河口,在那里建立越冬地。一行人逗留两年多,于1641年回到勒拿河。就这样,俄罗斯人将发现的北冰洋海岸线又向前推进了2000公里。

除了向远东地区探索外,俄罗斯人也把目光投向了南方。南方的气温高,户外活动的时间长,推进的速度也更快。

1639年,春季。俄罗斯探险家伊·尤·莫斯克维津(Ivan Moskvitin)率一支30人的探险队出发。他们沿阿尔丹河逆流而上,8天后到达其东南部的支流马亚河,又沿马亚河往上航行了6个星期。再往前,因为水浅,他们就地造了两艘吃水浅的轻型平底船继续前行。又航行了6天,到达距离鄂霍次克海不足200公里的马亚河源头。探险队弃舟登岸,轻装前进,穿过一片片森林和陆地,越过朱格朱尔山脉,迎面吹来的风忽然变得温和湿润起来——这里已经属于太平洋西海岸了。

8月,探险队在乌利亚河重新建造了平底船,顺流进入鄂霍次克海。就这样,俄罗斯人第一次进入太平洋。

随后,他们在乌利亚河的入海口建立了越冬营地。1640年春,他们兵分两路沿海考察。往北的船队一直走到陶伊河为止。往南的船队由莫斯克维津亲自率队,先到乌达湾,然后发现了尚塔尔群岛,从其南部绕过,驶入萨哈林湾。在海湾的南部,莫斯克维津看到了萨哈林岛(即库页岛)的北端和阿穆尔河(即黑龙江)的河口。当时,这里都属于中国的土地,确切地说是属于满洲人的土地,但此时满洲人的目光都盯着山海关,这些苦寒之地没有人在意。

因为人手少,加上食物短缺,莫斯克维津没有继续向前探索。第二年夏天,莫斯克维津带着440张黑貂皮回到雅库茨克,貂皮最终由人运到莫斯科上交国库。

再看看俄罗斯人在远东地区的发现。

1641年初,俄罗斯军人米哈伊尔·瓦西里耶维奇·斯塔杜辛(Mikhail Stadukhin)率领一小队骑兵前往远东探险。他们从雅库茨克出发,往东北方向前进,渡过阿尔丹河后,到达因迪吉尔卡河上游的奥伊米亚康地区。奥伊米亚康是北半球的寒极之一,最低气温在-70℃以下。不过这里有温泉,所以附近的牧民常来此歇脚。奥伊米亚康的名称来自雅库特语,意为"不冻的水"。在远东地区,温泉比金子还宝贵。俄罗斯人占领这里后,开始对这里的雅库特人和通古斯人征收毛皮税。

与此同时，另一支俄罗斯的探险队在叶拉斯托夫的带领下，也乘船到了因迪吉尔卡河入海口。

1642年，他们在这里造了一艘船。等到夏天来临，他们就乘船顺着因迪吉尔卡河而下，来到了北冰洋，开始往东探索。他们发现了阿拉泽亚河，叶拉斯托夫驾船逆河而上，一直探索到阿拉泽亚河的上游和河源，并在北纬69°过冬（在叶拉斯托夫之后，斯塔杜辛的探险队也到达了阿拉泽亚河。）

这样，亚纳河全段、因迪吉尔卡河中上游和阿拉泽亚河全段都被俄罗斯人发现并考察完毕。在阿拉泽亚河流域，俄罗斯人首次遇到驾鹿的楚科奇人。

此后，俄罗斯在东边和南边采取齐头并进的方式。

南边，既然鄂霍次克海已经发现，没有理由停下脚步。

1643年，俄罗斯秘书官瓦·丹·波雅尔科夫（Vassili Poyarkov）率领一支130多人的远征队向南进发。他们从雅库茨克出发，乘6艘平底船先顺勒拿河而下，然后逆阿尔丹河先往东再往南，到达其支流乌丘尔河后，再逆流而上，最后沿戈纳姆河而上。从乌丘尔河到其支流戈纳姆河需要经过一道瀑布，航船不能直接驶入。于是他们把船拖上岸，绕过瀑布。可以看出，俄罗斯人十分熟悉寒带的生活，充分利用了这里冰天雪地的特点。如果是温带地区，没有冰雪充当润滑剂，在陆地上拖行船只几乎是寸步难行。

深秋时节，河水开始封冻，队长波雅尔科夫留下一部分人在戈纳姆河越冬，自己则带着90人轻装滑雪，向南走了近百公里，翻越了南方的分水岭斯塔诺夫山脉（中国称之为外兴安岭）。这是俄罗斯人第二次从北冰洋水系来到了太平洋水系。注意，这个时候沙俄实际上已经侵入了中国的土地，虽然明清正在打仗，但外兴安岭以南是中国传统的势力范围。

随后，他们来到结雅河的上游。波雅尔科夫在河口附近筑要塞过冬，并强迫附近的达斡尔人交纳毛皮税。达斡尔人是契丹的一支，辽国灭亡后北迁到黑龙江以北，早在努尔哈赤年代就已经臣服于满洲。此时突然又冒出一个俄罗斯来强行征税，达斡尔人当然不干，双方打了起来。原因除了对南方的满洲人更有认同感外，对于汉人政权，或者汉化的后金政权来说，像达斡尔人这种落后的原始部族，通常

外东北地区

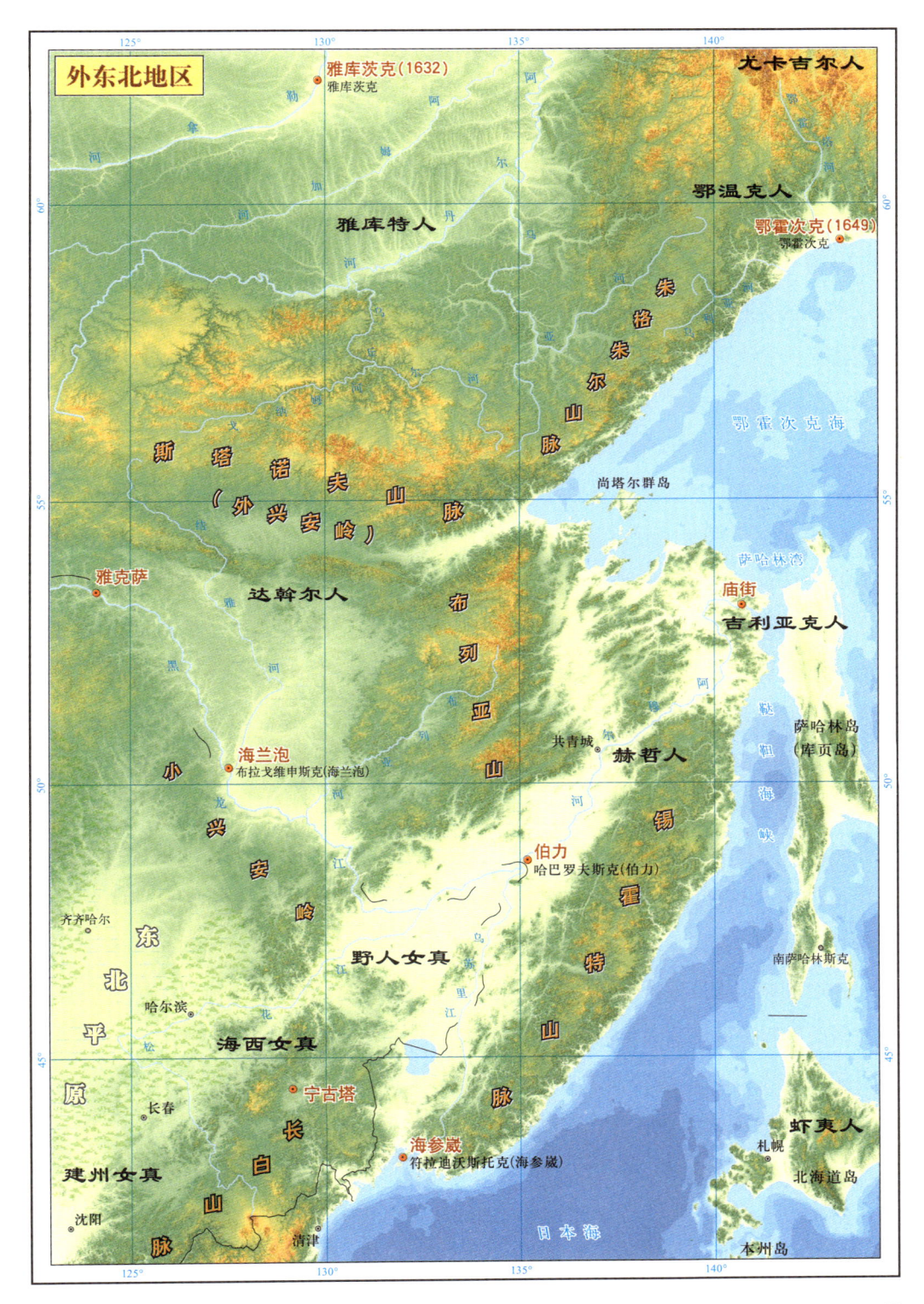

地名标注

- 雅库茨克(1632) 雅库茨克
- 尤卡吉尔人
- 鄂温克人
- 雅库特人
- 鄂霍次克(1649) 鄂霍次克
- 朱格朱尔山脉
- 斯塔诺夫山脉(外兴安岭)
- 鄂霍次克海
- 尚塔尔群岛
- 雅克萨
- 达斡尔人
- 布列亚山
- 萨哈林湾
- 庙街
- 吉利亚克人
- 海兰泡 布拉戈维申斯克(海兰泡)
- 共青城
- 赫哲人
- 萨哈林岛(库页岛)
- 鞑靼海峡
- 小兴安岭
- 伯力 哈巴罗夫斯克(伯力)
- 锡霍特山脉
- 齐齐哈尔
- 东北平原
- 野人女真
- 南萨哈林斯克
- 哈尔滨
- 海西女真
- 宁古塔
- 长春
- 长白山脉
- 海参崴 符拉迪沃斯托克(海参崴)
- 虾夷人
- 札幌
- 建州女真
- 沈阳
- 清津
- 北海道岛
- 日本海
- 本州岛

只需要交纳一点贡品就可以换来安全，还能得到不少回赏。但俄罗斯人收的是税，只要有收入就要交一份税，这对生活原本就贫困的原始部族来说无异于雪上加霜。所以无论从哪方面考虑，达斡尔人都不可能臣服于俄罗斯人。

冬季，这些俄罗斯的哥萨克人断了粮，以树皮、草根、野兽充饥。极端情况下，他们甚至以对方战死者的尸体为食。

1644年5月下旬，停留在戈纳姆河的分队前来支援，并用船运来了粮食。但此时他们总人数已经不足百人。而后，他们乘船沿结雅河南下，驶入黑龙江。此时，正是清兵入关之时，东北兵力空虚，俄罗斯人得以在黑龙江畅行无阻。他们顺着黑龙江南下，先后经过了布列亚河、松花江和乌苏里江。在松花江一带，波雅尔科夫派了20多个人上岸打探情况，结果全部被当地的女真人消灭。这些女真人属于野人女真，原本生活在黑龙江和乌苏里江以外。后金兴起于建州女真，建州女真后来吞并了海西女真，这两支女真相对更文明，有严密的组织，而东海（泛指东边的海）边上的女真相对更原始野蛮，所以称为野人女真，也称东海女真。当建州女真和海西女真南下后，野人女真开始内迁，填补了他们腾出的空地。其实早在1615年，努尔哈赤就吞并了野人女真，皇太极后来把他们统称为满洲人。野人女真战斗力强悍，波雅尔科夫招惹不起，继续南下。

9月下旬，波雅尔科夫终于航行到阿穆尔河的河口。他们在河口越冬，对当地的吉里亚克人（尼夫赫人）征收毛皮税。

冬天，因食物短缺，很多人死去。

1645年春，冰雪开始融化。探险队从河口驶入大海，进入鞑靼海峡，看到了库页岛的西海岸。探险队从吉里亚克人那里得知，岛上居住着多毛的阿伊努人，即虾夷人。这些虾夷人正是在大和民族的挤压下，从本州岛退到北海道岛，再逐步渗入到人烟更为稀少的库页岛上。

探险队沿着海岸线考察，在9月份到达乌利亚河口。在这里，他们遇到了埃文基人（中国称鄂温克人），并强迫他们交纳毛皮税。入冬后，一行人在河口就地过冬。

1646年早春，冰雪还未开化，波雅尔科夫留下20人在河口驻守，剩下的30多人乘雪橇沿乌利亚河往上游进发，越过分水岭，到达马亚河。他们在马亚河上游造了一艘船，然后沿马亚河、阿尔丹河、勒拿河顺流而下，6月中旬回到了雅库茨克。

波雅尔科夫的这趟探险共花费了3年的时间，行程8000公里。3年的时间里，他收集了大量有关黑龙江和库页岛的情报。正是因为有了这些情报，波雅尔科夫向雅库茨克的督军建议征服阿穆尔河地区，也就是我们常说的外东北地区，于是引发了中俄之间的一场战争。

第五十章 尼布楚条约

东边的情况是俄罗斯人已经推进到科雷马河流域。

斯塔杜辛的探险队由陆地转为海上后，于1643年发现了科雷马河。他们逆河而上航行了12天，然后登岸。秋天，他们在科雷马河中游修建越冬营地，向当地土著征收毛皮税。

第二年秋天，斯塔杜辛率探险队回到科雷马河下游，在其支流大阿纽伊河汇入处修建了越冬营地下科雷马斯克，并向当地尤卡吉尔人征收毛皮税。下科雷马斯克后来发展成一座城镇，成为俄罗斯人在远东探险的基地。

1646年，俄罗斯冒险家伊格纳吉耶夫率领一支由渔猎手组成的探险队，从下科雷马斯克出发，北上入海后，往东航行到达艾翁湾，发现湾口的艾翁岛。在这里，他们遇到了使用石器和骨器的楚科奇人，双方进行了不通话的交换。楚科奇人很早就生活在这里，唐史中的"夜叉国"指的就是他们，但唐朝和他们没有直接接触过，而是从"流鬼国"（堪察加）的使者那里听说的。总体来说，中国人对西伯利亚的认识一直很模糊，这里的气候对俄罗斯人来说习以为常，但对中国人来说简直要命。一直到明朝都是如此，明朝人将外兴安岭以北的人统统称为北山野人。既然是野人，当然没必要去了解了。但俄罗斯人不一样，他们穷怕了，哪怕是一张貂皮，他们也要从这些原始部族手中夺走。

1647年，听说阿纳德尔河盛产黑貂皮，俄罗斯富商菲多特·阿列克谢耶夫·波波夫（Fedot Alekseyevich Popov）与冒险家谢·伊·迭日涅夫（Semyon

Dezhnev）组织了一支探险队。他们从下科雷马斯克出发，沿海岸向东航行，但很快被浮冰所阻，一船人无功而返。

1648年，波波夫和迭日涅夫，再加上新加入的哥萨克人安吉杜诺夫（Gerasim Ankudinov），再次组织探险队去寻找阿纳德尔河。这次他们凑了7艘帆船，船员有90人。

和上次一样，他们从科雷马河驶入北冰洋，然后向东航行。到了楚科奇海，船队遭到暴风雨，有两艘船撞上冰山毁坏，船员全部丧生。其余的船只继续航行到楚科奇角，又遭遇一场暴风雨，两艘船失踪。8月，探险队到达白令海峡一带。在这里，他们又损失了安吉杜诺夫的船，所幸船员们都无恙。9月，探险队驾着仅剩的两艘船前行，发现海岸线由东转南。顺着海岸线，他们绕过了亚洲的最东端，即西经169°45'、北纬66°6'的迭日涅夫角。这是俄罗斯人首次通过海路，从北冰洋驶入了太平洋。

按道理，波波夫、迭日涅夫、安吉杜诺夫是第一批到达白令海峡的人，但这个海峡并没有以他们的名字命名（只有一个海角以迭日涅夫的名字命名），原因是他们当时只是到达了这里，并没有详细地考察东边是不是还有大陆。亚洲是不是到此为止，他们并没有去确认。更重要的是，他们并没有踏上美洲大陆，也就无法确定这是两大洲之间的海峡，或许它像麦哲伦海峡一样，只是大陆中间的一条水道呢？所以一直到1725年，丹麦探险家白令（Vitus Bering）受俄罗斯彼得大帝之命，前后两次先经由陆地到达鄂霍次克，再从鄂霍次克海绕过堪察加半岛，然后北向探索，才最终确认这是一条海峡，而对岸就是美洲。白令在第二次探险时死于途中，后人为了纪念他，把这条海峡命名为白令海峡，把白令海峡到阿留申群岛之间的海域命名为白令海。

说回波波夫、迭日涅夫和安吉杜诺夫的三人组合。他们的目标是到阿纳德尔河寻找黑貂皮。1648年10月1日，波波夫与迭日涅夫走散。先说迭日涅夫，他被风浪推送到了北纬60°一带的奥柳托尔斯基角。他们一船25人在此登岸，往东北方向翻过科里亚克山原，10个星期后终于到达阿纳德尔河。在河口，他们挖地穴越冬。第二年初，探险队只剩下12个人，其余的或死亡或走散。在这里，他们就地建造了一艘内河船，等阿纳德尔河解冻后，开始溯河而上。航行了500公里后，到达了有安纳乌人居住的地区，便对他们征收毛皮税。

1650年春，他们遇到了一支从西边陆地过来的探险队。这支探险队是什么人？我们稍后再说。此后的10年时间，迭日涅夫一直在阿纳德尔河征收毛皮税，并在河口的太平洋沿岸收集海象牙。直到1660年，迭日涅夫才携带大量的海象牙从陆路回到科雷马河，然后走海路到达勒拿河，经过日甘斯克和雅库茨克后，最终于1664年回到莫斯科。

再说波波夫。他们被风暴吹得更远，到了堪察加半岛的东海岸。波波夫驾船驶入堪察加河，在一条小支流的河口越冬。第二年春天，他们乘船返回大海，沿海岸南下，绕过堪察加半岛最南端的洛帕特卡角，进入鄂霍次克海，再沿半岛西海岸北上，行驶到北纬58°左右的季吉尔河河口。再然后，波波夫一行17人便不知所踪。

与此同时，1649年7月，俄罗斯军人谢明·莫托拉（Semyon Motora）率领了一支约40人的探险队从下科雷马斯克出发，沿阿纽伊河向东，前去寻找新的土地和向沙皇交税的人。冬季，他们在阿纽伊河上游越冬。阿纽伊河上游与阿纳德尔河的上游相距不过40多公里。1650年3月初，莫托拉一行乘雪橇从阿纽伊河上游出发，于4月中旬到达阿纳德尔河。迭日涅夫遇到的探险队正是他们。随后，老牌探险家斯塔杜辛尾随而至，抢走了莫托拉和迭日涅夫征收的大量黑貂皮后扬长而去。

斯塔杜辛不仅仅是资格老，在地理发现上也是硕果累累。

1652年初，斯塔杜辛以滑雪或鹿拉雪橇的方式，沿阿纳德尔河的一条支流向西南方向挺进。经过一段不长的旱路后，他们发现了注入鄂霍次克海最北端的品仁纳河，在这里，他们遇到了科里亚克人。科里亚克人主要分布在堪察加半岛的北部，与楚科奇人同源，和通古斯人一样，他们也饲养驯鹿。但从语言上来说，科里亚克人属于古西伯利亚语的洛拉维特兰（Luorawetlan）语系；从生产力水平上讲，他们还处于渔猎阶段。

斯塔杜辛一行顺着品仁纳河到达品仁纳湾，然后再往西南，到达吉日加湾。在此地，他们制造了一些大型兽皮艇准备沿海探险。

1653年夏，斯塔杜辛一行往西南方向航行。夏末，到达陶伊湾。9月，他们在陶伊河河口建立要塞，然后以狩猎维持生计。此后四年，他们就生活在这里，向当地土著征收毛皮税。就这样，鄂霍次克海北岸也被纳入俄罗斯的版图。

1657年，斯塔杜辛一行离开陶伊河河口往西，到达奥霍塔河河口的鄂霍次克，在这里又停留了两年。

1659年，斯塔杜辛一行离开鄂霍次克北上，经奥伊米亚康和阿尔丹河回到雅库茨克，将带回的大量貂皮上交国库，沙皇提拔他为哥萨克的阿塔曼（首领）作为奖励。

斯塔杜辛的这次探险历时10年之久，行程上万公里。从莫斯克维津到斯塔杜辛，俄罗斯人已经发现了鄂霍次克海全部的西海岸。斯塔杜辛也成为俄罗斯东扩路上的重要人物之一。

南边，俄罗斯遇到了远征路上第一个强大的对手——中国，并最终引发了一场中俄之间的战争。

事情还得从1648年说起，俄罗斯在贝加尔湖以东25公里处建立巴尔古津要塞，这是为南侵作准备。

1649年，在雅库茨克督军的支持下，俄罗斯商人哈巴罗夫（Yerofey Khabarov）率领200多人来到黑龙江的中上游。他们在黑龙江北岸一带向达斡尔人征收毛皮税。此时清军已经入主中原，达斡尔人也属于中国的臣民。俄罗斯人强迫达斡尔人加入俄罗斯国籍，达斡尔人不从，他们就一路奸淫掳掠。

同年，俄罗斯在奥霍塔河河口修建了鄂霍次克要塞、在阿纳德尔河河口修建了阿纳德尔要塞，鄂霍次克后来成为俄罗斯在海上探险的重要基地。

1651年，哈巴罗夫的远征队攻陷了达斡尔人的寨子古伊古达尔，杀千余人。

1652年，哈巴罗夫一行到达黑龙江下游，经乌苏里江河口，往东300公里，到达宏加力河河口，即乌扎拉村（今共青城附近），在这里休整过冬，与当地的赫哲人起了冲突。赫哲人和女真人同源，后来的满洲人里其实混入了很多赫哲人。在当时，赫哲人广泛分布在从乌苏里江到黑龙江下游的地区。有一首传唱很广的民歌《乌苏里船歌》，反映的就是赫哲人传统渔猎生活的情景。由于生产力落后，面对俄罗斯人的火器，赫哲人损失惨重，便向驻守宁古塔的清军求救。清军主力已经入关，东北只有少数部队留守，盛京（沈阳）方面令宁古塔驻军出击。按俄方的记载，清军出动了2200名骑兵，是俄方的10倍，另有6门大炮和30多支火枪，其中有一些是三眼铳或四眼铳（为了与传统的木枪区别，早期中国人称火枪为铳）。之前俄罗斯人遇到的对手都是手持弓箭的游牧民族或渔猎民族，第一次听到从对方阵营里传来的枪声着实吓了一跳。战斗一开始清军占有压倒性优势，但也许是因为清军一直想生擒对方，或者太轻敌，最终居然败了。也许正是这一仗败得很丢脸，清朝方面对此事的记载只有寥寥数语："顺治九年，驻防宁古塔章京海色率所部擎之，战于乌扎拉村，稍失利。"

这是中俄之间的第一场战斗。从此，俄罗斯的势力就扩展到了黑龙江的北岸。

随后，俄罗斯在贝加尔湖以西50公里安加拉河畔修建了伊尔库茨克。这个地方原本是属于布里亚特人的地盘，在沙俄的打压下，一部分布里亚特人南迁至喀尔喀，一部分仍留在当地反抗。

自从发现了外东北地区，俄国人更想得到那片靠海的土地。于是他们加快南下的步伐，还是以步步为营（确切地说是步步为城）的方式向黑龙江地区推进。

1659年，俄罗斯在石勒喀河中游修建了涅尔琴斯克要塞（即尼布楚）。

1665年，又在黑龙江北岸修建了阿尔巴津要塞（即雅克萨）。

尼布楚尚且属于布里亚特蒙古的势力范围，而雅克萨已经深入到中央王朝的直辖地区了。显然，再不出手，俄罗斯人就会更加肆无忌惮。

中国方面，清廷人主中原不久，内部并不稳定，还有很多势力正伺机而动：南方是日益坐大的三藩，随时会独立；东南有台湾的郑氏集团一直在抗清；西北有准噶尔部叛乱，影响波及喀尔喀蒙古、内蒙古、青海和西藏。因此，对于沙俄的侵略，清廷开始只是多次派人交涉、警告，但均未奏效。于是清廷认识到，只有动用武力才能阻止沙俄的入侵。1682年，康熙平定三藩刚一年，就立即着手准备用武力对付俄罗斯人。与此同时，俄罗斯的彼得大帝也在积极备战。

1683年，中俄雅克萨战争爆发。

战前，康熙皇帝派人做了四项工作：一是加强侦察，摸清雅克萨的军情；二是筑爱辉（清末改作瑷珲）城，作为永久驻地；三是令蒙古车臣汗（喀尔喀蒙古部落之一）断绝与沙俄的贸易，使敌人的物资难以为继；四是加紧造船，保证军粮可以经松花江、黑龙江迅速运抵前线。

然后，清廷勒令盘踞在雅克萨等地的俄罗斯人撤离，俄罗斯人不予理睬，反而率众南下瑷珲打劫。清将萨布素出兵，将俄罗斯人击退，并捣毁俄罗斯人在黑龙江下游建立的所有据点，使雅克萨成为一座孤城，攻打雅克萨的时机逐渐成熟。1685年初，康熙命彭春率3000人，携战舰、火枪、火炮和刀、矛、盾牌等战具，从瑷珲出发，分水陆两线奔赴雅克萨。

雅克萨原本是达斡尔头人的村寨，俄罗斯人强占之后改名为阿尔巴津，并修筑了城墙。正是仗着有城墙为依托，俄罗斯的雅克萨督军阿列克谢·托尔布津（Alexeï Tolbouzine）虽然手下只有450名士兵、火炮3门、火枪300支，但面对数倍于己的清军毫不退让。托尔布津的底气还来自他手上拿的是欧洲最先进的燧发枪，而清军手上用的是火绳枪。燧发枪不用带明火，士兵可以靠得更近集中火力而不怕引火上身，击发也快，装填弹药时也不用担心碰到火星引起爆炸，总之比火绳枪好用不止一点点。

但战争一打响，俄罗斯人就傻了眼——清军用船载炮攻击城南，陆炮攻击城北。俄军伤亡惨重，托尔布津投降，退往尼布楚。清军焚毁了雅克萨后，回师瑷珲。

俄罗斯人并不甘心，到了秋天，莫斯科给托尔布津增援了600名士兵。托尔布津立即一毁前约，带着旧部和援军回到雅克萨重建据点，还搜集大量的粮食准备长期作战。

清廷得到这个消息后极为愤怒，康熙下令黑龙江将军萨布素反击。

1686年7月，2400名清兵再次进抵雅克萨城下，将城围住。此时托尔布津手下有826名士兵、100支火绳枪、850支燧发枪。和上次一样，清军主要用火炮，战斗一打响，托尔布津被炸死。同时，因为雅克萨西面临江，清军在城南、北、东三面掘壕驻兵，切断雅克萨的一切外援。最后俄罗斯人死伤惨重，只剩下66人。莫斯科紧急向清廷请求撤围，愿意商定边界。

1689年9月7日（康熙二十八年七月二十四，俄历7197年8月28日），中方代表索额图、佟国纲等与俄方代表戈洛文（Fyodor Alexeyevich Golovin）等在尼布楚签订了关于中俄东部边界的协定，这就是《尼布楚条约》。

历史书上说，《尼布楚条约》是中国历史上第一个平等条约。有人据此反驳，说中国出让了布里亚特蒙古大片的土地，这是个不平等条约。甚至俄罗斯人也认为他们因此放弃了外东北，也是个不平等的条约。其实这里的平等指的是身份平等，而非条约内容。中国一直以天朝上国自居，在此之前，中国和外国的关系，要么是朝贡关系，要么是没关系，从来不是国与国的平等关系。可能在我们的印象中，清政府与外国签订了太多的不平等条约，所以把注意力放在了条约的内容上，而没有注意到中国对自己身份的认知上。但这也只是一时，到了晚清，当西洋人从海上来的时候，我们依然认为他们是蛮夷，并没有当他们和中国是一样的平等国家。

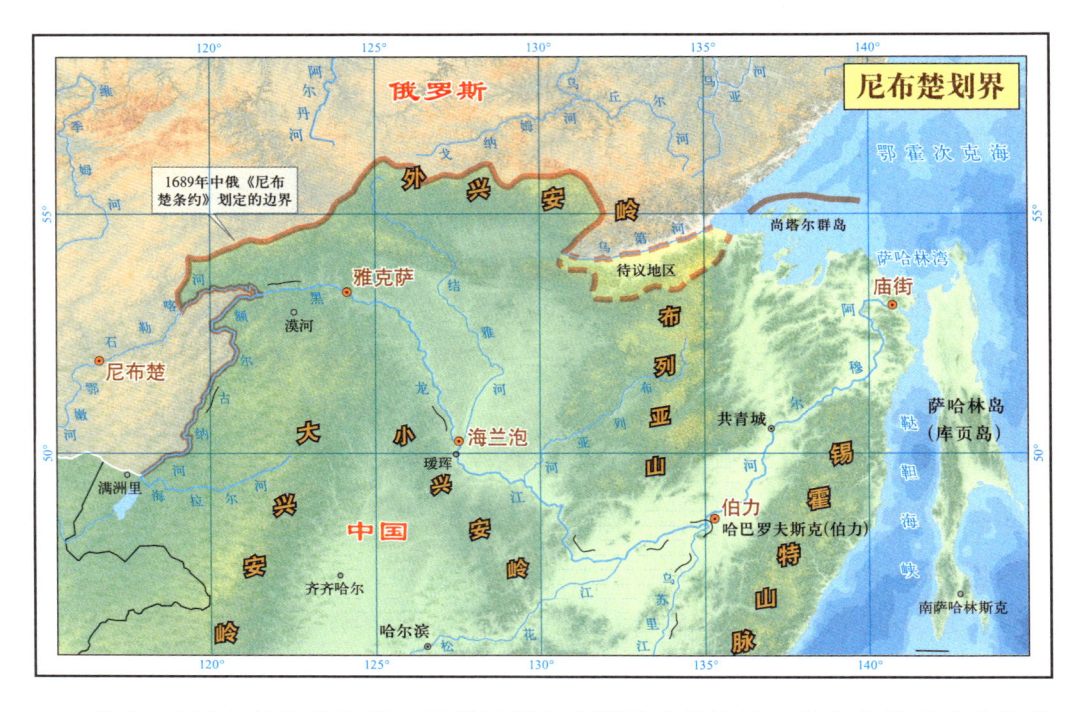

总之，《尼布楚条约》确定了俄罗斯和中国的东部边界，以文字的形式确认外兴安岭以南的外东北地区和库页岛属于中国。这也是中国第一次以条约的形式划定边界，在此之前，中国都是以势力范围来控制边防，边界是模糊的。

尼布楚谈判几经周折。一开始，中方提出以勒拿河为界：勒拿河以西归俄罗斯，勒拿河以东归中国；俄罗斯则提出以黑龙江为界：黑龙江以内归中国，以外归俄罗斯。最后双方各让一步：西起额尔古纳河（黑龙江源头，与石勒喀河汇合后称黑龙江），然后往东，再沿格尔必齐河（石勒喀河支流）往北，最后沿外兴安岭往东，一直到大海为界，以南属中国，以北属俄罗斯。只不过在乌第河以南有一小块地方，因双方没商定好，成为待议地区。

这条划界等于承认了沙俄对布里亚特蒙古的主权。其实一开始中国的底线是尼布楚一带，但此时准噶尔汗国开始攻打喀尔喀蒙古，康熙急于和俄罗斯划定边界，

426

好腾出手来一心一意对付准噶尔。相比俄罗斯,准噶尔才是心腹大患。准噶尔是漠西蒙古(即瓦剌,清时称卫拉特)的一支,土尔扈特部被迫于1627年西迁到伏尔加河下游后,和硕特部也于1637年进入青藏高原,漠西蒙古准噶尔一家独大。1635年,后金灭察哈尔,卫拉特盟主遣使向后金表示归附。1644年,清军入关,漠西蒙古各部上表称臣,清朝也正式对他们册封。1670年,噶尔丹成为准噶尔部的台吉(首领,低于汗),把漠西蒙古由一个松散的联盟变为一个集权的君主制政体。1678年,噶尔丹正式成立准噶尔汗国,公然造反,同年出兵南疆,占领叶尔羌汗国。至此,准噶尔汗国几乎独占整个西域(吐鲁番除外)。1688年,噶尔丹越过杭爱山,出兵喀尔喀蒙古,正是尼布楚谈判的关键时期。

相比布里亚特蒙古,西域对中国的重要性不言而喻。而且,噶尔丹也与俄罗斯有往来,康熙担心他们沆瀣一气,那样就更不好对付,所以在谈判时作些让步,换取沙俄在准噶尔问题上的中立,应该是此时最好的选择。而且,在当时,布里亚特蒙古并不属于清朝,喀尔喀蒙古也要到1691年才臣服。事实也证明,清朝作出让步,换取了和俄罗斯170多年的和平,而清朝剿灭准噶尔也花了近百年时间,如果此时陷入和俄罗斯的纠纷,天长日久,西域就难以收回了。而俄罗斯方面,其心腹大患是南方的奥斯曼帝国,彼得大帝也不想与中国为敌,于是双方才最终达成一致。

因为《尼布楚条约》,俄罗斯南下扩张的步伐暂时到此为止,剩下唯一的目标就是往东。其实他们在东方一直都没有停止脚步。

1696年,阿纳德尔斯克督军派遣哥萨克人莫诺斯科率领几十人的远征队去征服不肯缴税的科里亚克人。一行人先到堪察加半岛北面的阿普卡河,建了一个越冬营地,随后到达堪察加半岛中部的季吉尔河,捣毁了一个堪察加人的村庄。

1697年初,俄罗斯再派哥萨克人阿特拉索夫(Vladimir Atlasov)前去考察并征服堪察加半岛。这次远征队共有120人,其中有一半是尤卡吉尔人。他们先乘雪橇沿品仁纳河的河谷进入半岛,再沿西海岸南下。到了北纬60°,折向东方横穿半岛。2月,到达阿普卡河河口,向这里的科里亚克人征收毛皮税。然后兵分两路:一路沿太平洋海岸南下;一路由阿特拉索夫自领,再次横穿半岛,沿鄂霍次克海海岸南下。但没过多久,西路分队中的尤卡吉尔人发生动乱,于是两队又合二为一,动乱被镇压下去。

7月，远征队沿半岛的西海岸来到季吉尔河，然后折向东方，翻过分水岭，进入堪察加河河谷。在这里，俄罗斯人仿效西欧人的做法，在河岸竖起十字架以示占领和纪念。他们一行第一次见到了仍处于原始社会的堪察加人，并向他们征收毛皮税。堪察加人即中国历史中记载的"流鬼国"人，唐朝时他们曾派使者到过长安。他们和楚科奇人、科里亚克人是近亲，此外，这一族群还包括阿留申人（分布于阿留申群岛）、克里克人（分布于楚科奇半岛）。

随后，探险队沿鄂霍次克海继续南下，在北纬52°处，他们发现了一条小河，于是沿河而上。在这里，他们遇见了虾夷人，同样向他们征收毛皮税。当他们继续往南，来到离半岛南端只有10公里的地方时，他们看见了南方的千岛群岛中的舒姆舒岛。在岛上，他们第一次遇见了富有的日本人，日本人称舒姆舒岛为占守岛。

1699年7月，探险队回到雅库茨克。随后，俄罗斯在堪察加半岛上建立了堪察加斯克据点。

至此，俄罗斯人经过两个多世纪的努力，发现了整个西伯利亚，并将其纳入版

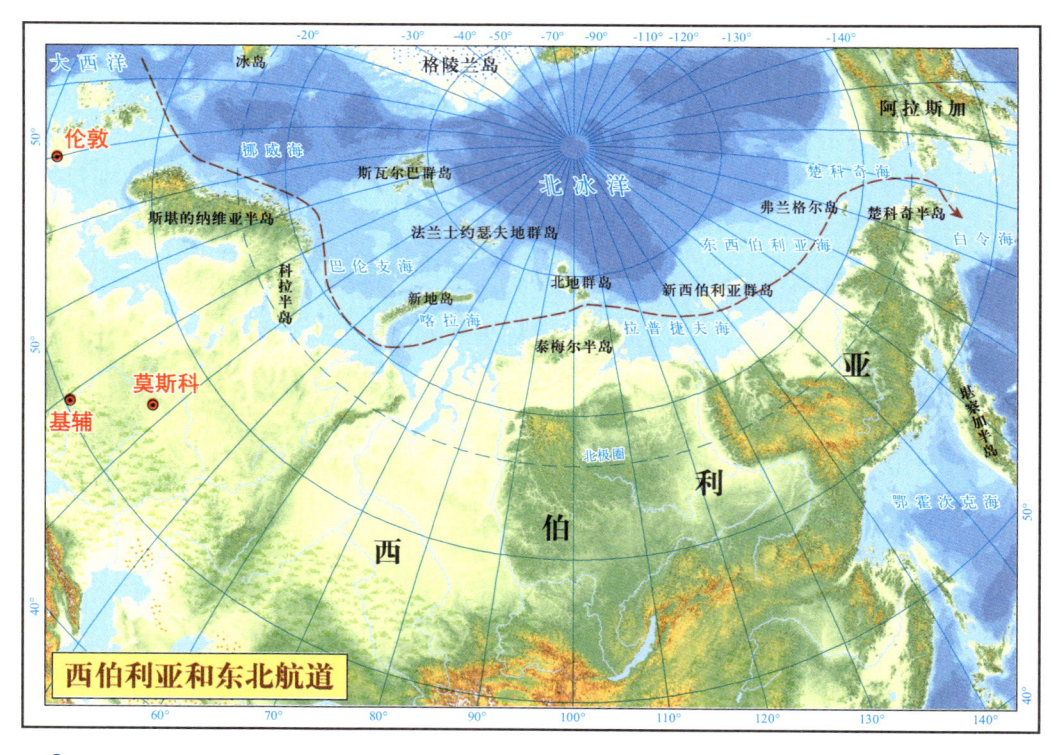

西伯利亚和东北航道

图。在此期间，俄罗斯人发现了无数的河流、山脉和海岛，开拓了很多到达蒙古和中国的陆地通道。此外，俄罗斯人还断断续续开辟了一条从欧洲沿北冰洋到达太平洋的航道，也就是我们常说的东北航道，虽然完整的东北航道要到1879年才彻底打通，但无疑是得益于俄罗斯人打下的基础。

就这样，从1418年亨利王子派出第一支远洋探险队开始，到1699年俄罗斯人在堪察加半岛建立据点，欧洲人经过将近300年的时间，把殖民者的旗子插遍全球，也让全球的特产和物资彼此流通了起来。这就是我们常说的大航海时代，如果再延长点，还可以把近百年之后詹姆斯·库克（库克船长）在南太平洋上的探险也算上。库克船长的主要成果是确认了新西兰和澳大利亚的东海岸，还发现了太平洋上的一些岛屿，但他最大的贡献是发现了橙汁和卷心泡菜可以防治坏血病，从而拯救了大量水手的性命。

如果说蒙古人横扫欧亚，第一次把旧大陆联系在一起的话，那么欧洲人的大航海则是实现了人类的第一次全球化。从此，世界各个国家、各个文明都不再是孤立的存在，而是彼此息息相关。仅仅300年的时间，在世界三大文明体系（中国、阿拉伯、欧洲）中，欧洲人成功完成了一次逆袭，从一穷二白到引领世界数百年，世界各地都开始不同程度地欧化。只是，文明的同化从来不是春风化雨，而是充满血腥和暴力。

美洲地图

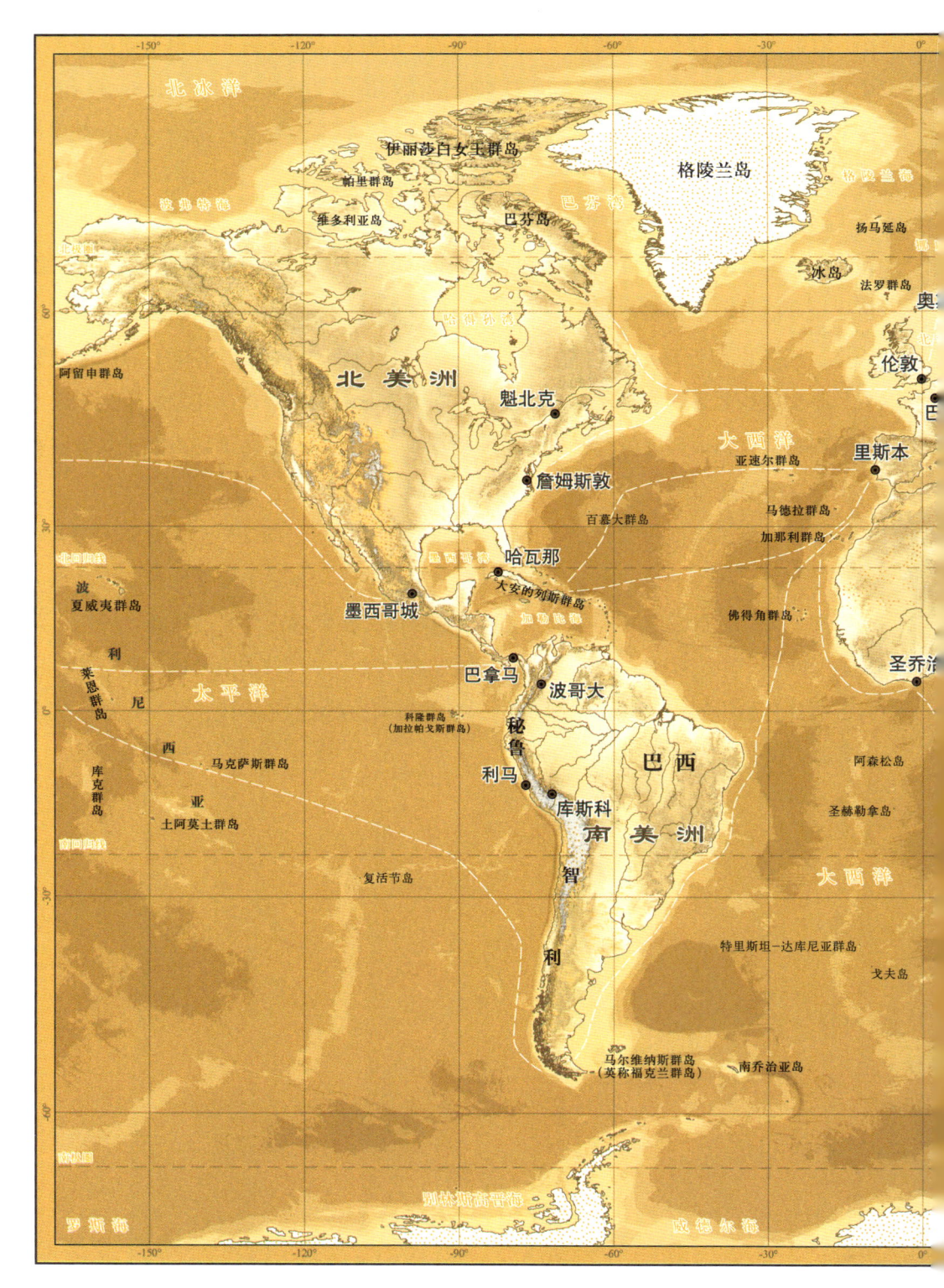

北冰洋	
伊丽莎白女王群岛	格陵兰岛
帕里群岛	格陵兰海
波弗特海	扬马延岛
维多利亚岛	巴芬岛
巴芬湾	冰岛
	法罗群岛
	奥
北美洲	伦敦
阿留申群岛	
	魁北克
	大西洋
	亚速尔群岛
	里斯本
	詹姆斯敦
	百慕大群岛
	马德拉群岛
	加那利群岛
北回归线	哈瓦那
夏威夷群岛	大安的列斯群岛
墨西哥城	加勒比海
	佛得角群岛
莱恩群岛	巴拿马
尼	波哥大
太平洋	
西	科隆群岛(加拉帕戈斯群岛)
马克萨斯群岛	秘鲁
亚	利马
土阿莫土群岛	库斯科
库克群岛	巴西
南回归线	阿森松岛
	南美洲
	圣赫勒拿岛
复活节岛	智
	利
	大西洋
	特里斯坦-达库尼亚群岛
	戈夫岛
	马尔维纳斯群岛(英称福克兰群岛)
	南乔治亚岛
罗斯海	别林斯高晋海	威德尔海

430

世界主要城市和航线（17世纪末）

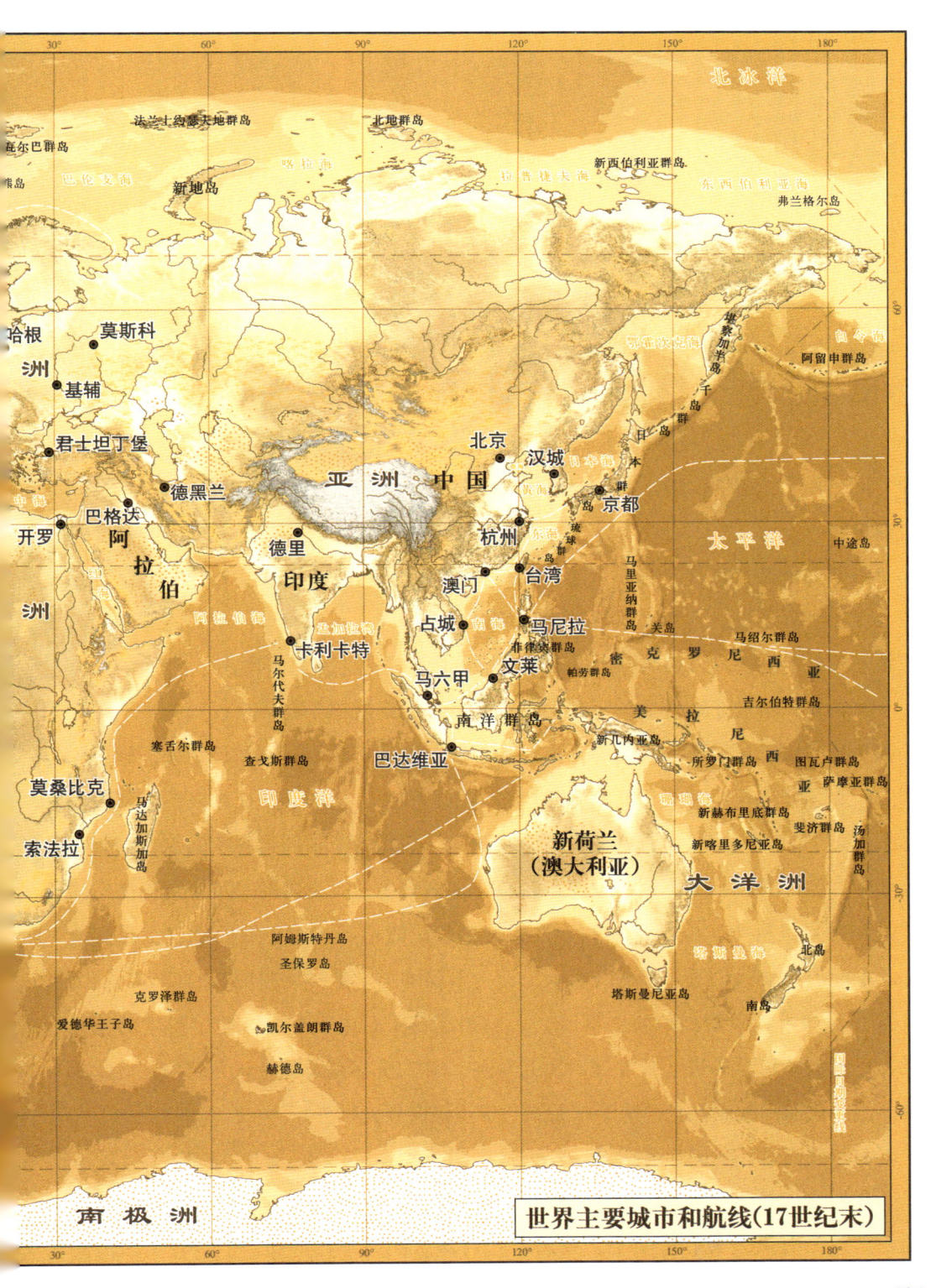

后记

回到本书最初的问题,为什么欧洲能成为大航海时代的引领者?一个字:穷。穷则思变。

当时的伊斯兰世界正势不可当:奥斯曼帝国从东部打入希腊,柏柏尔人从西部侵入伊比利亚半岛,地中海眼看要变成穆斯林的内湖。正是这个时候,古希腊尘封千年的典籍重见天日,给欧洲人打开了一扇窗,于是文艺复兴开始。

文艺复兴解放了欧洲人的思想。欧洲人在中世纪沉沦千年,不仅因为罗马教廷手握大权,更重要的是宗教束缚了人们的思想。还是那句话,解放思想才能解放生产力。文艺复兴正是解放了欧洲人的思想,于是欧洲人的潜能全面爆发。在新的文化土壤之上,人们重拾古希腊先贤的求知精神,开始向未知的世界探索。在探索的过程中,他们发现原来深信不疑的宗教存在许多问题,于是宗教改革应运而生。同样是在探索过程中,他们发现这个世界远比想象的广阔。这个探索过程就是大航海。宗教改革让人们进一步放飞自我,让古希腊的科学精神回归应有的位置。而大航海就是一场轰轰烈烈的科学实践,人们在这场实践中,不但证明了科学的正确性,更推动了科学的进一步发展。文艺复兴、宗教改革和大航海互为因果,彼此促进,最终让欧洲脱胎换骨,从蒙昧无知一步步走向领先世界。

而与此同时,我们却落后了。

我们常说中国近代落后挨打是因为清朝的闭关锁国,把所有的罪责都推给清朝,这当然有失公允。事实上,中国近代的落后根源不在清朝,恰恰在大航海时代，只不过弊端到晚清才集中爆发出来而已。大航海时代欧洲迅速崛起，而中国仍在原地踏步，几百年下来，这种差距就越来越大了。清朝的一套行政制度完全传承自明朝，施行的同样是儒家治国的那一套。在这种传统治国模式下，当官是唯一的出路，全国上下最聪明的人都去参加科举了，科技创新也就无从谈起，而欧洲人正是在科技和创新的基础上实现反超的。当然，清朝的统治者作为少数民族，在治国理念上更趋于保守，对民间的创新更是不能容忍，最终加剧了东西方的差距，这是毋庸置疑的。单从技术上来说，在明朝末期，中国和欧洲的火器差距不大，甚至在康熙皇帝平定噶尔丹叛乱时，还动用了大量的红衣大炮，但在整个清朝统治时期，中国自制的火器几乎止步不前，几百年下来，差距就越来越大，这也是事实。在海上，清朝平定台湾后，并没有将台湾作为海上势力的基地，而是借助台湾岛的特殊地理位置，更彻底地打击民间海上势力。这样一来，中国与外界的交流几乎断绝，成了一个完全封闭的国度，对外面的世界更是一无所知。几千年来，我们的传统就是重农抑商，在这种指导思想下，要想主动发展出海洋文明虽然不太可能，但如果不是太保守、太封闭，也不至于差距那么大。

总体上，在大航海时代，中国还没有落后世界，只是略有差异。中国的丝绸和瓷器是当时的大宗商品，中国因此赚到了几乎全世界的钱。而伊斯兰世界在欧洲人的打压下节节败退，从此停止了扩张的脚步。至于印度，其在经济和政治上本身也缺乏建树，对世界的影响主要是文化上的，但也仅限于印度半岛和东南亚。最惨的是非洲和美洲，成了欧洲人奴役的对象。

大航海时代，欧洲涌现出了许多杰出的人物，当然也有许多流氓和恶棍，这里面还夹杂着血腥的殖民史。回顾这段历史，其实是在反思我们近代落后的原因。他山之石，可以攻玉，希望国人在了解这段历史时能更多地发现别人的优点，寻找我们的不足，而不是一味地批判。

以上是我对大航海时代的一点思考，并以之为后记。

需要说明的是，在写作本书时，我是抱着一种普及知识的心态，并不是搞学术研究。许多观点也只是我一家之言，您可以不赞同，但如果能因此有所启发，那于我也算是功德一件。在行文方面，我力求通俗易懂，如果还能有趣就更好了。所以在叙述的严谨性和生动性之间，我更倾向于后者。有时我觉得，我写的不是历史，而是和历史有关的随笔，我不奢求读者完全同意我的看法，只要能激发大家的某些感悟，我的目的就算达到了。

最后，大航海时代时间跨度大、涉及的人物和事件多，还有地理、文化等错综复杂的关系，个人水平有限，书中错漏之处恐难尽免，敬请广大读者不吝指正！

李不白

2021年4月15日于北京